지도 2. 동티베트

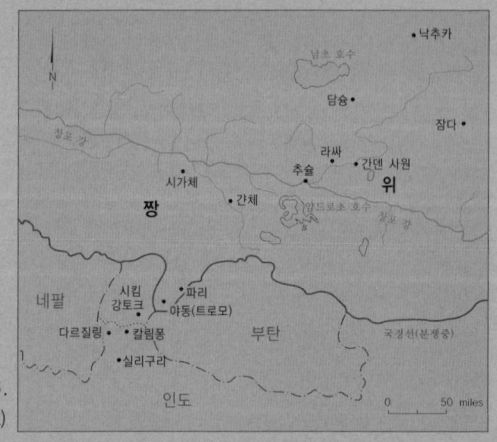

지도 3.
티베트 본토(중앙티베트)

티베트의 별
__푼왕 자서전

A Tibetan Revolutionary
: The Political Life and Times of Bapa Phüntso Wangye
by Melvyn C. Goldstein, Dawei Sherap, William R. Siebenschuh

ⓒ 2004 The Regents of the University of California Published
by arrangement with University of California Press

No Part of this book may be used or reproduced in any manner
whatever without written permission except in the case of brief
quotations embodied in critical articles of reviews.

Korean Translation Copyright ⓒ 2009 by Silcheon Munhak
Korean edition is published by arrangement with University of
California Press through BC Agency, Seoul.

이 책의 한국어판 저작권은 BC에이전시를 통한
저작권자와의 독점 계약으로 실천문학사에 있습니다.
저작권법에 의해 한국 내에서 보호를 받는 저작물이므로
무단전재와 복제를 금합니다.

이 도서의 국립중앙도서관 출판시도서목록(CIP)은 e-CIP홈페이지
(http://www.nl.go.kr/cip.php)에서 이용하실 수 있습니다.
(CIP제어번호 : CIP2009002930)

티베트의 별

— 푼왕 자서전 —

역사인물찾기 28
골드스타인 · 셰랍 · 지벤슈 지음
이광일 옮김

실천문학사

བོད་རེ་བས་འཕུང་
རྒྱ་དོགས་པས་འཕུང་

티베트 사람은 헛된 희망으로 망하고
중국 사람은 의심이 많아서 망한다.

_티베트 속담

차례

시작하며 · 9
서론_티베트 현대사의 역사적 배경 · 16

1부_캄과 중국에서 자란 푸른 시절
1장_바탕에서 보낸 어린 시절 · 23
2장_나의 삼촌 롭상 툰드룹의 쿠데타 · 35
3장_학창 시절 · 47

2부_눈의 나라 티베트를 위하여
4장_혁명을 계획하다 · 79
5장_캄으로의 귀환 · 94
6장_라싸로 · 112
7장_인도공산당과의 만남 · 143
8장_봉기의 문턱에서 · 160
9장_티베트 본토로 탈출하다 · 182
10장_라싸에서 윈난으로 · 197

3부_마침내 시작된 새 조국 건설
11장_다시 바탕에 들어서다 · 221
12장_17개조 협정 · 238
13장_다시 라싸로 · 260
14장_인민해방군과 함께 라싸에 입성하다 · 277
15장_다사다난했던 한 해 · 290
16장_베이징 간주곡 · 309
17장_개혁의 시작 · 338

4부 _ 투옥

18장 _ 라싸에 긴장이 고조되고 • 353
19장 _ 지방민족주의자로 낙인찍히다 • 371
20장 _ 투옥 • 387
21장 _ 독방에 갇히다 • 401
22장 _ 묵언 맹세 • 420

5부 _ 끝나지 않은 투쟁

23장 _ 석방 • 441
24장 _ 새로운 투쟁 • 465
25장 _ 소수민족 정책 • 480

후기 • 502
푼왕의 에필로그 • 509

부록 A / 부록 B / 부록 C • 521

주(註) • 566
주요 등장인물 • 574
푼왕 연보 • 578
옮긴이의 말 • 586

시작하며

이 책의 시작은, 어떤 의미로 보자면 1993년 여름으로 거슬러 올라간다. 푼초 왕계(보통 '푼왕'이라고들 한다)* 선생이 당시 라싸에 왔는데, 마침 나는 거기서 1950년대 티베트 역사에 관하여 전직 관리들과 인터뷰하는 중이었다. 푼왕이 라싸에 있다는 얘기를 들으니 가슴이 설레었다. 어쩌면 내 연구에 그의 이야기까지 집어넣을 수 있겠단 생각이 들었다. 푼왕에게 전화를 거니, 처음에는 너무 바빠서 시간내기 어렵다고 하더니 몇 차례 끈질기게 전화로 설득하자 결국 방문을 수락했다. 그의 호텔 방에서 인터뷰하면서 푼왕은 젊은 시절에 겪었던 수없이 많은 흥미로운 사건들에

---

*티베트 이름은 대개 두 부분으로 구성돼 있으며 네 음절이다. 푼초 왕계도 그런 경우다. 티베트인들은 두 부분을 한꺼번에 부르기도 하지만 앞쪽 이름(푼초)이나 두 번째 이름(왕계)만 부르거나 두 요소의 첫 음절씩만을 조합해 (푼왕) 부르기도 한다.

대해 말해주었는데, 정말 중대한 사건들이라는 생각이 들었다. 인터뷰가 끝날 즈음, 며칠 있다가 다시 만나 1950년대와 그가 살아온 삶에 대해 얘기를 더 나눌 수 있겠느냐고 물었다.

푼왕은 웃으면서, "골드스타인 교수님, 또 들르십시오. 궁금한 게 있으면 무엇이든 물어보시고요. 제 살아온 얘기라는 게 뭐 재미야 없겠지만······"이라고 대답했다. 나는 다시 한 번 다짐을 받아뒀다. "다음번 만날 때는 어떻게 해서 캄*의 시골 마을에서 장제스蔣介石가 교장으로 있는 난징南京의 엘리트 군사학교(국민당이 운영하는 육군군관학교로, 처음에 광저우 교외의 황푸黃埔에 설립됐다고 해서 보통 황푸군관학교라고 한다. 1926년 중앙군사정치학교로 개명했다―옮긴이)에 들어가게 됐는지 정리를 좀 해주십시오. 제가 그 분야를 오래 연구했거든요. 선생님은 군관학교 출신으로는 제가 처음 뵙는 분입니다." 푼왕은 "그럽시다"라고 했다.

---

*당시 티베트 민족은 달라이 라마가 다스리는 왕국인 '정치적' 티베트(티베트 본토)와 그 동쪽, 즉 한족이 사는 중국 서부 내 티베트족 거주 지역인 '민족적' 티베트, 이렇게 둘로 나뉘어 있었다. 민족적 티베트는 명목상 중국이 관할하는 작은 현들로 구성돼 있었고, 일상적으로는 전통적인 촌장들이 다스렸다. 민족적 티베트 지역은 관습이나 언어를 기준으로 볼 때 캄과 암도로 대별된다. 암도의 티베트인은 민족적 티베트 중에서도 북부 지역, 즉 오늘날의 중국 칭하이 성과 간쑤 성에 거주했다. 캄은 암도 이남 지역으로 오늘날의 쓰촨 성과 윈난 성에 해당한다. 일부 캄파는 정치적 티베트에 거주하기도 했다. '캄파'는 캄 출신을 일컫는 말이다. 1939년 쓰촨 성 내 캄파 거주 지역은 중국의 한 성(시캉)으로 공식 편입됐다.

이틀 후 푼왕의 호텔로 다시 찾아간 나는 어린 시절 얘기부터 꺼냈다. 푼왕은 한참 생각에 잠기는 듯하더니, 그래봐야 기껏 몇 초였겠지만, 이윽고 천천히 입을 열었다. "그러니까, 티베트 역사를 오래 연구하셨다고요? 질문하시면 제가 말씀을 드리지요."

이렇게 해서 수차례 그와의 만남이 지속되는 동안, 대단한 한 티베트인의 생애가 흘러나왔다. 이후 10년 동안 나는 베이징北京을 거쳐 연구차 티베트에 들어갈 때마다 그를 찾아갔다. 1950년대에 있었던 역사적 사건들에 대해 계속 질문을 했고, 정확한 기억을 더듬어내게 했다. 그러면서 그의 생애에 관한 이야기도 자연스럽게 흘러나오게 됐다.

2000년 말경, 케이스 웨스턴 리저브 대학의 내 사무실에서 푼왕과 나눈 대화 녹취록을 읽다가 불현듯 이것이 현대사의 일화나 각주 수준을 훨씬 넘어서는 기록이라는 확신이 들었다. 푼왕의 삶 자체가 역사적으로나 정치적으로 대단히 중요할뿐더러 충분히 이야기되어야 할 가치가 있었다.

그래서 절친한 친구이자 대학 동료인 윌리엄 지벤슈 교수에게 같이 푼왕의 전기를 한번 써보지 않겠냐고 제안했다. 그는 예전에 푼왕과는 자못 다른 티베트인의 생애에 관한 책, 『타시 체링 자서전 *The Autobiography of Tashi Tsering*』을 낸 바 있었다. 다베이 셰랍에게도 함께 작업하자고 부탁했다. 셰랍은 베이징에 사는 티베트 지식인으로 푼왕에 관한 책을 쓴 바 있었다. 그로부터 2년 내내, 우리는 백여 시간 분량의 어지러운 인터뷰 테이프를 정리해 책으로 엮어나갔다.

푼왕은 책의 형태로 구술을 하지는 않았다. 그러나 인터뷰에서 일인칭을 썼기 때문에 우리도 똑같이 하기로 했다. 그래서 결과적으로는 그에게 자기 이야기를 시킨 셈이 됐는데, 결과물을 봐도 그러했다. 책의 형태로 완성된 원고는 다분히 자서전적이었다. 달리 볼 수도 있는 사안들에 대한 푼왕의 주관이 뚜렷이 드러났다. 우리로서는 더 이상 설명을 덧붙일 수 없는 독특하고도 구체적인 부분이 많고, 일부 기억은 다른 출처의 기록과도 달랐다. 그러나 가급적 역사적 정확성을 기하기 위해 우리가 할 수 있는 모든 노력을 다했다.

푼왕의 인생은, 혹독한 궁핍의 시대에 위대한 용기를 발휘한 한 인간의 이야기에 그치지 않는다. 현대 티베트 역사의 중요한 한 시기를 들여다보는 창 이상이다. 한 개인의 삶이 시대 전체의 모습을 명징하게 드러내주는 경우가 왕왕 있다. 푼왕이 살아온 삶과 시대는 티베트 문제, 즉 티베트의 지위를 둘러싼 티베트와 중국의 다툼의 본질에 대해 바로 그런 조명 역할을 한다. 현대 티베트 관련 문헌들은 승려와 라마, 귀족들의 목소리를 담은 것이 대부분이다. 그들은 전통적인 반#봉건사회의 지배층으로 대개 현대화와 변화에 반대한다. 그들을 보면 티베트와 중국의 갈등은 흑과 백의 강렬한 대비로 다가온다. 티베트인은 선하고 중국 공산당은 악하다, 서구 문헌에 나타나는 티베트 민족주의의 얼굴이 바로 이런 모습이다. 그러나 현대 티베트의 이야기는 한결 복잡하다. 동포를 위해, 그리고 다른 모습의 티베트를 위해 싸운 다른 유형의 티베트인들도 있었다. 푼왕은 그런 사람들 가운데서도 가장 중요한 축에 속하는 인물이다.

푼왕은 강렬한 민족주의자로서 1930년대에 이미 신식 교육을 받으면서 '현대적인' 면모를 갖췄으며, 캄과 암도 그리고 티베트 본토까지를 망라하여 티베트인이 다스리는 사회주의 티베트 실현에 평생을 바쳤다. 개인적으로는 엄청난 고난을 겪으면서도 목표를 위해 줄기차게 노력했다. 처음에는 티베트공산당을 통해, 그리고 나중에는 중국공산당을 통해 이상을 구현하고자 했으며, 1951년부터 1958년까지는 티베트에서 중국공산당 핵심 간부로 활동했다.

푼왕과 그의 동지들은 결국 실패하고 말았다. 그리고 푼왕은 20세기 중국의 바스티유 감옥으로 일컬어지는 베이징 북서부 친청제1교도소秦城第一監獄(거물급 정치범 수용소로 악명 높다—옮긴이) 독방에서 만 18년을 보냈다. 그가 풀려난 것은 1978년 덩샤오핑鄧小平이 집권하고 나서였다. 이어 2년 후, 정치적으로도 복권이 됐다. 그러나 이런 끔찍한 시련도 그의 용기와 비전을 말살하지는 못했다. 석방된 뒤에도 푼왕은 중국의 소수민족 정책에 대해 말로써 글로써 끊임없이 의견을 개진해, 중국공산당 내부의 티베트 정책 비판자가 되었다.

푼왕의 생애는, 중국/티베트 문제가 양립 불가능한 이념과 가치관의 충돌('현대화' 세력 대 '종교' 및 '전통주의' 세력 간의)이라기보다는 다수민족(한족)의 정치적 지배 대 소수민족(티베트인)의 정치적 예속의 충돌임을 보여준다. 이것은 본질적으로 중화인민공화국이 어떤 나라이며 어떤 나라가 돼야 하느냐 하는 이념의 충돌이다. 중국은 다민족 국가임을 자처하며, 그 안에서 모든 집단은 똑같은 권리와 권력을 누리게 되어 있다. 그러나 실제로 중화인민공화국은 한족의 나라처럼 운영되고 있다고 푼왕은 주장한다.

푼왕의 삶과 사상은, 중국 공산당 내부 인물의 시각을 통해 티베트 문제에 대해 날카로운 통찰을 보여준다. 그것은 이런저런 민족 갈등을 우려하는 사람이라면 누구나 귀를 기울여야 할 티베트의 목소리이다.

푼왕이 아직 중국에 살고 있는 만큼 이 책을 출간함으로써 혹시 본인한테 안 좋은 일이 생길지 모른다는 우려가 컸다. 물론 푼왕은 우리의 계획을 모르는 상태였다. 그래서 2002년 어느 날, 푼왕과 그의 아내 체덴을 찾아 베이징을 방문했다. 당신의 인생과 철학에 관한 책을 동료들과 함께 지금 막 끝냈는데, 출판을 해도 괜찮겠느냐고 물어보았다. 그는 씩 웃어 보이며, 괜찮노라 했다. 어떠한 경우에 대해서도 두려워하지 않았다.

"뭘 쓰셨는지는 정확히 모르지만, 그동안 선생께 말씀드린 내용은 모두 진실입니다. 그러니 책으로 나와도 문제없을 거라고 확신합니다. 설령 다시 투옥된대도 두렵지 않습니다."

그러고 나서 그는 얼른 화제를 바꿔 차와 과자를 더 들라고 권했다. 여전한 그 미소를 입가에 띤 채. 푼왕은 그런 사람이다.

_골드스타인

서론
티베트 현대사의 역사적 배경

푼왕의 고향인 바탕 사람들은 동티베트 거주민의 일부로서 '캄파'라 불린다. 이들은 티베트 본토(중앙티베트)에 사는 티베트인들과 똑같은 문자를 쓰고 티베트 불교를 믿는다. 그러나 말은 본토의 중심지인 라싸 말과는 아주 다른 방언을 쓴다. 관습도 약간 다른데, 캄파들은 자존심이 세고 공격적이다. 말도 직설적으로 하고 독립심이 강하다. 말馬과 총을 좋아하고 손해 보거나 모욕당하면 바로 복수한다. 전통적으로 캄으로 알려진 동티베트 지역은 20개 정도의 작은 현縣으로 돼 있어 하나하나 촌장이 다스리는 구조였다. 바탕은 그중에서도 비교적 중요한 현에 속했다.

17세기 후반 만주족 왕조(청나라—옮긴이)가 중원의 패권을 장악하면서 동아시아와 티베트 고원의 권력구조에 변화가 닥쳤다. 18세기 초 만주족은 라싸에 군대를 파견해 티베트를 느슨한 보호령으로 삼았다. 동시에 드리추 강(양쯔 강 상류)과 자추(메콩) 강이 나뉘는 분수령을 국경으로 공식화했다. 따라서 바탕과 캄의 상당 부분은 중국 쪽 경계 안으로 들어갔다(지도 2 참조).

그러나 만주족 왕조는 캄에 직접 행정권을 행사하지 않고 대신 여러 소규모 캄의 왕과 촌장, 족장들의 전통적 권위를 인정해 투쓰土司 같은 벼슬을 주고 계속 통치하게 했다.

바탕은 이러한 티베트 현 가운데 하나였다. 통치는 데파라는 두 촌장이 맡았는데, 이들은 쓰촨四川 성 관리들의 통제를 받아 명목상으로는 만주족 관할 아래 있었다. 쓰촨 성에서는 바탕 현지에 병참부와 소규모 수비대를 두었지만 일상적으로 보면 바탕은 자치를 유지했고 행정은 현지 법률과 관습에 의거했다.

이러한 지역자치 정책이 변하게 된 것은 1903~1904년 만주족이 영토의 일부로 캄의 티베트인 거주 지역을 직접 편입시키는 조치를 취하면서부터였다. 새로운 정책은 현지 티베트 지배자들을 점차 중국인 관료로 대체하면서 티베트의 종교와 제도를 허물려는 시도였다.

이러한 정책에 대한 반발로 1905년 초 바파(바탕 사람을 일컫는 말—옮긴이)들이 봉기에 나서 현지를 점거했고, 이 과정에서 만주족/중국인 병력 다수를 살상했다. 봉기는 주변 티베트인 거주 현들로 번져나갔지만 최종적으로는 실패했다. 베이징에서 쓰촨 성 주둔 병력 7,500명을 보내 진압한 것이다. 1905년 6월, 만주족은 봉기를 종식시키고 바탕을 다시 점령하고 곧바로 보복에 나섰다. 바탕 지도자 두 명의 목을 베고, 유력 인사 다수를 사형에 처했다. 또 바탕에서 가장 유명한 최대 수도원을 불태워버렸다.

이후 몇 년 동안 바탕의 행정을 변화시키는 새로운 법률이 부과됐다. 모든 주민은 중국 행정관들(쓰촨 성에서 임명했다)의 직접 관할하에 놓이게 됐다. 승려 수가 제한되었고, 관청과 수비대가 새로 설립됐다. 중국 학교의 의무교육 제도도 시행됐으며, 동시에 중국인 농민의 이주를 장려했다. 바탕은 만주족/중국 정부 입장에서 보면 캄에서 가장 중요한 행정·군사 중심지의 하나였다.

만주족 왕조는 궁극적으로 이러한 정책을 달라이 라마의 왕국(티베트 본토)까지 확대하려고 했으며, 그 일환으로 1909~1910년 병력 수천 명을 쓰촨에서 라싸로 투입했다. 이 과정에서 만주족 왕조는 기존의 티베트-중국 국경을 재조정해 라싸에서 동쪽으로 몇백 킬로미터밖에 떨어져 있지 않은 잠다까지(지도 1 참조) 티베트인 거주 지역 전체를 모두 자기네 영토라고 주장했다. 1910년 중국군이 라싸로 진격하자 달라이 라마 13세(현 달라이 라마 14세의 전생轉生—옮긴이)는 인도로 망명한다. 저항에 화가 난 만주족 황제는 망명 상태의 달라이 라마를 퇴위시켜버렸다. 티베트 본토 역시 바탕과 마찬가지로 중국에 속하는 또 하나의 행정구역으로 전락해가는 마당이었다.

그러나 만주족 왕조 자체가 1911~1912년에 타도되었기 때문에 상황은 다시 변하게 된다. '공화정' 체제의 새 중국(중화민국—옮긴이)이 위안스카이袁世凱를 대총통으로 베이징에서 수립됐다. 중화민국은 이후 1927~1928년 장제스가 주도하는 국민(당) 정부가 되었다.

티베트인들은 만주족 왕조의 몰락을 만주족/중국인 관료와 군대를 몰아낼 반란의 기회로 삼았다. 캄에서는 대부분의 지역을 장악했고, 인도로 망명 가 있던 달라이 라마 13세는 티베트 본토 라싸로 돌아와 중국 군대와 관료를 모두 축출하고 독립을 선언했다.

그러나 베이징의 새 정부는 캄의 티베트인 거주 지역들이 독립의 길을 가도록 내버려두지 않았다. 1912년에는 쓰촨 성 토벌군을 보내 통제권을 재확립했다. 수많은 티베트인이 살해됐고, 대사원 여러 곳이 파괴됐다. 1914년 중국은 캄 전체에 대한 군사적 통제권을 회복했다.

한편 라싸에 있던 달라이 라마 13세는 캄에서 중국이 승리한 것을 티베트 본토 자체에 대한 위협으로 보고 국경지대에 군대를 증파해 중국의 군사적 움직임에 대비했다. 1917~1918년 티베트와 중국의 국경 수비대 간에 전투가 벌어졌다. 영국에서 들여온 신식 소총으로 무장한 티베트 군은 중국군을 드리추 강 너머로 몰아냈고 캄파들은 이를 다시 중국 수비대에게 대항할 기회로 삼았다. 이런 혼란의 와중에 1918년 중반 협상을 통해 휴전이 이루어지고 중국-티베트 국경이 새로 확정됐다. 바탕(과 그 동쪽의 티베트인 거주 지역들)은 중국의 통제를 받게 됐다. 이렇게 해서, 푼왕이 태어난 1922년 무렵 바탕은 중국의 확고한 지배하에 놓이게 된다.

_골드스타인

1부

캄과 중국에서 자란 푸른 시절

1장
바탕에서 보낸 어린 시절

나는 1922년 1월 바탕에서 태어났다. 바탕은 캄(동티베트)의 아름다운 오지 마을로 라싸에서 800킬로미터, 베이징에서 1,900킬로미터 떨어진 곳에 위치해 있다(책의 앞면지에 실린 지도 1 참조). 해발 2,590미터 산지 계곡에 위치한 이 현縣의 서쪽으로는 자그마한 바 강이 흐르고 동쪽은 산에 둘러싸여 있다. 티베트치고는 비교적 기후가 온화한 편이며, 이 지역의 주민들은 거의 대부분 농사를 짓고 산다. 바위가 많고 경치가 아름답지만 정치적으로는 늘 분란이 끊이지를 않았던 바탕, 내가 나중에 티베트 혁명가가 된 것도 그런 역사의 격랑 속에서 어린 시절을 보냈기 때문이라고 할 수 있다.

부모님 계획대로 풀렸으면 나는 혁명가가 아니라 승려가 됐을 터이다. 네 살 무렵, 나는 삼촌과 현지의 수도원에 들어가 살았는데, 삼촌은 라싸에서 가장 큰 수도원 가운데 하나인 간덴 사원에서 공부한 학승이었다. 우리 동네에서

사진 1. 바탕 현 전경. 1940년.

는 나이 든 승려가 어린 조카를 뽑아서 함께 사는 것이 관행이었다. 어린 나이에 나도 삼촌이랑 지내는 것이 좋았다. 사미계 같은 것을 받지는 않았지만 승려처럼 머리를 깎던 기억이 난다. 이어 기도서를 암송하기 시작했다. 그런데 경전을 외우고 예불을 올리는 등의 훈련을 잘하던 중에 갑작스럽게 삼촌이 돌아가셨다. 그때 일이 전부 다 정확히 기억나지는 않지만, 삼촌이 죽는 바람에 나는 수도원을 떠나게 됐다. 너무 어린 데다 수도원에서는 돌봐줄 만한 다른 친척도 없었기 때문이다. 얼마 뒤에 부모님께서는 나를 바탕 현에서 운영하는 학교에 입학시키셨다. 이는 내 인생에

극적인 변화를 가져오게 될 결정이었다.

바탕은 정식 학교가 있다는 점에서 티베트 지역치고는 특이한 경우였다. 1907년, 중국 정부는 처음 바탕에 현대식 학교를 세웠다. 티베트족들도 의무적으로 학교에 다녀야 했는데, 놀라운 것은 당시 바탕에 미국인 선교사가 운영하는 학교(겸 고아원)도 있었다는 사실이다. 여기 다니는 바파도 많았다. 이런 학교들 덕분에 바파들은 중국어를 배웠고, 심지어 영어를 배우기도 했다. 그렇게 해서 중국 정부의 고위 관리가 된 사람들도 있었다.

일곱 살 무렵 중국 학교에 들어가 열두 살 때까지 계속 다녔다. 선생님들은 티베트족이지만 중국어에 능통했으며 교과목 중에는 중국어, 티베트어, 수학도 있었다. 하루 일과는 단출해서 오전 두 시간 오후 두 시간 수업에, 점심시간은 한 시간, 요즘 아이들 같은 숙제는 없었고 시계도 없었다. 시간은 해걸음으로 짐작하면 그만이었다.

나는 학교를 좋아하고 배우는 걸 좋아하는 아이였다. 무척이나 열심히 공부했다. 부모님은 표준 티베트 어문에 능통하기를 원하셔서 바탕에 처음으로 도서관을 세운 승려 출신 아저씨한테 티베트어 과외도 시켜주셨다. 친한 친구 하나가 선교사 고아원에 있어서 기독교 노래랑 선교사들이 티베트어로 번역한 서양의 재미난 얘기들도 많이 배웠고, 특히 〈고요한 밤, 거룩한 밤〉 같은 노래를 신이 나서 부르던 기억이 난다. 「알리바바와 40인의 도적」 같은 얘기를 들으며 얼마나 흥미진진했던지…….

사진 2. 푼왕의 아버지 고라 아시.(연도 미상)

한동안은 그렇게 모든 것이 비교적 순조롭게 돌아가는 것 같은 행복한 어린 시절을 보냈다. 그러나 얼마 후 너무나 거센 시대의 조류가 몰아닥쳤다. 나는 우리 지역 사람들—캄파(캄 사람—옮긴이)—이 이민족의 지배를 받고 있다는 사실에 대해 늘 마음속 깊이 분개했다. 우리 지역에서는 중국의 관원과 군대에 맞서 들고일어나는 일이 되풀이됐다. 아버지는 항중抗中운동에 적극 참가하셨으며, 나는 옛날에 있었던 전투와 용감한 캄파 영웅들에 관한 이야기를 들으며 자라났다. 그러니까 독립이니 자치니 저항이니 하는 문제에 대해 깊은 느낌을 갖게 된 것이 언제부터인지 정확히 말할 수 있다. 그것은 케상 체링이 바탕에 나타난 1932년, 그러니까 내가 열 살 때였다.[1]

케상 체링이 바탕에 온 날이 지금도 생생하다. 덩치 큰 중국 말을 타고 우리 마을로 들어왔는데, 화려한 관복에는 위엄이 넘쳤다. 그의 공식 임무는 바탕에 국민당 지부를 꾸리는 것이었지만 진짜 의도는 따로 있었다. 바로, 군벌 류원후이劉文輝를 타도하고 캄과 바탕의 통치권을 티베트인에게 돌려주려는 것이었다. 그는 용의주도하게 바탕의 주요 정치세력을 규합해갔다. 최데 수도원과 현지 티베트인 민병대(자원조직으로 150여 명 정도였으며 전쟁이 나거나 소요가 있을 때만 뭉쳤다)가 중심이었다. 그러나 이들의 지지가 있다고 해도 바탕의 통치권을 확보하려면 중국 수비대를 몰아내야 했다. 수비대 규모는 300~400명, 케상은 힘이 아니라 머리를 썼다. 고전적인 술책이었는데, 중국군 수비대장과 휘하 장교들을 잔치에 초대한 것이다.

케샹은 중앙정부(국민당)의 중요 관리인지라 수비대는 그의 초대를 무시할 수 없었다. 출타 중인 수비대장을 대신해 부사령관 저우가 고위급 장교들을 데리고 왔다. 그들이 들어서자마자, 케샹은 무기를 버리라며 순순히 말을 들으면 모두 무사히 보내주겠지만 아니면 다 죽이겠다고 했다. 선택의 여지가 없는 저우는 시키는 대로 했으나 수비대 본부에 남아 있던 병사들이 무기를 내놓지 않고 티베트인들의 수비대 진입을 막았다. 교착 상태에 빠진 것이었다. 이어 다음 날 아침 일찍, 전투가 시작됐다.

우리 집은 수비대에서 그다지 멀지 않은 곳에 있었다. 무서웠다. 따당 따당 울리는 총성……, 총소리를 들은 것은 처음이었다. 굉음에 귀가 멍멍했고, 동생과 나는 누비이불을 뒤집어썼다. 어머니도 무서워하긴 마찬가지였다. 아버지가 민병대원이었기 때문이다. 어머니는 즉시 집 안 사당 수호신에게 제를 올리셨다.

아침 늦게까지 계속된 전투 끝에 마침내 중국군이 항복했다. 포연이 걷히자 케샹은 사람들 모두를 최데 수도원으로 소집했다. 그는 일장 연설을 하기에 앞서 하늘을 향해 권총을 몇 발 쏘았다. 주목하라는 신호였다. 그러더니, 이제부터 자신이 지사知事이며 바탕은 다시 티베트인이 통치하게 됐노라 선언했다.

승리의 기쁨이 채 가시기도 전에, 케샹은 마을 사람들을 학교에 불러 모아 자기가 작곡한 〈새 캄의 노래〉라는 것을 가르쳤다. 가사가 전부 다 기억나는 것은 아니지만, 요지는 티베트인들은 중국 국민당 지도자 쑨원孫文의 삼민주의(민족주의·민권주의·민생주의의 3원칙을 말한다)를 따라야 한다는 것과 바탕과 캄의 인민들에게 새 시대가 도래했다는 내용이었다.

사기가 충천했으며 축하할 일도 많았다. 티베트 정부군(이나 중국군)은 단 한 명도 죽지 않았다. 글자 그대로 하룻밤 사이에, 케상은 소총을 600~700정이나 노획했고 탄약도 많이 얻었다. 키가 크고 건장한 체격에 검은 콧수염을 기른 케상은 우리 같은 어린 친구들에게는 영웅이었다. 사람들은 "케상 사령관의 말은 중앙정부의 명령과 같다"고 하곤 했다. 물론 그렇게 간단히 모든 일이 해결되진 않았고 그게 나의 학습과정의 일부이기도 했다. 중국인들이 그런 패배를 그냥 넘길 리 있겠는가. 전투는 끝난 것이 아니었다. 곧바로 다른 부대가 케상을 치려고 전열을 가다듬었다.

우리처럼 정치적으로 정세가 급변하는 지역에서는 동맹관계가 왔다 갔다 하고 불안정하기 때문에 약속이라는 것은 믿을 수가 없는 법이다. 케상은 윈난과 차칼로를 거쳐 바탕으로 왔다. 차칼로는 바탕 남서부 윈난 성 접경의 캄 자치지역이다(지도 2 참조). 케상은 바탕으로 들어오면서 공가르 라마에게 자신의 복안을 상의했다. 중요한 라마(티베트 불교에서 정신적 스승을 일컫는 말―옮긴이)였기 때문에 케상으로서는 그의 지원이 절실했을 것이다. 당시 공가르 라마는 케상의 행동을 용인하는 듯 보였는데 케상이 중국군을 무장해제시켜 바탕에서 쫓아냈다는 소식을 듣고는 갑자기 심경의 변화를 일으켰다. 그는 양다리 걸치기 작전으로 타르체도 수비대 본부의 류원후이에게 케샹의 행동을 지원한 적이 없다고 잡아떼는 내용의 편지를 보냈다.

이후 사태는 숨 막히게 전개됐다. 우여곡절 끝에 케샹의 부하들이 라마의 전령을 붙잡아 편지를 찾아냈다. 격분한 케샹은 편지를 보자마자 그 자리에서 전령을 쏘아 죽이고 바로 바탕 민병대를 동원해 배신을 한 공가르 라마를 칠 준비를 했다. 사태가 급속히 악화됐다. 배신자에게 교훈을 주겠다고 마음먹은 케샹은 민병대―우리 아버지도 대원이었다―를 드리추 강 이남 차칼로로 보냈다. 그러나 케샹만 모르고 있었지 공가르 라마는 이미 공격이 임박했다는 것을 알아채고 차칼로 민병대를 소집해놓은 상태였다. 더욱 중요한 건 마르캄에 주둔 중인 티베트 정부군 연대의 지원을 확보해놓은 것이었다.

이런 사실을 까맣게 몰랐던 케샹과 휘하 병사들이 드리추 강을 건너 차칼로를 향해 남진할 때였다. 멀리 산발치에 티베트 정부군 부대가 보이는 것이 아닌가. 처음에는 바로 그 산 너머에 티베트 군 기지가 있고 그 지역은 티베트령이었기 때문에 별로 이상하게 생각지 않았다. 그런데 차칼로로 통하는 산길을 올라가던 중 갑자기 차칼로 민병대의 집중 사격이 쏟아졌다. 길목을 노리고 매복 중이었던 것이다.

전세가 불리하다는 것을 직감한 바탕 민병대는 곧바로

산 아래로 퇴각했다. 그러나 계곡에 도착했을 때 티베트 군이 기다리고 있는 것을 보고 깜짝 놀랐다. 조금 전의 바로 그 정부군이 양쪽에서 총격을 가해오는 것이었다. 후방으로도 티베트 정부군이 몰려들어 퇴로를 막았다. 케상의 주력 부대는 일부 대원이 남아서 후방을 사수하여 추격자들을 일시적으로나마 붙잡아둔 덕분에 간신히 드리추 강을 건너 탈출할 수 있었다.

패전 소식이 바탕에 날아들자, 우리 가족은 전전긍긍했다. 아버지가 후방 사수 부대에 속해 있다는 얘기를 들었기 때문이다. 많은 대원이 죽었다는 말도 들렸다. (티베트 군이 죽은 우리 전사들 목을 잘라 마르캄 주둔기지에 전시했다는 소문도 나돌았다.) 지금 생각해도 애간장이 탄다. 민병대 본대가 돌아오자 어머니와 나는 행여 아버지가 돌아왔을까 싶어서 나가봤지만 아버지의 모습은 보이지 않았다.

마지막 패잔병이 모습을 보인 후, 어머니는 대성통곡했다. 아버지가 전사한 게 틀림없다고, 아버지를 위해 마지막 기도제를 준비하자면서 이제 가족 아침 기도 의식은 내가 맡아야 한다고 당부하셨다. 성수聖水 사발 등을 깨끗이 닦고 버터를 채우는 일이었다. 나는 남자 어른이 하는 일을 맡게 된 것에 잠시 우쭐한 기분이 들었다가 이내 너무도 슬프고 화가 났다. 아버지가 죽음이 도무지 받아들여지지 않았다. 가족 수호신 앞에서 기필코 아버지의 복수를 하겠노라고 맹세하던 기억이 난다. 그러고는 매일 부처님한테 아버지를 죽인 자들의 이름을 알려달라고 빌었다. 그러나 다행히도 우리의 슬픔은 얼마 가지 않았다. 몇 주 만에 슬픔은 기쁨으로 바뀌었다. 마르캄에서 온 장사꾼이 아버지가 살아 있으며, 부상만 입었다는 얘기를 전해준 것이다. 아버지는 전투 중에 다리에 총상을 입고 마르캄으로 후송돼 치료 중이었다. 상처는 심하지 않고 상태가 좋아지고 있으며 곧 집으로 돌아올 것이라고 했다.

그러나 케상 체링의 문제는 심각해졌다. 티베트 군은 그를 쫓아낸 데 만족하지 않고 드리추 강을 건너 추격전에 나섰다. 차칼로 민병대와 함께 바탕까지 쳐들어온 것이다. 케상 부대는 바탕 현 외곽에서 재집결해 그들과 맞섰으나 격퇴시키지는 못했다. 전투는 석 달 동안이나 계속됐다(대충 1932년 4월 중순에서 7월까지로 기억된다). 어느 쪽도 우위를 점하지 못한 채 총성이 점점 가까워졌다. 하도 오래들 싸워서 나는 총소리로 총의 종류가 구분될 정도였다. 티베트 군의 영국제 소총은 우리 민병대가 쓰는 중국제 소총과 소리부터 달랐다.

교착 상태가 끝난 것은 류원후이가 바탕을 탈환하기 위해 타르체도 주둔군을 파견했다는 소식이 알려지면서였다. 케상은 류가 쓰촨 성 내 라이벌 군벌들의 도전으로 이쪽까지 신경을 쓸 여력이 없을 것으로 계산했다. 그러나 오산이었다. 류의 군대가 산길을 지나 바탕으로 진격해오고 있다는 소식이 전해지자, 역부족임을 절감한 케상은 그를 따르는 20여 명의 대원만을 데리고 달아났다. 케상이 윈난으로 갔다가 거기서 다시 난징으로 돌아갔다는 소식을 우리는 나중에 들었다. 국민당 상급자들에게 뭐라고 변명했는지는 모르지만, 그는 얼마 후 어찌어찌해서 다시 중국 정부 고위직에 올랐다. 그러나 바탕에 남겨진 사람들에게는 험난한 시절이 기다리고 있었다.

중국군은 아무런 저항도 받지 않고 마을을 접수했다. 중국군이 진격해오자 티베트 정부군은 드리추 강 너머 마르캄 주둔지로 철수했다. 다시 중국인들의 직접 지배를 받게 된 것이었다. 그들은 보복으로 민병대 대장 양신과 간부 두 명을 처형했다.

처형 장면을 직접 보지는 못했지만 지금도 떠오르는 그날의 생생한 기억이 하나 있다. 그때 나는 양신의 아들 다와와 노는 중이었다. 우리는 거대한 호두나무를 발로 차고 주먹으로 쳐서 호두를 떨어뜨렸다. 웃고 떠들면서 나무에다가 돌멩이를 던지고 노는데 어디서 총소리가 났다. 하지만 별로 신경을 쓰지 않았다. 전투는 끝났으니까 누가 점검차 몇 발 쏘아본 것이려니, 했다. 몇 분쯤 지나서 어떤 마을 아저씨가 우리를 보더니만 나만 오라고 불렀다. 그 모습을 보는 순간, 뭔가 잘못됐다는 직감이 들었다. 아저씨는 낮은 목소리로 다와랑 왔던 길로 다시 돌아가지 말라고 하셨다. 왜 그러시느냐고 물으니, 아저씨는 다와의 아버지가 처형됐는데 처형 장소가 바로 그 길목 중간에 있다고 했다. 물론 나는 아저씨가 시키는 대로 했지만, 너무나 무서웠고 토할 것만 같았다.

나중에 어떻게 처형이 됐는지 자세히 알게 됐다. 손을 등 뒤로 묶고 목에다 무거운 플래카드를 건 다음 욕을 하면서 읍내 곳곳을 돌며 조리돌림시킨 뒤에 총살했다는 것이었다. 그러나 그들은 당당하게 죽었다. 〈새 캄의 노래〉를 목청껏 부르면서, 결코 중국인들에게 머리 숙이지 않았다.

처형 이후 바탕은 다시 평시로 돌아갔다. 나는 다시 학교에 갔고 일상적인 집안일도 그대로였다. (그 직후 아버지가 마르캄의 티베트 군에게서 풀려나 집으로 돌아왔다.) 그러나 류원후이 장군의 만행에 대한 적개심은 수그러들지 않았다. 나는 류원후이를 증오했고, 언젠가 복수하고야 말겠다고 다짐했다. 저 위대한 영웅들의 발자취를 따라 캄파의 자치권을 쟁취하겠다는 꿈도 꾸었다. 그 사건은 나에게 깊은 인상을 남겼다. 케상 체링처럼 신식 교육을 받은 현대식 티베트인이 되겠다는 열망이 그때 이미 꿈틀거렸던 것 같다.

2장
나의 삼촌 롭상 툰드룹의 쿠데타

몇 년 후 우리 현 사람들은 다시 자치를 위한 투쟁에 나섰다. 이번에는 우리 집안이 훨씬 직접적으로 연관됐다.

어느 날 학교에서 집으로 돌아와보니 부모님께서 롭상 툰드룹 삼촌이 난징에서 오는 중이라고 하셨다. 케상 체링과 마찬가지로 삼촌은 우리 현에서 학교를 마치고 중학교에 진학한 이후 국민당에 들어갔다. 몇 해 전에는 중국 정부에 차출돼 몽장위원회(중국어로 몽蒙은 몽골족, 장藏은 티베트족을 말한다—옮긴이)에서 일하기도 했다. 삼촌과 나는 각별한 사이였다. 삼촌의 딸인 사촌 여동생들도 우리 집에서 8년이나 같이 살았기 때문에 친동생이나 진배없었다. 삼촌이 온다는 말을 들으니 가슴 설레며 빨리 보고 싶었다. 중국에 가서 어떻게 출세했는지, 어서 듣고 싶었다.

삼촌이 타르체도에 도착한 것은 1935년이었다. 가라 라마와 판다 톱계라고 하는 티베트 사람 둘도 같이 왔다.[2] 장제스가 중국공산당군에 맞서 싸우도록 티베트 지도자들을 설득하는 한편으로 시캉 성 국민당 지부를 키우라고 파견한 것이었다. 당시 홍군紅軍은 장정長征(1934~1936년 공산당 홍군이 국민당 군과 전투를 하면서 중국 동남부 장시江西 성에서 북서부 산시山西 성까지 12,000킬로미터를 걸어서 이동한 행군—옮긴이) 막바지에 접어들어 막 캄을 통과하고 있었다. 케상 체링처럼 삼촌 일행도 따로 생각이 있었다. 중국인 지역정부를 타도하고 캄파들의 자치를 확보하는 것이었다.

삼촌은 데르게(바탕 현 북쪽에 있는 티베트 소속 주요 현)를 거쳐 바탕으로 내려왔다. 삼촌의 계획은 케상 체링과 비슷했다. 데르게 지도자들로부터 군사적 지원 약속을 받아낸 다음 바탕에서 승려와 민병대를 규합할 생각이었다. 최대한 소리 소문 없이 은밀히 이 작업을 추진하는 동안 판다 톱계는 민병대를 모집하는 듯했다. 큰 틀이 잡히고 바탕의 승려와 민병대가 전투 태세를 갖추자 삼촌은 내외 협공을 구상했다. 바탕에서 봉기를 일으키면 판다 톱계의 민병대와 데르게 쪽에서 지원을 한다는 것이었다. 이론적으로 나쁜 전략은 아니었지만, 불행하게도 아무것도 삼촌 계획대로 되지 않았다.

삼촌은 바탕 외곽에 다다라 예기치 않게 검문소에서 바탕 주둔 중국군 수비대장 푸데추안에게 붙잡혔다. 푸가 삼촌의 계획을 알고 있었다는 증거는 없다. 그러나 삼촌과는 무관한 이런저런 사건들 때문에 사태를 예의주시하고 있었고, 그 바람에 삼촌이 걸려들게 된 것이다. 삼촌은 바탕 출입이 금지됐다.

삼촌은 읍내로 들어오려고 온갖 묘안을 짜냈다. 급기야 8년 동안이나 못 본 딸을 만나보지 않고는 절대 돌아갈 수 없다고 떼를 쓰기도 했지만 중국인들은 아랑곳하지 않았다. 그러다 결국 우리 아버지가 딸을 검문소로 데리고 나와 만나게 해주는 식으로 낙착이 됐다. 아버지가 도착하자, 롭상 삼촌은 아버지를 통해 바탕의 핵심인사들에게 반란 계획을 전했다. 그런 다음 중국으로 돌아가는 척하면서 다음 기착지로 향했다. 거기서 대기하면서 바탕의 승려와 민병대가 호응할 채비를 갖추면 바탕으로 잠입할 기회를 엿본 것이다.

판다 톱계의 민병대 대장들에게 삼촌이 바탕에 못 들어오게 됐다는 소식이 전해졌다. 그러자 삼촌이나 데르게 부대를 기다리지 않고 바로 공격을 개시했다. 기다렸어야 했는데 그러지를 않았다. 너무 자신감이 넘쳤거나, 중국인들이 공격의 낌새를 눈치챘다고 보고 증원할 틈을 주지 않으려고 했던 것 같다. 아니면 그저 공명심에서 그랬을지도 모르겠다. 이유야 어쨌든 그들은 혼자 힘으로 반란을 일으켰다.

그들은 바탕 수도원의 활불活佛(티베트 불교 교리에서 윤회를 통해 다시 태어난 고승을 일컫는 말—옮긴이)인 라가 라마를 설득해서 중국군 수뇌를 수도원으로 초청하도록 했다. 푸와 경호대원들이 도착하자 판다는 예전에 케상 체링이 그랬던 것처럼 그들을 바로 체포했다. 푸에게는 수비대에게 투항하고 무기를 내놓으라는 명령을 내리라고 했다. 푸는 그러겠다면서도, 직접 가서 말하지 않으면 대원들이 자신이 항복 명령을 내렸다는 사실을 절대 믿으려 하지 않을 거라면서 우선 풀어달라고 설득했다. 티베트인들은 영 떨떠름했으나 일단 전투가 벌어지면 엄청난 사상자가 발생할 게 뻔했으므로 중국군과의 본격 전투는 가급적 피하고 싶은 마음도 있었다. 이리저리 의견이 엇갈리는 사이 푸가 꾀를 냈다. 푸는 캄에 오래 주둔해 티베트의 관습에 정통한 터였다.

그는 수호신의 영력에 대한 티베트인들의 믿음을 이용해서 수도원의 최고 수호신 앞에서 기꺼이 맹세를 하겠노라고 호언장담했다. 수비대로 가면 사흘 안으로 총기를 모두 반납하고 반드시 약속을 지키겠다는 얘기였다. 머리가 잘 돌아가는 롭상 삼촌이 거기 있었다면 푸를 놓아주지는 않았을 것이다. 그러나 순진한 구식 아저씨들에게 감히 수호신 앞에서 거짓말을 한다는 것은 상상할 수도 없는 일이어서, 그만 그를 놓아주고 말았다.

푸는 수비대로 돌아갔다. 사흘이 지나도 중국군이 항복을 해오지 않자, 티베트 부대는 즉시 무기를 내놓으라고 독촉했다. 그러자 푸는 상냥한 어조로, 약속을 지키고 싶은 마음은 굴뚝같지만 시간이 더 필요하다고 응답했다. 부대원들 사이에 바탕을 벗어나 동쪽 길로 갈 것이냐 서쪽 길로 갈 것이냐를 놓고 의견이 분분해 정리가 필요하다는 것이었다. 그러면서 이런 난제를 풀려면 라가 라마가 수비대로 와서 의식을 올리고 점을 쳐서 결정해주는 것이 가장 좋지 않겠냐고 제안했다. 라마는 많은 이들이 만류했음에도 불구하고 이 제안을 받아들인다. 그것은 엄청난 실수였다.

라가 라마가 중국군 수비대로 들어가자마자 푸는 그를 억류했다. 티베트인들로서는 크게 한 방 먹은 셈이었다. 이어 푸는 자기 말을 안 들으면 라가 라마를 죽이겠다고 협박함으로써 판다 톱계가 이끄는 민병대와 현지 승려 및 민병대원들 사이에 금이 가게 했다. 라가 라마에 대한 지역민들의 신심이 깊다는 것을 잘 알고 있었던 것이다. 협박을 무시하지 못하리라는 그의 판단은 정확해, 결국 바탕 현지 병력은 포위를 풀고 철수했다. 이제 판다 톱계의 민병대만 홀로 남게 됐다. 앞에는 전투 경험이 많고 수적으로도 우세한 중국 수비대가 버티고 있었다.

유리한 입장이 된 중국군은 공세 준비의 일환으로 용맹과 자신감을 북돋기 위한 끔찍한 의식을 집행했다. 놈들은 티베트 포로 한 명을 연병장 나무 기둥에 묶은 다음 돌아가면서 살금살금 총검으로 찔러댔다. 포로의 비명 소리가 귀에 거슬리자 입에 재갈을 물린 채 수도 없이 찔러댔다. 그러나 깊게 찌르지는 않았다. 수백 명 중국군 병사 하나하나의 총검마다에 살아 있는 적의 피를 적실 요량이었다. 그들은 그렇게 하면 다가올 전투에서 행운이 따른다고 믿었다.

땅거미가 질 무렵, 포로는 숨을 거뒀다. 밤이 이슥해지자 중국군들이 수비대 병영에서 쏟아져 나와 판다의 민병대를 들이쳤다. 전투는 치열했고 엄청난 사상자가 나왔다. 중국군 85명과 판다 톱계의 민병대원 15~16명이 죽었다. 민병대는 하는 수 없이 말을 타고 마을에서 이틀 거리인 포의 본거지로 퇴각했다.

푸는 그 이상 추격하려고 하지 않았다. 대신 바탕에 있는 판다 톱계의 집으로 바로 달려가 약탈했다. 값이 나갈 만한 것은 다 챙긴 다음 옷가지며 차茶 같은 별 볼일 없는 물건들을 담은 상자를 잔뜩 내다 놓고 바파들에게 원하는 대로 가져가라고 선심을 쓰니 서로 가져가려고 북새통을 이뤘다. 서글픈 일이었다. 이렇게 해서 푸는 이중의 승리를 거두게 된다. 판다 톱계 집에서 한재산 챙기고, 잔머리를 굴려 마을 사람들에게 남은 물건을 나눠줌으로써 그들을 사실상 약탈의 공범으로 만든 것이다. 중국인과 티베트인의 맞대결이라는 문제가 슬그머니 물 타기 된 셈이다. (그러나 판다의 민병대도 한 가지는 성공했다. 철수를 하면서 푸의 집으로 가 그의 아내를 붙잡은 것이다. 민병대는 그 여자를 인질로 삼아 협상을 했다. 푸는 판다의 물건 일부를 돌려주고 주민들에게 더 이상 보복하지 않기로 했다.)

전투가 한창일 때 삼촌은 다음 기착지에서 대기 중이었다. 삼촌은 패전 소식을 듣고 즉시 판다 톱계를 만나러 갔다. 판다는 민병대원이 다 떨어져나간 상태에서 바탕 동쪽에 있는 티베트 유목민 지역인 린탕으로 갔다. 두 사람은 다시 세력을 규합해 좀 더 면밀하게 작전을 짜서 재공격에 나서기로 했다. 그러던 중 공교롭게도 푸의 생각도 돌변해, 갑자기 삼촌의 바탕 귀환을 허용해버렸다. 롭상 삼촌은 바탕에 도착한 뒤 겉으로는 푸와 사이좋게 지내는 척하면서 뒤로는 공격 준비를 했다. 일이 터진 것은 그로부터 몇 주 후였다.

바탕 현은 사방을 장벽으로 둘러친 상태였다. 말이 뛰어넘기에는 너무 높지만 장정들이라면 기어 올라가 뛰어넘을 수 있는 정도였다. 그래서 푸의 부대는 물샐틈없이 경계하고 있었는데, 공격 준비가 끝났다. 삼촌과 판다 톱계는 정면 공격은 피했다. 대신 현을 포위해서 주민과 중국인들이 달아나지 못하도록 했다. 게다가 더더욱 중요한 것은 포위로 인해 땔나무를 구하지 못하게 됐다는 점이었다. 당시 땔감은 당나귀를 몰고 나가 주변 산에서 베어 왔다.

몇 주간 교착 상태가 계속됐다. 간간이 총성이 울렸지만 별다른 움직임은 없었다. 삼촌과 판다는 세 차례 직접 공격에 나섰는데, 세 번째 공격 때는 판다 민병대 15명 정도가 벽을 기어올라 읍내 중국군 수비대 근처까지 진격했다. 총알이 빗발치듯 날아다녔다. 사태가 불리해지자 중국군은 달아나기로 마음을 먹었다. 푸가 건물 여러 채에 휘발유를 끼얹고 불을 지르려는 순간, 현지 티베트 소녀와 결혼한 중국인 상인이 푸에게 도망가지 말라고 설득했다. 도망가 봤자 티베트 기병들에게 쫓겨 결국은 죽임당하고 말 것이 뻔하다고 애원했다. 이 말에 생각을 고쳐먹은 푸는, 다시 중국군을 이끌고 전투에 나섰다. 그리고 전세가 서서히 뒤집어지기 시작한다. 티베트 민병대의 처음 공격은 일단 성공적이었으나, 추가 병력 지원도 없고 현 내 민중 봉기도 일어나지 않았기 때문에 점점 세가 불리해져갔다. 중국인들은 곧 담을 넘어온 티베트 민병대원들을 죽이거나 격퇴했다. 많은 티베트인 부상병이 중국군에게 목숨을 잃었다. 놈들은 총알을 아낀답시고 바위로 머리통을 내리찍는 짓을 했다.

이 공격이 실패로 끝났다고 해서 포위 공격 작전 자체가 막을 내린 것은 아니었다. 삼촌과 판다 톱계는 네 번째 공격을 계획했다. 그때 중국 중앙정부 소속 1개 사단이 바탕 동쪽 둥룽 고갯길에 도착했다는 소식이 들어왔다. 1935년 늦여름이었다. 공산당의 홍군은 그 유명한 장정의 막바지에 접어든 상태였다. 일부는 티베트 캄 일대를 통과 중이었다. 바탕까지 들어오지는 않았지만 우리 마을 동쪽에 있는 다리를 건넜다. 바깥쪽으로 멀리 떨어진 곳에 사는 마을 사람들이 일부 낙오병을 붙잡았다는 얘기를 들은 기억이 난다.[3]

정부군을 이끄는 국민당 장군은 푸와 삼촌에게 전투를 중단하고 홍군 추격에 합류하라고 명령했다. 이 시점에 삼촌은 더 이상 지역 군벌과의 싸움을 계속할 수 없다고 보고 전투를 중지하고 중국으로 돌아갈 결심을 했다.

당시 나는 열네 살밖에 안 됐을 때였다. 그러나 전투가 끝나기도 전에, 내 인생에서 중대한 결정을 했다. 중국으로 가서 공부를 해 케상 체링과 롭상 툰드룹의 뒤를 따르리라. 지도자가 되어 우리 티베트 민족의 자유를 위한 싸움에 선봉에 서리라는 것이었다. 어쨌거나 이번 싸움에서 패했다고 의기소침해지지는 않았다. 그런 시도가 나는 자랑스러웠다. 판다 톱계의 민병대가 처음 공격에 나섰을 때 기분이 어땠는지 지금도 기억에 생생하다. 병사들은 현 내에서 수도원까지 가는 길을 다섯 걸음씩 간격을 두고 보초를 섰다. 용맹스럽고 늠름하기 이를 데 없어 보였다. 우리 민족이 자랑스러웠다. 처음, 케상 체링이 공중에 권총을 쏘아대면서 바탕은 이제 티베트인들이 다스릴 것이라고 세계만방에 선언하는 것을 보았을 때 가슴이 벅차오르던 순간이 잊히지 않는다. 나는 삼촌처럼, 케상 체링처럼 되고 싶었다. 그리하여 삼촌으로부터 이제 떠나야겠다는 얘기를 들었을 때, 나도 학교를 갈 수 있게 난징으로 데려가달라고 애원했다.

삼촌은 웃으며 바로 중국으로 가는 것은 아니라고 했다. 동료인 가라 라마한테 갔다가 몇 주 후에 돌아올 거라고 하셨다. 가라 라마가 캄의 어떤 다른 곳에 지금 있는데 몸이 너무 아프다는 것이었다. 삼촌은 안심하라고 했지만 걱정이 안 될 수가 없었다. 나는 중국에서 공부하는 것 말고도 그 이상을 생각하고 있었다. 내가 케상 체링과 삼촌을 영웅시한 것은, 두 사람이 중국에 저항했기 때문만은 아니었다. 그들은 공부를 많이 하고 세련되고 현대적이었다. 뿐만 아니라 나와 같은 신념, 캄파는 캄파가 다스려야 한다는 신념을 갖고 있었다. 따라서 중국 유학이 내 꿈의 핵심이 되었다. 곧 돌아온다는 삼촌 얘기가 나를 안심시키려는 빈말이면 어쩌나 싶어 초조했던 것이다.

삼촌이 돌아오지 않으면 어쩌나 하는 걱정이 커져갈수록, 당장 결단을 내리지 않으면 중국에서 공부할 단 한 번뿐인 기회를 놓치고 말 것만 같았다. 그래서 삼촌이 떠난 것을 알고는 가출하기로 결심했다. 얼른 뒤쫓아가서 삼촌한테 나도 같이 데려가달라고 매달릴 생각이었다. 친구 하나를 꾀어들였다. 그 친구의 도움으로 우리 집 창고에서 식량을 훔쳐다가 맡겨놓았다. 다음 날 아침 일찍 이 식량을 가지고 약속 장소로 나와야 한다고 신신당부를 하고는 날이 밝자마자 부리나케 일어나 약속 장소에 나가 기다렸으나 시간이 지나도 친구가 오지 않았다. 얼마간 더 기다려도 모습을 드러내지 않자, 나는 친구를 찾으러 왔다 갔다 하느라 시간 낭비할 여유가 없다고 판단하고 혼자 길을 떠났다. 식량도 돈도 아무것도 없는 상태였다.

최대한 걸음을 서둘러 다음 기착지로 향했다. 이윽고 그곳에 도착했을 때는 배는 고프고 극도로 기진맥진한 상태였다. 허나 너무 늦어버렸다. 하숙집 주인은 삼촌이 벌써 떠났다고 전해주었다. 나는 의기소침해졌지만 바로 삼촌을 뒤쫓아갈 생각이었다. 그런데 하숙집 주인이 밥 먹고 이튿날 떠나라고 타일렀다. 하숙집 아저씨는 말 태워 사람을 보내 삼촌한테 내가 여기 있다고 알려주겠노라고 했다. 그런데 그는 나 모르게 우리 집에도 사람을 보냈다.

다음 날 아침, 삼촌이 먼저 달려오고 이어 아버지가 나타났다. 전전긍긍하는 나를 보고 삼촌이 설핏 웃더니 금방 돌아오겠노라고 다시 다짐을 주었다. 또 중국에 가서 다시 자리를 잡으면 꼭 데려가겠노라 확약했다. 아버지께서도 중국에 유학을 보내주겠노라고 약속하셨다. 그 바람에 기분이 한결 나아진 나는 아버지와 집으로 돌아왔다. 미심쩍은 구석이 없지는 않았지만 그래도 나는 마음속 깊이 두 분을 믿었다. 이제는 시간문제라는 확신이 솟았다.

아버지랑 말을 타고 집으로 돌아가던 당시를 회상하니 마음이 아파온다. 아버지께서 말을 단 한 필만 가져오셔서 돌아가는 길에 나는 아버지 안장 앞쪽에 앉게 되었다. 가는 도중에 아버지는 왜 가출했는지 솔직히 말해달라고 하셨다. 나는 솔직히 얘기해도 되나 싶어 잠시 망설였지만 결국 그러기로 하고, 중요한 이유는 중국에 가서 공부해 삼촌처럼 배운 사람이 되고 싶기 때문이라고 말했다. 그리고, 집에서 사는 게 그다지 행복하지 않아서라는 말도 했다. 좀 주제넘고 불손하게도 아버지께서 술을 너무 많이 드신다는 말도 했다. 마르캄에서 집에 돌아왔을 때—우리는 아버지가 죽었는 줄 알았다—너무 취해서 말 잔등에 제대로 앉지도 못했던 일 기억나시느냐고 물었다. 그때 아버지가 고래고래 중국인들 욕을 해대는 바람에 그 사람들이 들으면 큰일 날까 싶어 이모가 아버지 입을 찰싹찰싹 쳐서 입을 막기도 했다. 취하셨을 때 간혹 엄마를 때리는 것도 밉다는 말까지 했다. 그래서, 그런 것들이 싫어서, 집을 나갔다고 했다.

아버지께서는 아무 말도 없으셨다. 나는 정면을 보고 있어서 아버지 얼굴이 보이지 않았으므로 무슨 생각을 하시는지 알 길이 없었다. 점점 침묵이 불편해지다가 갑자기 뭔가 뜨끈한 것이 뒷목을 축축이 적시는 게 느껴졌다. 안장에 앉은 채로 고개를 돌렸을 때, 나는 충격을 받았다. 아버지 눈에서는 하염없이 눈물이 흘러나오고 있었다. 처음으로, 아버지께서 우는 걸 보았다.

솔직히 말한 것이 과연 잘한 일인지 집에 돌아와서 몇 번이고 곰곰 되돌아봤다. 답을 찾진 못했지만, 이미 한 번 뱉은 말을 주워담을 수 없는 노릇이었다. 이제 내 인생은 새로운 방향으로 접어드는 중이었다. 삼촌은 약속을 지켰다. 바탕으로 돌아왔고, 다툼이 끝나자 약속대로 나를 중국으로 데려갔다. 행인지 불행인지 이후 근 10년 동안 다시는 바탕을 보지 못했다.

3장
학창 시절

 우리는 말을 타고 바탕을 떠나 중국으로 향했다. 삼촌과 사촌 여동생 둘, 하인 한 명 그리고 나, 이렇게 조촐한 일행이었다. 류원후이가 쫓아올까 봐 걱정이 된 삼촌은 바탕에서 류의 수비대 본부가 있는 타르체도까지 첫 구간은 장사꾼으로 위장을 하고 갔다. 야크 서른 마리에 짐을 바리바리 싣고 갔다. 길을 가는 내내 중국 학교는 어떨까 이 생각 저 생각에 마냥 가슴이 부풀었다. 미지의 세계에 대한 불안 따위는 전혀 없이 매우 들떠 있었던 기억이 난다. 이제 공부를 해서 현대적인 신사가 되는 것이다! 하루 빨리 새 세상이 보고 싶어서 조바심이 났다.
 타르체도에 이르자 삼촌은 야크들을 돌려보냈고, 거기서부터 우리는 걸어서 갔다. 이 구간은 악몽이었다. 큰길은 피하고 외진 산길이나 오솔길을 택하자니 힘은 곱절로 들고 위험도 컸다. 삼촌이 고용한 짐꾼 두 명이 여동생들을 업고 갔다. 식량이 넉넉지 않은 데다가 마을이라곤 없는 지역을 통과하는 경우가 많아서 어떤 때는 하루 종일 또는 저녁녘까지도 내내 걸어야 했다. 사촌 여동생들은 발에 물집이 잡혀 퉁퉁 부어올랐다. 그렇게 해서 12일 만에 레산에 당도했다. 여기서 배를 타면 바로 충칭으로 들어갈 수 있었다. 마침내 류의 손아귀를 벗어난 것이었다.

충칭에 와보니, 중국 사람 천지였다. 삼촌은 우리를 깨끗이 목욕시키고는 중국 옷으로 갈아입혔다. 몇 주 동안을 산길을 헤매느라 여자애 둘은 머리에 이가 득시글거렸다. 삼촌은 중국 여자를 사서 애들 단장을 맡겼다. (사실 우리는 이 때문에 머리를 박박 깎다시피 했다.) 그런들 저런들 나는 상관없었다.

환상적인 새 세상 한복판에 들어서니 전율이 흘렀다. 전혀 세상 물정 몰랐던 나는 이 모든 게 경이로울 수밖에 없었다. 이렇게 사람이 많고 산처럼 거대한 건물이 즐비한 곳이 있다는 게 믿기지 않았다. 삼촌 덕분에 처음으로 차를 탔는데, 주변 풍경이 휙휙 스쳐 지나가는 게 아닌가. 건물들이 움직이는 줄 알았다! 사람이 끄는 인력거도 놀라웠다. 그런 걸 본 적도 없거니와 그런 게 있으리라고는 상상도 못했다. 온갖 이상하고 신기한 물건을 파는 가게도 끝없이 늘어서 있었다. 초등학교에서 중국어를 배웠는데 여기는 사람들 말이 한결 빨랐다. 알아듣는 데 아주 애를 먹어 처음에는 간단한 일상적인 얘기만 통했다. 그마저도 꽤 힘이 들었다. 분명 배워야 할 게 많았다. 그러나 이제 현대 세계에 들어온 것이고 나는 그게 좋았다. 열네 살, 내 인생은 이제 진짜 시작이라는 생각이 들었다.

배를 타고 양쯔揚子 강을 따라 난징까지 안전하게 내려가기 위해 기다리는 동안 우리는 삼촌이 빌린 집에서 묵었다. 낮 동안 삼촌이 일하러 나가면 우리는 집 주변을 어슬렁거리다가 아무 중국 식당으로나 가서 밥을 먹었다.

나중에는 중국 음식을 좋아하게 됐지만 처음에는 얼마나 이상하고 마뜩지 않았던지. 티베트 식생활은 버터와 고기를 많이 먹는다. 그런데 우리가 식당에 들어가보면 쌀밥에 채소가 고작이었다. 그러니 먹어도 먹어도 허기가 졌다. 식당 종업원들은 내가 앉은 자리에서 쌀밥을 여섯 공기 일곱 공기씩(여자애들은 대여섯 공기씩) 먹어치우는 걸 보고 눈이 휘둥그레졌다. 사실 그렇게 먹고 나서도 오후가 되면 노점에서 빵을 좀 더 사 먹었다.

대략 두 주쯤 충칭에 머물다 마침내 우리는 난징행 배에 자리를 구했다. 삼촌은 얼마간 뒤에 남아야 해서 선장한테 아이들 좀 잘 돌봐달라고 신신당부를 해두셨다. 난징까지 가려면 네댓새는 걸렸지만 나는 하나 겁나지 않았다. 우리는 중국 사람들이랑 똑같은 복장을 했는데, 배에 탄 사람들은 우리가 티베트족이라는 걸 다 알았다. 사실, 그래서 재미가 있었다. 선장은 티베트족이라고는 처음 보는 사람이어서 각별히 우리한테 관심과 애정을 가지고 대해줬다. 가끔은 우릴 불러서 선원들이랑 같이 밥을 먹이기도 했다. 다른 승객들과 격 없이 이야기할 정도로 중국어가 능하지는 못했지만 그래도 우리끼리는 얼마든지 떠들 수 있었다.

1부_캄과 중국에서 자란 푸른 시절

그 덕분에 난징까지 가는 길은 그야말로 흥미진진한 모험이었다.

난징에 도착해보니, 작은 삼촌과 숙모가 선착장으로 마중을 나와 계셨다. 작은 삼촌은 장제스 사관학교(중앙군사정치학교—옮긴이) 생도였다. 티베트족으로는 그 학교에 들어간 첫 학생이었다. 작은 숙모는 소수민족문제를 관할하는 국민당 정부 부처 몽장위원회의 통역관이었다. 숙모는 바탕에서 선교사 학교에 다녀 중국어와 티베트어는 물론, 영어도 할 줄 알았다.

우리가 다니려는 학교는 몽장위원회가 세운 중앙군사정치학교 부설 몽장학교로, 소수민족들을 훈련시켜 정부 일꾼으로 키우는 것이 설립목적이었다. 학생은 300명 가까이 됐는데 그중에서 티베트인은 15~20명가량 됐다(일부는 바탕 출신이고, 일부는 시가체의 판첸 라마 관할 지역, 일부는 캄과 칭하이靑海 성 출신이었다). 나머지는 몽골족, 위구르족, 이彝족, 후이回족 및 간쑤甘肅 성과 칭하이 성 같은 변경 지역 출신 한족이었다.

우리가 중국어가 너무 달려서 예비반에도 들어갈 수 없을 정도니 삼촌이 우리들한테 가정교사를 붙여줬다. 난징에서 지낸 시절은 재미났다. 늘 신기한 것투성이였다. 이를테면 학교에서 틀어준 항일전쟁 관련 선전영화 같은 것은, 처음 볼 때는 기관총과 대포가 꼭 나를 겨냥하고 쏘는 것 같아 너무 무서웠다. 대사를 잘 알아듣지 못해서 답답하기는 했지만.

나는 가정교사에게 열심히 배우며 공부했다. 몇 달 만에 중국어 실력이 엄청 늘었으며, 얼마 후에는 쉬운 소설을 읽을 정도가 됐다. 러시아 에스키모가 대도시에 처음 와서 차며 빌딩이며 온갖 것을 보고 입이 떡 벌어지는 내용이 들어 있던 책을 정말 재미있게 읽었던 기억이 난다. 뭔가 내 앞길에 작은 지침이 되어주는 것 같아 마음이 푸근했다. 웃기도 많이 웃었다. 내가 처음 충칭과 난징에 도착했을 때 모습과 너무도 똑같았기 때문이다.

집에다가 편지를 쓰기는 했지만 향수병 같은 것은 없었으며, 답장이 안 와도 개의치 않았다. 난징의 티베트인들이 매주 우리 집에 모여서 먹고 노래하고 춤추고 놀았으므로 우리 문화나 음식과 완전히 단절된 생활은 아니었다. 한 일곱 달쯤 지났을까. 중국어 실력이 아주 좋아져서 정식으로 예비반에 들어가게 됐다.

학교는 군대식으로 운영됐다. 학생들은 모두 군인 같은 대우를 받으며 제복을 입었다. (그 옷이 유달리 각이 졌던 것이 생각난다.) 선생님들이 매일 아침 기숙사에 와서 점호를 하셨고, 누구 할 것 없이 침상을 반듯하게 정리해야 했다. 그때마다 나는 시장에서 파는 네모반듯한 두부 생각이 났다.

모든 학비는 중국 정부가 댔으며 거기다가 학생들에게 일종의 봉급을 지급했다. 나는 한 달에 식비로 8위안(중국 돈 이름), 잡비로 2위안을 받았는데 흡족했다. 봉급은 중국 은화 다얀으로 받았다. 음식도 좋았다. 칸막이가 몇 개 돼 있는 커다란 식판을 받았는데 한쪽에 고기 넣은 채소, 또 한쪽에는 고기 없는 채소, 나머지 칸에는 수프를 담아주었다. 그릇도 하나 가져다가 원하는 만큼 밥과 만두를 담아 먹었다.

학교 구내식당 역시 군대식이었다. 식판을 들고 가서 자리에 앉은 다음에는 장교가 호루라기를 불 때까지 먹지 말고 대기해야 했다. 그다음, 10분쯤 지나면 그 장교가 다시 호루라기를 분다. 그러면 다 먹었든 아니든 자리에서 일어나야 했다. (내몽골에서 온 한 소년이 있었는데 이가 나빠서 고기를 못 먹었다. 그래서 그 친구는 나한테 자기 고기를 주고 나는 그 친구한테 내 채소를 준 기억이 난다.) 우리는 허겁지겁 먹었지만 그래도 늘 푸짐했다.

배우는 과목은 중국어, 수학, 역사, 지리 등이었으며, 모든 수업은 고급 중국어로 이뤄졌다. 정말 재미있었다. 여기 온 것이 정말 다행으로 느껴졌다. 가끔 바탕의 초등학교 생각을 하고는 혼자 웃었다. 차이가 나도 너무 났기 때문이다. 바탕의 학교는 여기 난징에 비하면 가르치는 게 거의 없었다.

종종 우리의 소박한 마을과 중국 수도의 장제스 군사학교의 차이에 대해 생각하고는 했다. 내가 여기까지 왔다는 게 놀랍고 자랑스러웠다. 한번은 장제스蔣介石(당시 중국 대통령 격인 국민정부 주석—옮긴이)를 가까이서 보고 스릴도 느꼈다.

매일 아침 만주족 왕조(청나라) 타도를 외친 중국 혁명의 아버지 쑨원을 기리는 조회가 열렸다. 조회 참석은 모든 학생의 의무로, 국민당 고위 관료들도 참석하는 경우가 많았다. 한번은 장제스가 직접 연설했는데 나는 바로 몇 발짝 떨어진 곳에서 장제스 부부를 보았다. 날렵한 콧수염에 허리에는 큰 칼을 차고 있었다. 정말 잘생겼다는 생각이 들었다. 우아하다고 할 정도였다.

학교에 다닌 지 얼마 되지도 않은 시점에서 일본군이 진격해오기 시작했다. 스크린에 나오는 장면이 아니라 발등에 떨어진 불이었다. 1937년 7월 일본군은 베이징을 공격하고 이어 8월에는 상하이를 치고 들어왔다. 몇 달 후, 장제스는 정부에 안전을 위해 서쪽 임시 수도 충칭으로 이동하라고 명령했다. 우리 학교도 따라서 그리로 옮겨갔다. 하지만 바로 충칭으로 가지는 않고 서서히 서쪽으로 이동했다.

우리는 몇 달간 안위安徽 성에 머물다가 장시江西 성으로 갔다가 거기서 다시 창사長沙 근처 지장芷江으로 옮겼다.

이동 중이어서, 사정은, 특히 식량 사정은 아주 나빠졌다. 수업이 없는 날도 생겼다. 기강은 좀 해이해졌지만 학생들끼리는 서로 만나 이야기를 나눌 시간이 많아졌다. 그만큼 조직을 꾸릴 여유가 생긴 것이었다.

나는 처음으로 정부 비판이라고 할 만한 얘기를 들었다. 나이 많은 몇몇 선배들이 학교 관리자들이 우리한테 배정된 예산을 횡령하고 있다고 불평하는 소리가 들려온 것이다. 선배들은 국민당 정부에 대해서도 부정적인 이야기를 꺼냈다. 대부분의 고위급 관리들이 돈에만 혈안이 되어 있다는 주장이었다. 정부군은 일본과의 싸움에서 지고 있고 대다수 국민은 극도로 궁핍한 처지에 있는데도, 부패는 끝간 데를 모를 정도라는 것이었다. 이런 불평불만이 터져 나오자 중앙정부는 특별조사관을 보내서 사태를 조사하고 조치를 취했다. 이 과정에서 처음으로 나는 정치적 행동을 체험하게 됐는데, 여기서 깊은 인상을 받았다. 나는 선배들이 하는 얘기에 전적으로 동의했다. 그리고 그들의 용기와 확신이 참으로 부러웠다.

종종 정규 수업이 없을 때면 일부 선배들은 우리에게 국민당 정치 커리큘럼에 들어 있지 않은 진보적인 노래들을 가르쳐줬다. 아직도 그중 한 구절이 생각난다. "노동자, 농민, 군인, 상인들이여, 일치단결해서 조국을 구하자." 지금 보면 과격한 내용도 아니지만 당시로서는 매우 진보적이고 혁명적인 것으로 여겨졌다. 정부가 아닌 사회 계층에 조국을 구하라고 요구한 게 그랬다.

우리도 중국에 대한 일본의 탄압과 착취에 대해 깊은 반감을 가지고 있었다. 나는 류원후이의 캄 지배에 반대했지만 중국 일반에 대해서는 애국적인 감정을 지녔었다. 이 무렵 놀라운 러시아 선전영화 한 편을 보았다. 용감한 젊은 조종사가 등장하는데 손에 땀을 쥐는 공중전 장면과 영웅적 행동으로 점철된 영화였다. 그때 불현듯 공군에 들어가 일본군과 맞서 싸우면 나라에 도움이 되겠구나 하는 생각이 떠올랐다. (상상의 나래는 비행기를 타고 캄까지 날아가 류원후이의 타르체도 수비대 본부를 폭격해서 캄과 바파들을 구하고야 말겠다는 다짐으로까지 뻗어나갔다.)

바탕에서 온 친구 다와—아버지가 류원후이에게 처형당한 그 친구—가 나와 같은 학교에 합류했다. 나는 잽싸게 다와에게 우리 둘이 조종사가 되면 어떻겠느냐고 제안했다. 우리는 어렸고, 일본에 대한 적개심에 한창 불타올랐을 때였다. 게다가 그 시기는 너무나 유동적이고 한 치 앞을 내다볼 수 없는 상황이어서 오히려 무슨 일이든 가능해 보였다. 지금 와서 생각하면 이 얼마나 황당한 발상이었는지, 새삼 놀랍지만 말이다.

우리는 먼저 장제종張治中, 당시 후난湖南 성 성장에게 편지를 썼다. 편지에서 우리 둘 다 티베트족으로 일본이 중국에 저지르고 있는 만행에 분노를 금치 못하고 있으며, 조종사가 되어서 일본과의 전쟁을 돕고 싶다고 밝혔다. 우리는 이 편지가 제대로 전달될지 확신이 안 들어 창사로 가서 그를 직접 만나보기로 했다. 그런데 문제가 하나 있었다.

다와와 내 수중에 거의 돈이 없었던 것이다. 처음에는 여비를 어떻게 마련해야 할지 난감했는데 다와가 해결책을 내놓았다. 케상 체링의 딸과 결혼을 하기로 돼 있는데 약혼 기념물로 금반지를 사둔 게 있다는 얘기였다. 우리는 그 반지를 25위안에 팔고 바탕 출신 급우들에게 돈을 좀 빌려서 여행비를 마련했다.

학교에는 결석계를 내고 다와의 약혼녀가 후난 성에 와

있어서 마중을 가야 한다는 구실을 댔다. 전시였고, 상황이 어찌 돌아갈지 알 수 없는 형편이어서 학교에서는 결석계 내용 같은 것은 자세히 따지고 말고 할 여력이 없었다. 우리는 아무 문제없이 여행 허가를 따냈으며, 바야흐로 흥미진진한 모험 길에 올랐다!

허가를 받자마자 열차를 타고 창사로 가서 장 성장을 만나기 위해 이리저리 뛰었다. 성사는 안 됐지만 그의 비서와 얘기를 나눌 수 있었다. 비서는 우리를 좋게 봤던지 불러다 밥을 사주면서 "너희 같은 변경 사람들이 이렇게 용기와 결단력이 있다니 정말 놀랍구나" 하면서 칭찬했다. 또 국민당 공군 참모총장인 마오반추 앞으로 소개장을 써주고, 사본 한 통은 공군사관학교 교장인 저우지롱에게 보내주었다. 다와와 나는 창사에서 답이 오기만을 목이 빠져라 기다렸다. 두 주쯤 흘러가니 우리는 초조해졌다. 직접 우한武漢의 공군본부로 가서 마오와 저우를 찾아봐야겠다 싶었다.

그런데 그나마 있던 돈도 거의 다 떨어졌다. 멋진 교복을 입고 있어서 겉보기에는 멀쩡했지만 겉과 속은 완전히 딴판이었다. 먹을 것 살 돈도 달랑달랑했다. 사정이 점점 나빠져서 일단 우한의 고급 호텔에 들어갔다. 그런 곳은 싸구려 여인숙처럼 방 값을 매일 무는 것이 아니라 나갈 때 한꺼번에 계산하기 때문이었다. 그래도 매일 밥값은 있어야 했다. 노점에서 10전, 20전 하는 빵이나 제일 싼 국수를 사다가 공원 같은 데 가서 먹곤 했다. 그리고 나서 호텔로 돌아오면 여전히 흠 잡을 데 없는 부잣집 도련님 같았다.

한참을 돌아다닌 끝에 공군사관학교를 찾았다. 수소문하며 돌아다니느라 주머니는 바닥을 드러냈지만 그렇게 돌아다니면서 나는 많은 것을 목격했다. 비싼 레스토랑을 지나치다 보면 안에서 부자들이 먹고 마시는 게 보이는데, 어떤 때는 창문 너머로 보이는 음식이 먹고 싶어 그저 우두커니 바라만 본 적도 있다. 우리는 너무나 배가 고팠다, 그런데 저들은 저토록 먹어대고 있다니. 삶의 이면도 보았다. 길을 가다 보면 끔찍이도 가난한 사람들이 맨바닥에 쓰러져 잠을 자는 모습이 눈에 들어왔다. 한번은 어떤 여자가 죽은 아기를 가슴에 품고 있는 것도 보았다. 부자가 사는 방식과 가난한 사람이 사는 방식이 어찌 이다지도 차이가 날까 하는 생각이 뇌리에서 떠나질 않았다. 노숙자들에게 연민이 갔다. 다와와 나의 처지도 기실 그런 사람들과 한 발짝 차이일 뿐이었다.

자금 문제는 곧 절망적인 상황에 빠져들고 말았지만 학교로 돌아간다는 생각은 꿈에도 하지 않았다. 우리가 보낸 편지에 곧 답신이 올 테고, 그러면 바로 조종사 훈련을 시작하리라고 확신하고 있었다. 이 무렵 우리는 어찌나 배가 고프던지, 식당 유리창을 통해 맛난 음식을 보기만 해도 절로 입에서 침이 줄줄 흘렀다. 어떤 때는 빵 한두 조각만으로 하루를 때우기도 했다. 하는 수 없이 삼촌한테 편지를 썼다. 삼촌은 당시 충칭으로 자리를 옮긴 상태였다. 공군 입대 계획을 얘기하고 돈을 좀 보내달라고 부탁했다.

기다리는 사이 중국 정부 주최로 우한에서 집회가 열렸다. 케상 체링도 거기 참가했는데, 삼촌은 먼저 케상 체링 편에 돈을 보냈다. 이어 비서를 보내 우리를 만나보게 했다.

케상 체링이 우리를 근사한 호텔로 불러, 우리는 거기서 게걸스럽게 먹어댔다. 시장이 반찬이라, 그때까지 먹어본 음식 중에서 가장 맛이 있었다. 케상 체링은 흐뭇한 표정으로 우리가 먹는 모습을 바라보더니만 이내 심각한 표정을 짓고는 가차 없이 꾸짖었다. 그는 우리가 무책임하며 생각이 짧다고, 공군 입대는 절대 허락할 수 없다고 했다. 그는 공군사관학교 교장한테 편지를 보내 우리는 입대 자격이 안 된다고 썼다. 티베트 소수민족 학생으로서 중국에 공부를 하러 온 것이지 전투를 하러 온 게 아니다, 입대해 봐야 결과적으로 하나도 좋을 게 없다, 어떻게 해서든 부상을 입게 되면 우리한테 들인 투자와 훈련, 수업 등등은 물거품이 되고 말 것이다, 게다가 전사라도 하면 티베트에서는 중국인들 책임이라고 할 것이 뻔하다는 둥……. 그러면서 우리에게는 함께 충칭으로 돌아가자고 했다. 결국 그 말이었다.

케상 체링의 딸과 약혼한 다와는 그러겠노라 했지만 나는 단호히 거부했다. 마지막으로, 체링은 다와는 데려갈 테니 나는 알아서 혼자 학교로 돌아가든지 하라고 일렀다. 아이러니하게도 다음 날 조종사 학교 입소를 허가하는 편지가 날아들었다. 우리를 입학시험도 보지 않고 '예외'로 합격 처리한다는 내용이었다. 허나 너무 늦었다. 나는 삼촌이 보낸 돈을 집어 들고 마지못해 학교로 돌아갔다. 조종사가 돼서 일본군과 싸우겠다고 애들한테 큰소리를 쳐놓았는데 정말 자존심 구기는 일이었다.

학교로 돌아오니 바로 시험 철이었다. 당연히 나는 전혀 준비가 안 된 상태였는데 운이 좋았달까. 담임인 왕샤오송 선생이 나를 좋게 보았는지 시험 대신 우한에서 보고 들은 것에 대해 작문을 해오라는 것이 아닌가. 너무도 자연스럽게 그러겠다고 했다. 그때 내 머릿속은 얼마 전까지 보고 들은 일로 가득 차 있었다. 두 가지 얘기를 썼다. 하나는 일본군의 침략이 중국 인민에게 얼마나 큰 고통을 안겨주고 있는지, 두 번째로 중국에 사는 부자와 빈자의 차이가 하늘 땅만큼 크다는 내용을 썼다. 식당에서 웃고 떠드는 부자들과 한데서 죽어가는 가난한 사람들 사이에는 건너지 못할 차이가 존재한다. 그런 모습들을 보면서 얼마나 가슴 저렸는지, 그리고 그런 일을 겪으며 내 생각이 어떻게 달라졌는지에 대해 썼다.

나중에 알고 보니, 선생님은 사회주의 정치 이념에 공감하고 있었다. 그의 친구들 중에는 이미 공산당에 들어간 사람도 많았다. 그래서인지 내 에세이를 보며 대단히 흡족해했다. 그리고, 내 글의 사소한 실수까지 일일이 교정해서 나 모르게 지장에 있는 한 신문사로 보내셨다. 그러고 나서, 진짜로 그 신문에 내 글이 실렸다. 이런 사실을 나는 까맣게 모르고 있었는데, 어느 날 왕 선생님이 나를 불러내더니 신문사에서 원고료로 보낸 것이라며 10위안을 내밀었다. 신문 한 부와 함께. 글을 써서 돈을 벌기는 처음이었다. 당시 나는 열여섯이었고, 10위안은 한 달 기본 생활비로 충분할 만큼 꽤 큰돈이었다. 그러나 돈보다 기사로 실렸다는 자체가 훨씬 의미 있는 일이었다.

우한 여행은 나의 인생에 크나큰 영향을 미쳤다. 기사가 나가고 나니 다른 학생들이 갑자기 나를 알아주기 시작했다. 나는, 더는 공군에 들어가겠다고 떠벌리고 다닌 이상한 티베트 아이가 아닌, 뭔가 얘기가 되는 지식인이 되어 있었다. 사람들은 나의 주장에 감탄했다. 민주주의적이라고 생각한 것이다. 이제 나의 사고는 사회 정치적인 문제를 더욱 치밀하게 천착하는 쪽으로 발전해갔다. 선생님과 급우들이 내 생각을 진지하게 대해주었기 때문에 더더욱 열심히 그런 쪽으로 파고들었다. 그러면서 나의 생각과 느낌에 대해 본능적으로 자신감을 갖게 됐다.

그 무렵 우리 학교는 계속 서쪽으로 옮겨갔는데, 처음에는 귀저우貴州 성의 성도인 구이양貴陽으로 갔다. 이어 1938년 말에는 충칭으로까지 갔다. 난징에 있을 때는 학교 행정 담당자들이 우리가 읽는 책을 감시하고 아무 책이나 읽지 못하게 통제를 했다. 그러나 여기저기 옮겨 다니게 되면서 우리는 모든 종류의 출판물을 구해볼 수 있게 됐다. 공산주의 계열 출판물도 있었다. 충칭에서 구할 수 있는 출판물은 난징보다 훨씬 다양했다. 숭국공산당 사무실이 거기 있고, 공산당에서 운영하는 신화新華통신사도 거기 있었다. 담임인 왕 선생도 동맹자로 생각했다.

왕 선생님은 에세이 기사 사건 이후 나를 예의주시했다. 내 생각이 다른 학생들과는 특별히 다르다는 것을 안다는 말씀도 하시면서 진보적이고 공산주의적인 저술과 신문들을 열심히 구해다주셨다. 그중에는 스탈린과 레닌이 쓴 논문과 저서도 있었다. 그렇지만 왕 선생님은 조심스러웠으며, 대개는 저녁때 어떤 일을 핑계 삼아 자기 방으로 부르곤 했다. 다른 학생들이 눈치채지 못하게 하려는 것이었다. 그분이 내게 처음 준 책은 스탈린의 논문 「마르크스주의와 민족문제」였다. 그다음 책은 아주 짧지만 내게 엄청난 영향을 끼쳤다. 그것은 레닌의 훌륭한 저서 『민족자결권에 대하여』였다. 왕 선생은 자기는 공산당원이 아니라고 했다. 그러나 신화통신에서 일하는 공산당 활동가들이 친구인 것은 분명했다. 그 덕분에 나는 전혀 새로운 이념과 사회분석이론을 접하게 됐다. 선생이 내게 준 책들은 티베트인으로서 사물을 접하고 생각하는 방식에 근본적인 변화를 일으키게 한 것이다.

스탈린과 레닌의 저서들에서 가장 놀라운 점은, 내가 알고 있는 문제들을 다룬다는 점이었다. 나는 가난한 사람과 부자의 끔찍한 격차를 두 눈으로 똑똑히 보았다. 군벌 류원후이가 주도하는 것과 같은 한 집단이 바탕과 캄의 우리 동포와 소수민족들을 어떻게 억압하고 통제하는지 나는 잘 알고 있었다. 레닌과 스탈린 같은 위대한 사상가들이 그런 문제에 대해 깊이 생각했다는 사실을 그전에는 전혀 몰랐다.

특히 감명 깊었던 것은 개별 민족들이 각자 정체성과 자유를 누릴 권리를 가지고 있으며, 자유롭게 독립적으로 살아갈 것이냐 아니면 연방에 가입해 다른 나라와 동등한 파트너로서 지낼 것이냐를 선택할 권리가 있다고 한 주장이었다. 나는 소련을 동경했다. 소련에서는 모든 민족이 동등한 권리를 갖고 있으며, 각 민족이 독자적인 정부를 지닌 공화국이기 때문이었다. 그리고 레닌이 힘을 가진 민족과 그렇지 못한 민족들 사이에는 불가피하게 긴장이 조성된다는 얘기를 할 때, 나는 그게 무슨 의미인지 충분히 이해했다. 바탕에서 자라면서 이런저런 일들을 직접 보았고, 힘센 민족이 약소민족을 억압하기 위해 종종 무력을 사용하고, 약소민족은 처절하게 항거하는 현실을 잘 알고 있었기 때문이었다. 레닌은 내가 무슨 생각을 하는지, 내가 제일 관심을 두는 사항이 무엇인지를 정확히 꿰뚫고 있다는 느낌이 들 때가 많았다. 나도 공산주의자들이 국경을 초월해서 하나의 정치체를 이뤄 동등한 대표로서 참여하는 인터내셔널(국제 사회주의 운동 조직. 1864년 런던에서 제1차 인터내셔널이 결성된 이후 1940년대에 제4차 인터내셔널까지 이어졌다—옮긴이)의 이념을 대단히 매력적으로 느꼈다. 이렇게 공산주의 이데올로기와 이론에 입문하는 과정은 이후 내 평생의 사고에까지 영향을 미쳤으며, 나는 티베트 문제의 해결은 티베트(또는 캄)가 인터내셔널에 평등한 일원으로 가입해 공산주의 혁명을 일으킴으로써만 가능하다고 확신하게 되었다.

1939년 초에 일찌감치 작가로서 한차례 성공을 한 나는 매주 교내외 소식을 전하는 학교 벽보 편집장이 되었다. 어떤 기사를 붙일 것이냐 말 것이냐를 내가 결정했기 때문에, 내가 관심이 가는 문제들을 특별히 강조할 수가 있었다. 하루는 쿤초 타시(중국식 이름은 우젠강이었다)라는 이름의 암도(간쑤 성 라브랑) 출신 티베트 학생이 찾아왔다. 나보다 두 학년 위인 그는 벽보를 자주 보는데 기사 선별을 잘하더라고 말을 건네면서 최근에 뭐 새로 읽고 있는 책이 있느냐고 넌지시 물었다.. 나는 그게 무얼 의미하는지 곧 알았다. 같은 티베트인이니까 믿을 수 있겠지 싶어서 "그렇다, 있다"고 했더니 그는 무슨 책을 좋아하느냐고 물었고, 나는 대답을 해줬다. 그는 '나도 이러저러한 새 책을 은밀히 읽고 있어'라고 했으며, 이후로 우리는 절친한 친구가 되어 이념을 함께하면서 읽을거리를 서로 빌리고 빌려주곤 했다.

또 다른 바탕 출신 친구 은가왕 케상도 우리 동아리에 들어왔다. 그 친구는 바탕에서 미국 선교사들한테 배웠고 거기 고아원에서 살았다. 어려서 아버지가 돌아가셔서 어머니가 돌봐줄 처지가 못 되었기 때문이다. 초등학교를 마치자 미국인들이 다른 두 학생과 함께 청두成都에 있는 중학교로 보냈다. 은가왕 케상은, 중국 학생들은 자기네를 저 티베트 '깡촌'에서 온 진짜 촌놈들이라고 생각한다고 했다. 그가 해준 재미난 얘기 중에 이런 게 있다. 어느 날 교실에 들어서니 중국인 동급생들이 동물 구경하듯이 수군대며 이리저리 쳐다보더란다. 거기 풍금이 있었는데 너희들 이런 것 봤냐고 중국 애들이 물었단다. 물론 못 봤다는 답이 나올 줄 알았을 것이다. 다음 순간, 은가왕은 아무 말 없이 그쪽으로 다가가 앉아서는 풍금을 치기 시작했다(풍금은 선교사 학교에서 배웠다). 중국 학생들의 입이 쩍 벌어졌다. 그러면서 "야~! 이 야만족들이 별걸 다 하네" 하더라는 것이었다.

미국인들은 은가왕을 다시 난징에 있는 우리 학교로 보냈다. 은가왕은 나보다 아홉 살이 많았고, 똑똑했다. 티베트어와 중국어를 했고 영어도 좀 했다. 기독교 계열의 노래도 티베트 말로 다 부를 줄 알았다. 그 역시 우리의 사회와 제도를 바꿔야 한다는 열망을 품고 있었고, 우리는 곧 충칭에서 가까운 친구이자 동지가 됐다.

정식 학교 공부가 이어지는 가운데 나는 이제 점점 더 비공식적인 독서와 역사, 정치 이데올로기 공부에 빠져들었다. 나는 쿤초 타시 같은 극소수 가까운 친구들과 공산주의 이념을 배워가면서 '아하, 정말 이거구나' 싶었다. 담임인 왕 선생이 늘 우리한테 새 읽을거리를 갖다주어서 엄청 도움이 됐다. 예를 들어 에드거 스노(미국 신문기자이자 작가. 1936년 서방 기자로는 처음으로 장정을 끝내고 옌안에 있던 마오쩌둥을 만나 취재했다. 이를 토대로 『중국의 붉은 별』을 써서 중국공산당의 실상을 세계에 소개한 중국통으로 유명하다—옮긴이)의 『중국의 붉은 별』을 주셨을 때, 우리 모두는 그 책을 돌려 읽고 열심히 토론했다. 옌안延安에서 마오쩌둥毛澤東의 형편이 어떠했으며 장정 도중의 간난신고는 또 어떠했을까 하는 이야기들을 하며 밤이 새는 줄 몰랐다.

그때 처음으로 우리는 중국공산당이 어떻게 돌아가는지 알게 됐다. 그러면서 깊은 감명을 받았다. 굶주린 자들이 빵을 나눠 먹듯, 우리는 그 책을 돌려가며 읽었다. 미국과 러시아를 여행한 한 기자가 쓴 책도 재미있게 읽었다. 그 기자는 미국 노동자들에게 공산주의 이념을 소개한 얘기를 썼는데 입에 침이 마르도록 러시아 칭찬을 했다. 이 얘기를 읽으면서 우리가 유대감을 느낀 이유는, 민족문제에 관한 레닌의 책을 읽었고 거기서 큰 영향을 받았다는 공통점 때문이었다. 레닌이 말한 내용은 티베트인의 요구에 완벽하게 부합하는 것처럼 보였다. 우리는 해골 복잡한 마르크스주의자는 아니었다. 지주들의 착취나 정치한 계급 구분, 계급투쟁 같은 것에 관해서는 별로 생각해본 바가 없었다. 우리는 그저 우리 자신의 삶에 가장 직접적으로 와 닿는 문제에 관심을 집중했다.

새로운 사상은 흥미진진했다. 그래서 결국 1939년, 우리는 학교에 지하 티베트공산당을 세워야 한다는 결론을 내렸다. 우리가 생각한 당명은 '티베트공산혁명그룹'이었다. 처음 멤버는 쿤초 타시, 셰랍(라브랑 출신), 마야 툰드룹, 은가왕 케상 그리고 나, 이렇게 다섯 명에 불과했다(사진 3 참조). 독수리 오형제인 셈이었다. 우리는 대단히 심각하고 진지했다. 평생을 사회주의의 대의를 위해 함께 힘껏 헌신할 것을 맹세했다. 특히 티베트 민족의 자치 문제에 관해

사진 3. 1940년 충칭에서 찍은 티베트공산당 및 쓰촨각지티베트학생연합 소속 학생 단체 사진. 뒷줄 왼쪽부터 다와(첫 번째), 푼왕(세 번째), 쿤초 타시(네 번째). 앞줄 왼쪽부터 페마(두 번째), 쿤초 타시의 아내(세 번째), 은가왕 케상(네 번째), 세랍(다섯 번째), 촘펠(여섯 번째).

서는 그랬다.

초기에 우리는 어떤 때는 공원에서, 때로는 학교 인근 숲에서 비밀리에 만났다. 우리는 티베트의 자유에 관해, 그리고 인민에 대한 억압에 반대하면서 모든 티베트인을 하나로 뭉치게 할 필요성에 토론하고 논쟁했다. 우리는 당장 우리가 해야 할 행동이 무엇이냐에 대해 자주 논했다. 그러면서 〈인터내셔널가〉(1870년대 프랑스 파리의 두 노동자가 작사 작곡한 노래로 이후 사회주의자들의 공식 노래로 널리 불리고 있다―옮긴이)와 중국공산당 당가 등을 티베트어로 번역하는 것과 같은 단순한 과업을 실천에 옮겼다. 또 스탈린과 마오쩌둥에게 우리의 창당을 알리는 편지를 쓰기로 했다. 창당의 목적은 당연히 민주주의와 혁명을 캄과 티베트에 실천하는 것이었다.

우리는 편지 서두를 어떻게 쓸 것인가부터 노심초사했다. 티베트와 중국 문화권에서는 서두가 중요하기 때문이다. 스탈린에게는 이렇게 썼다. "위대한 교사이자 억압받는 세계 프롤레타리아 소수민족들의 위대한 지도자이신 스탈린 동지께." 그리고 마오쩌둥에게는 이렇게 썼다. "동방 모든 민족의 위대한 지도자이신 마오쩌둥 동지께." 서두에 차이를 둔 이유는 현재 소련이 최강국이며 미래에 세계에서 가장 강한 나라가 될 것이라고 느꼈기 때문이다. 반면에 마오쩌둥은 아시아에서 공산주의의 틀을 잡은 지도자가 될 것이라고 생각했다.

우리는 다른 티베트 학생들의 생각에도 영향을 미쳐야 한다는 결론을 내려 좀 더 폭넓고 대중적인 동아리를 조직했다. 반드시 공산주의를 표방할 필요는 없었다. 쿤초 타시와 나는 우리 티베트인들이 티베트인의 이익에 복무하는 조직을 꾸려야 한다고 주장했다. 합심협력하면 티베트인들을 위해 개인 한 사람 한 사람으로는 이루지 못할 일들을 이 학교에서도 성취할 수 있을 것이라고 생각했다. 우리는 항상 함께라는 점을 강조했고 어떤 식으로든 모든 일을 함께했다. 그러니 그걸 공식화하지 못할 이유가 무에 있겠는가? 쿤초 타시는 암도 출신 학생들 중 최연장자였다. 그래서 다들 한 수 머리를 숙여주었다. 그리고 바파들은 내 말을 들을 태세가 돼 있었다. 나는 최연장자는 아니지만 나름의 카리스마가 있어서 내 얘기라면 다들 귀 기울여주는 무언가가 있었다.

우리는 여러 사상과 앞으로 헤쳐 나가야 할 많은 문제들에 대해 토론한 결과 세 가지 기본 과제를 확정했다. (1) 우리는 어떠한 형태의 국민당 한족우월주의라도 배격한다. (2) 우리는 캄 인민에 대한 국민당 군과 관료의 억압을 반대한다. (3) 우리는 티베트 학생 처우 개선과 특히 학교 교육 환경 개선을 요구한다. 쿤초 타시와 나는 약 20명 정도의 티베트 학생을 끌어들였고 동아리 이름은 '쓰촨각지各地 티베트학생연합'이라고 붙였다.

1940년 봄, 충칭의 달라이 라마 사무소가 모든 티베트인(그리고 일부 중국인)을 초청해 성대한 파티를 열었다. 2월 22일 달라이 라마 14세가 라싸에서 즉위한 것을 축하하는 자리였다. 우리는 초대를 받고 나서 우리 그룹의 존재를 공식 공표할 절호의 기회라고 생각했다. 그 자리에 참석한 멤버 전원이 사진을 찍었다. 그런 다음 밤새도록 춤추고 노래했다.

우리가 취한 최초의 공식 행동은, 학교 당국에 청원을 내는 것이었다. 앞서 언급한 세 가지 사항에 대해 개선을 요구하며, 특히 티베트어로 하는 수업을 늘리고 음식도 좋은 것으로 달라고 요구했다. 우리는 난징 시절 학교 급식이 지금 충칭에서 먹는 것보다 훨씬 나았다고 느꼈다. 바탕 출신의 많은 학생들이 폐결핵에 걸린 상태였는데, 섭생을 잘하면 결핵 치료에 효과가 좋다는 얘기를 들은 마당이어서 학교가 식단을 개선해야 한다고 생각한 것이다. 또 티베트 학생들 일부는 사정이 여의치 않아서 집으로 돌아가야 할 형편이었다. 이런 문제들 말고도 우리는 사람들이 우리 그룹의 존재를 인식하게 만들고 싶었다. 그래야 영향력도 키우고 새 멤버도 모집할 수 있었다. (청원서에 개인 이름은 쓰지 않았다. 그저 '소수 티베트 학생 일동'이라는 식으로 두루뭉수리하게 처리했다.)

우리의 청원이 관심을 끈 것은 분명했다.

우리는 곧 학교 국민당 서기인 공베이쳉이 한동안 우리를 의심해왔으며, 벌써부터 다른 학생들한테 저 애들이 모여서 무슨 작당을 하느냐고 캐묻고 다녔다는 사실을 알게 됐다. 그는 우리가 '사회' 활동을 위해 자주 집단으로 모이는 걸 못마땅해했다. 그는 곧 쿤초 타시와 나를 사무실로 불렀다.

"너희들이 왜 늘 붙어다니는지 알아야겠다." 그는 잔뜩 화가 난 목소리로 이렇게 말했다. "계속 그런 식으로 가면 학업에 문제가 생길 거야. 이 학교에서 학생이 할 일은 공부지, 학생들이 조직을 만들고 하는 건 우리 식이 아니다. 사실 여기는 국민당 학교야. 그러니까 별도 조직을 만들면 안 되지."

그러더니 앞으로는 집단으로 모이지 말라고 노골적으로

말하고는 쾅쾅 주먹으로 책상을 내리쳤다. 그래도 나는 하나 무섭지 않았다. 오히려 덩달아 열이 받아서 이렇게 대꾸했다. "학생이라는 것하고 이렇게 동아리 활동을 하는 것은 전혀 모순되는 게 아닙니다. 우리는 국민당 정부에 당연한 요청을 한 겁니다. 그리고 우리 조직은 쿤초 타시와 나만이 아닙니다. 둘밖에 없는 게 아니란 말입니다. 모든 티베트족 학생이 관련돼 있어요. 우리 입은 막아도 모든 학생의 입을 막을 수는 없을 겁니다!"

"좋아. 모든 학생이 연루돼 있다면 모든 학생에게 말해주마."

사태가 점점 커지면서 일은 더욱 심각해졌다. 공베이쳉은 우리 모두에게 학생으로서의 의무에 대해 설교를 하기 시작했다. 그는 우리에게 책임이 있으며, 해서는 안 될 일이 많다는 점을 상기시켰다. 그러면서 논점을 강조할 때는 격앙된 표정으로 주먹으로 책상을 쾅쾅 쳤다.

일부 학생은 그런 분위기에 완전히 주눅 들었다. 몇몇 아이는 너무 긴장한 나머지 울기 시작했다. 그러나 나는 똑같이 화를 내며 내 책상을 탕탕 치면서 대꾸했다.

"뭐 하는 짓이야?" 공베이쳉이 잡아먹을 듯이 소리쳤다.

"따라하는 겁니다." 내가 말했다. "선생님이 그러시니까 본을 따라서 한다고요!" (이런 식으로 다들 둘러서서 보는 가운데 자기한테 대든 것을 그는 결코 용서하지 않았다.)

내 행동이 다른 학생들한테 자신감을 준 모양이었다. 다들 그의 명령에 따를 수 없다고 한목소리를 내기 시작했다.

그럼에도 그가 계속 우리를 향해 고함을 치자 티베트 학생 전원이 자리에서 일어나 줄줄이 강당을 빠져나갔다. 다시 교실로 돌아와보니 일부 학생은 책상과 의자를 차고 던지고 난리였다. 분노가 하늘을 찌를 기세였다. 공에게 맞서서 정당한 요구를 제기했다는 것은 가슴 뿌듯한 일이었다.

일장연설을 하고 나서도 공베이쳉은 쿤초 타시와 나를 다시 사무실로 불러 대놓고 티베트족 조직을 만들면 안 된다고 윽박질렀다. 우리는 '받아들일 수 없는 것은 우리의 행동이 아니라 당신의 행동이다, 우리는 공부를 하려고 여기 중국까지 먼 길을 와서 부모형제와 떨어져 갖은 어려움을 겪고 있다, 이런 식으로 대하는 것은 탄압이나 다를 바 없으며 우리로서는 도저히 받아들일 수 없는 일이다'라고 맞받았다. (당시 나는 열여덟 살밖에 안 됐지만 독서를 많이 해서 지식과 우리의 정당성에 대해서는 확신이 있었다.) 그러고는 당당하게 자리를 떴다. 이쯤 되자 공은 이 문제를 장제스에게 직접 보고했다.

장제스를 비롯한 국민당 고위 관리들이 정례 월요 전 교직원·학생 조회에 대거 참석했다. 조회가 시작되자 처음에는 그런대로 평소처럼 진행됐다. 그런데 조회가 끝날 무렵, 학생들이 다들 자리를 뜨려고 일어서는데 몽장위원회 관할 학교 학생들은 남으라는 소리가 들려왔다.

강당이 거의 다 비자 우리보고 일어서서 앞으로 나와 앉으라고 했다. 이어 장제스가 일어서더니 바로 우리 앞으로 다가왔다. 허리에는 큰 칼을 차고 있었다. 그는 평소처럼 칼자루를 매만지면서 우리를 쓱 훑어보았다. 우리를 꾸짖는 훈시를 하는 그의 눈에 분노가 서린 것을 볼 수 있었다.

"중앙정부는 제군들 교육과 훈련에 많은 돈을 투자했다." 장제스가 입을 열었다. "우리는 제군들을 멀리서 이곳까지 데려왔다. 그래서 공부도 할 수 있고 이런 혜택도 누리는 것이다. 그런데 하라는 공부는 안 하고 말썽만 일으키고 학교의 권위에 도전하다니……."

그는 잔뜩 화가 난 상태여서 어투가 고르지 못했다. 우리가 잘못한 일을 하나하나 열거할 때는 발음이 새는가 하면 톤이 들쭉날쭉했다. 모든 학생에 대해 일반적으로 하는 얘기 같아도 특정한 티베트 학생을 가리키고 있다는 것은 누가 봐도 뻔했다. 그는 훈시를 마치고 그대로 선 채로 우리를 노려봤다. 한 사람 한 사람 눈을 마주치면서 어디 할 말 있으면 해보라는 식이었다. 나는 우리가 원하는 게 뭔지 그도 알고 싶어 할 거라고 생각했다. 그런데 침묵이 계속될수록 긴장감이 높아졌다. 그때 페마라는 이름의 티베트 학생이 손을 들었다(사진 3 참조). 수업 시간에 할 말이 있을 때 손을 드는 식이었다. 그러더니 "교장 선생님, 보고드릴 게 있습니다"라는 게 아닌가.

그러자 강당 안은 쥐 죽은 듯이 조용해졌다.

장제스는 누가 말을 꺼냈는가 싶어 주위를 두리번거리다가 이어 페마를 알아보고는 천천히 그쪽으로 걸어가 보좌관에게 학생 명찰에 적힌 이름과 번호를 적게 했다. 일이 어찌 되려는가? 장제스의 불같은 성격에 대해서 우리는 익히 들어 알고 있었다. 보병학교 교장 때는 일부 학생이 그를 비난했다가 처형당했다는 얘기까지 들렸다.

이제 모두 죽었구나 생각하는데 페마는 말을 계속했다. 다들 속으로 화들짝 놀랐다. 그는 장제스를 똑바로 쳐다보면서 말했다. "말씀 중에 저희가 공부는 게을리하면서 말썽만 일으킨다고 하셨습니다. 하지만 저희는 열심히 공부하고 있습니다. 그리고 말썽을 일으키지도 않습니다."

장세스도 감히 누가 나서리라고는 생각지 못했을 것이다. 페마는 장이 방금 한 말이 사실이 아니라고 했지만 공격적이거나 도전적인 어조가 아니었다. 어떻게 보자면 실제로는 그의 말에 동의한다는 식으로, 그러니까 결국은 너와 내가 같은 편이라는 식으로 들렸다. 중국어 실력이 별로여서 표현이 이상하게 들리긴 했지만 그의 주장은 간단했다. 우리가 놀란 것은, 페마가 말을 다 하자 장제스의 얼굴에서 노기가 사라졌다는 점이었다. 페마의 의견에 공감한다는 듯이 고개를 끄덕거리기까지 했다. 장제스의 분노가 사그라진 것을 보자 또 다른 학생—딸랑딸랑 기질이 있는 애로 유명했다—이 큰 소리로 자기도 불철주야 공부에 매진하고 있다고 말했다. 이제 긴장은 상당히 누그러졌다.

페마가 그야말로 한 건 올린 셈이었다. 페마는 아주 특이한 애였는데, 나중에 왜 그때 나섰느냐고 물었더니 장제스가 하는 말이 너무 화가 나서 그랬다고 했다. 그런데 무슨 요량으로, 뭘 노리고 그랬느냐고 묻자 모르겠다고 했다. 아무 생각이 없었던 것이다.

그때 페마가 나서지 않았던들 그 자리가 어떻게 끝이 났을지는 정말 알 수 없다. 티베트 학생들이 장제스와 학교에 잘못을 빌어야 했을 것이라는 건 분명하다. 그러나 우리는 그 후로도 그런 생각을 하지 않았고, 그러지도 않았을 것이다. 정말 어떻게 됐을는지 알 수 없는 일이다.

티베트 학생들은 하나같이 안도의 한숨을 내쉬었고 나도 그랬다. 그러면서도 쿤초 타시와 나는 아직 위기에서 완전히 벗어난 게 아니라는 사실을 잘 알고 있었다. 학교는 쿤초와 내가 조직의 배후라는 걸 알고 있었다. 그리고 얼마 후 보복을 가해왔다. 쿤초 타시가 먼저 걸렸다.

학교 규정에 따르면, 학생은 아내와 지낼 수 없게 돼 있었다. 그러나 쿤초 타시는 아내를 데려온 상태였고, 결국은 임신까지 했다. 학교는 그것을 빌미로 그를 제거했다. 먼저 쿤초에게 아내를 즉시 라브랑(간쑤 성)으로 돌려보내라고 했다. 규정이 그러니 달리 도리가 없었다. 그런데 아내를 데려다주고 돌아오려는데 귀환 허가가 안 나왔다. 학교 측에서 비밀리에 국민당 라브랑 지부에 편지를 보내 허가를 내주지 말라고 한 것이다. 쿤초는 떠난 다음 날부터 소식이 끊겼다. 저간의 사정을 우리가 알 게 된 것은 나중에 가서였다.

이 일이 있은 직후, 이번에는 나를 제거했다. 어느 날 밤 학교 책임자가 나를 자기 사무실로 부르더니 명찰과 배지를 모두 내놓으라고 했다. 그러더니 내일 오전부로 공식 퇴학이라고 통보했다. 학교 규칙과 규율을 준수하지 않았다는 등의 이유를 열거했던 것 같다. 그렇지만 그날 밤 상황은 기억이 잘 안 난다. 너무 어안이 벙벙하고 화가 나서 상세한 내용을 적어놓을 겨를이 없었다.

내 방으로 돌아와 가까운 친구들을 불러 모아 자세한 얘기를 해줬다. 나는 이렇게 말했다. "쿤초 타시는 집으로 쫓겨갔고, 나도 퇴학당했다. 이제 너희가 살아서 열심히 우리 조직의 과업을 완수해야 한다." 그러고는 이렇게 덧붙였다. "난 충칭의 삼촌네 집에서 지낼 텐데, 여기서 멀지 않으니까 자주 연락하자." 이때가 1940년 여름이었다.

나는 추방당했다는 사실에 놀라고 상심했다. 우리의 행동이 문제가 되었으니까 약간의 고초나 징계 정도는 예상했지만 차마 이럴 줄은 몰랐다. 기껏해야 잠시 무기정학 정도일 줄 알았는데……

나는 학교가 좋았다. 학생이 아닐 수 있다는 생각은 꿈에도 해본 적이 없어 처음에는 그저 멍했다. 그러나 난 젊었고 에너지가 넘쳤다. 희망이 있었고, 젊은이 특유의 회복력이 있었다. 그 덕분에 빨리 중심을 되찾았다. 학교 운동장을 떠나면서 나는 기죽지 않겠다고 다짐하며 큰 소리로 목청껏 노래를 부르기 시작했다. 너희들이 아무리 그래 봐야 눈 하나 깜짝 안 한다는 걸 과시하려는 작전이었다.

"자, 이제 새 길에 들어선 거다. 이상과 원칙을 실현하려면 열심히 싸워야 한다는 걸 배운 거다. 때론 희생도 치러야겠지. 그래, 그래야지……" 나는 속으로 이렇게 다짐했다.

2부

눈의 나라 티베트를 위하여

4장
혁명을 계획하다

학교를 떠나며 한없이 슬펐다. 우리 티베트인들은 정당하게 조직을 만들고 항거를 했는데 학교가 우리를 내쫓았고, 그들에게 그럴 권리는 없다고 느꼈으므로 후회는 하지 않았다. 하지만 삼촌한테 뭐라고 하나 생각하니 막막했다.

"쫓아낸 이유가 뭐냐?" 삼촌이 조용히 물으셨다.

티베트학생연합 얘기며 학교에 항의한 일 등을 설명하자 삼촌은 공감했다. 삼촌 역시 티베트인의 처우에 대해 감정이 남달랐기 때문이다. 그러곤 그저 이 먼 데까지 공부하러 왔는데 그렇게 돼서 유감이라고만 했다. 여기서 교육을 마치면 내 미래가 활짝 펼쳐질 것이라고 기대가 컸던 것이다.

절대로 학교에 항의한 내 행동이 잘못이라고는 하지 않으셨다. 그리고 삼촌 내외도 사실은 학교의 처사에 엄청 분개했다. 처벌이 너무 가혹하고 부당하다고 본 것이다.

"몽장위원회에서 관할하는 학생이 퇴학당한 적은 없어." 삼촌은 성난 목소리로 말했다. "그자들이 이런 식으로 나온다면 나도 우리 딸내미를 자퇴시키겠다."

 삼촌은 사촌 여동생을 학교에서 자퇴시켰다. 삼촌과 숙모한테까지 피해를 준 셈이 되었으니, 나로서는 참으로 난감했다. 학교에는 못 가게 됐지만 계속 열심히 공부할 거라고 두 분을 안심시키고 나는 실제로 내 방식대로 열심히 공부했다.

 당시 나는 삼촌 댁에서 지냈는데, 삼촌과 숙모는 낮에는 일을 나가셔서 대개는 혼자 시간을 보냈다. 삼촌 내외는 밥 사 먹을 돈은 충분히 주셨고, 심지어 시내 돌아다니는 데 필요한 잡비도 좀 주셨다. 그래서 학교에 있는 우리 조직원들과 만나고 하는 데는 별 어려움이 없었다. 나의 모든 관심은 이제 우리 조직의 다음 행보, 즉 캄(과 티베트)에서 혁명 이념을 실천하는 일에 집중됐다.

 이 무렵, 은가왕 케상이 졸업 실습 프로그램을 마치고 충칭으로 돌아왔다. 그는 작으나마 정부에서 월급을 받으면서 여인숙에서 살았다. 여인숙은 삼촌네 집보다 다니던 학교에 더 가까웠다. 은가왕이 나더러 함께 지내면 앞으로의 계획을 짜는 데도 좋지 않겠느냐고 권유해와서, 몇 달 동안은 은가왕네 가서 사나흘 함께 지내다 삼촌 집으로 와서 하루이틀 보내는 식으로 살았다.

 은가왕과 나는 아직 학교에 다니는 우리 조직의 핵심인 세랍과 미래를 논의했다. 그래서 얻은 결론은, 캄에서 계획을 추진하려면 다른 공산당과 관계를 맺어서 그들의 도움을 얻어야 한다는 것이었다. 우리는 소련 쪽을 먼저 시도

해보기로 했다. 레닌과 스탈린을 읽으면서 러시아 공산주의자들을 흠모하게 되었기 때문이다. 특히 국민당 스파이들한테 걸릴 위험이 적었다. 그들은 중국공산당 활동가들을 적발하는 데 혈안이 돼 있어서 러시아 쪽은 관심 밖이었다. 은가왕 케상과 나는 충칭에 있는 소련 대사관을 찾아갔다.

낫과 망치가 그려진 선홍색 소련 깃발이 걸린 걸 보니 소련 대사관이었다. 우리는 바로 정문으로 올라가지 않고 우선 바깥에서 빙빙 돌면서 따라오는 사람이 없는지 조심스럽게 살폈다. 아무도 없다는 확신이 든 다음에야 우리는 안으로 들어갔다.

신분증을 보자는 사람은 없었다. 은가왕 케상은 그럴듯한 교복 차림이었고, 나도 한껏 빼입고 나온 마당이었다. 처음 눈에 띈 러시아 여성에게 말을 거니 그녀는 짧은 중국어로 기다리라고 했다. 몇 분 후에 어떤 사람과 이야기를 할 수 있었는데 우리가 원하는 바를 알아들을 정도의 중국어는 됐다. "내일 와봐요." 그가 말했다. "그러면 학생들 얘기를 들어줄 분이 나와 있을 테니까."

다음 날, 다시 대사관으로 찾아가 페이 델린이라는 사람을 만났다. 중국 학자로 중국어가 유창했고 소련 대사관 일등 서기관이었다. 우리는 그에게 티베트공산당 조직을 꾸리기 시작했으며, 나는 학교 측의 억압과 맞서 싸우다가 공산주의 서적을 소지했다는 이유로 퇴학을 당했다고 설명했다. 또 궁극적으로는 캄과 티베트로 돌아가서 사회주의 혁명을 시작하려고 하며, 소련이 우리의 노력을 지원해주기를 희망한다고 말했다. 특히 먼저 모스크바로 가서 공부와 훈련을 하고 싶다고 했다. 페이 델린은 우리 얘기를 귀 기울여 들어주었다. 우리는 기대감이 커졌다. 그런데 가타부타 확답을 해주려면 시간이 좀 걸린다면서, 그런 문제에 대한 결정은 모스크바에서 내리게 돼 있고, 자기로서도 먼저 보고서를 올려야 한다는 것이었다. 어쨌든 한 달쯤 있다가 다시 오면 그때 뭔가 소식을 알려주마 했다.

서너 주가 흘렀다. 아무 소식이 없었다. 은가왕 케상은 볼일이 있어서 시내를 떠나야 해서 나 혼자 대사관에 다시 가 보기로 했다. 다시 페이 씨가 나와서 아주 친절하고 따뜻하게 대해주었다. 그러나 모스크바로부터는 아직 소식이 없다고 했다. 그는, "우린 자네 상황을 잘 모르네"라면서 이렇게 말했다. "그러니까 자네가 나한테 한 얘기들을 간단한 보고서로 써보면 어떻겠나? 자네들의 조직, 학교 상황, 그리고 티베트에 대한 구상 같은 것들 말이야."

좋은 아이디어라는 생각이 들었다. 나는 전에 설명했던 학교랑 우리 조직, 퇴학당한 얘기 같은 것들 말고도 캄의 현재 상황과 모스크바로 가서 훈련을 받은 다음에 캄에 게릴라 기지를 만들고자 하는 희망 등등에 대해 상세히 적었다. 게릴라 전술은 책에서 배웠으며, 우리가 배운 전술은 캄과 티베트 실정에 딱 맞을 것이라고 본다는 얘기도 빼놓지 않았다.

나중에 알고 보니, 그 사이에 페이는 우리가 누구인지,

어떤 상황인지 뒷조사를 하고 있었다. 결과는 만족스러웠던 모양이다. 계속 우리한테 지대한 관심을 표명한 걸 보면 그랬다. 우리는 여러 차례 더 만났고, 그때마다 내가 쓴 내용에 대해 좀 더 상세하게 의견을 주고받았다.

어느 날, 그가 자금 문제는 어떻게 하고 있느냐고 물었다. 친척 집에 살고 있는데 그 친척이 용돈을 좀 준다고 하자 그는 슬쩍 웃으며 대사관에서 기꺼이 돕겠다고 했다. 그러더니 100위안을 주면서 매달 이렇게 해주겠다는 것이 아닌가. 나는 깜짝 놀랐다. 당시 한 달 밥값은 14~15위안 정도면 충분했다. 삼촌 집으로 돌아와서도 흥분이 가시지 않아 별 생각 없이 삼촌한테 이제 용돈은 필요 없다고 자랑스럽게 말했다(물론 돈이 어디서 나는지는 말하지 않고). 삼촌 표정을 보니 다행이다 싶은 게 아니라 걱정이 앞서는 모양이었다. 필시 중국공산당이나 소련 쪽에서 돈을 받을 거라고 의심하는 것 같았다. 국민당 쪽에서 알게 되면 삼촌이 곤란해질 수도 있었다. 그러나 삼촌은 내 앞에서는 그런 얘기를 일절 하지 않으셨다.

횡재한 나는 전보다 책을 더 많이 사서 열심히 공부했다. 숙모와 삼촌은 예닐곱 시쯤에 저녁을 먹고는 두어 시간 마작을 두다가 잠자리에 드셨다. 두 분이 마작을 두는 사이 나는 잠을 잤다. 그러다가 새벽 한두 시쯤 일어나서 공부를 시작했다. 당시에는 전기가 없어 촛불을 써야 했다. 나중에는 기름 램프를 만들었다. 불꽃에 가까이 대고 책을 보아야 했기 때문에 코에 그을음이 묻어 새카매지곤 했다.

그래서 창에 작은 굴뚝을 내 연기가 밖으로 빠지게 했다. 그러고서야 불빛에 책을 가까이 대고 읽을 수 있었다. 숙모와 삼촌은 내가 새벽에 일어나서 공부한다는 걸 알고는 매우 대견해했다. 눈먼 돈이 생기기는 했지만 흥청망청 써버리지는 않았다. 생활은 전과 똑같이 했고, 공부에 전력을 쏟았다.

그 무렵에는 은가왕 케상을 자주 보지 못했다. 그는 케상 체링 밑에서 일을 시작한 터라 장사차 여기저기 돌아다녀야 했기 때문이었다. 나는 혼자 남아 모스크바에서 답이 오기만을 기다렸다. 처음에는 기대감에 부풀었지만 이내 초조해졌다. 몇 주가 몇 달이 돼도 대사관에서는 일언반구 없었다. 아무런 소식이 없었다. 그래서, 중국공산당이 장정을 끝낸 터라 아직은 세가 약하고 국민당이 막강하지만 중국공산당 사람들과 접촉을 해서 도움을 좀 청해보기로 했다.

아는 중국인 학생 중에 리우렌셍이라는 친구가 있었는데, 우리 학교를 졸업하고 유명한 혁명 작가이자 출판업자인 주타오펀鄒韜奮 밑에서 일하고 있는 친구였다. 어느 날 그 친구가 저우언라이周恩來(충칭에서 공산당 남방국南方局 서기로 활동 중이었다—옮긴이)가 강연을 하는데 같이 가보자는 것이었다. 저우언라이는 '항일 전쟁과 국제 정세'라는 제목으로 세 시간 가까이 강연을 했다. 강연이 끝나자 군중들이 환호하며 항일과 구국의 노래를 잇달아 불렀다.

나는 저우언라이한테서 눈을 뗄 수가 없었다. 지금까지도 그 모습이 눈에 선연하다. 무슨 옷을 입고 나왔는지까지도 정확히 기억한다. 나는 악수를 하고 내 소개를 하고 캄과 티베트에 대한 우리의 계획을 얘기해주고 싶었다. 하지만 사람이 너무 많아서 이리저리 떠밀리는 바람에 가까이 갈 수가 없었다.

나중에 리우에게 저우를 만나야겠으니 주선을 해줄 방법이 없겠느냐고 물었다. 리우는 잠깐 생각을 하더니 주타오펜한테 편지를 써서 다리를 놓아달라고 부탁해보라고 했다. 리우와 리우의 친구가 편지 쓰는 걸 도와줬다. 편지에서 나는 내 소개를 한 다음, 내가 만든 조직에 대한 설명과 함께 옌안에 가서 마오쩌둥을 만나고 그곳에서 공부를 하고 싶다는 포부를 밝혔다. 물론 종국에는 캄으로 가서 혁명 게릴라 활동을 하려 한다는 얘기도 빼놓지 않았다.

주타오펜을 직접 만나지는 못하고 비서가 대신 나왔는데, 진심으로 내 얘기에 귀 기울이며 도와주고 싶어 하는 게 느껴졌다. 그는 지금 옌안에 가는 것은 극히 위험하다고 했다. "열 명이 가면 국민당에 다 붙잡힐 거야. 백 명이 가도 아마 두셋쯤 빠져나갈까……." 나는 무섭지 않다고 했다. 그래도 가보고 싶었다. 그러나 가기 전에 저우언라이를 꼭 한 번 만나보고 싶다고 했다.

그는 나를 자세히 뜯어보더니 이렇게 물었다. "몇 명이나 옌안으로 같이 갈 거지?"

나는 말했다. "한 명이요. 친구 세랍이랑." (세랍은 아직 정치의식이 확고하진 않았지만 겁이 없는 친구였다. 은가왕이 장사를 하고 있어서 세랍이 좋은 동행이 되어줄 거라고 생각했다.)

비서는, "저우 선생과는 얘기가 됐어. 지금 충칭의 우리 팔로군八路軍 사무실에 계시지"라고 했다. 팔로군은 국민당 정부군과 연합해 일본군과 싸우는 중국공산당 군을 가리키는 것이다. 그는 사무실 가는 길을 일러주며 국민당 스파이들이 있으니까 조심하라는 말도 빼놓지 않았다.

다음 날 세랍과 나는 팔로군 사령부 근처로 가서 길 건너편 찻집에 앉아 건물 입구 쪽의 동태를 살폈다. 감시하는 사람이 없다는 걸 확인하고는, 안으로 들어갔다. 한 청년이 다가오더니 우리의 신상 등등을 물었다. 간단히 설명을 했다. 그러자 얼마 안 있어 예젠잉葉劍英(당시 팔로군 참모장으로 저우언라이의 활동을 돕고 있었다. 후일 국방장관, 전국인민대표대회 상무위원장을 지낸다—옮긴이)이라는 장교가 2층에서 내려왔다. 예는, 저우가 급한 문건을 작성 중이어서 지금은 만날 수 없으니, 저우를 대신해 내려온 자신한테 얘기해보라고 했다.

나는 우리의 내력과 희망을 차근차근 설명하면서, 모스크바행에 대해서는 함구했다. 다만, 옌안에 가고 싶다는 대목만을 강조했다. 그는 깊은 인상을 받은 것 같았다. 이야기를 마치자 그는 이렇게 말했다. "자네들 같은 젊은이가 이런 장한 생각을 하다니 대견하구먼. 티베트족한테서 이런 얘기를 듣게 될 줄은 정말 몰랐네. 요새 옌안에 가는 건 정말 어려워. 하지만 최대한 도와주겠네. 오늘은 일단 돌아가게. 곧 다시 만나세."

문을 나서는 중에 예는 다음에 올 때는 이러저러해서 오면 편하다고 알려주었다. 우리는 일이 잘 풀릴 것 같아 떨듯이 기뻤다. 뭔가 성사됐으면 하는 마음 간절했다.

셰랍과 나는 팔로군 사령부에 몇 번 더 가서 예젠잉을 비롯한 몇몇 사람들과 이야기를 나눴다. 한번은 예가 계획을 말해주었다. 그는 "최대한 돕겠다"며 이렇게 말했다. "하지만 지금 옌안에 가기는 아주 어렵다. 그러니까 먼저 시안西安으로 가라. 거기에 우리 사무실도 있고 조언을 해줄 만한 사람도 있으니까, 거기까지 가는 건 별 문제없을 거야. 우리 군용 트럭을 타고 가면 돼. 문제는 옌안에 들어가는 거지. 그다음부터는 자네들끼리 알아서 해야 될 거야. 우린 시안 이후부터는 도와줄 수가 없네. 옌안에 못 들어가면 칭하이 '암도'로 가서 거기서 혁명 조직을 시작해야 할 걸세. 나중에 상황이 좀 진정되면 다시 연락해서 옌안에 들어갈 방법을 찾아보세."

그는 우리를 쳐다보며 슬그머니 웃었다. "나는 어렸을 때 혁명 이데올로기를 가슴에 새기고 홀로 떨쳐 일어섰지. 이제 자네들이 그 일을 할 차례야."

셰랍과 나는 가슴이 벅차올랐다. 우리는 손을 들어 평생 동지로 살 것이며, 우리의 혁명 과업 수행을 결코 멈추지 않겠노라고 맹서했다. 그러고는 이제 기다릴 만큼 기다렸다고 보고 가급적 빨리 시안으로 가기로 했다. 예젠잉은 우리에게 450위안씩을 주었다. 여행 경비로는 엄청난 액수였다. 우리는 곧 여정에 올랐다.

시안으로 가는 길은 생각보다 훨씬 힘겨웠다. 초반부는

순조로웠다. 그러나 시안에 거의 다 왔을 무렵 국민당 검문소가 나타났다. 경찰이 차를 옆으로 빼라고 했다.

"너희들 뭐야?" 경찰관이 물었다.

"우리는 사촌 간인데 방학을 맞아서 시안이랑 시닝西寧의 친척 집에 가는 길인데요."

둘 다 교복을 입었더라면 잘 통했을 텐데 나는 때마침 교복을 입고 있지 않았다. 경찰은 바로 알아챘다.

"둘 다 같은 학교에 다닌다면서 넌 왜 교복을 안 입었지?" 그들은 험악한 표정으로 나를 노려보며 물었다. 나는 그냥 어쩌다 보니 안 입은 것 뿐이라고 우겼지만 경찰은 못내 의심스러운지 세랍은 가도 좋지만 난 안 된다고 했다.

난감한 상황이었다. 일단 세랍에게 먼저 가라고 했다. 세랍이 시안으로 가서 교복을 벗어서 그걸 보내면 나도 곧 따라갈 생각이었다. 나는 일단 충칭으로 돌아와 교복이 오기만을 기다렸으나, 돌아온 것은 교복이 아니라 세랍이었다. 시안에서 여기저기 알아봤는데 거기서 옌안에 들어가는 것은 도저히 불가능할 것 같았다는 얘기였다. 너무 실망스러웠다.

충칭으로 돌아온 뒤 나는 다시 소련 대사관의 페이 델린과 접촉했다. 당시 나는 극도로 절약하며 살았는데, 그래서 책 살 돈을 많이 모았다. (식당에 가면 간단한 식사만 했다. 국수 한 그릇에 만두 한두 개가 고작이었다. 옷도 거의 사지 않았다. 딱 셔츠 한 벌을 샀는데 낙하산 천으로 만든 것이라 질기고 튼튼하기 이를 데 없었다.) 구입한 책들은 배 편으로 타르체도로 보냈다. 타르체도에서는 은가왕 케상이 가게를 운영하고 있었다. 우선 군용 트럭 운전수한테 뇌물을 주고 책들을 청두로 보내면 청두에 있는 친척이 그걸 다시 배에 실어 타르체도로 보내줬다. 캄에서 우리 당 활동을 확장할 때 쓸 계획이었다.

페이에게 이야기를 하면서는 중국공산당의 예젠잉과 접촉을 했다거나 옌안에 갈 계획이라는 등의 말은 일체 꺼내지 않았다. 모스크바로 가서 소련의 도움을 받아 캄과 티베트에서 게릴라전을 하고 싶다는 얘기만 계속했다. 아직 학교에 있는 우리 조직원들과도 접촉도 계속했다. 그런데 몇 가지 중요한 일이 일어났다. 하나는 우리 조직이 류원후이가 캄 인민을 억압하고 있다고 비난하는 편지를 쓴 것이었다. 또 하나는 나의 사상이 급진화되었다는 사실이었다.

케상 체링은 바탕 출신 충칭 거주자 20명 정도로 모임을 만들었다. 그들은 저녁에 만나서 밥을 먹고 나서는 정치 문제를 자유롭게 토론했다. 어느 날 저녁, 케상 체링이 나도 와보라고 초대를 했다. 토론이 시작되자 캄에서 류원후이(24로군 사령관이었다—옮긴이)가 하는 만행에 대한 불평이 쏟아졌다. 특히 24로군路軍이 학살극을 벌인 데 대한 분노가 하늘을 찔렀다. 나는 잠시 듣다가 전혀 다른 식으로 접근했다. 그만큼 생각이 많이 달라진 것이었다.

나는 캄 사태를 24로군의 악행으로만 보는 것은 너무 좁은 시각이라고 주장했다. 적은 류와 24로군만이 아니다, 진짜 적은 국민당이다, 국민당이 내린 명령을 24로군이 이행하는 것뿐이다! 우리를 억압하는 것은 장제스가 이끄는 국민당 정부이며, 그걸 모르면 바보다!

나는 티베트인은 중국 지배하의 자치가 아니라, 제 나라가 필요하다고 믿는다고 말했다. 독립 국가 티베트는 소련과, 그리고 나아가서는 공산주의인터내셔널(코민테른)을 통해 공산 중국과 손잡을 수 있다. 그러나 내 생각에는 지금은 우리가 바탕과 캄의 지역적인 문제를 넘어서서 생각하는 법을 배워야 한다. 내가 이런 얘기를 하니 다들 어안이 벙벙해졌다. 평소 듣던 얘기와는 너무도 달랐고, 따라서 그만큼 위험해 보였던 것이다.

그러던 중 어느 날 페이 델린한테서 한번 보자는 연락이 왔다. 바로 소련 대사관으로 달려갔는데, 기다리고 있던 소식이 그다지 실망스럽지 않은 것이, 신장新疆 성을 통해 모스크바로 갈 방법이 있을 것 같다고 했다. 그는 대단히 친절했고, 진짜 날 좋아하는 것 같았다. 일어서려는데 저녁때 자기 집에서 밥이나 같이 먹자고 했다. 그의 집은 대사관 바깥에 있었다.

그날 저녁 그의 집으로 찾아가니 웃으며 맞아주었다. "앉아. 좀 특별한 걸 준비했어. 흑해에서 나는 건데 영국 왕실에서나 먹을 수 있는 거지." 나는 그때 처음으로 캐비아라는 걸 구경했다.

그는 시종일관 나를 따뜻하게 대해주었다. 저녁을 다 먹은 다음에는 축음기를 틀었다. 그중 한 곡이 〈인터내셔널가〉였다. 그는 이 노래를 아느냐고 물었고, 안다고 하자

"같이 불러볼까?"라고 했다. 그는 내가 이 노래 가사를 알고 부를 줄 안다는 사실에 매우 흡족해했다. 그래서 우리 티베트학생연합 회원들과 내가 〈인터내셔널가〉를 티베트어로 번역했다는 얘기를 해주었더니 얼굴이 환해지면서 내 손을 덥석 잡고는 "동무"라고 했다. 희망이 뭉게구름처럼 번지며 벌써 모스크바에 가 있는 기분이었다.

그러나 불행하게도 그 일은 성사되지 않았다. 1941년 6월 22일 독일이 소련을 침공함으로써 소련행은 불가능해졌다. 그래서 페이와 나는 차선책을 논의했다. 나는 캄으로 가서 공산당 혁명운동을 시작하는 게 제일 좋을 것 같다고 했다.

어쩌면 먼저 티베트 본토로 가서 조직을 꾸리다가 때가 오면 페이와 소련이 우리 게릴라 활동을 지원해주는 게 좋겠다는 얘기도 했다. 솔직히 나는 독일과의 전쟁이 그렇게 오래갈 줄은 몰랐다. 그래서 일단 티베트로 가면 인도로 갈 수도 있겠다고 생각했다. 거기서 바로 소련으로 갈 수 있을 것으로 본 것이다. 페이는 좋은 생각이라고 하면서 암호까지 가르쳐주었다. 소련 국경에 와서 자기를 만나고 싶으면 적군赤軍한테 그 암호를 대면 된다는 것이었다. (암호는 "히말라야에서 왔소"였다.) 페이는 몇 달간 내게 좋은 친구가 되어주었고 헤어질 때 거액을 주었다. 1,000위안에다가 200~300달러, 그리고 파운드화도 달러만큼 주었다.

일단 캄으로 갈 결심을 굳자 나는 바로 행동에 들어갔다. 물론 삼촌한테는 혁명 계획이나 페이와 만난 얘기 같은 것은 하지 않고, 그저 전쟁이 계속되고 일본군 폭격이 심하니 충칭에 있기가 좀 불안하다고, 그래서 고향 가까운 캄으로 가 있는 게 안전하겠다고만 말했다. 언제나처럼 삼촌은 나에게 용기를 주고 기꺼이 도와주려 하셨다. 숙모가 국민당 정부 교육부가 데르게(캄에서도 중요한 현이다)에 막 신설한 학교 책임자여서 어렵지 않게 내가 중국어와 음악을 가르치도록 자리를 주선해주셨다. 그렇게 해서 1941년 말, 나는 충칭을 떠나 서쪽 캄으로 향했다. 학생들을 가르치면서 혁명을 시작하게 된 것이다.

떠날 채비가 끝난 상황에서 케상 체링의 부음이 날아들었다. 저녁 모임에서 본 지 몇 달 안 됐었는데 갑자기 피를 토하더니 미처 손을 써볼 틈도 없이 영영 떠나고 말았다는 것이었다. 마흔둘의 창창한 나이였다. 그는 나를 어른 대접해주었다. 우리는 정치에 대해 여러 차례 장시간 대화를 나누곤 했다. 예를 들어 케상이 생각이 달라진 지 꽤 됐으며, 공산당에 대한 적개심은 이제 없다고 하던 기억이 난다. 그러나 우리는 여전히 생각이 달랐다. 바파들 대부분이 그런 것처럼 케상은 주로 그 지역의 특수한 사정에 관심이 많았다. 캄과 바탕을 여전히 중국의 일부로 보았다. 반면 나는 티베트인 전체를 하나의 집단, 즉 하나의 민족으로 크게 보고 문제를 풀어나가고자 했다. 그가 그토록 젊은 나이에 세상을 버렸다니 슬프기 그지없었다. 케상 체링의 기억은 아직까지도 생생하다(그리고 영원히 그럴 것이다). 젊고, 잘생긴 인물이었다. 우리 현에서 중국군을 몰아내고 하늘에다 총을 쏠 때의 그 불타던 눈. 그런 어린 시절을 잠시 회상하면서 나는 앞으로 갈 길이 지금까지와는 다르게 훨씬 험난하리라는 걸 직감하고 있었다. 그럼에도, 나는 하루빨리 시작하고픈 마음 간절했다.

5장
캄으로의 귀환

1942년 초, 나는 스무 살이 되었다. 무지갯빛 희망에 잔뜩 부푼 나는 캄에서 우리의 혁명과업을 시작할 생각에 가슴이 벅찼다. 물론 극히 조심해야 했다. 우선 공산주의 서적과 팸플릿을 직접 가지고 데르게로 갈 것인가부터 결정해야 했다. 장제스의 군대가 공산주의 활동가들을 감시하고 있었고 도처에 검문소를 세워둔 상태였다. 공산주의 활동을 했다는 이유로 붙잡혀가거나 처형당했다는 얘기를 많이 들었다. 어떤 남자는 소설 『홍루몽紅樓夢』을 갖고 있다가 붙잡혀 죽임당했다는 얘기도 있었다. 제목이 '빨간 집의 꿈'이라는 뜻이어서 빨갱이 책으로 본 것이다.

나는 위험을 감수하기로 했다. 의식화 작업을 하려면 그런 책자들이 필요하다고 결론 내렸다. 물론 조치를 취해두었다. 캄에는 삼촌 가족 및 교육부 관리들과 함께 트럭을 타고 가게 돼 있어서 책을 상자 두 개에 담아 교육부 표시가 된 테이프로 밀봉을 한 다음 각종 교재를 담아둔 상자들 아래 숨겼다. 검문을 해도 군인들은 전혀 알아채지 못했다.

데르게로 가는 길에 타르체도에서 꽤 머물렀다. 혁명조직을 시작하기 위해서였다. 조직 이름은 "한 점 불꽃이 초원을 다 태울 수 있다"는 마오쩌둥의 명언에서 따 '불꽃회'라고 했다. 창설 멤버는 은가왕 케상(타르체도에서 장사를 하고 있었다), 나, 그리고 바탕 출신인 톱덴과 드람둘이었다. 드람둘은 1935년 홍군이 캄을 통과할 때 통역으로 있다가 집으로 돌아갔다. 그런데 집으로 가는 길에 청두에 잠깐 머물다가 국민당 군에게 붙잡혀 징집당했다. 몇 년 후 충칭에서 다시 그를 만났을 때는 전투 중 부상을 당해 귀가 조치된 상태였다. 우리는 바로 의기투합했다. 티베트의 변화와 혁명에 관한 내 생각을 얘기하자 그는 적극 동의했다. 나는 그에게 책을 한 짐 지워 청두로 보냈다. 드람둘은 청두에서 재단사로 일하고 있던 톱덴을 만나 우리 조직에 끌어들였다. 나는 라브랑(간쑤 성)에 있는 동창(우리 당원이었다) 쿤초 타시와 셰랍과 접촉해 연계 전략을 짰다. 그런 다음 드람둘, 톱덴과 데르게로 이동했다. 은가왕 케상은 타르체도를 맡도록 했다.

우리는 데르게를 새로운 조직의 근거지로 삼을 계획이었다. 데르게는 캄에서도 티베트 문화·종교의 중심지 가운데 하나였다. 게다가 전통 있는 유명한 티베트계 출판사도 있었다. 명목상으로는 중국 국민당 정부에 속해 있지만 전통적인 티베트 왕과 그 정부가 다스렸다. 중국에서 임명한 지사와 소규모 수비대가 있었지만 지역 문제에는 거의 간섭하지 않았다. 물론 중국 정부는 실권을 점차 확대할 계획이었다. 내가 가르치게 될 새 학교도 그런 구상의 일환이었다.

학교는 중국 교육부가 짓고 운영비를 댔다. 학생 모집은 세금을 감면해주는 대신 세대당 한 명은 학교에 보내게 하는 방식이었는데, 수용 학생은 한 백 명 정도로 예상하고 있었다. 점심은 학생들이 싸왔다. 대신 건물이나 교사 월급, 교재 등은 정부에서 비용을 댔다. 어린 학생들은 아홉 살에서 열 살 남짓이고, 늙은 학생은 스물다섯이나 먹은 사람도 있었다. 바탕에서처럼 학교에서는 티베트어와 중국어를 가르쳤다. 그러나 데르게의 학교는 티베트 언어와 문화에 훨씬 중점을 두었다. 나는 좋은 선생이 되려고 열심히 노력했다. 그래서 시작한 지 얼마 되지 않아 톱덴의 일자리도 마련해줄 수 있게 됐다.

그렇게 안전판을 마련하고 나서 우리는 재빨리 혁명 과업에 몰두했다. 처음 골몰한 문제는 어떻게 하면 시간을 최대한 효율적으로 사용할 수 있는가, 우리의 노력을 어디부터 집중해야 하는가 하는 것이었다. 우리는 캄파이기는 하지만 중국 내지에서 오래 살았기 때문에 게릴라 활동에 대한 구체적인 계획을 짜기에는 조국의 정치적 상황을 아직 제대로 파악하지 못하고 있었다. 따라서 지역사회를 좀 더 깊이 연구하기로 했다. 현재의 경제적 상황은 어떠한가? 사람들은 어떻게 살고 뭘 해서 돈을 버는가? 그들이 원하는 것은, 필요로 하는 것은 무엇인가? 어떤 슬로건을 내걸면 그걸 믿고 기꺼이 싸움에 따라나서겠는가? 지역 관리와 지배층은 누구인가?

그러면서 우리는 싹수가 보이는 당원을 모집하기 시작했다. 그러나 그러려면 일부 이론적인 타협이 불가피했다. 왜냐하면 이론적으로는 공산주의는 "대중"의 운동이지만 레닌과 마오의 저작에서 읽은 방식으로 "티베트 대중을 교육시키는 것"은 어렵다는 걸 잘 알고 있었기 때문이다. 어쩌면 아예 불가능한 일인지도 모르겠다.

티베트 농민들은 보수적이고 종교에 지대한 영향을 받고 있었다. 그들은 현대적 의미의 교육을 받은 적이 없기 때문에 우리 운동에 끌어들이기가 쉽지 않을 것이었다. 실은 그보다 우리는 농민을 끌어들이려다가 오히려 그들이 우리를 고발하지 않을까 걱정스러웠다. 그래서 농민들과 함께 일하지는 않았다.

대신 캄의 젊은이들을 목표로 삼았다. 우선 학교에 나오는 학생들부터 규합하기로 한 것이다. 그들이 우리 공산당과 게릴라 부대의 핵심이 되어야 했다. 우리는 조심스럽게 일을 추진했다. 예전의 왕 선생이 나한테 했던 방식과 비슷했다. 진보적으로 보이는 학생들에게 읽을거리를 잘 골라주어서 읽고 토론하게 한 것이다.

우리는 처음에는 공산주의 사상을 내비치지 않았다. 예전에 충칭에서 톡톡히 교훈을 얻은 바가 있었기 때문이다. 어떻게 알았는지는 모르겠지만, 당시 국민당 몽장위원회 조사국에 있던 삼촌 친구 중 한 사람이 내가 공산주의 계열 신문을 읽고 있다는 걸 알았다. 어느 날 그가 삼촌네 집으로 들어서더니 나를 잠시 불러냈다. 그러더니 신문을 가져와보라고 했다. 나는 너무 놀라서 잡아뗄 수조차 없었다. 그는 신문을 훑어보더니 "고맙네" 하고는 아무 말 않고 나가버렸다.

나는 잔뜩 겁을 먹었다. 그래서 급히 친구를 불러내 삼촌 집에 있던 신문과 잡지를 몽땅 내버렸다. 그다음엔 무슨 일이 닥칠지 기다리는 수밖에 없었다. 그러나 아무 일도 없었다. 나중에 알고 보니 그 사람은 삼촌 친구들한테 한마디 하고 그냥 넘어갔더란다. "그 티베트 젊은이는 어쩌다 실수 한번 한 거야. 이번엔 경고만 하고 말았어." 그 사건을 겪고 나는 스스로 너무 부주의했음을 결코 잊지 않았다. 항상 조심해야 한다는 것을 이후로는 각별히 명심했다.

우리는 남들이 우리 정체를 눈치채지 못하도록 극도로 몸을 낮췄다. 그러나 나는 경우에 따라 진솔한 감정을 내비치기도 했다. 어느 날 길을 가는데 중 하나가 여자아이에게 매질을 하고 있는 걸 보았다. 그런데 주지는 길옆에 앉아 그 광경을 뻔히 바라만 보고 있었다. 주지한테 저 아이를 왜 때리느냐고 물었더니, 스님들한테 맥주를 만들어주었기 때문이라고 했다.

데르게의 승려들은 다른 지역 승려들과 달랐다. 맥주를 마셨다. 중마다 침대 밑에 맥주를 담아놓은 단지가 있었다. 최근에 그 주지가 이런 비불교적인 관습을 타파하기 위해 데르게에서 중들한테 맥주 파는 것을 금지한 것이다. 그래서 본보기로 삼으려고 맥주 판 아이를 붙잡아 매질을 하는 중이었는데, 소녀는 윗도리가 다 벗겨진 채였다. 소녀는 비명을 지르며 울었고, 주위에는 구경꾼이 많이 몰려들었다. 화가 치밀었다. 지배 엘리트들이 얼마나 위선적이며 평민들을 어떻게 억압하고 있는지를 보여주는 전형적인 사례였다. 나는 이것저것 따져볼 겨를도 없이 매질하는 중의 팔목을 붙잡고 회초리를 확 빼앗았다. "넌 뭐야?" 중이 소리쳤다.

나는 이렇게 대꾸했다. "이건 말도 안 되는 짓이오. 왜 먹고살겠다고 고생하는 불쌍한 여자애를 괴롭히는 거요? 데르게 사원의 중들이 맥주를 마시는 건 세상이 다 알아. 때리려면 그자들을 때려야지."

구경꾼이 점점 더 많이 몰려들었다. 감히 승려를 비난하는 것을 보고 충격을 받은 것 같았다. 나는 물러서지 않았다. 마침내 중들이 다 떠나자 회초리를 내던졌다. 나중에 들으니 승려가 매질하는 걸 가로막은 사람은 내가 처음이라고 했다. 그것은 주지 스님을 모욕한 것이나 마찬가지였다. 아마 그랬을 것이다. 하지만 난 아무것도 모르는 꼬마 소녀가 저 위선적인 중들 손에 그런 고통을 당하는 걸 그냥 보고 있을 수만은 없었다. 그런 행동이야말로 내 평생을 걸고 바꿔놓고 말리라고 다짐한 것이었다.

시간이 가면서 데르게 귀족사회의 비교적 진보적인 인사들과 안면을 트게 됐다. 그런 관계가 단기적으로는 우리 조직에 엄청난 힘이 될 것이라고 생각했다. 그러나 그것에 환상을 갖지는 않았다. 그들은 군벌 류원후이를 물리치는 데 힘을 보태줄 수는 있겠지만 대개는 이 사회가 변하는 걸 원치 않는 사람들이었다. 현재 상황에서 득을 보고 있기 때문이다. 그래도 그나마 민중보다는 교육을 받았다. 그래서 일부 인사들한테는 우리의 이념을 말해볼 만하다고 생각했다.

처음 사귄 인물은 차괴 톰덴으로, 데르게에서 명망 있는 귀족에다가 데르게 지방정부의 최고위급 장관이었다. 그의 가문은 부유하고 권세가 높았다. 그 자리에서 민병 수백 명을 소집할 수 있을 정도였다. 1935년 홍군이 캄을 경유할 때 중국공산당과도 줄이 닿았다. 차괴는 처음에는 홍군에 맞서 싸웠으나 패한 뒤 포로가 됐다. 그러나 홍군은 그를 죽이거나 고문하지 않고 잘 대해주었다. 차괴는 감명을 받았고, 한 병사의 아이가 장정을 따라가지 못하고 낙오되자 입양해줬다.

차괴와는 여러 번 만나는 동안 서로 좋은 친구가 됐다. 나는 민족문제와 특히 티베트 자치의 필요성에 대해 내 생각을 이야기해주곤 했다. 나는 현 상황이 불안정하다고 주장했다. 데르게를 지배하는 권력의 중심은 사실 두 개인데, 국민당의 지지를 등에 업은 현縣 정부와 전통적인 지역정부를 주도하는 데르게 왕실이라고 생각하고 있었다. 현재 중국(지방) 정부가 강하지 않고 데르게 내정에 별로 관여하지 않는 것은 국민당과 류원후이가 다른 문제에 발목을 잡혀 신경을 쓸 겨를이 없기 때문이었다. 그러나 겉만 보고 그러려니 하면 오판이며, 국민당은 언젠가 이곳에 본격 관심을 돌릴 것이라고 나는 말했다. 그렇게 되면 현 정부의 세력은 막강해질 것이고, 데르게 왕실도 몰락할 것이라고 했다.

그러고는 이렇게 강조했다. "그렇게 될 때까지 기다리고 앉아 있으면 나중에는 더는 어쩔 도리가 없어질 겁니다. 그런 위협을 제거해야 할 때는 바로 지금입니다. 그리고 그 방법은 중국 현 정부를 제거하고 티베트인들로 대체하는 겁니다."

"그러려면……." 나는 말을 이었다. "데르게니 바탕이니 하는 개별 지역을 넘어서 생각해야 합니다. 달라이 라마의 중앙정부가 있는 티베트 본토를 요체로 삼아야죠. 자치를 확보하려면 우리는 드리추 강 동편에 티베트인 통일 정부, 즉 통일 캄을 건설해야 합니다." 차괴 톰덴은 똑똑했다. 이런 내 생각을 수긍했다. 그러나 모든 티베트인을 망라하는 더 큰 티베트 단일 국가를 창설하자는 주장에는 극도로 거부감을 보였다.

나는 우리 캄파들이 드리추 강 서쪽 티베트 본토 사람들과 동일한 민족이라고 굳게 믿었다. 그리고 궁극적으로는 우리 모두를 포괄하는 티베트 정치체를 수립하기 위해 싸워야 한다고 믿었다. 처음에 차괴는 케상 체링과 똑같았다. '우리는 캄파'라는 말을 자주 했다. '티베트인'이라거나, 우리가 티베트 사람을 부르는 표현인 '푀파'라는 말은 쓰지 않았다. 그는 캄파와 티베트인을 다른 국민 내지는 민족으로 보았다.

우리는 이 문제에 대해 많은 논의를 했다. 나는 우리 티베트인들이 사고의 폭을 넓혀야 한다고 생각했다. 티베트인은 티베트인이라고 나는 주장했다. 티베트 본토에 살든, 암도에 살든, 캄에 살든, 그런 것은 상관없었다. 캄을 티베트와는 다른 별개 지역으로 보고 캄만을 위한 자유를 추구하는 것은 잘못이다. 캄은 통일적인 한 민족의 일부이고, 따라서 우리는 모든 티베트인을 위해 복무해야 한다. 나는 "공통의 언어와 문화와 관습과 영토를 가진 집단"이라고 하는, 스탈린의 민족에 대한 정의를 사용했다('스탈린'이란 이름은 꺼내지 않았다). 따라서 티베트 민족이 사는 여러 지역마다 서로 다른 방언이 많고 지역마다 관습이 조금씩 다르더라도, 분명한 것은 공통의 문화와 언어가 있어서 바로 그런 것이 우리 모두를 티베트인이게 한다는 것을 말이다.

차꾀를 납득시키기란 쉽지 않았다. 그는 라싸의 군대와 귀족들을 싫어했다. 금세기 초에 그들이 와서 통치하는 동안 캄 인민을 억압했다고 느꼈기 때문이다. 그가 나를 보고 웃으면서 하던 말이 생각난다. "푼왕, 자네는 정치이론은 많이 알고 있네. 하지만 티베트 귀족들에 대해서는 잘 몰라. 티베트 정부군이 데르게에 왔을 때 장교들이 세금을 엄청나게 뜯어갔어. 세금을 안 내면? 마구 채찍으로 때렸지. 많은 사람들이 중국 놈보다 더 나쁜 놈들이라고 했어. 중국인들은 주인 노릇은 했지만 강탈해가지는 않았거든."

그는 티베트 정부군과 관리들이 못된 짓을 한 사례를 많이 말해주었다. 그중 하나는 하도 어이가 없어서 지금도 잊히지가 않는다. 티베트 관리 하나가 지나가는 사람이 탄 말편자가 좋은 것을 보고는 탐이 났다. 그래서 그 자리에서 편자에 박은 못을 빼고 편자를 가져갔다는 것이다.

나는 티베트 정부의 법률이나 예전에 캄에서 보인 행태에 문제가 있다고 하더라도 그런 건 우리 민족 내부의 문제라고 반론을 폈다. 그러면서 우리가 하나가 돼야만 류원후이를 내쫓고 외부 세력이 넘볼 수 없는 강력한 정치체를 형성할 수 있다고 말했다. 그때 나는 이런 노래를 작곡한 바 있다. "위짱(티베트 본토)과 도캄(암도와 캄)을 가르지 말라/우리는 모두 한민족 한형제/우리는 하나가 되어야 하리/우리는 민족에 대한 충성으로 전진한다네." 좋은 노래였다. 하지만 차괴 같은 사람들은 범티베트 민족이라는 이념의 중요성을 쉽게 이해하지 못했다.

차괴는 통일된 대大티베트 이념은 고사하고, 중국인들을 축출하는 것에 대해서도 미심쩍어했다. 캄의 자치라는 주장에는 전반적으로 동의했지만 그와 그의 가족은 국민당 군대와 관리들을 몰아내게 되면 잃을 게 많았다. 그는 중국 지방군을 애써 쫓아내봐야 중국인들이 캄으로 더 몰려들 텐데 그러면 또 어쩔 거냐고 걱정했다.

이런 식의 반응은 우리가 데르게에서, 그리고 티베트 어디에서나 직면하게 되는 전형적인 문제였다. 캄파들은 오랜 세월 오지 계곡에서 살아왔다. 주위 세계와는 완전히 격리돼 있었다고 해도 과언이 아니다. 바깥세상에서 무슨 일이 일어나고 있는지 깜깜이었다. 그러면서 세상은 늘 그렇게 굴러왔듯이 돌아가겠거니, 생각하는 게 고작이었다. 나는 차꾀에게 중국 국민당 정부는 전국을 통일하지도 못했고, 강하지도 않다는 것, 그리고 일본과의 전쟁은 중국 정부가 좌우지할 수준을 넘어섰다는 것을 열심히 설명했다. 쓰촨 성에는 서로 반목하는 군벌들이 있고, 그들 간의 싸움으로 전 지역이 불안하다고 말했다. 그런 다음 중요한 또 하나의 요소에 대해 설명했다. 공산당 얘기였다. 세력이 급성장하고 있어서 국민당을 위협하고 있다고 했다. 그에게 지금이 중국이 약하고 다른 데 정신이 팔려 있기 때문에 티베트인들이 조국을 되찾을 절호의 기회라는 걸 깨우쳐주려고 애썼다.

우리는 이런 대화를 많이 나눴다. 이 시기는 이상하고 흥미로우면서도 위험했다. 나는 낮에는 학교에서 가르치고, 학교 밖에서 은밀히 조직의 모임을 갖는 이중생활을 하고 있었기 때문이다. 우리는 함께 모여 다음 조치와 전략은 어떻게 할지 결정을 내렸다. 그러고 나서는 집으로, 직장으로 돌아가 각자 맡은 역할을 실천했다. 모든 일을 구두로 했다. 문서로 남기면 발각돼 곤경에 처할 우려가 컸다. 대개 이 단계에서 우리가 한 일은 사람들과 이야기를 하면서 그들이 무슨 생각을 하는지 알아내고, 이곳 심산유곡을 벗어나면 지금 바깥세상에서는 뭐가 어떻게 돌아가는지를 조심스럽게 교육하는 것이었다.

한동안 나는 우리 작업이 상당히 진전되고 있다고 느꼈는데, 상황이 곧 달라지기 시작했다. 타르체도에 있는 은가왕 케상과 늘 연락을 취하고 있었는데, 어느 날 그에게서 급한 전갈을 받았다. 이제 극도로 조심하라는 얘기였다.

타르체도의 국민당 지부 사무실에서 일하는 케상 남계라는 티베트인이 있었는데 그가 나를 의심하게 된 것이다. 그 얼마 전 타르체도로 책을 보냈을 때 그가 배에 실은 짐을 압수한 적이 있었다. 짐 포장지에는 아무 표시도 없었다. 누가 보낸 짐인지 알 수 없었으나 내가 관련이 있다고 의심을 했다. 그래서 내가 데르게로 간 뒤 타르체도의 국민당 지부는 나를 주목하기 시작했다. 나중에 보니까 그들은 내가 공산주의자라는 이유로 퇴학당했다는 사실을 알아냈다. 은가왕 케상이 나한테 위험하다는 경고 편지를 보낸 것은 그들이 그런 사실을 인지한 것을 알고 나서였다.

이 소식을 듣고 매우 당황스러웠다. 국민당 지부에서 감시한다니 좋은 일이 있을 리 만무했다. 내가 데르게에 온 것은 이제 겨우 4~5개월밖에 되지 않았다. 이곳에 한동안 머물면서 거사의 거점으로 삼을 생각이었는데……. 이제 계획을 재고해야 했다. 나는 아무 일 없다는 듯이 일상적인 활동을 계속하면서 필요할 경우에 대비해 탈출 계획을 궁리했다.

탈출 계획은 드리추 강을 건너 서쪽 티베트 본토로 들어가는 것이었다. 당시 그것은 쉬운 일이 아니었다. 드리추 강은 티베트와 중국의 국경이었기 때문에 티베트 상인들만

왕래가 수월했을 뿐, 그 밖에 다른 사람에 대해서는 감시가 삼엄했다. 티베트 정부 검문소 요원들이 티베트인으로 가장한 중국 상인들을 되쫓아 보냈다는 얘기도 들렸다. 강을 건너지 못할 수도 있었다. 나는 단발에다가 행동거지도 중국인처럼 보였기 때문이다. 그러나 충칭에 있는 동안 이런 때에 대비해 조치를 해놓은 것이 있었다.

충칭을 떠나기 직전, 나는 충칭의 달라이 라마 사무소를 찾아갔다. 거기 사람들한테 학교를 떠날 수밖에 없게 돼서 캄으로 돌아갔다가 나중에 티베트로 순례를 가고 싶다며 도움을 청했다. 그들은 기꺼이 도와주겠노라 했다. 내가 학교에서 쫓겨난 이유를 듣고는 강한 인상을 받은 모양이었다. 그들은 내게 티베트인을 염려하는 마음이 갸륵한 젊은이라더니, 참도 지사知事에게 보내는 소개장을 써줬다. 겉봉은 밀봉을 하고 사무소 직인을 찍었다. 아직도 나는 그 소개장을 갖고 있었다. 그래서 데르게 사정이 더 나빠지면 그걸 가지고 티베트 본토로 갈 생각이었다.

사실 그 편지에 뭐라고 적혀 있을지 나는 좀 의아스러웠다. 그래서 밀랍 봉인 부분을 불로 녹여 살짝 뜯어봤다. 편지 내용은 좋았다. 내가 훌륭한 청년이고 티베트 국가에 대한 충성심이 강하다고 돼 있었다. 이어 중국 정부가 잘못된 이유로 나를 괴롭히고 학교에서 내쫓았다는 얘기도 적혀 있었다. 그러고는 "이 청년은 좋은 사람"이니 "나중에 라싸로 순례 갈 때 도중 어디서든 막지 말라"는 말로 끝을 맺고 있었다.

이 소개장은 결국 써먹게 됐다. 타르체도의 국민당 지부는 내가 공산주의자라고 공공연히 비난하지는 않았지만 캄전 역에 소문을 퍼뜨렸다. 그래서 온통 눈길이 쏠리는 바람에 더더욱 운신이 힘들어졌는데, 그러다가 결국은 아무 일도 할 수 없다는 느낌마저 들었다. 어느덧 여섯 달이 지나, 더는 데르게에 있을 수 없겠다고 마음의 결정을 내렸다. 그래서 구체적인 탈출 계획을 짜기 시작했다.

시간이 얼마 없었다.

그런데 한두 주 사이에 두 가지 사건이 벌어졌다. 첫째는 일부 티베트 정부군이 민간인 복장을 한 채 말을 타고 드리추 강을 건너 데르게로 들어온 사건이었다. 그들은 물건을 좀 사러 온 것이라고 했다. 그러나 중국군의 움직임을 정탐하러 왔다는 의도는 너무도 뻔했다.

나는 그 군인들을 찾아서 집으로 초대했다. 맥주를 내주고 지나가는 말처럼 여기서 뭘 하느냐고 물었더니, 장사를 하고 있을 뿐이라고 대수롭지 않게 대답했다. 그러나 단순히 그게 전부가 아니라는 걸 난 알고 있었다. 그래서 얘기를 나누면서 간제, 바탕, 타르체도 등등에 중국군이 어느만큼 된다는 얘기를 흘렸다. (그런 정도는 그들도 이미 알고 있었지만 내가 정보를 기꺼이 알려주는 데 대해 흡족해하는 것 같았다.) 그러고 나서 충칭의 달라이 라마 사무소에서 써준 소개장이 있으면 티베트 국경 수비대가 통과시켜주겠는지를 물어봤다. 다들 그렇다고 하기에 감톡 도강渡江 초소에 있는 장교한테 '친구가 있는데 티베트 정부에서 발행한 소

2부_눈의 나라 티베트를 위하여

개장을 가지고 티베트로 가려고 한다, 아마 곧 국경 초소에 도착할 것이다'라는 얘기를 좀 전해달라고 부탁했다. 그들은 그러마고 했다. 그러고 나서 얼마 후, 그들이 다시 데르게에 왔을 때 내 얘기를 전했느냐고 물었다. 그들이 아무 문제없을 거라고 호언장담을 하니 나는 탈출 작전을 구체화시켰다.

그로부터 얼마 안 된 시점에 중국군이 데르게로 들어왔다. 낌새가 이상했다. 대개 여기 주둔하는 중국군은 소규모(한 30명쯤)인 게 보통인데 갑자기 백 명 이상이 나타난 것이다. 지휘관은 리라는 사람이었는데 오자마자 나를 잔치에 초대했다. 아니 이렇게 영광스러울 데가! 정말 심상치 않다는 느낌이 들었다.

중국과 캄에서 적을 제거하는 고전적인 방법의 하나는 잔치나 특별행사에 초대를 한 다음 적이 오면 죽이거나 생포하는 것이다. 나는 리가 데르게에 오기 전에 나에 대한 얘기를 다 듣고 왔을 것이라고 생각했다. (그렇지 않다면 어떻게 나를 만찬에 초대하겠는가? 서로 모르는 사이인데.) 뭘 어떻게 해야 할지 난감했다. 결국 아무 일도 없는 것처럼 하는 수밖에 없다고 보고 초대해주어서 너무 기쁘다는 듯이 행동했다.

잔치가 열리는 날 밤, 가슴이 고동쳤다. 처음에는 아무 일도 없었다. 식사를 하는 동안 그는 매우 우호적이었다. (단순히 나를 떠보려는 정도인가 싶었다. 그러면서도 날 가지고 노나 싶기도 했다. 그는 내 머릿속이 어떻게 돌아가고 있는지 알고 있는 것 같았다. 한편으로는 모른 체하면서 호의를 베풀고 어쩌고 하는 게 재미나기도 했을 것이다.) 우리는 여러 많은 주제에 대해 이야기를 나눴다. 그런데 밤이 이슥하도록 아무 일도 없자 나는 슬슬 대담해졌다. 그를 떠보기로 한 것이다.

그에게 사냥을 좋아한다고 하고는 장총을 빌려줄 수 있겠느냐고 물었다. 주변에 토끼가 많아서 토끼 사냥을 가볼 참이라고 했다. 일종의 게임이었다. 그리고 우리 둘 다 그걸 잘 알고 있었다. 시험이기도 했다. 그가 총을 빌려줄 만큼 날 믿을까? 리는 웃으면서 기꺼이 빌려주마고 했다. 그러더니 그 자리에서 총을 내줬다. 나는 총이 좋다고 하면서 고맙다 했다. 이틀 후 총을 돌려주면서 그를 진심으로 대하고 있다는 것을 분명히 보여줬다. 우리는 종종 한참 동안 얘기하곤 했다. 그는 우리의 역사와 집안 내력에 대해 물었다. 전반적으로 대단히 우호적이었으나 나는 환상은 갖지 않았다. 며칠 후, 친구 드람둘이 리가 내 체포 계획을 짜고 있다는 말을 건네주었다.

드람둘의 아버지는 데르게와 바탕 사이에 있는 바이유 읍 우체국에서 일했다. 그분 말이, 리는 데르게 같은 큰 동네에서 소란을 피워가며 나를 체포하는 걸 꺼리고 있다는 것이었다. 게다가 나는 여기 온 지 얼마 안 되는 사이에 친구를 많이 만들어놓았다. 그는 공산주의자라는 의심을 받는 인물을 순교자처럼 만들 생각이 없었다. 그제야 나는 리가 내가 혼자 있을 때 체포하려고 틈을 보고 있다는 걸 알았다. 그래서 내가 선수를 치기로 했다.

다음번에 리와 얘기를 할 때 바탕에 있는 가족들 본 지가 어언 7~8년이 됐다는 말을 꺼냈다. 그러고는 바탕에 한 번 가보려고 하는데 허락을 해주면 감사하겠다고 했다. 그는 그러라고 했다. 나는 그가 무슨 생각으로 그랬는지 정확히 알고 있었다. 바탕으로 가려면 바이유를 반드시 통과해야 했다. 그러면 소리 소문 없이 나를 체포할 절호의 기회가 되는 것이다. 나는 데르게 왕실 정부에 가서 바이유를 거쳐 바탕으로 가겠으니 짐말 세 필만 빌려달라고 부탁했다. (이런 얘기가 퍼지면 리도 내 말이 진짜라고 믿을 것이었다.) 드람둘한테도 아버지한테 바이유를 거쳐 바탕으로 갈 건데 거기서 하룻밤 묵어가면 좋겠다는 전갈을 넣어달라고 했다. 나는 리가 바로 그때 날 잡으면 되겠구나 하고 있을 것으로 생각했다.

며칠 후, 아침 일찍 데르게 정부에서 보내준 짐말 부리는 마을 사람 한 명을 데리고 톱덴과 나는 데르게를 떠났다. 은가왕 케상은 타르체도에 남았고, 드람둘은 데르게에서 우리 사업을 계속했다. 드리추 강 변 감톡 도강 초소에 도착했을 때, 우리가 말 몰이꾼에게 여기서 밥을 먹고 가자고 하니 좀 이른 시간인지라 의외인 듯한 눈치였다.

"왜 여기서 먹자는 거요?" 말 몰이꾼이 이상하다는 듯이 물었다.

나는 경치가 좋아서 그러는데 뭐 문제 될 게 있느냐고 했다. "아니요." 그는 투덜거리면서 불을 피우러 갔다. 우리 둘만 남자 나는 강 너머로 세 번을 크게 외쳤다. 티베트 정부 국경 검문소에 보내둔 편지에 그렇게 약속을 해놓았던 것이다.

모든 것이 톱니바퀴처럼 착착 맞아 들어갔다. 신호를 들은 사공이 가죽배를 저어 이쪽으로 건너왔다. 내 계획대로였다.

"이게 무슨 일이요?" 데르게에서 따라온 말 몰이꾼이 궁금해했다.

"바이유에 가는 거 아닌가요?"

"가지요. 그런데 여기까지 왔으니 강 건너 저쪽 경치 구경 좀 하려고요."

몰이꾼은 미심쩍은 눈치였다. 이제 데르게로 돌아가라고 하자 더더욱 그랬다. 그러나 뭘 어쩌겠는가. 사공은 톱덴과 나를 태우고 강을 건넜다. 일단 안전해졌다. 톱덴과 나는 서쪽으로 향했다. 티베트의 심장으로, 달라이 라마의 왕국으로 들어가는 것이었다.

6장
라싸로

드리추 강 건너편 티베트 본토에서 맨 먼저 도착한 곳은 검문소였다. 달라이 라마 사무소에서 써준 소개장을 티베트 군 책임 장교에게 보여줬다. 그가 안 된다고 하면 한 발짝도 더 못 가는 것이었는데 소개장이 역시 약발이 먹혔다. 통과였다.

톱덴과 나는 미리 선물을 준비해뒀다. 차를 쪄서 벽돌 모양으로 굳힌 것, 비단 따위의 것들이었다. 잘 구워삶아야 할 관리가 어디 한둘이겠는가. 우리는 검문소 장교한테 차 두 덩이를 주었다. 그는 흐뭇한 표정을 짓더니 답례로 참파(보리를 볶아서 절구에 찧은 가루. 티베트인의 주식이다—옮긴이)랑 말린 고기, 보리맥주를 내놓았다. 그런데, 참파에다가 맥주를 섞는 것이 아닌가? 나는 깜짝 놀랐다. (캄에서는 그렇게 먹지 않기 때문에 그런 건 정말이지 본 적이 없다.) 우리는 차를 부어서 마시겠다고 하자 장교는 슬며시 웃으면서 자기네한테 미리 전갈을 해놓아서 다행이라며 만나서 반갑다고 했다. 그러면서 걱정할 필요 없다, 지금 받은 선물은 티베트 정부 세리한테 전해주겠노라고 했다. 나는 그럴 필요 없이 차는 더 있으니까 그걸 세무원한테 직접 주겠다고 했다. 그러고는 톱덴에게 빨리 갖다 주라고 했다.

그날 오후 톱덴과 내가 느긋하게 저녁을 먹고 있는데 세무원 하인이 우리 쪽으로 오는 게 보였다. 벽돌 차 두 개를 들고 왔다. 선심을 써서 우리한테 돌려주려는 것이거나 뇌물을 덥석 받기가 좀 멋쩍어서 그러는 것인가 했는데 웬걸, 하인은 차 덩어리를 내밀면서 이렇게 투덜거렸다. "포장지가 뜯겨 있어요. 새 걸로 두 개 주시오."

당시 우리는 젊었고, 티베트 정부 관리를 상대해본 경험도 없었으며, 더구나 이토록 무례하게 구는 자는 처음이었다.

"그건 우리가 선물로 드린 건데요." 내 목청이 높아졌다. "파는 게 아닙니다. 돈을 받고 장사를 하는 게 아니란 말이에요. 갖고 싶으면 가져가고, 아니면 여기 놔두고 가서 볼 일이나 보시오." 서먹한 기운이 잠시 감돌았다. 결국 하인은 돌아서더니 포장이 찢긴 벽돌 차를 들고 가버렸다. 이런 어처구니없는 경험은 그게 마지막이 아니었다.

세리의 행태 때문에 티베트 관리에 대해 안 좋은 인상이 남았지만 검문소 장교는 아주 친절했다. 그리고 우리를 계속 도와줬다. 이튿날, 그는 말 네 필과 하인 하나를 보내 차후 여정에 편의를 봐줬다. 우리는 무차 장군의 티베트 연대 사령부가 있는 좀다로 출발했다.

이틀을 꾸준히 가서 좀다에 도착했다. 장군의 2층짜리 저택을 지나는데 도강 초소에서부터 같이 온 하인이 갑자기 장군 집을 지날 때는 말에서 내려 걸어야 한다고 했다. 톱덴과 나는 그런 관습에 대해 전혀 들어본 바 없기에 영문을 몰라 서로 쳐다봤다. 하인은 재차 다급한 목소리로 말에서 내리라고 재촉했다. 자기 집 근처에서 말에 올라타 있는 게 장군의 눈에 띄기라도 하면 벌을 내릴 것이라는 얘기였다. 말도 안 되는 소리라고 여겨졌지만, 우리는 티베트 정부 관습을 잘 모르는 터라 하라는 대로 했다. 또 한번 놀라운 경험을 한 것이었다.

다음번 놀라운 경험은 여인숙에 도착했을 때 일어났다. 짐을 부리자마자 여인숙 주인이 당장 가서 장군을 보고 와야 한다고 했다. 그러지 않으면 자기네가 벌금을 물게 된다는 것이었다. 벌써 저녁이고 피곤했기 때문에 우리는 싫다고 했다. 대신 내일 아침 일찍 장군을 만나보겠다고 했더니 주인이 펄펄 뛰었다. 지금 잠깐 가서 보좌관한테 내일 정식으로 인사하러 오겠다고 말이라도 해놓으라는 것이었다. 우리는 하는 수 없이 그렇게 했다. 도대체 뭐가 또 어떻게 되려는가 싶어 밤새 어수선했다.

다음 날 아침 일찍, 우리는 장군 집으로 찾아갔다. 우리는 그가 귀족이고 티베트 정부의 고관이라는 것을 잘 알고 있어 벽돌 차와 멋진 실크 앞치마를 선물로 가져갔다. 문 앞에 예의 보좌관이 나타나더니 기다리라고 했다. 기다린 지 두 시간이 넘어가자 나는 슬슬 화가 났다. (나중에야 내가 너무 순진했다는 걸 알았다. 보좌관한테 선물을 줬으면 바로 들여보내줬을 것을.) 보좌관을 붙잡고 "난 중국에서 왔습니다. 달라이 라마 사무소에서 써준 소개장도 가져왔습니다. 장군을 못 만나면 내일 바로 참도로 떠날 겁니다"라며 사정했다. 그러자 우리한테 우려낼 게 없는 거 같았는지 장군을 만나게 해줬다.

티베트 귀족들의 거드름에 대해서는 얘기를 많이 들었지만 직접 겪어본 것은 그때가 처음이었다. 우리가 인도된 어떤 방에 보료에 앉은 장군의 모습이 보였는데 보료가 어찌나 높이 놓여 있는지 무슨 옥좌 같았다. 장군은 무늬가 도드라지게 짜인 비단 문직紋織 정장을 하고 있었다. 머리는 양쪽으로 땋아 작은 상투(바조라고 한다)를 틀어놓은 것이 무슨 뿔 같았다. 상투 양쪽 사이에 작은 금관이 들어앉아 있었다. 티베트 고위직 평신도 관리는 다들 쓰는 것이었다(사진 4 참조). 얼굴에는 마마 자국이 다닥다닥하고 무서운 표정으로 우리를 내려다보면서 왕이나 고위급 라마처럼 행동했다. 나는 예식에 두르는 스카프를 내놓으면서 초조하게 주변을 두리번거렸다. 톱덴과 나는 그와 얘기를 하면서도 앉을 만한 곳을 찾았다. 그러나 의자라고는 없었고 바닥에 아주 얇은 방석 두 개뿐이었다. 거기 앉으라는 뜻인 줄은 상상도 못했다. 그러니 어쩔 줄 모를밖에. 보좌관이 군은 표정으로 방석 쪽을 눈짓해 결국 우리는 거기에 책상다리를 하고 앉았다. 한참 위에서 장군의 머리통이 우리를 내려다보고 있었다.

사진 4. 유톡(타시 톤드룹). 1940년대 라싸에서 촬영. 사진은 유톡 가문 제공.

먼저 그는 우리의 계획에 대해 여러 가지 질문을 퍼부었다. 어디로 가느냐? 뭘 하려고 하느냐? 등등……. 그러더니 "중국에서 왔다니 도자기 찻잔 같은 걸 가져왔겠구나"라고 했다. 나는 최고급 도자기 생산 지역은 일본군이 점령하고 있어서 못 가져왔다고 했다. "정말인가?" 장군의 표정은 진짜 놀란 것 같았다. 그러더니 중국 상황에 대해 몇 가지를 물었다. 정말이지 세상이 어찌 돌아가는지 이렇게 모르고 있나 싶어 놀라웠다. 예를 들어 이런 질문을 했다. "누가 더 높은가? 장제스인가 아니면 류원후이인가?" 순간 나는 진짜 몰라서 묻나 싶었다. 그런데, 진짜였다. 그래서 재빨리, 장이 류보다 훨씬 높다고 말해줬다. 세상이 어떻게 돌아가는지 깜깜 무소식이라는 데에도 놀랐고, 우리를 대하는 방식에도 놀랐다. 물론 그는 자기가 무지하다는 걸 전혀 모르고 있었다. 그러면서도 폼은 폼대로 잡고 생색은 바가지로 냈다. 그는 톱덴과 나를 캄에서 온 천것들로 여긴다는 걸 굳이 감추려 하지 않았다. 예법도 모르는 촌놈들이라고 본 것이다. 얘기를 해볼수록 말이나 빌려서 어서 여기를 빠져나가야겠다는 생각뿐이었지만 그게 그렇게 쉽지 않았다.

"문직은 좀 가져왔겠지?" 아직도 우리한테 우려낼 게 또 없나 하는 표정이었다.

나는 공손히 답했다. "중국 문직 비단은 대부분 쑤저우蘇州와 항저우杭州에서 나는데 역시나 일본군에 점령당한 상태입니다."

이런 식으로 꽤 이야기가 오갔다. 나는 참다 못해 더 궁금하신 게 없으면 가보겠다고 했다. "잠깐." 그가 말했다. "달라이 라마 사무소에서 보낸 소개장을 가져왔단 얘기를 들었다. 그걸 좀 내보거라."

소개장을 내밀자 장군은 봉인이 돼 있는 걸 뜯어보겠다고 했다. 봉인이 뜯기면 안 될 일이었다. 나중에 진짜가 아니라는 의심을 살 수 있기 때문이었다. 그래서 잽싸게 말했다. "뜯으시면 안 됩니다. 달라이 라마 사무소 인장이 찍힌 겁니다. 봉인된 상태로 참도 지사께 갖다드려야 합니다. 그걸 뜯으면 어떻게 뜯겼는지 얘기를 해야 할 겁니다. 저는 책임 못 집니다."

소개장이 온전했으면, 하는 것은 내 진심이었다. 그러나 그자가 하는 행태가 너무 화가 나서 허세를 부려본 것이다. 잠시 긴장된 순간이 흐르고, 그는 이윽고 웃음을 띠면서 소개장을 내게 그대로 돌려주었다. 어찌 됐든 나를 함부로 보지는 못한 것이다. 잘은 모르지만 나는 본능적으로 행동했다. 허점이 보인다 싶어 집중적으로 파고들었다. "이제 참도로 가보겠습니다. 말이 좀 필요한데요." 그는 다시 빙긋이 웃으며 당연히 그렇게 해주겠노라고 했다. 필요한 걸 손에 넣게 된 것이다. 그때 마침 가보라는 말이 나왔고, 우리는 작별인사를 했다.

1950년 참도 작전이 있고 나서 한참 후에 나는 그 장군을 다시 만났다. 참도에 연금된 상태였다. "자네로구먼" 하면서 그가 말을 붙여왔다. "우린 오랜 친구지. 악수나 하세." 그는 나를 좋아하는 것 같았다. 건강은 어떠냐고 묻기에 위가 좀 안 좋았다고 했더니 실크에 싼 티베트 전통 약재와 털모자를 보내왔다. 1950년, 그의 군대는 중국 인민해방군에 맞서 용감히 싸웠고 많은 부하를 잃었다. 그는 용감한 장군이었지만 용의주도한 사람은 아니었다. 우리의 목표를 달성하려면 어떤 식으로든 더불어 일을 도모해야 할 많은 티베트 관리들의 전형이었다.

그날 오후 톱덴과 내가 저녁을 먹고 있는데 장군 부인의 하녀가 내가 선물로 준 실크 앞치마를 가지고 나오더니만 마님이 앞치마가 너무 곱다며 더 없느냐 하더라는 얘기를 전했다.

"필요하면 가져가시우, 원하는 만큼 얼마든지." 화간 난 톱덴이 비아냥거리듯이 말했다. 나는 바로 끼어들어 실크 앞치마는 두 개밖에 안 가져왔다고 말했다. 하나는 부인한테 준 것이고, 나머지 하나는 참도 지사한테 줄 것이었다. 하녀는 인상을 쓰더니 그냥 가버렸.

장군은 약속대로 말을 몇 필 보내줬다. 우리는 대엿새 만에 별 탈 없이 참도에 도착해 곧장 지사를 만나러 갔다. 유서 깊은 유톡 가문의 귀족으로 라싸 정부의 고위급 관료였다. 무차 장군과는 분위기가 전혀 달랐다.

보좌관은 바로 우리를 응접실로 안내했으며, 눈 씻고 찾아봐도 옥좌 같은 건 보이지 않았다. 모든 좌석은 높이가 같았다. 유톡에게 인사를 하고는 스카프를 선물했다. 그도 반갑게 맞으며 많은 질문을 했다. 그는 내가 도자기나 문직 같은 걸 가져왔는지에는 관심이 없었다. 높은 사람인 척하지도 않았다. 오히려 내 배경에 관심이 많았다. 본능적으로 신뢰가 갔다. 그래서 잠시 후 솔직하고도 자세하게 대답을 했다. 우리는 두 시간 가까이 대화를 나눴다. 그날은 그만하고 일어서려는데 유톡이 다음 날 다시 와달라고 했다.

나는 지사와 이렇게 쉽게 이야기가 통한다는 게 정말 신기했다. 다음 날 갔더니 나를 옆자리에 앉혔다. 바닥 높이도 똑같았다. 그래서 우리는 오래 유쾌한 기분으로 대화를 나눴다. 우리는 둘 다 책상다리를 하고 앉았다. 그런데 나는 책상다리가 익숙지 않아서 금세 불편해졌다. 그는 내가 뭔가 불편하다는 것을 알아채고는 왜 그러냐고 물었다. 나는 사정을 설명하고 잠시 다리를 뻗어도 되겠느냐고 물어봤다. 그러자 지사는 껄껄 웃더니 "물론이지. 그러게"라고 했다. 세 시간 넘게 대화가 오가고 나서 그는 나를 저녁에 초대했다. 저녁을 마치고 떠나려는데 또 좀 더 있다 가라고 붙잡았다. 집에 돌아왔을 때는 이미 밤이 깊었다.

톱덴과 나는 참도에 딱 일주일 동안 머물렀는데 있는 동안 매일 유톡의 관저로 가서 이야기를 나눴다. 처음에 그는 외부 세계 소식을 알고 싶어 했다. 나는 중국의 상황이랑 국민당과 공산당의 다툼 같은 것에 대해 아는 데까지 힘껏 설명해줬다. 독일이나 일본, 소련에 대해서도 그랬다. 또 세계대전이 지금 어떻게 돌아가는지 내가 아는 대로 이야기해줬다. 그는 내가 하는 얘기는 죄다 흥미로워했다.

그는 내게 전투에 대해 아느냐고 물었다. 나는 전투를 해본 적은 없지만 전투 관련, 특히 게릴라전 관련 책들은 읽어봤다고 했다. 이어서 마오쩌둥과 주더朱德(당시 팔로군 사령관이었고, 나중에 인민해방군 총사령관이 된다—옮긴이)가 쓴 책과 이론을 소개해줬다. 나중에는 점점 더 구체적인 문제로 화제가 넘어가 그는 내게 류원후이의 강점은 무엇이고 취약점 내지 노림수는 무엇이라고 보느냐고 물었다.

나의 기조는, 그러니까 류원후이는 겉보기처럼 그렇게 강하지 않다는 말을 했다. 장제스와 류원후이가 효과적으로 협력하고 있는 것처럼 보일지 모르지만 동기도 다르고 과제도 다르다고 했다. 장은 여러 전선을 신경 써야 한다, 따라서 류원후이에 대한 생각이 있다면 그냥 약한 상태로 잡아두려 하고 있을 것이다. (류의 권력 근거지는 지금은 캄 '시캉'이지만 고향인 쓰촨보다 훨씬 초라하다. 따라서 자나 깨나 쓰촨으로 돌아갈 궁리만 하고 있었다.) 류와 전쟁을 할 생각이라면 장제스가 즉각 보복할 것이란 걱정은 접어도 된다고 했다. 그러면서 케샹 체링이, 비록 잠시이긴 하지만, 바탕에서 류원후이의 군대를 어떻게 몰아내고 자치정부를 세웠는지 되새겨보라고 했다. 유톡은 이런 얘기를 대단히 흥미 있어 했다. 나도 덩달아 흥분이 됐다. 이야기가 통하는 티베트 귀족 고위 관료도 있구나, 내 얘기를 진지하게 듣고 높이 평가해주는 사람이 있구나 싶어서였다.

중국과의 전쟁 가능성에 이야기가 미쳤을 때에도 나는 유톡에게 전쟁에서 이기는 길은 백성들과의 관계를 돈독히 하는 것이라고 말했다. 나도 그런 신념을 점차 굳히고 있었다. 그러려면 세금을 비롯한 부담을 줄여줘야 하며, 그래야만 강력하고 충성스러운 토대를 쌓을 수 있다고 강조했다. 군대만 가지고는 캄이든 어디에서든 전쟁에서 이길 수 있다고 보지 않는다는 얘기도 빼놓지 않았다. 가급적 사람들을 자기편으로 끌어들여야 한다, 그게 안 된다면 적어도 반감을 사서는 안 된다는 얘기였다.

그렇게 저녁이면 대화를 나누던 어느 날, 유톡은 티베트의 미래에 대한 나의 생각은 어떠냐고 물었다. 나는 공산주의란 말은 꺼내지 않도록 주의하면서 그 문제에 대해서는 나도 할 말이 많다고 했다. 티베트 미래의 열쇠는 정치체제 개혁이라고 생각한다, 최소한 현 시스템의 학정과 불평등은 제거하는 수준의 변화를 필요로 하며, 또 근본적으로 일을 처리하는 방식을 바꿀 필요가 있다고 본다고 말했다.

우리는 현대화를 해야 한다고 주장했다. 도로를 닦고 공장을 건설하고 현대식 기계와 생산방식에 투자해야 한다, 이 외에도 더 많은 예를 들어주었다. 지금은 손으로 그릇을 만들지만 그런 방식은 하나 만드는 데 여러 날 걸린다. 좀 더 현대적인 방식과 설비를 사용하면 같은 기간에 수십 개를 만들 수 있다, 등등. 또 나는 열띤 어조로 이렇게 말했다.

"세상은 급속도로 변하고 있습니다. 우리 스스로를 개혁하지 않으면 스스로를 파괴하게 될 겁니다. 그러면 중국이나 다른 나라의 침략을 걱정할 필요도 없겠지요. 우리 자신의 최악의 적은 바로 우리가 될 겁니다."

딱딱한 주제였다. 그렇지만 나는 솔직히, 유톡과는 단도직입적으로 말할 수 있다고 확신했다. 그는 세리도 아니고 장군도 아니었으며, 인도에도 가보고, 세상이 어떻게 돌아가는지 나름대로 감을 잡고 있었다. 그는 내가 하는 모든 얘기에 공감했다. 그러나 라싸에 있는 집권자들의 사고방식을 바꾸는 건 대단히 어려울 것이라고 말했다. 완전 구닥다리여서 여간 완고하지 않기 때문이었다. 그는 뭔가 해야 한다는 데 대해서는, 낡은 사고방식을 어떻게든 바꿔야 한다는 데 대해서는 동의했다.

그는 우리더러, 원하면 자리도 마련해줄 테니 군사 훈련을 도와달라면서 참도에 남아달라고 부탁했다. "자네 충고가 마음에 들어. 류원후이가 공격해온다면 자네가 우리의 방어전에 힘이 될 거야. 자네 뜻대로 잘될 거라고 보네."

이럴까 저럴까 망설였다. 그가 나를 믿어준 게 고마웠다. 그는 티베트의 상황을 나와 같은 시각으로 보고 새로운 사상에 기꺼이 귀 기울이는 고위 귀족의 전형이었다. 우리가 진보를 성취하려고 한다면 분명 함께 일을 도모해야 할 사람이었다. 그러나 참도에 남아서 얼마나 많은 일을 해낼 수 있을지 자신이 없었다. 우리의 보다 큰 목표는 사회 구조를 본질적으로 변화시킴으로써, 그리고 캄에서 게릴라 활동을 전개함으로써 티베트 국가를 환골탈태시키는 것이었다. 지원 세력을 확보하려는 계획은 여전히 추진 중이었으며 게다가 배워야 할 것도 아직 많을 것 같았다. 나는 라싸로 가서 티베트 정부 지도자들의 생각을 어떤 식으로든 바꿔놓아야 한다는 확신을 가슴 깊숙이 지니고 있었다. 상황을 바꾸려면 거기서부터 시작해야 할 것이기 때문이었다. 그러나 유톡이 너무 자상하게 나오는 바람에 대놓고 거절하기가 참 곤란했다. 하루이틀 '생각'을 좀 해본 뒤, 제의는 참으로 감사하지만 일단 라싸로 가보고 나서 추후 다시 생각해보겠노라고 했다.

그가 내 열정이 진정이라는 것을 알고 존중해주었다고 생각한다. 그는 "좋아" 하더니 "라싸로 가보게"라고 말했다. 그러면서 잠시 무슨 생각에 잠기는가 싶더니 이렇게 말했다. "라싸에 도착하면 카샥(내각) 장관들을 만나보게. 대부분 세상이 어떻게 돌아가는지 거의 몰라. 나한테 했던 얘기들을 해주면 눈이 좀 뜨일 걸세. 맨 먼저 얘기해보고 싶은 사람이 수르캉일 거야. 나이도 젊고, 배울 만큼 배웠고, 임명된 지 얼마 안 됐으니까 자네가 하는 얘기에 관심이 아주 많을 걸세. 만나는 데 문제가 있거나 어려움이 생기면 내 처를 찾아가보게. 라싸에 살고 있어. 기꺼이 도와줄 걸세."(알고 보니 그의 부인은 수르캉의 누이였다.)

참으로 고마웠다. 유톡은 남으라고 고집을 부리지도 않았고, 톱덴과 나를 성심껏 도와주었다. 라싸까지 가는 데 필요한 말과 하인도 딸려 보냈다. 이후 라싸에 이르는 18일 동안, 나는 그간 있었던 일을 곰곰 되씹어보면서 그게 우리의 대의에 어떤 의미를 가질 수 있을지 따져봤다.

내 눈에 들어온 것 중 하나는 강 건너 티베트 쪽 마을과 농민들의 상황이었다. 우리는 찢어지게 가난한 사람들을 수없이 많이 보았다. 어떤 이들은 집과 농토를 버리고 유랑했다. 중국에서 너무 많은 시간을 보낸 탓에 나는 티베트의 빈곤이 어느 정도인지를 알지 못했었다. 귀족이나 지역 관리, 군인들이 거들먹거리며 주민들을 억압하는 것도 참으로 못 봐줄 꼴사니였다. 어떤 곳에서는 하급 관리도 무슨 왕자님처럼 모셔드려야 했다.

정치 상황 역시 생각보다 훨씬 복잡했다. 이제 드리추 강 양안을 다 겪어본 나로서는 지역마다 사정이 다르다는 걸 알 수 있었다. 중국인들이 드리추 강 동쪽을 장악하고 있기는 하지만 마을마다 주둔하는 것은 아니었다. 봉기가 일어난 지역에만 어느 정도 규모의 군대를 파견해놓고 있었다. 그 밖에는 타르체도와 바탕 같은 원래 수비대 주둔 지역에만 군대가 있었다. 게다가 중국 군인과 행정 관료들은 정부에서 월급을 받았다. 점령지 현이나 성에서 따로 짜낼 필요가 없었다. 따라서 인민의 생활에 직접적인 위협이 되지는 않았다.

티베트 본토 쪽은 상황이 달랐다. 전 지역이 라싸의 티베트 정부 관할하에 있었다. 그러나 지역마다 종교계 영주 내지는 평신도 영주들이 엄청난 권력을 휘둘렀으며, 따라서 평민들로서는 못살게 구는 윗대가리가 중앙정부 소속 관리와 지역 영주 둘인 경우가 많았다. 게다가 티베트 군은 대부분 급료가 너무 형편없어서 대개 인민을 착취해 수입을 보충했다. 현지에 파견된 티베트 정부 하급 관료들도 그런 경우가 많았다. 이런저런 요인들이 겹쳐서 보통 티베트인의 삶은 대단히 어려웠다. 우리는 매일, 말을 타고 가면서 혁명을 시작하는 데 있어 드리추 강 동편과 서편 가운데 어느 쪽이 나을지 깊이 궁리했다. 어느 쪽이 성공 기회가 높을까? 어떻게 계획을 짜야 할까?

라싸에 도착했을 때, 나는 그런 생각들을 접었다. 적어도 얼마 동안은 그랬다. 라싸 계곡을 따라 달라이 라마가 사는 포탈라 궁宮으로 올라갔는데, 유서 깊은 도시 라싸의 꼭대기 위로 장엄하게 솟은 궁은 내가 상상했던 것을 훨씬 능가하는 규모였다. 숨이 멎는 듯했다. 내 평생 가장 잊을 수 없는 순간 중 하나이다.

캄파들에게 라싸는 티베트 문화와 종교의 중심이다. 캄파들은 평생에 꼭 한 번은 라싸에 가보고 싶어 한다. 어떤 의미에서 보면 나도 한 명의 캄파 순례자였다. 사원과 수도원들의 아름다움, 그 경치와 소리들에 머리가 어질어질했다. 라싸는 유목민과 순례자, 비구와 비구니 그리고 거지들이 화려한 의상을 걸친 귀족들과 뒤섞여 있었고 노점상들의 소음과 바코르(라싸의 가장 대표적인 절인 조캉 사원 주위를 따라 돌게 돼 있는 순환로로 큰 시장인 동시에 순례길이다)에서 향 태우는 냄새가 낭자했다. 어디부터 봐야 할지 모를 정도로 볼 게 너무 많았다.

어린 시절 바탕에서 클 때 마을 사람들이 항상 하던 얘기가 생각났다. 라싸에 가면 반드시 조(조캉 사원의 석가모니상을 말하는 것으로 티베트에서 가장 신성한 불상이다)한테 절을 올려야 한다는 것이었다. 그런 다음 포탈라 궁과 대사원 세 곳, 즉 드레풍 사원, 간덴 사원, 세라 사원을 찾아봐야 했다. 드레풍 사원 한 곳에만도 승려가 9,000~1만 명이나 된다고 했다.

나는 시간을 쪼개 조캉 사원과 규모가 좀 작은 다른 사원들을 찾아갔다. 사원과 대수도원의 아름다운 황금빛 지붕이며 부처와 보살을 새긴 거대한 조각상과 화려한 벽화, 탱화들을 보면서 티베트 문화와 역사에 엄청난 자부심이 솟아오르는 것을 느꼈다. 동시에 우리 인민과 문명을 위해 뭔가 하고야 말겠다는 열정이 치솟았다.

유톡은 대화 도중에 종교를 믿느냐고 물은 적이 있다. 나는 절에 가거나 하지는 않지만 종교에 반대하지도 않는다고 솔직히 대답했다. 사실 나는 공산주의를 연구하면서 마르크스의 종교 사상 부분에 대해서는 큰 관심을 두지 않았다. 친구들과 나는 민족과 평등과 민주주의 문제에 집중했다. 나는 당시 내가 이해하는 공산주의와 종교 사이에 아무런 모순이 없다고 생각했다.

매해 늦여름에 바탕에서는 티베트 가극歌劇 공연이 열렸다. 나도 어려서 가극 구경을 좋아했다. 라싸도 매년 가극 축제를 개최하는데 우리가 도착했을 무렵에는 막 끝나는 중이었고, 다행히 다음 날 세라 사원에서 공연이 있을 예정이었다. 라싸에서 북쪽으로 4.8킬로미터 떨어진 곳이었다. 그런 공연을 본 지가 하도 오래돼서 톱덴과 같이 가봤다. 사원 문 앞에 도착하자 가극에 쓰는 북 소리가 웅장하게 들려오는데 왈칵 눈물이 쏟아지는 것을 어쩔 수가 없었다. 지리적으로는 캄과 바탕에서 그렇게나 멀리 떨어진 곳이건만 다시 고향에 온 기분이었다. 데르게에서 차끄 톰덴에게 내가 말한 그대로였다. 우리 티베트인은 모두 하나의 문화와 언어와 역사를 공유하고 있는 것이다.

나는 라싸 생활에 빨리 적응해갔다. 라싸에 캄파들이 많이 사는 것을 보고 놀랐다. 알던 사람들도 있었고, 심지어 어떤 때는 라싸 사람 대부분이 캄 출신인 것처럼 보일 정도였다. 몇 달 후인 1943년 말, 신뢰하는 동지 은가왕 케상이 타르체도에서 사업차 라싸로 왔다. 그 직후 우리는 우리 혁명 조직 이름을 라싸 상황에 맞게 바꾸기로 했다. 두 가지로 작명했는데, 대중용으로는 티베트민족통일동맹이라고 했고, 서클 내부적으로는 티베트설국雪國공산혁명연합이라는 이름을 썼다.

데르게에서처럼 우리는 항상 우리 조직에 끌어들일 만한 사람을 물색했다. 라싸 귀족 중에서 처음 동맹자가 된 인물은 트렌동 가문 청년인 톰조르 왕축이었다. 다들 그를 "트렌동 세이(트렌동 가문의 아들)"라고 불렀다. 유톡은 마흔에 가까웠다. 하지만 트렌동은 나보다 한 살밖에 많지 않고, 유톡처럼 처음부터 내 생각을 진지하게 받아들였다.

처음 만났을 때 그는 중국어를 공부하는 중이었고 영어도 좀 배우려고 했다. 중국어 선생의 보모가 바탕 출신이어서 그녀를 통해 트렌동과 접촉했다. 트렌동은 똑똑하고 지적 호기심이 많았다. 그래서 우리가 가져온 새 책들을 보여주자 아주 좋아했다. (그중 하나는 중국어로 번역된 러시아 소설로 귀족 집안 아가씨가 혁명가가 되는 이야기였다.) 그의 중국어 실력은 아직 그저 그런 정도였지만 머리가 비상해 핵심을 재빨리 파악했다. 그는 본능적으로 민주주의적이고 개혁적인 사람이어서 우리를 알게 되자마자 낡은 티베트 시스템에 개탄스러운 부분이 많다는 얘기를 털어놓았다.

라싸의 이너서클은 톱덴, 은가왕 케상, 내 동생 쳄펠, 나, 트렌동 세이 그리고 푼톱과 노르게 롭상 같은 몇몇 캄파로 구성됐다. 다른 곳에도 멤버가 있었다. 예를 들어 시닝에는 셰랍, 라브랑에는 쿤초 타시, 윈난에는 톱계, 그리고 데르게에는 드람둘이 있었다. 우리는 종종 트렌동의 집에서 모임을 가졌다. 기밀을 유지하기 위해 만전을 기했다. 티베트 정부는 공산주의와 혁명이라면 국민당만큼이나 치를 떨었기 때문이다. (트렌동은 우리가 모일 때는 낯선 사람이나 손님은 들이지 말라고 하인에게 신신당부를 해놓곤 했다.) 우리는 밤늦도록 티베트 사회와 이 나라의 미래에 대해 토론을 벌였다. 토론은 솔직하고 허심탄회했다. 여러 가지 면에서 트렌동과 나는 생각이 비슷했다.

나는 트렌동에게 최대한 많은 정보를 줬다. 중국 국민당과 공산당의 역사에 대해 얘기해줬고, 둘 사이의 중요한 차이, 그리고 중국공산당의 소수민족 정책에 대해서도 얘기해줬다. 그는 내가 말하는 모든 것에 관심이 있었다. 그래서 공산주의의 가능성에 대해 알려주고 싶었다. 홍군이 1935년 캄을 통과할 때 임시정부를 세웠는데 티베트인들이 자치를 했다는 얘기도 해줬다. 나는 그가 공산주의 이념과 티베트 독립을 연결시키는 쪽으로 생각해주기를 바랐다.

자신은 특권층이었지만 우리가 보통 사람들의 신산한 삶에 대해 해준 얘기들을 그대로 믿었다. 끔찍한 억압이 횡행하고 있다는 사실을 선선히 받아들였다. 그는 티베트가 안팎으로 풍전등화의 위기에 처해 있다는 데에도 의견을 같이했다. 외부적으로는 영국과 국민당의 위험이 있었다. 두 쪽 다 티베트에 사람을 더 투입해 힘과 영향력을 강화할 기회만 엿보고 있었다. 그러나 내부의 위협은 그보다 훨씬 더 컸다. 통일이 되지 않은 상태였기 때문이다. 하나의 티베트 민족이라는 개념이 없는 것이 문제였다. 캄과 암도 사람들은 티베트 중앙정부(라싸)를 신뢰하지 않았고 라싸 역시 판첸라마(캄과 암도를 통치하는 최고위 라마로 친중국 성향이었다—옮긴이)의 관리들을 신뢰하지 않았다.

우리는 몇 주 몇 달 대화를 계속한 끝에 일반론은 접고 좀 더 구체적인 얘기로 들어갔다. 티베트를 위한 행동 계획은 크게 두 부분인데, 우리가 구상한 프로그램의 첫 번째는 현 티베트 정부의 개혁이었다. 우리는 과중한 세금과 대가 없는 부역을 철폐하고 특히 정부 구조 자체를 변화시키고자 했다. 정부 통제권이 극소수 귀족 가문 및 중앙의 승려 관리들 손에 집중되는 것을 원치 않았다. 티베트 전체를 대표할 수 있는 사람이 정부에 좀 더 많이 참여해야 한다고 생각했다. 귀족 관료만 하더라도 짱과 캄, 암도에 있는 판첸라마의 관리들 중에서도 대표를 뽑아 정부에 들여보내야 한다고 생각했으며, 우리는 또 정부가 좀 더 다양하고 다른 유형의 사람들, 즉 학자나 상인 같은 계층도 포함시켜야 한다고 생각했다. 요체는 모든 티베트 인민을 좀 더 대변할 수 있어야 한다는 것이었다. 우리는 그렇게만 되면 정부가 현대화를 좀 더 적극적으로 받아들이고 공업과 농업 발전을 위해 최신 과학기술을 습득하는 데도 열의를 보이게 될 것이라고 보았다. 벌써 라싸에 온 지 여섯 달이 됐고 귀족도 많이 만나봤다. 그들은 하나의 집단으로서는 책에서 읽었던 러시아 귀족을 연상시켰다. 고상하게 차려입고, 세련되게 사교를 하고, 평민들과는 완전히 담을 쌓고 지내고, 아무 생각 없이 구태의연한 방식으로 나라를 경영하고 있었다. 혁명이 일어나기 딱 좋은 조건이었다.

우리 계획의 두 번째 부분은 캄에서 게릴라전을 시작하는 것이었다. 그래서 우리는 열심히 실행 전략을 짰다. 국민당 군은 식량을 자급자족하지 않고 중국 본토에서 가져다 먹었다. 그래서 우리는 바탕 주위의 작은 마을들을 기지로 활용하면 중국군의 연료와 식량을 차단할 수 있다고 생각했다. 저들이 소규모 부대를 파견해 조사에 나서면 우리는 그들을 제압하고 다시 마을로 숨어들어 주민들과 섞여버리는 것이다. 대규모 병력을 보내면 퇴각해서 다시 공세를 취할 기회를 엿본다. 대규모 접전을 피하기 위해 상황이 유리할 때만 조직적으로 공세를 폄으로써 바탕 주둔 국민당 세력을 야금야금 약화시킨 뒤 그렇게 해서 종국적으로 그들을 타도하는 계획을 세웠다.

좀 더 나아가서 새 정부를 세우는 큰 구상도 그랬다. 먼저 바탕에, 그리고 나중에는 캄 전역으로 확장시켜서 말이다. 나는 통일 티베트 수립에도 열심이었다. 우리 프로그램의 마지막 부분은 새 캄을 티베트 본토와 통합하는 것, 단일 티베트를 건설해 현대 세계의 일원으로 당당하게 나서는 것이다. 이 시점에서 우리는 정밀한 시간표를 내온 것은 아니지만 수없이 많은 논의를 거쳤다. 하지만 티베트 정부의 경제적 군사적 지원이 없으면 그 어느 것도 성취할 수 없기 때문에 주요 관심사는 그들에게 어떻게 접근하느냐였다.

카샥, 즉 각료들로 구성된 위원회 격인 내각은 티베트 정부 최고행정기구였다. 그래서 우리는 네 각료 한 사람 한 사람의 성격과 시각을 따져봤다. 트렌통이 바로 당연한 얘기를 꺼냈다. 현 정부 각료의 다수가 극도로 보수적이고 더구나 총리는 승려 관료인데, 현 정부 시스템과 현실 전반에 만족하고 있는 그 사람들에게 개혁 얘기는 도저히 씨가 먹힐 것 같지 않았다. 따라서 결국 우리는 그나마 수르캉이 접근해볼 만한 인물이라는 결론을 내렸다. (유톡이 만나보라고 했던 바로 그 사람이다.)

수르캉은 젊고(서른둘밖에 안 됐다), 장관이 된 지도 2년밖에 안 됐다. 교육을 받을 만큼 받고 다른 장관들보다는 세상이 어떻게 돌아가는지 잘 알고 있었다. 동생(제수는 수르캉의 부인이기도 했다)이 영어를 잘하기 때문이기도 했다.[4] 수르캉을 공략해보기로 했지만 문제는 어떻게 접근하느냐였다. 트렌동은 자기는 안 된다고 했다. 자신은 정부의 일원이기 때문에 자기가 나서서 그런 얘기를 하면 수르캉이 깜짝 놀라 시도 자체가 깨지고 말 것이라는 얘기였다. 트렌동은 대화에 나서야 할 사람으로 나를 지목했다.

나랑 누가 동행하는 게 좋겠다는 결론이 내려져, 나는 은가왕 케상을 선택했다. 두 사람이 가면 신뢰가 더할 것이라는 생각도 있었다. 우리가 어떤 그룹의 대표라는 인상을 주지 않을까 싶었던 것이다. 은가왕 케상은 라싸 방언이 나보다 훨씬 서툴렀지만 얘기는 내가 나서서 하면 될 테니까 그런 것은 큰 문제가 아니었다. 우리는, 우리의 생각을 가서 말로 하는 것은 물론이고 글로 적어내는 게 좋겠다는 판단을 했다. 우리의 핵심 목표 두 가지는 여러 달 동안 논의에 논의를 거듭한 내용이었다. 카샥에 개혁이 필요하다는 것과 캄에서 게릴라 활동을 시작한다는 계획이었다. 특히 게릴라 활동에 필요한 무기를 대달라는 부탁을 해야 할 형편이었다. 카샥에 영국 소총 500정과 탄약, 그리고 무선 통신장비를 좀 내달라고 해볼 요량이었다.

이런 부탁은 굉장히 이례적인 것이어서 우리는 자위 조치를 충분히 해두었다. 트렌동이 편지 초안을 잡았다. 티베트 표준어를 가장 잘했기 때문이다. 만일 상황이 삐끗해도 카샥이 필체를 추적해 편지를 쓴 사람이 트렌동이라는 걸 밝혀내지 못하도록 해야 했다. 그래서 최종본은 필체가 캄파 스타일인 푼톱이 정서를 했다. 청원서 서두는 "카샥 제위諸位께"라고 썼다. 그러나 맨 밑에 우리 조직의 이름을 밝히지는 않았다. 괜히 겁을 주거나 편견을 갖게 만들까 봐 우려돼서였다. 우리는 중국에 살다가 최근 티베트로 온 사람들로 이 편지는 우리의 개인적인 견해라고 썼다. 청원서 마지막 문장은 이렇게 끝맺었다. "이 글은 거짓이 없음을 맹세합니다." 청원서는 그럴듯했다. 이어 우리는 수르캉과의 만남을 추진했다.

참도를 떠날 적에 유톡은 라싸에 가서 혹 도움이 필요하면 자기 부인한테 청하라고 했다. 그래서 그녀의 집에 당도하니, 그녀는 종교 의식 집전을 위해 초대한 라마에게 대접할 음식 준비를 감독하는 중이라 매우 바빴다. 그러나 그 일을 다 끝내고 나서는 대단히 친절하게 맞아주었다. 나는 그녀에게 유톡이 한 얘기며 참도에서 만났던 일을 말해주었다. 그녀는 나의 삶에 관심이 많았다. 어디 출신이며 중국에는 왜 갔느냐 등등의 질문을 했다. 나는 간단하게 얘기해줬다. 이야기를 마치자 그녀는 따뜻하게 웃으면서 "중국에 그렇게 오래 살았으면 부모님이 보고 싶겠군요?" 하고 물었다. 그 질문에 화들짝 놀랐지만 솔직하게 그렇다고 했다. 그녀가 걱정스러운 눈으로 나를 쳐다보더니 "정말로 너무 보고 싶을 때는 어떻게 했어요?" 하고 물었다. "정말 보고 싶을 때면 늘 그분들 사진을 봤습니다." 그녀의 눈에 눈물이 글썽거렸다. 그러더니 재빨리 하인을 불러 먹을 것을 내오게 했다. 이런 대접을 받으니 참으로 기뻤다. 전혀 예상치 못한 일이었다. 다 먹고 나서 이제 가볼 때가 된 것 같다고 하니, 내가 내심 기대하던 대로 자기가 도와줄 일이 없느냐고 물었다. 나는 수르캉 장관을 만나고 싶다고 답했다. 그녀는 남편(유톡)이 이미 내가 이런 부탁을 하러 올 거라는 얘기를 했다면서, 만남을 주선하는 데는 아무 문제가 없다고 했다. 그녀는 비서를 시켜 면담을 시켜주겠다고 했는데, 며칠 후 수르캉의 비서가 장관 공관으로 오라는 전갈을 보내왔다.

은가왕 케상과 내가 사무실로 들어서자 수르캉이 우리를 맞이했다. 우리는 예식용 스카프와 약간의 선물을 내놓았다. 그는 자리에서 일어나 우리를 맞이하며 극도로 정중하게 앉으라고 권했다. 다른 관리 둘이 그 자리에 같이 있었다. 둘 다 수르캉의 동생으로 한 사람은 영어를 잘하는 4급 림시(평신도 관료)였고, 또 한 사람은 켄융(승려 관료)이었다. 우리는 방 한쪽 소파에 조심스럽게 앉았다. 모든 좌석은 높이가 똑같았다.

그는 나를 보자 하고픈 말을 해보기를 권했다. 그래서 유톡 지사가 장관님을 만나보라고 했다며 내 소개부터 간단히 했다. 캄에서 어린 시절을 보냈고, 중국에서 학교에 다닌 이야기며 등등. 나는 우리의 '애국적' 활동을 강조하면서 티베트 국가를 위한 활동은 부각시키고 공산주의 이념 쪽은 약화시켜 말을 이어나갔다. 우리는 캄파들이 류원후이와 국민당 치하에서 얼마나 고통을 당하고 있는지 상세하게 설명한 다음, 드리추 강 이편에서 티베트인들이 버거운 부역과 과중한 세금 때문에 얼마나 고통을 겪고 있는지 우리 눈으로 본 것에 대해서도 약간 얘기를 했다. 수르캉이 뭐라고 나오나 떠볼 셈이었다. 나는 라싸로 오면서 본 것들을 얘기해주었다. 수르캉의 반응을 기다렸지만 그는 내 말을 가로막거나 못마땅해하지는 않았다. 그래서 이런 상황이 계속되면 티베트는 자멸의 길을 가게 될 거라고 말했다. 우리를 파멸시키는 데 영국이나 국민당의 중국이나 다른 외부세력이 필요치 않을 것이라고도 했다. 우리가 우리 스스로를 파멸시킬 테니까 말이다. 티베트는 7세기 송첸감포 왕 시대에 누구도 깔볼 수 없는 강력한 나라였다.[5] 우리는 다시 그렇게 될 수 있다고 힘주어 말했다. 다만 그러려면 우리의 모든 스타일을 바꿔야 했다.

나는 그에게 우리 조직에 대해 설명하면서 우리가 노래를 만들었다는 얘기도 했다. 방 구석에 오르간이 눈에 띄기에 그 노래들을 좀 들려드려도 되겠느냐고 했다. 그가 그러라고 하자 은가왕 케상이 반주를 하고 내가 노래를 했다(미국 남북전쟁 때 〈조지아 행진곡Marching through Georgia〉을 개사한 노래였다).

> 일어나라, 일어나라, 일어나라.
> 티베트 형제들이여.
> 싸움의 때가 왔는데
> 그대들은 아직 잠에서 깨지 않았는가?
> 우리는 더는 이대로 살 수 없노라
> 힘센 관리들의 압제 밑에서.

일어나라, 일어나라, 일어나라.
참파를 먹는 사람들이여, 일어나라.
우리 땅을 장악하라.
정치권력을 장악하라.
위짱(티베트 본토)과 도캄(동부 티베트)은 하나 되리라.
새로운 설국雪國 발전을 위해
민중을 위해, 끝까지 싸워라.
모든 이에게 행복 넘치리.
모든 이에게 행복 넘치리.
넘치게 하리라.

노래를 듣던 수르캉은 눈물을 글썽이더니 주머니에서 실크 손수건을 꺼내 눈물을 훔쳤다. 티베트에서 가장 막강한 네 사람 중 한 명인 장관이 그렇게 진심으로 우리 티베트 혁명가에 감동받았다는 것에 놀랐다. 민중에 대한 깊은 연민과 티베트에 대한 사랑이 있으며, 조국의 미래를 깊이 염려하고 있음을 느낄 수 있었다. 그래서 좀 더 용기를 내어 이야기를 진전시켰다.

나는 현재의 티베트 정부를 개혁해서 티베트 사회 구조에 본질적인 변화를 가져오려는 우리의 계획에 대해 설명했다. 물론 캄에서 게릴라전을 시작해 종국에는 캄을 나머지 티베트와 합치는 계획에 대해서도 얘기하면서 무기와 경제적 지원을 요청했다. 또 500정이나 되는 소총을 나이도 어린 낯선 자들에게 내주는 것이 우려스러우실 테니 약속을 반드시 지킨다는 의미에서 부모님들을 라싸에 인질로 보내겠다고도 했다.

수르캉은 우리가 하는 말의 내용에도 놀랐겠지만 우리가 우리의 이상을 그렇게 청산유수로 풀어가는 것에 대해, 그리고 그러려면 얼마나 오랜 생각을 거치고 지식을 쌓아야 했을지에 대해 더 놀랐을 것이다. 우리는 어렸다. 나만 해도 고작 스물하나였다. 게다가 우리는 변방인 캄 출신이었으니 이런 정도라고는 예상치 못했을 것이다. (그들은 우리가 영어도 좀 한다는 것을—나는 중국에서 좀 배웠고, 은가왕은 바탕에서 미국인 선교사 학교에 다녔다—알고는 깜짝 놀랐다!) 그러나 그는 방어적으로 나오거나 무시하지 않고 우리 얘기에 진심으로 귀를 기울였다. 우리가 하는 얘기가 그만큼 중요하다는 걸 알고 있었기 때문이다.

이야기를 마치자 수르캉은 티베트 바깥세상에서 벌어지는 일들에 대해 많은 질문을 했다. 그것을 빌미로 나는 그에게 소련과 중국공산당에 대해 설명을 해줬다. 그러면서 공산주의자들의 소수민족 정책이라는 주제를 꺼냈다. 나는 공산주의자들이 소수민족을 다루는 방식과 국민당의 잔혹한 방식의 차이를 강조했다.

우리는 캄의 상황에 대해서도 토론했다. 그는 우리 쪽 전사戰士의 수가 얼마나 되며 우리의 전략은 무엇인지 물었다. 유톡에게 다 해주었던 얘기들이었다. 유톡과 수르캉은 대단히 가까웠기 때문에 나는 그가 이미 이런 얘기를 유톡으로부터 들었으리라고 짐작했다. 캄에 주둔하고 있는 중국군과 류원후이에 대해 설명하고, 전쟁이 나면 상황이 어찌 될 것으로 보는지도 이야기해주었다. "우리가 캄에 정부를 세운다면 머지않아 통일 티베트를 수립하는 데도 좋을 것입니다. 하지만 단기적으로는 캄에 게릴라 전력을 확보해야만 티베트 정부가 중국과 전쟁을 하는 데 부담을 덜어줄 수 있습니다. 우리가 티베트 정부와 중국군 사이에서 완충 역할을 할 수 있기 때문입니다. 캄에 일이백 명 정도의 유격대원을 확보한다면 중국군이 티베트 본토로 쳐들어올 걱정은 할 필요가 없습니다. 우리를 상대하느라 정신이 없을 테니까요."

그날 첫 면담에서 적어도 세 시간은 얘기를 나눈 것 같다. 끝 무렵에 수르캉은 이것저것 고민이 많아졌다. "티베트를 개혁해야 한다는 자네의 생각은 매우 흥미롭군" 하면서 그가 말했다. "자네 말에 상당 부분 공감일세. 하지만 다른 장관들하고도 상의를 해봐야 해." 그러고 잠시 말을 끊더니 "오늘은 이만 하세"라고 했다. 우리는 청원서를 내놓고 자리에서 일어났다.

은가왕 케상과 나는 이 모든 얘기를 우리 조직에 보고했다. 동지들은 전반적으로 면담이 아주 잘됐다고 판단했다. 티베트 인민이 고통받고 있다는 얘기며, 티베트인의 단합과 중국에 대한 항거를 촉구하는 우리 노래를 듣고 수르캉이 감동했다는 얘기에 고무됐다. 동지들은 수르캉이 무기 제공 요청에 아무 대답도 하지 않았다는 사실을 전혀 이상하게 생각지 않았다. 우리가 글자 그대로 배경이라고는 거의 없고, 나이도 어리다는 점을 고려하면 주저하는 것은 당연했다. 내각이 논의를 하고 나름대로 판단을 한 뒤에 움직이는 것도 당연한 일이었다. 우리가 합의한 결론은 모든 일이 예상대로 잘돼가고 있으며, 이제 기다리는 일만 남았다는 것이었다.

며칠 후 우리는 두 번째로 장관 공관을 찾아갔다. 역시 환대를 해주었지만 이번에는 수르캉이 약간 쌀쌀한 것 같았다. 전에 토론했던 여러 주제를 다시 논했다. 그런데 수르캉은 자기 혼자 결정할 수는 없다고 말했다. 사실이 그랬다. 그는 장관들 다수는 대단히 보수적이며 단기간 내에 우리의 요청에 답을 주기는 불가능할 거라고 말했다. 그는 문제를 지금 벌어지고 있는 세계대전의 맥락에서 파악하는 것이 중요하다고 했다.

"미국, 영국, 러시아, 중국이 승전국이 될 겁니다." 나는 더 생각할 것도 없이 바로 단언했다. "독일, 이탈리아, 일본이 패전국이 될 겁니다."

수르캉은 생각이 다른 것이 분명했다. "독일군은 러시아 대부분을 점령했네. 중국의 절반 이상을 지금 일본이 점령하고 있어. 독일과 일본이 이기면 별로 걱정할 필요는 없다고 내각은 보고 있네. 영국은 결국 인도에서 철수할 거고, 그러면 그들은 더 이상 티베트에 직접적인 위협이 되지는 않을 거야. 그리고 일본이 중국을 점령해도 티베트는 놔둘 거야. 그들도 불교 국가이고, 우리와는 아주 멀리 떨어져 있으니까, 이 먼 데까지 넘보려고 하겠나."

나는 그렇지 않다고 말하며, 나 개인의 유별난 주장이 아니라 내가 읽은 많은 자료에 나와 있는 예측이라는 점을 분명히 했다. "티베트가 머리가 잘 돌아간다면 가급적 최종 승자들 편에 서야 할 겁니다. 일본은 지금 미얀마에서 싸우고 있습니다. 내각이 미얀마에 군대를 파견해 일본군과 싸우면서 미국, 영국, 중국을 지원한다면 전쟁을 끝내는 데 큰 도움이 될 겁니다."

그를 설득시키기에는 역부족이었다. 면담은 끝이 났고, 수르캉은 즉답을 해줄 수 없다는 말만 되풀이했다. "현재로서는……" 하고 그가 다시 말을 이었다. "내각은 기다리면서 세계대전의 추이를 지켜볼 생각이네." (내각 다수의 시각에 대한 수르캉의 설명은 트렌둥이 들은 바와 일치했다. 트렌둥의 말에 따르면 내각은 독일과 일본군이 이길 것이라고 진짜로 믿었고, 그렇게 되면 중국이라는 가장 큰 위협이 사라질 것이라고 생각했다.) 세 번째 만남도 거의 같은 수준이었다. 생각은 해보겠다는 얘기였다. 우리는 기다리는 수밖에 없었다. 정말이지 실망스러웠다. 그래서 우리는 기다리는 동안 뭔가 다른 시도를 해보기로 했다.

우리는 오랫동안 상황과 문제들을 점검해왔다. 우리는 우리가 원하는 바를 명확히 알고 있었고, 어떻게 해야 하는지도 안다고 생각했다. 그러나 무기가 필요했다. 무기가 없으면 우리만의 힘으로는 불가능했다. 그래서 우리 조직은 원래 구상대로 인도에 가서 인도공산당이 소련행을 도와줄 수 있는지 알아보기로 했다.

그리하여 우리는 인도로 떠났다. 은가왕 케샹의 장사를 위장막으로 삼았다. 은가왕은 큰 무역회사에서 일했는데 인도 칼림퐁과 콜카타(캘커타)에 분점이 있었다. 콜카타 분점 매니저는 저우라는 이름의 중국인으로 당시 라싸에 와 있었는데 곧 인도로 돌아갈 예정이었다. 절호의 찬스였다. 우리는 소규모 캐러밴隊商을 꾸렸다. 나와 은가왕 케샹, 저우 부부, 여기다 하인 서너 명으로 된 무리였다. 짐 나를 가축도 꽤 됐다. (돈은 문제가 아니었다. 충칭을 떠날 때 페이델린과 중국공산당이 준 돈이 꽤 남아 있었기 때문이다.) 준비는 오래 걸리지 않았다. 우리는 곧 남부 산악과 계곡을 지나 칼림퐁으로 향했다. 인도를 볼 생각을 하니 가슴이 설레었다. 우리 계획을 도와줄 누군가를 만나게 되기를 간절히 고대했다.

7장
인도공산당과의 만남

 우리는 사람이 많이 다니는 길로 해서 라싸 남쪽 추슐로 갔다가 거기서 다시 내려가 파리를 거쳐 야동으로 갔다. 야동은 시킴 접경 티베트 소도시였다(지도 3 참조). 이번에는 소개장이나 여권이 필요 없었다. 그냥 나퇼라 고갯길을 넘어 인도 시킴 주州로 들어갔다. 국경은 없는 거나 마찬가지였다.

 우리는 라싸를 떠나기에 앞서 유톡의 부인을 찾아갔다. 부인은 언제나처럼 상냥하게 맞아주면서 길 가다 먹으라고 말린 고기와 치즈를 싸주었다. 특히 야동과 시킴에서는 먹는 것에 주의하라고 당부했다. 음식에 독을 탄다는 소문이 돌고 있었다. 소문이 진짜인지는 모르겠지만 영 마뜩찮았으므로 우리 일행은 극도로 조심했다.

 시킴의 주도인 강토크에 도착할 때까지는 별다른 일이 없었다. 강토크에서 어느 식당에를 갔는데 평생 처음으로 단 차—우유와 설탕을 넣은 영국식 차—라는 걸 마셔봤다.

첫 잔을 마시고 다시 한 잔 따라 마시는데 거품 같은 게 보였다. 직감적으로 독이다 싶었다! 나는 주인을 불러 차가 왜 이러냐고 따졌다. 거품이 난다, 뭔가 이상이 있는 것 같다고 했다.

"뭐가 이상하다 그래요?" 주인이 반문했다.

나는 화가 나서 목소리를 높였다. "이거 먹고 탈 나면 가만 안 놔둘 거요."

"정말 우습네……." 주인은 어이없다는 듯 어깨를 으쓱하며 가버렸다.

쓸 데 없는 걱정이 아닐까 싶기도 했지만 당시 우리를 따라온 중국 여자가 배가 아팠기 때문에 나는 더더욱 걱정이 됐다. 그날 밤은 영 잠을 못 이루었는데 다음 날 보니 모두들 말짱했다. 이 모든 소동은 결국, 우리가 얼마나 긴장하고 있는지를 말해주는 것이었다. 늘 경계 상태였던 것이다.

칼림퐁으로 가는 길에 또 한 번 사고가 나는 바람에 놀란 가슴을 쓸어내려야 했다. 우리는 칼림퐁에 사는 유명한 캄파 상인 산두창 씨네 집에 묵도록 약속이 돼 있었는데, 그 집에서 강토크로 우리를 태울 차를 보냈다. 강토크에서부터는 길이 산악 지역을 꼬불꼬불 도는 데다 탄제린(인도 원산 오렌지의 일종—옮긴이)을 잔뜩 실은 우마차를 몰고 시장으로 가는 인도 사람들이 북적거렸다. 운전사는 콧노래를 부르며 룰루랄라 차를 몰면서 운전에 별로 주의하지 않다가 갑자기 우마차를 스치고 말았다. 그 바람에 우마차가 도랑으로 떨어져 오렌지는 사방으로 쏟아져버렸다. 싸움이 나면 어쩌나 싶었다. 그런데 우마차 주인은 화를 내기는커녕 바로 하늘을 우러러 기도를 시작하는 게 아닌가. 무슨 기도문 같은 걸 계속 외는데 뭐라 그러는지 통 알 수가 없었다.

그 사람이 화를 안 내는 게 놀라웠다. 우리 잘못인데 말이다. 우리는 한 10분 정도 그냥 기다렸다. 그러나 우마차 주인은 계속 기도만 하면서 아무 말이 없었다. 그래서 우리도 잠자코 슬그머니 차를 뺐다. 당혹스러웠다. 내가 볼 때는 고래고래 소리치고 죽이네 살리네 해야 정상이었다. 나라도 그랬을 것이다. 아무 말 않고 그러려니 하는 게, 하도 오래 영국 치하에서 온갖 멸시와 모욕을 감수하는 습관이 들어서 그런가 싶었다. 간디와 그의 비폭력 철학에 대해 좀 읽은 바가 있는데 지금 이게 바로 그런 건가 싶기도 했다. 우마차 주인이 도랑에 고꾸라진 우마차를 들여다보는 모습이 점점 멀어지는 동안 나의 앞길에도 저렇게 감수해야 할 인고의 시간이 기다리고 있겠지 하는 생각이 들었다.

이후의 여정은 순탄했다. 칼림퐁에 도착해 산두창의 우아한 저택에 머물렀다. 한동안 그 집에 묵으면서 나는 인도공산당 대표들과 접촉하러 나섰다.

쉬운 일은 아니었다. 공산당은 불법이었기 때문에 간판 달린 사무실 같은 건 없었다. 여기저기 알아보러 다니는 데도 조심을 해야 했다. 우선 주디라는 이름의 영국인 의사(사람들은 "주디 바부"라고 불렀다. 인도에서는 모든 영국인

사진 5. 푼왕(왼쪽)과 은가왕 케상. 1944년 칼림퐁에서.

을 "바부"라고 부른다. "바부"는 힌디어로 "누구누구 씨" 내지는 "누구누구 선생님"이라는 호칭이다)와 접선을 해야 한다는 사실을 알아내는 데만 달포가 걸렸다.

주디 바부는 나이가 마흔쯤 됐다. 처음 그의 사무실로 찾아갈 때 작은 중영中英사전을 들고 갔다. 갖고 다니기는 귀찮았지만 내가 어디 출신이고 뭘 원하는지를 분명히 설명하는 데 도움이 됐다. (대부분의 의사소통은 손짓 발짓으로 했다. 내 티베트식 복장을 가리켜 출신지를 말하고, 사무실에 걸린 마오쩌둥 사진을 가리켜 정치적 성향을 밝히는 식이었다.) 신문이 큰 도움이 됐다. 내가 인도공산당 당수 사진을 가리키자 그는 깊은 관심을 보였다. 그러면서 자기를 어떻게 알고 찾아왔는지 궁금해했다. 나는 우리가 "동지"라는 뜻을 밝히고 중국에서 보낸 시절에 대해서도 얘기를 해줬다.

내가 한 말을 그가 얼마나 알아들었는지는 잘 모르겠다. 그러나 상당히 흐뭇한 표정이었다. 그는 악수를 하며 아내가 티베트어를 좀 알기 때문에 통역할 수 있을 거라며 다음 날 자기 집으로 오라고 했다.

그의 집은 시 외곽의 작은 마을에 있었다. 그가 조심할 것을 요구해서 우선 그의 집이 있는 쪽으로 갔다가 어느 정도 거리를 두고 멀찍이서 그를 뒤따랐다. 일행이 아닌 것처럼 보이도록 한 것이다. 집에 들어가보니 부인은 네팔식 옷을 입고 있었다. 그녀는 티베트어를 좀 했다. 어머니가 티베트인인데 인도 사람과 결혼해서 이곳으로 오기 전에 한동안 라싸에서 살았다고 했다. 티베트어가 유창하지는 않았지만 통역자로 나설 만큼은 됐기 때문에 그녀를 통해 전날보다 훨씬 풍부하고 자세하게 나를 설명할 수 있었다.

충칭에서의 경험이며 저우언라이의 연설을 들은 얘기, 예젠잉을 만난 얘기 등등. 소련 대사관의 페이 델린을 만나서 했던 얘기며 소련으로부터 지원을 받으려 한다는 계획도 말해주었다. 그러고 나서 끝으로 내가 여기 와 있다는 사실과 우리의 계획을 인도공산당 측에 전해달라고 부탁했다. 나는 그들이 소련행을 기꺼이 도와줄 것으로 기대하고 있었다. 그는 알겠다고 하면서 자기가 뭘 도와줄 수 있을지 보자고 했다. 이틀 정도 기다렸다가 다시 들르기로 했다.

그 이틀이 여러 날이 됐다. 주디 바부는 오후에 병원에서 일을 했다. 돈은 별로 못 벌었지만 나한테는 친절하고 너그러웠다. 그는 일주일에 한 번 비밀 회합을 갖는 칼림퐁의 소규모 당원 모임 대표였다. 한번은 초대를 받아 그 모임에 간 적도 있는데 통역을 해줄 부인이 없어서 그들이 뭐라는지는 알아듣지 못했다.

하루이틀 시간이 지나면서 라싸에서 그랬던 것처럼 뭔가 서먹서먹해지는 느낌이 들었다. 그러던 어느 날, 주디는 내가 콜카타로 가면 인도공산당 중앙위원회 측에서 만나줄 것이라고 했다.

다시 은밀하게 행동해야 했다. 우리는 변장을 하고 기차로 가게 됐다. 그는 내게 티베트 옷을 벗고 인도 사람처럼 입으라고 했다. (나는 피부가 검고 코가 컸다. 그래서 다들 인도 사람으로 알 거라고 그가 말했다.) 주디의 아내, 아들과 함께 다음 날 실리구리에 있는 기차역으로 향했다. 누구냐고 물으면 부인의 친척이라고 말하게 돼 있었다. (떠나기 전에 그들은 가는 길에 누구와도 절대 싸우면 안 된다고 신신당부를 했다. 굳이 그런 얘기를 하는 게 이상하다 싶었다. 내가 걸핏하면 쌈질이나 할 사람으로 보이는가?)

우리는 무사히 실리구리까지 가서 콜카타행 기차에 몸을 실었다. 자리는 삼등칸이었다. 그런데 손님이 거의 없었다. 주디의 부인은 내게 발을 뻗어도 된다고 말했다. 그래서 다리를 쭉 뻗고 적어도 두 사람은 족히 앉을 공간을 독차지했다. 한밤중에 깨어보니 객차는 인도인으로 꽉 차 있었다. 대부분 서 있었다. 남들 자리를 독차지하고 있는 게 너무 쑥스러워서 바로 일어나 서 있는 사람들에게 자리를 내줬다. 그런데 그들은 그냥 됐다고 했다. 나한테 계속 "라마님, 라마님" 하면서 그냥 앉아 있으라는 게 아닌가. 어안이 벙벙했다. 중국에서라면 이런 대접은 꿈도 꾸지 못할 일이다. 필시 나를 깨워가지고 왜 남의 자리를 차지하고 있느냐고 난리를 쳤을 것이다! 그런데 여기 사람들은 "라마님, 라마님" 하며 옆으로 비켜줬다. 나중에 알고 보니 이 지역 인도인들은 티베트 사람 누구한테나 "라마님"이라고 한다(인도 사람처럼 변장을 한다고 했는데도 그랬다!)는 것이다. 아닌 게 아니라 그 비슷한 얘기를 들은 적이 있다. 티베트 상인들은 기차를 타면 한참 있다가 쇠고기 육포를 꺼내 보란

듯이 쩍쩍 씹어 먹는다는 것이다. 그러면 인도 사람들이 겁을 먹고 물러서버려 혼자 널찍하게 앉아서 간다는 얘기도 있었다. 물론 실제로 그런 걸 보지는 못했지만 말이다.

콜카타에 도착해서 보니 공산당 세가 강했다. (그해는 1944년으로 인도가 영국에서 독립하기 3년 전이었다.) 콜카타에서 공산당 사무실을 찾아가는 것은 어렵지 않았다. 4층짜리 건물이었는데 옥상에 붉은 깃발이 펄럭이고 있었다. 처음 며칠 동안은 그 사무실에서 머물렀다. 방은 많았고, 날씨가 너무 더워서 이부자리 같은 것도 따로 없었다. 밤이면 그냥 매트를 깔고 드러누워 눈을 붙이는 식이었다.

내가 상대하게 된 바수라는 사람은 공산당 콜카타 지부 책임자로 중국어에 능했다. 영국/인도공산당이 전쟁 초기에 중국에 파견한 의료팀의 일원으로 활동한 덕분이었다. 그는 공산주의자로 활동한 지 꽤 됐다고 했다. 서로 스스럼없이 대화할 수 있는 정도가 되자, 그는 내게 어떻게 해서 공산주의자가 됐으며 어려서는 어떻게 지냈는지를 물었다. 나는 중국에서 겪은 일이며, 왜 티베트 본토로 갔는지, 그리고 당신의 도움을 받아 소련으로 가서 공부도 하고 지원도 얻어내 드리추 강 동편에서 게릴라 활동을 시작하는 게 내 목표라는 얘기도 해줬다. 바수는 내 얘기를 경청하더니 말을 꺼냈다. 지금까지 자주 듣던 얘기였다. 내가 한 모든 얘기를 인도공산당 중앙위원회에 보고할 테니 답변을 기다려보자는 것이었다. 또 기다리는 수밖에 없었다.

바수가 중앙위원회로부터 소식을 가져올 때까지는 아무

것도 할 수가 없었기 때문에 시내 여기저기를 구경하는 것으로 소일했다. 그러다가 일이 영 꼬이고 말았다. 어느 날 근처의 다리나 볼까 하여 산책을 나갔을 때였다. 적기의 공습을 피하기 위해 위장막을 쳐놓은 상태였다. 다리 쪽으로 가는 길에 구걸하는 꼬마를 만났다. 애교가 넘치고 참 불쌍해 보였다. 나도 처지가 처지인지라 너무 안쓰러웠다. 주머니에서 지갑을 꺼내 동전 몇 개를 주고는 다시 지갑을 넣고 길을 걸으면서 다리를 구경했다. 한참 후 친구들을 만나서 다른 곳을 구경 가려고 그들의 차를 탔는데 좌석에 앉는 순간, 지갑이 없어진 걸 알았다. 나는 소스라치게 놀라 마지막으로 지갑을 꺼냈을 때를 생각했다. 그 귀여운 소년이 나도 모르는 사이에 잽싸게 슬쩍해간 것이었다. 친구들 말로는 콜카타에서는 종종 그런 일이 있다고 했다. 나는 짐이 따로 없었기 때문에 가진 돈은 그 지갑에 든 게 전부였는데 그게 날아간 것이었다. 땡전 한 푼 남지 않았다. 그 후로 사는 꼴이 말이 아니었다.

그로부터 얼마 안 됐는데 바수가 달리 머물 곳을 찾아봐야겠다고 말했다. 본부에 너무 오래 있으면 영국 경찰이 관심을 갖게 될 테고, 그럼 꼬치꼬치 캐물을 것이라는 얘기였다. 그러니 중앙위원회 회신을 기다리는 동안 비슈오왕이라는 중국 청년 집에 머물라고 했다. 비슈오왕은 공산당을 위해 은밀히 활동하는 인물이었.

바수는 나를 여러 층짜리 건물에 들어 있는 비슈오왕의 아파트로 데려간 다음 모호하게 소개했다. 그저 티베트에서 온 동지라고만 했다. 그는 비슈오왕에게 그것만 알면 되고 앞으로 우리끼리도 그렇게 지내야 한다고 당부했다. 비슈오왕은 내게 아무것도 묻지 않았고, 나 역시 알려고 하지 않았다.

그렇게 비 부부, 그의 형과 한 달을 같이 지냈다. 힘겨운 때였다. 아무것도 할 게 없었다. 일거리도 없었고, 소일거리도 없었다. 게다가 빈털터리여서 비네 집에서 부실하게 먹은 것을 밖에 나가 보충할 수도 없었다. 이렇게 남한테 신세를 진다는 게 싫었고, 꼭 죄수라도 된 기분이었다.

전반적 상황이 갑갑했는데 특히 잠자리는 더 그랬다. 나는 거실에서 잤는데, 비의 형은 밤늦게나 돼서야 돌아왔다. 그래서 그가 아무리 늦더라도 귀가할 때까지 안 자고 앉아 있어야 했다. 그러지 않으면 그가 나를 건너타고 침대로 갈 수밖에 없었다. 아침에도 마찬가지였다. 그래서 아침에도 그 집에서 제일 일찍 일어나는 사람보다 먼저 일어나 있어야 했다. 게다가 날씨는 도저히 못 견딜 정도로 무더워 잠도 설쳤다.

마침내 중앙위원회에서 바로 만나자는 전갈이 왔다. 심장이 뛰었다. 이제야 비의 집을 벗어나는구나 싶었고, 이제 저들이 지금의 파키스탄 북부인 지역까지만 데려다주면 거기서 바로 국경을 넘어 소련령 중앙아시아(타지키스탄)로 들어갈 수 있겠구나 하는 희망에 부풀었다. 그러나 중앙위원회는 뭄바이(봄베이) 본부로 나를 보내는 대신 콜카타로 대표를 보내 나를 만나게 했다. 안 좋은 소식이었다.

사진 6. 왼쪽부터 비슈오왕, 푼왕, 바수. 맨 오른쪽은 누군지 알 수 없다. 1982년 베이징에서.

바수가 통역을 해줬다. 지금까지 듣던 것과 똑같은 얘기였다. 이 시점에서 중앙위원회는 내 부탁을 들어주기가 너무 위험하다고 생각한다는 얘기였다. '그 지역에는 영국군이 너무 많다. 붙잡히기 십상이다. 위험이 너무 크다. 당분간 티베트로 돌아가 있으면 나중에 도와주겠다.' 결국 이런 말이었다. 그들은 내가 무일푼이라는 걸 알고 티베트행에 필요한 만큼의 돈을 주었다. 실망이 이만저만이 아니었다.

나는 합리적으로 생각하려고 애썼다. 실망으로 판단력을 흐리고 싶지 않았다. 비슈오왕네 집에서 땡전 한 푼 없이 지낼 때를 빼고는 콜카타에서 대접을 잘 받았다. 인도공산

2부_눈의 나라 티베트를 위하여 153

당은 가난했으나 당원들은 대개 낙관적이고 쾌활했다. 내 기억이 나쁜 것만은 아니었다.

콜카타에서 있었던 어떤 유쾌한 모임이 떠오른다. 인도 공산당원 40명 정도가 모인 자리였는데 영국인도 몇 있었다. 미얀마 전선으로 떠나는 영국군이었다. 다 같이 〈인터내셔널가〉 같은 혁명가를 부르기 시작했다. 나도 자원해서 앞으로 나가 티베트어로 〈인터내셔널가〉를 불렀다. 유명한 러시아 군가 〈내일 전쟁이 나면〉도 중국어로 불렀다. 그러면서 우리 모두는 아주 가까워졌고, 흥이 도도해졌다. 전체적으로 보면 대접이 나빴다고는 볼 수 없지만 결국 처음 출발점으로 되돌아온 셈이었다. 그래서 다시 칼림퐁으로 갔다. 거기서 바로 은가왕 케상에게 인도를 통해 소련으로 갈 수가 없게 된 실망스러운 소식을 전했다.

나는 가급적 좋은 방향으로 사태를 설명하려고 애썼지만 은가왕 역시 실망하는 기색이 역력했다. 나는 최소한 인도 공산당과 좋은 관계를 맺어놓지 않았냐며 강조했다. 그러나 결론만 말하자면, 우리는 실패한 것이었다. 이제부터 무엇을 하느냐가 문제였다. 우리는 콜카타와 칼림퐁에서 7~8개월을 보내고도 조금도 이상 실현에 가까이 가지 못했다. 티베트 본토에서 성과를 본 것도 아니고, 소련행도 실패했다.

우리는 라싸로 돌아가기로 했다. 1944년 말이었다. 유럽과 태평양 지역의 전쟁이 종점으로 치닫고 있었고 내 예상대로 독일군의 패배는 확실해 보였다. 그러니 라싸로 가서 수르캉과 내각을 만나볼 때가 됐다고 생각했다. 그들은 전쟁의 결과를 보고 나서 답을 주겠다고 했었다. 이제 그 답을 독촉할 때가 된 것이었다.

라싸로 가는 길에 타르친 바부라는 남자가 동행을 하게 됐다. 인도 북부에 사는 55세 된 티베트인으로 칼림퐁의 유일한 티베트어 신문 『티베트 미러 *The Tibetan Mirror*』의 발행인이었다. 나는 신문이 우리에게 줄 수 있는 가능성에 깊은 인상을 받았고, 양쪽으로 친구가 되는 사람을 통해 타르친을 만나게 됐다. 은가왕과 나는 그를 만나자마자 궁짝이 맞았다. 바로 백년지기처럼 된 우리는 함께 즐거운 시간을 보내면서 정치를 논하고 노래도 함께 불렀다. 타르친은 독실한 기독교인이었다. 집에 오르간도 있어서 은가왕 케상과 그는 종종 티베트어로 대중적인 찬송가를 부르곤 했다. 물론 반주는 내 몫이었다.

타르친이 진보적인 견해를 갖고 있다는 판단을 내린 우리는 그에게 현재 티베트 정부와 사회의 고질이 무엇이며, 어떤 변화가 필요한지에 대해 우리의 생각을 조금씩 들려줬다. 알고 보니 그도 우리와 견해를 같이하는 부분이 많았다. 특히 전통사회의 악행에 대해서는 생각이 똑같았다. 타르친도 우리만큼이나 귀족들에 대해 비판적이었다. 고급 문직 옷으로 사치를 하는 생활을 누리기 위해 평민들을 착취하고 억압한다는 것이었다. 우리는 우리와 공산당의 관계는 함구하고 외부의 도움을 받아 드리추 강 동편에서 게릴라 조직을 꾸려 류원후이를 축출하려 한다는 계획은 말을 해주었다. 그는 우리 계획에 찬동하며 자기도 돕겠다고 했다.

우리는 신문 발행지를 라싸로 옮기는 것이 어떻겠느냐고 그를 간곡히 설득했다. 왜냐하면 신문은 새로운 사상과 정보를 퍼뜨리는 완벽한 수단이었기 때문이다. 그렇게 되면 인민을 눈뜨게 하는 건 시간문제였다. 그러나 그런 의도가 그를 불안하게 했던 것 같다. 그는 그럴 경우 발생할지 모르는 문제들만 떠올렸다. 기본적으로 라싸는 물가가 너무 높아서 신문을 내기 어렵다고 했다. 그러나 내가 보기에는 티베트 정부 눈치를 보는 게 더 큰 이유였던 것 같다. 어쨌든 그는 칼림퐁에서 발행해서 라싸로 보내는 게 제일 좋은 방법이라고 주장했다. 나중에 여건이 좋아지면 라싸로 옮기는 것도 가능하다고 하긴 했지만, 그 여건이 좋아진다는 게 무슨 의미인지는 분명치 않았다. 신문 문제에 대한 논의를 더 이어갈 수 없다는 것만은 확실했다.

우리는 곧 티베트 본토로 향했다. 라싸 가는 길을 반쯤 왔을 무렵, 하루이틀 짐말들을 쉬게 할 요량으로 티베트 제3의 도시인 걍체에서 잠시 들렀다. 짐을 맡겨놓을 만한 사람을 물색한 다음 은가왕과 나는 시가체까지 걸어가기로 했다. 판첸 라마가 주석하는 타실룬포 대사원이 있는 곳이었다.

시가체에 대한 전반적인 인상은 캄파들보다 나을 게 없다는 것이었다. 오히려 불의와 억압에 더 시달리는 것 같았다. 아무 생각 없이 수도원에 살면서 사회에 아무 기여도 하지 않는 중들도 너무 많은 느낌이었다. 전통적인 토지제도와 귀족제도가 티베트의 암적 존재라는 걸 그 어느 때보다 강렬하게 느꼈다. 물론 유톡이나 수르캉, 트렌동처럼 진보적인 귀족도 극소수 있었다. 그들은 옛날 방식이 심각한 문제가 있다는 것을 파악하고 있으며 변화를 고려하고 있었다. 그러나 귀족 집단 전체로 보면 자신의 안락과 이익만이 최우선이었다. 민중이나 국민은 안중에 없었다. 이런 생각들을 나는 노래로 표현해봤다. 기억나는 것 중 한 곡은 이런 내용이다.

> 우리 티베트 인민은
> 수천 년을 살아왔네.
> 송첸감포 같은 영웅들의 시대엔
> 온 누리에 이름 떨쳤지.
> 지금 우리 나라는 기울어
> 영토마저 잃어버린 신세.
> 내부의 부패로
> 인민은 도탄에 빠졌다.
> 이제 죽느냐 사느냐를 결정해야 할 순간
> 싸우고자 하는 자 누구나
> 하나가 되어야 하리.
> 인민의 행복 위해
> 마지막 숨 다할 때까지
> 우리 싸우리라.

우리는 이 노래를 영국 크리스마스 캐럴 〈아름답게 장식하세Deck the Halls〉 멜로디에 맞춰 불렀다.

1945년 초, 이윽고 우리는 라싸에 도착해 이너서클 동지들에게 그 사이 있었던 일과 소련에는 갈 수 없게 됐다는 얘기를 해줬다. 앞으로 할 일을 토론한 후에 동지들도 다시 수르캉을 찾아가봐야 한다는 데 동의했다.

이번에는 그를 만나기가 쉽지 않았다. 비서는 대단히 바쁘시다는 말만을 전했다. 한동안 기회를 기다리며 있다가 얼굴을 마주하게 됐을 때 수르캉의 태도가 선선하지 않았다. 그렇다. 그는 전쟁의 결과가 분명할 때까지 두고 보자고 했던 말을 기억하고 있었다. 그렇다. 독일과 일본은 패망할 것처럼 보였다. 하지만 전쟁이 아직 진짜로 끝난 게 아니니 완전히 끝나는 걸 보고 판단하는 게 낫다. 그는 우리가 토론한 문제들에 대해 나이 많은 각료들로부터 결정을 받아내기 어렵다는 게 진짜 문제라는 뜻을 넌지시 비쳤다. 다시 기다리는 수밖에 없었다.

그는 시간을 끌고 있었다. 어느 장관하고 얘기를 해봤는지, 해보기나 했는지 모르겠다. 그가 느낄지도 모르는 압력과 이해 충돌이 얼마나 되는지도 알 수 없었다. 그러나 나를 피하고 있다는 것만은 직감적으로 알 수 있었다. 다음 몇 달 사이 몇 차례 더 그를 만나봤지만 우리의 희망은 차츰 희미해져갔다. 내각은 독일보다 일본의 운명에 더 관심이 많다고 그는 말했다. 일본이 티베트에 훨씬 가깝기 때문이라는 것이었다. 일본과의 전쟁이 어떻게 돌아가는지는 아직 확실치 않았다. 결국 그는 더 이상 나를 만나주지 않았다. 그 지점에서 나는 이제 우리가 다시 캄으로 돌아갈 때가 됐다고 생각했다.

캄으로 가면 할 일에 대해서는 우리가 오랫동안 의견을 나눈 바 있었다. 그래서 구체적인 계획을 논의하기 위해 모였을 때는 아이디어가 술술 풀려나왔다. 트렌동, 푼톱, 캄파인 롭상 남계는 라싸에 남아서 우리와 연락을 유지하는 한편으로 게릴라 활동에 필요한 무기 구하는 일을 계속하기로 했다. 은가왕 케상, 톱덴, 톱계, 트린리 니마, 내 동생 췀펠, 암도 톱계 그리고 나는 참도로 가서 유톡에게 도움을 청해보기로 했다.

나는 장사꾼 편에 유톡에게 편지를 보내 곧 참도로 간다고 알렸다. 온갖 수를 써봤지만 내각에서는 아무 도움도 받지 못했다, 그러니 당신이 도와주었으면 한다는 내용이었다. 이렇게 해서 우리 문제는 우리가 알아서 하는 수밖에 없다는 결론을 굳히고 캄으로 돌아갔다. 우리는 각자 소총과 권총 한 자루씩을 소지했다. 트렌동이 준 탄약 몇 상자도 있었다. 이제, 무장혁명을 시작한다는 우리의 각오는 결연했다.

8장
봉기의 문턱에서

참도로 가는 길 도중에 우리는 곳곳에서 도탄에 빠진 농민들의 참상을 목도했다. 지금도 기억이 난다. 담숭에 도착한 날이었다. 라싸 북쪽의 유목 지역이었다. 군청 앞을 지나는데 대문에 방금 잘린 사람 귀가 여러 개 매달려 있었다. 20세기 개명천지에 아직도 이런 야만적인 형벌이 횡행한다는 것이 참담하기도 하고 분노가 치밀어올랐다. 그래서 그날 저녁 우리는 분노의 표시로 그 귀를 떼어다가 군수가 있는 창문에다가 던졌다. 뇌물과 강탈의 현장도 많이 보았다. 그냥 눈 딱 감고 못 본 척하는 게 속 편했지만 나는 그런 짓에 등을 돌릴 수 없었다. 권력을 쥔 자들이 권력을 남용하지 못하도록 막아야 할 때가 됐다.

참도에 들어선 것은 1945년 여름이었다. 나는 유톡에게 수르캉과 만난 얘기며, 무기 확보에 실패하고 인도에 갔던 일 등을 말해줬다. 다만 인도공산당과 접촉한 일이나 소련행이 좌절돼 낙담했다는 얘기는 하지 않았다. 공산주의자라는 얘기를 털어놓을 수는 없었다. 유톡처럼 좋은 친구라도…….

유톡은 우호적이었다. 그는 우리가 무슨 생각을 하는지 잘 알고 있었으며 우리 생각에 공감했다. "자네가 한 얘기를 믿네. 그리고 자네 생각이 건전하다는 것도 알아. 자네들은 평범한 티베트인이라면 도저히 꿈도 꿀 수 없는 일들을 생각하고 있어. 가상한 일이지. 드리추 강 건너편에 게릴라 조직을 꾸리고 중국인들로부터 권력을 쟁취하는 일은 쉬운 일이 아니야. 엄청난 위험이 따를 테고……."

그는 잠시 말을 끊더니 슬며시 웃었다. "아마, 우리가 이렇게 만난 것도 내 업業이겠지. 이유야 어떻든 자네를 다시 보게 돼서 정말 반갑네. 내가 도움이 될 수 있으면 좋으련만, 친구여, 그게 곤란해. 총 몇 자루 정도는 되겠지. 하지만 그 이상이 되면 말이 날 거야. 그런 일을 완전히 덮어두기는 어렵지. 그리고 말이 퍼져나가면 티베트 정부에서 조사에 나설 거고, 그러면 위험해지는 건 나만이 아닐세. 우리 가족 전체가 곤란해질 거야."

"미안하네." 유톡이 끝으로 말했다. "그런저런 이유로 해서 자네가 원하고 필요로 하는 도움을 줄 수가 없겠네. 난 민간과 군을 통틀어서 동티베트 지역을 관할하는 최고위 관료야. 중앙정부에 보고하지 않으면 안 될 일들이 있어." 그는 잠시 말을 멈추더니 이렇게 덧붙였다. "갑자기 중국과 티베트 사이에 전쟁이 나서 이 지역에 위험이 닥치면 자네한테 무기를 줘도 되겠지. 하지만 지금은 아니야.

그러니 어쩔 도리가 없네." 유톡은 좋은 사람이었다. 나도 그의 말이 진심이라는 걸 잘 알고 있었다. 나는 그에게 어쩔 수 없는 사정을 충분히 이해한다고 말했다. 그리고 그의 관할구역에서 말썽을 일으키지 않겠다고 약속했다.

이런 좌절에도 불구하고, 나는 바탕으로 달려가고픈 열망에 불탔다. 우리의 일차 목표는 캄에서 게릴라전을 시작하는 것이었다. 그리고 바탕을 출발점으로 삼을 계획이었다. 참도에는 두 달 동안 있었다. 독일은 항복을 했고, 일본이 곧 뒤따를 것으로 예상됐다(미국이 일본에 원자탄을 두 발 떨어뜨리고 전쟁이 끝났다는 사실은 바탕에 가서야 알았다). 세계는 급변하는 중이었고 우리도 서둘러 행동에 나서야 했다.

바탕으로 떠나기 전에 나는 유톡에게 두 가지를 부탁했다. 하나는 내가 중국 국민당 정부와 싸우다 곤란한 처지에 빠지면 도와달라는 것이었다. 또 하나 이와 관련된 것으로, 필요할 때 언제든 티베트 본토로 들어갈 수 있도록 문서로 보장을 해달라고 했다. 그는 그러겠다면서 서한을 써줬다. 기간 제한 없이 티베트를 드나들 수 있는 보증서 같은 것이었다. 편지는 봉인하지 않은 상태여서 받은 다음 나중에 읽어봤다. "바파 푼왕은 나의 친구다. 그러니 국경을 넘고자 하면 언제든 티베트행을 허용하라"고 돼 있었다. 이런 보증서를 주머니에 넣고 있으니 한결 안심이 되었다.

우리는 참도에서 남동쪽으로 내려가 트라얍을 거쳐 지순

강 나루로 갔다. 여기서 드리추 강을 건너면 바로 바탕이었다. 고향을 떠나올 때 내 나이 열넷이었다. 그런데 이제 총 몇 자루와 실탄을 들고 돌아와 류원후이와 국민당 군에게 게릴라 공격을 하러 가는 것이다. 이제 우리는 짊어져야 할 위험의 무게를 충분히 느낄 만한 나이가 되었다. 우리가 얼마나 심각한 일을 하려고 하는지도 잘 알았다. 그래서 극도로 조심을 했다.

지난번 드리추 강을 건넌 것은 티베트 본토로 탈출하기 위해서였기 때문에 이제 바탕에 돌아가면 무슨 일이 기다리고 있을지 알 수 없었다. 중국군이 아직도 나를 감시하고 있을지 판단이 내려지지 않아 지순강에서 잠시 머물면서 동지들을 먼저 보내 현지 사정을 알아보도록 했다. 동지들은 돌아와서 안전한 것 같다고 했다. 그래도 긴장을 늦추지 않았다. 우리 일행은 모두 여덟 명이었는데 낯선 사람들이 한꺼번에 들어가면 의심을 살 수 있겠다 싶어 한 번에 두셋씩 짝을 지어 바탕으로 향했다. 그것도 팀마다 며칠씩 간격을 두고 출발했다. 다행히 아무 일 없었다. 마침내 안전하게 바탕에 도착한 것이었다.

고향에 온 게 이렇게 기쁘다는 것에 나 스스로도 놀랐다. 어떤 면에서는 평소 그리던 모습과 똑같았지만, 기억 속의 바탕보다 한결 작아 보였다. 어려서는 바탕이 내가 아는 유일한 현이었다. 그러나 이후 난징에도 가보고 충칭, 라싸는 물론 콜카타 같은 인도의 대도시에도 가봤다. 고향이 이렇게 좁은 곳일 줄 미처 몰랐다. 가족들은 여전했다. 어머니는 나를 보자마자 엉엉 우셨다. 가족과 친척들을 마주하니 가슴이 저려왔다.

국민당은 다른 문제였다. 우리는 바탕에 며칠 머무는 사이 겉으로는 평온해 보이지만 사실은 그렇지 않다는 걸 차츰 깨달았다. 우리가 도착했을 때 중국군 수비대장 푸데추안은 자리에 없었다. 그러나 곧 국민당이 처음부터 나를 의심하고 있었다는 걸 알게 됐다. 그들은 처음에는 별 움직임이 없는 듯했지만 이내 사람들한테 이것저것 캐묻기 시작했다. 내가 누구냐, 어디서 왔느냐 등등. 데르게를 탈출해 라싸로 간 지 2년이 지난 마당이고 그사이 내 소식을 들은 사람은 아무도 없었다. 그동안 내가 뭘 하고 돌아다녔는지 궁금하기도 했을 것이다.

내가 공산주의자로 의심받다가 티베트 본토로 달아났다는 사실을 아는 사람은 일부 있었다. 그러나 다행히도 그 이후에 무슨 일이 있었는지 아는 사람은 아무도 없었다. 게다가 나는 바탕 안팎에서 혁명활동 같은 걸 한 적도 없었다. 그래서 그동안 은가왕 케상이랑 티베트 본토와 인도에 가서 장사를 했다는 소문을 퍼뜨렸다. 은가왕이 칼림퐁에 지점이 있다는 건 다들 아는 사실이어서 이런 이야기는 그럴듯했다. 국민당 관리들은 심증은 있지만 물증이 없었다. 그러나 나에 대한 소문이 많이 떠돌았고, 우리 가족들은 극도로 불안해했다. 불안한 건 나 역시 마찬가지였다. 그래서 가끔 집을 떠나 친척집에 가서 자기도 하고 친구들과 사원에 가서 지내기도 했다. 티베트 본토 쪽 지순강으로 가서 있기도 했다. 얼마나 싸돌아다녔는지 어머니의 잔소리가 시작됐다. 10년 동안이나 외지에 나가 있던 놈이 돌아와서도 집구석에 붙어 있지를 않고 허구한 날 싸돌아다닌다는 얘기였다.

그때 푸데추안이 돌아오더니 어느 날 나를 저녁에 초대했다. 왜 그럴까? 의아스러웠지만 초대를 거절하고 바탕에 그냥 있을 방법은 없었다. 도망을 친다면 의구심을 확인시켜줄 뿐이었다. 친구들은 체포당할 게 뻔하다며 가지 말라고 했지만 초대를 거부할 명분이 없었다.

어떻게 해야 할지 종잡을 수가 없었다. 그자가 무슨 혐의로 나를 얽어넣을 수 있을까? 무슨 증거라도 있을까? 바탕에 온 지 얼마 되지도 않을뿐더러 그동안 우리가 한 일이라곤 교사 훈련 학교에서 일부 학생과 접촉해 우리의 견해를 대충 들려주고 그들의 생각을 떠본 정도였다. 우리가 티베트와 인도에서 한 활동이나 우리의 진짜 계획이 무엇인지 아는 바탕 주민은 없다고 나는 생각했다. 푸데추안이 내놓을 수 있는 유일한 확증은 혁명 관련 서적을 소지했다는 정도밖에 없을 거라고 봤다. 호들갑을 떨며 체포를 할 정도의 사안은 아니었다. 따라서 별 일은 없을 거라고 확신이 서 저녁 초대에 응하기로 했다. 하지만 권총은 가져갈 생각이었다.

나는 젊었다. 그런 만큼 더더욱 흥분을 해서는 안 된다고 다짐했다. 동지들과는 내가 체포될 경우 우리 조직이 어떻게 해야 할지를 미리 논의했다. 나는 놈들이 덤벼들면 푸데추안은 물론이고 총알이 다 떨어질 때까지 최대한 쏴죽이겠다고 마음먹었다. 죽는 건 두렵지 않았다. 그러나 막상 연회장에 들어서자 내 심장은 펄떡펄떡 뛰었다. 무슨 일이 일어나든 각오는 돼 있었다.

그러나 이는 잘못 울린 경보였다. 막상 연회장에 들어가서 보니 현지 사업가들이 눈에 띄는 것 아닌가. 다 해서 열두 명쯤 됐다. 나는 사태를 예의주시하며 말썽이 일어날 것에 대비했으나 그런 일은 없었다. 모두 자리에 앉자 푸데추안이 나타났다. 그는 나를 보더니 기분 좋게 말했다. "아니, 이런. 자네 정말 많이 컸구먼." 이 말을 듣고 나는 안심을 했다. 그러면서도 경계심을 늦추지는 않았다. 푸는 내가 다소 초조해 보이는 게 재미있는 모양이었다. 이날 모임은 모종의 메시지를 보내는 것이라는 생각이 들었다. 나뿐만이 아니라 일부 수상쩍은 바탕 현 사람들한테 보내는 것이기도 했다. 너희들을 예의주시하고 있다, 언제든 잡아갈 수 있다고 하는…….

아무 일 없이 그날 연회는 끝났지만 분위기는 긴장됐다. 연회가 있고 나서 얼마 안 된 어느 날 내일 놈들이 잡으러 올 거라는 전갈을 받았다. 그날 밤 나는 소리가 나지 않도록 말발굽에 펠트 덮개를 씌우고 살그머니 마을을 빠져나가 지순강까지 갔다. 거기서 체포 정보는 잘못된 것이고 돌아와도 괜찮다는 소식이 오기만을 기다렸다.

그날 밤 바탕으로 돌아가면서도 내심 불안했다. 마을이 가까워지자 말에서 내려 칼을 빼들고 걸었다. 우리 집 앞에 이르렀을 때 덧문에 돌멩이를 던졌다. 일어나시라는 신호였다. 아버지는 크게 심려하는 내색이 없었으나 어머니께서 어쩔 줄을 몰랐다. 붙잡혀서 다시는 못 볼 거라고 생각한 것이다. 다음 날 어머니께서는 라마 한 분을 모셔와 아들이 안전하게 돌아온 데 대해 감사하고 앞으로도 나를 잘 지켜달라는 불공을 드렸다.

이 모든 사태가 주는 메시지는 분명했다. 하루 빨리 무기를 확보해 반란을 시작해야지, 우리가 계속 이런 식으로 갈 수는 없었다. 멍하니 앉아서 체포되지 않을까 노심초사하고 있기보다는 우리의 목표를 위해 뭔가 구체적인 행동에 나서야 했다. 우리의 제일 큰 희망은 충칭의 중국, 러시아 공산주의자들과 유대를 재건하는 것이었다. 전쟁이 끝났으니 그들도 이제 우리에게 필요한 무기를 지원해줄 수 있을 것으로 생각했다. 은가왕 케상과 내가 충칭으로 가는 임무를 맡게 됐다. 그러나 예기치 않게 출발 직전에 바탕 바로 남쪽 윈난성에서 일련의 사태가 발생하는 바람에 계획이 변경됐다.

촉매가 돼 준 것은 데르게에서 함께 지낸 신뢰하는 동지 드람둘이었다. 그는 라싸에서 나와 합류하려고 했지만 참도 주둔 티베트 군에게 막혀 데첸으로 쫓겨났다. 윈난 성에서도 캄파들이 사는 지역이었다. 데첸에 있는 동안 드람둘은 유력한 현지 지도자 곰보 체링을 만나 나와 우리 조직, 캄파가 다스리는 새로운 캄을 만들려는 계획에 관한 얘기를 나눴다. 곰보 체링은 그런 얘기를 듣고 반가워했다.

사진 7. 곰보 체링(하이젱타오). 1946년 데첸에서 찍은 모습이다.

이어 내가 바탕에 왔다는 걸 알고는 드람둘을 통해 전갈을 보내왔다. 나를 직접 만나 "중요한 문제"에 대해 논의하고 싶다는 것이었다.

곰보 체링—중국식 이름은 하이젱타오였다—은 홍군이 장정 때 캄을 통과하면서 간제에 수립했던 단명한 티베트 정부의 일원이었다. 그 후에는 판다 톱계와 한동안 같이 지냈다. 이어 항일전쟁 때 국민당이 그에게 소총 300~400정을 대주고 데첸으로 다시 보냈다. 일본군에 맞서 싸울 현지 티베트인 게릴라 세력을 규합하라는 임무를 부여한 것이다. 당시 일본군은 인근 미얀마를 장악하고 있었다. 곰보 체링은 민병대 대장이었고 데첸 현의 실질적인 통치자였다. 현지인들은 그를 "하이 대장"이라고 불렀다.

우리는 그를 만나는 데 관심이 있었지만 충칭행을 늦추고 싶지는 않았다. 우리는 충칭행에 우리의 미래가 달려 있다고 생각했다. 그래서 쪼개지기로 하고 은가왕 케상은 차르체도를 거쳐 충칭으로 직행, 나는 우선 데첸으로 우회해 곰보 체링을 만나본 다음 충칭에서 은가왕과 합류하기로 했다.

데첸까지는 큰길을 따라가면 됐기 때문에 별 어려움이 없었다. 데첸에 도착해 곰보 체링을 대면한 결과 역시 실망스럽지 않았다. 티베트 민족주의를 강조하고 현대적인 티베트를 건설하려 한다는 점에서 나와 생각이 비슷했다. 우리는 바로 의기투합했다. 그는 40세가량 됐는데 교육을 많이 받지는 않았지만 티베트어와 중국어로 글을 쓸 수 있었다. 우리는 많은 얘기를 나눴다. 공산주의 이념과 목표를 지지한다는 것을 포함해 나에 관한 얘기도 많이 해주었다. 나는 캄의 티베트인들이 사소한 지역적 차이를 접고 하나가 되어 국민당 군대를 몰아내야 한다는 점을 강조했다.

얘기가 깊어질수록 곰보 체링과 나는 중요한 문제에 관해 근본적으로 의견이 같다는 사실이 분명해졌다. 곰보 체링은 내가 계획하고 있는 것과 같은 게릴라전이 필요하며 군사적으로도 충분히 승산이 있다는 데 동의했다. 그리고, 더더욱 중요한 얘기가 있었다. 자기네 민병대 무기고에서 총과 탄약을 대주겠다고 한 것이다. 그거면 바탕에서 작전을 개시할 수 있었다.

대강 이야기를 맞추고 나서 나는 은가왕 케상을 만나러 충칭으로 떠났다. 그 사이 곰보 체링은 윈난 성 성도인 쿤밍昆明으로 가서 중국의 최근 사정을 알아보기로 했다. 각자 맡은 곳에 다녀온 다음 데첸에서 다시 만나 구체적인 사항들을 최종 조율하기로 한 것이다. 그때 내 나이 스물넷이었다. 무수한 실패와 좌절 끝에 이제 꿈이 실현되려나 싶었다.

충칭 땅을 다시 밟을 생각을 하니 가슴이 일렁거렸다. 2차대전 종전 이후 사태가 어떻게 돌아가는지도 궁금했고, 소련과 중국공산당 간부들과 얘기도 해보고 싶었다. 여러 해 전 충칭을 떠날 때 그들은 캄과 티베트 본토에 가서 무엇을 할 수 있는지 알아본 다음 우리의 활동에 대해 알려달라고 주문했다. 이제 접촉을 재개할 시점이 다가온 것이었다.

그러나 예상과 달리 그들을 찾는 것부터가 여간한 일이 아니었다. 은가왕 케상과 나는 중국공산당 옛날 사무실을 찾아봤지만 이미 없어진 뒤였다. 러시아 대사관에도 직원이라곤 없었다. 러시아어밖에 모르는 경비 한 사람뿐이었다. 그는 계속해서 "난징, 난징"이라고만 되풀이했는데 처음에는 그게 무슨 말인지 몰랐다. 그러다 결국 국민당 정부가 수도를 난징으로 옮김에 따라 대사관과 사무실도 그리로 이전했다는 얘기라는 걸 알게 됐다. 우리는 충칭에서 한 달 이상을 보냈지만 어느 쪽도 접촉할 수 없었다.

그들을 만나려면 난징으로 가봐야겠다 싶었으나 곧 여기에도 문제가 있음을 알게 됐다. 양쯔 강을 따라 난징으로 가는 증기선 표가 5~6개월분이 이미 매진된 상태였던 것이다. 자리가 날 때까지 기다려야 하나 마나 망설이고 있는데 쿤밍에 간 곰보 체링으로부터 연락이 왔다(우리가 아는 상인들 편에 서신을 보내왔다). 우리 형편을 설명하자 그는 바로 다시 편지를 보내 난징에 가지 말라고 말렸다. 무조건 데첸으로 돌아와서 계획을 최종 점검해야 한다는 것이었다.

그의 말이 옳았다. 난징으로 갔다가는 계획이 한참 지연될뿐더러 거기 가서도 확실한 성과를 거둔다는 보장은 없었다. 그래서 결국 데첸으로 돌아가기로 했다. 이 시점에 무엇을 하더라도 어차피 다른 공산당의 도움 없이 해내야 했다. 우리는 윈난 성 사담으로 가서 곰보 체링과 합류한 뒤 함께 데첸으로 향했다. 데첸에서 우리는 전략과 원칙을 논의하고 새로운 티베트 정치조직을 위한 헌장의 초안을 잡았다.

이 문건은, 우리의 철학과 기본원칙을 서술하고 앞으로 우리 당 당원이 될 사람들이 준수해야 할 규범을 밝혀놓은 것이었다. 거기에는 우리가 채택할 군사전략에 대한 논의도 들어 있었다. 우리는 새로운 조직의 이름을 '동티베트인민자치동맹'이라고 지었다. 은가왕 케샹과 나는 밤중에 아무의 방해도 받지 않고 헌장 초안을 썼다. 대부분 중국어로 썼고 간혹 티베트어로도 썼다. 낮에는 이걸 가지고 곰보 체링과 토론을 한 다음 다시 쓰고 또 고치고 했다. 인쇄하거나 배포할 계획은 없었다. 다만 우리의 사상을 정확하게, 그리고 공식적으로 표현하고 싶었다. 작성이 끝난 다음 사본은 딱 두 부만 만들어 한 부는 우리가 머무는 집에 보관했고, 또 한 부는 곰보 체링 집에 두었다. 정말 가슴 뿌듯했다. 대의大義를 품에 안고 티베트인들에게 길이 물려줄 혁명을 시작한다는 것을 실감할 수 있었다. 나는 이번에야말로 우리가 기필코 티베트를 바꿀 것이라고 다짐에 다짐을 했다.

헌장은 몇 개 장으로 구성됐다(책 말미 부록에 전문을 수록했다). 1부는 당명을 제시했다. 단, 이 명칭은 동맹 대표자 첫 대회에서 공식 논의할 때까지 임시적인 명칭이라는 조건을 달았다. 우리의 목표는 동티베트(캄)의 모든 티베트인을 위해 민주적으로 선출된 정부를 수립하고 과다한 세금과 부과금은 물론 부역 제도까지 폐기하는 것이었다. 새 정부는 또 각종 자원을 잘 활용하고, 도로를 닦고, 농업을 개량함으로써 동티베트인의 생활을 하루 빨리 향상시키는 일을 해야 했다.

새 정부는 대표자들의 회의체로 운영하되 회의체는 10~12인의 위원으로 구성되는 중앙위원회를 선출하도록 했다. 중앙위원 중에서 다시 5~8명으로 상임위원회를 구성한다. 동티베트는 시캉의 캄파 거주 지역, 윈난의 캄파 거주 지역, 참도(당시에는 티베트 본토 정부 관할이었다)의 캄파 거주 지역, 이렇게 세 행정구역으로 나뉜다. 나아가 낮은 수준에서 정부 운영 규칙을 밝혔다(부록 A 참조).

우리는 중국의 간섭을 받지 않고 그런 새 정부를 세울 수 있으리라고 낙관하지 않았다. 당시 장제스는 막강해 보였다. 방금 일본군을 물리쳤으며, 미국의 지지를 받고 있고, 중국의 대부분을 장악하고 있었다. 우리는 국민당은 너무 부패하고 억압적이었기 때문에 궁극적으로는 중국 공산주의자들이 승리할 것으로 내다봤다. 그러나 그 시점에 공산당은 북부 지역 일부만을 장악한 상태였다. 따라서 국민당 측과의 충돌은 가급적 피하는 게 상책이라고 생각하고 공산당이 승리하기를 기다리는 작전이었다.

그러기 위해 몇 가지 조치를 취해놓았다. 첫째, 헌장에 우리 정부는 만주족 왕조를 타도한 중국 혁명의 아버지 쑨원이 제창한 삼민주의에 입각해 운영한다는 점을 분명히 선언했다. 국민당과 공산당 모두 쑨원의 진정한 후계자임을 자처했기 때문에 우리도 중국 혁명 이데올로기의 주류 쪽에 선 셈이었다.

둘째로 우리는 우리의 정치체를 표현하는 용어로 "독립"보다는 "자치지역"이라는 표현을 쓰기로 했다. 류원후이에 대항하자는 것이지 중국 자체에 대항하려는 것이 아니라는 인상을 주고 싶었기 때문이다.

그리고 셋째로, 우리의 행동을 국민당 정책과 연결시켰다. 특히 국민당이 티베트인에 대해서 내린 결정을 강조했다. 1945년에 장제스가 한 연설이 대표적이다. 연설에서 그는 국민당은 티베트에 고도의 자치권 내지는 어떤 시점에 가서는 독립까지 허용하겠다고 말했다.[6] 이는 우리의 선택권을 넓히는 동시에 중국 내전에서 어느 쪽이 이기든 관계없이 향후 중국이 우리 신생 정부를 인정하는 데 큰 역할을 할 것이라고 생각했다.

지금 우리가 만든 헌장을 돌이켜보면, 그 대담함이 놀랍기만 하다. 헌장을 쓸 당시 내가 가진 것이라곤 권총과 소총 한 자루뿐이었다. 그러나 나와 우리 동지들은 티베트를 변혁할 전략과 의지와 수단(곰보 체링이 준 무기)이 있었다. 나는 거침없이 큰, 바로 손에 잡힐 듯 생생한 꿈을 꾸었다.

우리는 군사적으로 티베트 본토 일부를 포함시켜야 할지 여부를 논의했다. 드리추 강 서안 캄파 거주 지역으로 참도에 있는 티베트 지사 관할 구역을 말하는 것이었다. 참도에 기지가 있어야만 필요시 전진과 후퇴가 가능하다는 데 의견이 일치했다. 게다가 티베트 정부는 무거운 세금과 강탈로 인민을 착취하고 있어 우리의 봉기가 성공할 가능성도 매우 높다고 봤다. 그러나 결국 우선은 중국 치하에 있는 캄파 거주 지역에 새 정부를 세우는 일에 집중하는 게 바람직하다는 결론을 내렸다. 드리추 강 서편에는 2차 기지만을 두기로 했다. 동부에서 우리 세력이 강해지면 서쪽으로 확대할 생각이었다. 그런 식으로 해서 1948년 유톡의 임기가 끝나면 봉기에 나서 참도를 군사적 정치적으로 장악한 다음 동부의 캄과 합쳐 대규모 캄파 자치지역을 창설할 계획이었다. 또 그때쯤 되면 나머지 티베트 지역까지 전복하거나 티베트 정부에 민주주의 개혁을 받아들이도록 강요할 수 있을 만큼 우리 세력이 커져 있을 것으로 기대했다. 우리 헌장은 일단 동티베트라는 명칭을 사용했지만 구상은 한층 원대했다. 우리가 장기적으로 염두에 둔 목표는 전 티베트를 관할하는 민주정부를 수립하는 것이었다.

정부 편제에 대해서는 상세히 규정하지 않았다. 우리 지역에서 중국군을 쫓아낼 때까지는 좀 막연하다고 봤기 때문이다. 천천히 시작해서 한 걸음 한 걸음 전진해야 한다는 데 모두 동의했다. 데첸은 우리 작전의 근거지가 될 곳이었다. 곰보 체링이 이미 그 지역을 장악하고 있어서 안전하기 때문이었다. 은가왕 케상은 그곳에 머물면서 데첸 학교 학생 가운데 우리 조직에 쓸 만한 요원을 모집했다. 우리도 데첸의 국민당 세무서를 점거해 거기 있는 돈을 조직 자금으로 사용할 계획을 짰다. 별 어려움이 있을 것으로 생각지는 않았다. 중국군 주둔지역이 아니었기 때문이다. 게다가 곰보 체링이 사실상 꽉 잡고 있었던 것이다!

아울러 우리는 주요 캄파 지도자들과 접촉했다. 판다 톱계, 차괴 톰덴, 은가왕 노르부(간제에 있는 다르게 수도원 행정책임자)와 바미 체덴, 소남 롭상과 같은 바탕의 귀족들이었다. 우리는 그들에게 계획의 대강을 설명하고 지지를 호소했다. 판다 톱계와 곰보 체링은 절친한 친구였고, 차괴 톰덴과는 내가 데르게에서 교사 노릇을 할 때부터 아는 사이였다. 그래서 얘기가 잘됐다. 다른 사람들한테는 서한이나 믿을 만한 상인들 편에 구두 메시지로 우리의 새 조직에 대해 소문을 퍼뜨렸다. 우리의 계획은 앞으로 시기가 무르익으면 현지 지도자들과 합세하는 것이었다. 그들은 당장은 표면적으로 연계세력이 없는 것처럼 행동해야 했다. 공개적인 투쟁은 우리가 맡고, 그들은 막후에서 지원하도록 역할 분담을 했다. 그러나 일단 우리 세력이 커지면 그들도 공개적으로 우리 동맹을 지지하고 나서는 것이다. 그들은 우리 계획에 동의했다.

내가 맡은 과제는 1차분 소총 40~50정을 가지고 북쪽 바탕으로 가는 것이었다. 현 외곽에 본거지를 마련한 다음 그 일대 주요 가문 및 나이 많은 학생들과 접촉해보기로 했다. 우리 생각에 바탕 사람들은 중국 점령군과 싸우자는 데 별 달리 설득이 필요할 것 같지 않았다. 이미 많은 젊은 이들과 접촉을 한 상태여서 수백 명 정도는 충분히 동원할 수 있다고 확신했다.

우리는 일단 작은 그룹 단위로 조직을 해서 책에서 본

대로 주더와 마오쩌둥의 게릴라 전술을 사용할 계획이었다. 국민당 보급선을 쳐서 필수품 반입을 끊고, 소규모 중국군 파견대를 격파해 무기를 추가로 확보한다는 전략이었다. 무기가 더 확보되면 병력 규모도 늘릴 예정이었다. 다들 이런 식으로 하면 세력과 기회를 늘려갈 수 있을 것으로 믿었다. 산사태라는 것이 처음에는 작은 돌멩이 한두 개가 굴러 떨어져서 시작되지만 결국에는 도저히 막을 수 없는 해일처럼 들이닥치는 것이나 마찬가지였다(부록 A 참조).

그러는 한편으로 또 다른 게임을 벌여나갔다. 사람들과 우리 이념에 대해 이야기를 나누면서 그들의 생각을 떠보고 동조자를 물색하는 것이 그 한 가지였다. 물론 처음부터 모든 것을 다 털어놓지는 않는다. 사람들 손에 총을 쥐여준다는 것은 전쟁행위나 마찬가지였다. 그토록 우리는 극도로 조심했다. 우리는 데첸 사람들이 낯선 자들이 자기네 총을 외지로 빼돌리는 것을 좋아하지 않을 거라는 걸 잘 알고 있었다. 게다가 우리가 공산주의자라는 걸 모두가 알지는 못했겠지만 국민당 반대세력이라는 건 분명히 감을 잡고 있을 터였다. 그때 이미 국민당과 공산당 사이에는 치열한 전쟁이 벌어지고 있었다. 일정 규모 이상의 무기를 소지했다가 붙잡히면 사형도 받을 수 있는 상황이었다.

우리는 상인으로 가장하고 차나 도자기 잔, 흑설탕 같은 물품 아래 무기를 숨겨 말에다 싣고 바탕으로 잠입하려 했다. 곰보 체링이 물품 구입에 필요한 돈을 약간 주었다. 그런데 예기치 못한 일이 벌어졌다.

총과 탄약을 물품 사이에 숨긴다는 계획은 말로는 그럴 듯하지만 사실 불가능했던 것이다. 탄약은 감추기가 쉬웠지만 소총은 너무 길었다. 총신이 짧은 구식이 아니라 한번에 탄환을 서너 발씩 장전할 수 있는 중국식 모델의 좋은 총이었다. 문제는 말 등에 싣는 짐 속에 숨길 수가 없다는 점이었다. 너무 길어서 짐 밖으로 삐져나왔던 것이다.

결국 우리는 나무로 된 개머리판을 소총에서 떼어냈다가 바탕에 도착한 뒤에 다시 붙이기로 했다. 곰보 체링의 집(총은 여기에 있었다)은 항상 많은 사람들이 드나들었기 때문에 우리는 총을 안전하게 다른 곳으로 옮겨놓기로 했다. 곰보 체링의 동료인 드룽 아시라는 사람네 집이었다. 개머리판을 잘라내는 데도 시간이 걸렸다. 내 동생 촴펠이 톱을 가지고 작업을 했다. 그러나 들키지 않으려면 밤에만 하는 수밖에 없었다. 하여 작업 속도는 더딜밖에 없었고, 촴펠의 작업이 끝날 때까지 다들 좌불안석이었다. 시간을 오래 끌수록 발각될 위험이 컸다. 목표 달성 일보직전의 지점에서, 긴장은 더했지만 그럴수록 기대감도 커졌다.

출발 이틀 전쯤인 어느 날 저녁, 은가왕 케상과 촴펠과 나는 드룽 아시에게 저녁 초대를 받았다. 막 밥을 먹는데 여러 발의 총성이 울렸다. 우리는 서로를 쳐다봤다. 잠시 침묵이 흘렀다. 우리는 그저 귀를 기울일 뿐이었다. 따다다다 하는 일제사격 소리가 가시자 드룽 아시가 권총에 장전을 한 다음 주머니에 넣고는 무슨 일인지 알아보겠다며 밖으로 나갔다. 몇 분 후 다시 따다다다 하는 총성이 울렸다.

이어 드룽 아시가 헐레벌떡 뛰어 들어왔다. "상황이 안 좋소. 무슨 일인지 확실히는 모르겠지만 문제가 생긴 게 분명해. 일단 숨으시오들."

그는 황급히 우리 어깨를 떠밀며 계단을 통해 1층으로 내려갔다. 우리 짐은 모두 거기에 보관해둔 상태였다. 드룽 아시는 다시 우리를 뒤쪽의 작은 창고로 밀어 넣었다. 창고 안은 비어 있었지만 옆에 몸집이 송아지만 한 티베트 도사견을 묶어놓은 상태였다. 드룽이 문을 닫았다. 그러나 벽을 막은 널빤지 틈으로 밖을 내다볼 수 있었다.

밖에서 무슨 일이 벌어지고 있는지는 도통 알 수가 없었다. 다만 이 일대에 국민당 군이 없는 건 확실한데, 그렇다면 총소리는 마을 사람들이 낸 것임에 틀림없었다. 그런데 왜? 상인들이 총을 사겠다는 사람들 앞에서 시범을 보인 걸까? 아니면 우리랑 무슨 관계가 있는 일인가?

우리는 한동안 찍 소리 않고 있었다. 귀를 쫑긋 세우고 상황을 예의주시했다. 사람들이 이리저리 오가는 모습이 보이고 뭐라고 떠드는 소리가 들렸다. 그러나 무슨 얘기인지는 잘 들리지 않았다. 그런데 갑자기 여러 사람이 집 뜰로 들이닥치는 소리가 들렸다. 15~20명쯤 될 듯싶었다. 그제야 뭐라고 하는지 좀 들렸다. 우리를 찾고 있는 것이 분명했다. "바파들 어디 갔어?" 그들이 소리쳤다. "바파들 어디 갔느냐고?"

1층으로 밀고 들어온 그들 눈에 처음 들어온 것은 물품을 포장해둔 짐꾸러미들이었다. 그들은 그리로 가더니 짐을 마구 풀어헤쳤다. 총이 나오자 바깥에 있는 사람들한테 우리가 빼돌리려던 자기네 총을 찾았다며 의기양양하게 소리질렀다. 그들은 흥분한 표정으로 짐꾸러미에서 한 명에 한 자루씩 총을 빼들고 밖으로 뛰어나갔다.

남은 사람은 둘뿐이었다.

흥분 상태이기는 하지만 두 사람은 우리가 숨어 있다는 걸 알아챘다. 밖에서 동료들이 나오라고 부르는데도 아랑곳하지 않고 우리 쪽으로 다가왔다. 벽 틈으로 똑똑히 보였다.

저들이 들이닥치기 전에 은가왕 케상과 나는 발각되면 어떻게 할 것인지에 대해 얘기를 해뒀다. 우리는 무기가 없었다. 총은커녕 식칼 하나도 없었다. 그래서 누가 우리가 숨어 있는 창고 안을 들여다보려고 하면 내가 문을 쾅 열어서 놀라게 하고, 이어서 은가왕이 놈의 발을 잡아당겨 넘어뜨린 다음, 쵬펠이 그가 가지고 있을 총이나 칼을 빼앗기로 작전을 짰다. 그렇게 무기를 확보하기로 계획을 짰는데 다행히 그럴 필요는 없었다.

두 남자가 다가오자 육중한 도사견이 누런 이빨을 드러내며 맹렬히 짖어댔던 것이다. 어찌나 사납게 달려드는지 목줄이 끊어질 듯이 팽팽해졌다. 둘은 멈칫하더니 서로 쳐다보았다. 그때 갑자기 밖에서 동료들 외치는 소리가 더 크게 들렸다. 그들은 으르렁거리는 개를 보며 머뭇거렸다. 피를 말리는 순간이었다. 그런데 두 사람은 이내 돌아서서 나가버렸다.

이제야 다들 바깥으로 나간 것이다. 그러나 떠드는 소리는 여전히 여기저기서 들려왔다. "곰보 체링이 우리 총을 바파 빨갱이들한테 팔아먹었단다. 나쁜 놈" 하는 소리가 들리며 시끄러웠다. 우리는 소리가 날까 싶어 손가락 하나 까딱 않고 숨죽인 채 앉아 있었다. 얼마 후 그 집 하녀 아이가 창고로 들어왔다. 겁에 질린 목소리로 "저 사람들이 아저씨들을 사방팔방으로 찾고 있어요. 빨리 나가세요"라고 했다.

그 아이 말이 맞았다. 지금 하늘이 무너져 내리고 있는 것이었다. 놈들 손에 죽기 전에 어서 튀어야 했다.

9장
티베트 본토로 탈출하다

어떻게 빠져나가느냐가 문제였다. 살그머니 마당 동태를 살피니 그들은 우리를 찾지 못해 화가 머리끝까지 치솟은 상태였다. 그러자 더 조직적으로 나왔다. 횃불을 들고 나선 것이다. 여기저기 불빛이 어른거려 크게 그림자가 졌고, 그 바람에 그들의 위치를 정확히 알 수 있었다. 우리는 한동안 예의주시한 뒤, 얼마 후 그들이 마을 저편으로 멀어지자 마당에서 나와 집 뒤편 너머 가시나무 덤불 속으로 몸을 숨겼다. 창고에 갇혀 있는 것보다 나았다. 더구나 이제 밤이 돼서 눈에 띌 염려는 한결 덜했다. 그러나 그렇게 오래 있을 수는 없는 노릇이었다.

무기도 없이 돌아다니려니 영 불안했다. 그래서 바탕 출신인 마을 아주머니 한 사람을 접촉해보자고 했다. 믿어도 될 만한 사람 같았다. 내 동생 쵬펠을 그녀 집으로 보냈다. 쵬펠은 승려 복장을 한 데다 우리와의 관련이 드러나지 않은 상태였다. 쵬펠은 그들의 표적이 아니었다. 쵬펠은 30

분 만에 빈손으로 돌아왔다. 무기가 될 만한 걸 좀 달랬더니 그 여자는 "나중에 사람들이 왔다 갔다는 걸 알면 나를 닦달할 거예요"라면서 제발 나가라고 하소연을 하더라는 것이었다.

데첸을 빠져나가는 것 외에 다른 수가 없었다. 그러나 사정이 어떻게 된 건지는 알아봐야 했기에 췸펠을 가시나무 덤불 쪽으로 세 번이나 내보냈다. 곰보 체링이나 드룽 아시한테 가서 사태를 파악해보라고 했다. 특히 드룽의 집에 다른 물건과 함께 놓아둔 「동맹 선언문」은 꼭 가져오라고 했다. 그러나 갈 때마다 사람이 너무 많아서 이렇다 할 소식 없이 되돌아왔다. 새벽이 찾아들어 우리는 조심조심 물방앗간 앞쪽 골짜기로 이동했다. 한동안 숨어 있기에는 안전할 것 같았다. 그러나 뭐가 잘못됐는지는 아직 정확히 알지 못했다. 그래서 다시 췸펠을 읍내로 보냈다.

초조하게 기다리는데 내 동생 췸펠이 돌아왔다. 아직도 동생이 우리가 숨어 있는 계곡 쪽으로 종종걸음을 치며 달려오던 모습이 눈에 선하다. 어깨는 축 늘어지고 손에는 모자를 쥔 상태였다. 최악이었다. 드룽 아시 말이, 마을 사람들이 곰보 체링을 죽였다고 하더라는 거였다. 동생은 드룽이 문건은 숨겨뒀지만 빨리 떠나라고 신신당부하더라고 말했다. 마을 사람들이 사방에서 우리를 찾고 있다는 것이었다. 드룽은 두 엄지손가락을 쳐들고 하소연하다시피 했다고 한다. 그것은 거지들이 구걸할 때 쓰는 절박한 몸짓이다. 즉시 떠나는 수밖에 어쩔 도리가 없었다.

사진 8. 1947년 사담에서. 뒷줄 왼쪽부터 트린리 니마(첫 번째), 예셰, 촘펠(세 번째). 앞줄은 푼왕(왼쪽)과 다와.

길을 가는 동안 췸펠은 더 자세한 얘기를 해줬다. 느닷없이 벌어진 일이라는 것이었다. 곰보 체링은 딸, 조카딸과 함께 집에서 나오다 숨어 있던 자들로부터 총격을 당했다. 총탄은 길 건너편 가게에서 날아왔다. 곰보 체링은 여러 발을 맞았지만 발을 질질 끌며 간신히 집 안으로 다시 들어갔다. 총을 쏜 자들은 이내 집 안까지 쫓아 들어왔다. 이어 피를 흘리며 침상에 널브러져 있는 체링을 보고는 끝장을 냈다. (딸과 조카딸은 부상을 당했지만 죽지는 않았다.)

 나중에 안 사실이지만 이 일은 왕웬준이라는 티베트인의 소행이었다. 왕웬준과 곰보 체링은 친척 간이었으나 서로 미워했다. 왕은 국민당이 곰보 체링을 데려와 민병대 대장으로 삼기 전에는 그 일대 민병대 책임자였다. 은가왕 케상과 내가 두 사람의 반목이 심각한 문제로 번질 수 있다고 보고 여러 차례 화해를 주선했는데 허사로 돌아가곤 했다. 왕은 "알았어, 알았어" 하면서도 전혀 달라지지 않았다. 곰보 체링의 실책은 명령을 내릴 줄만 알았지 타인의 견해는 도무지 안중에 없다는 것이었다. 결국 왕웬준은 곰보 체링이 공산주의자들에게 무기를 넘겨 지역 치안을 취약하게 만들었다고 떠들면서 사람들을 규합했다.[7]

 우리는 산속으로 갔다. 게릴라전 관련 책들을 보면 붙잡히지 않으려면 사람이 많이 다니는 도로나 큰길은 피하라고 했다. 그래서 우리는 돌투성이 눈 덮인 산으로 올라갔다. 저들이 여기까지 뒤질 생각은 못 하기만을 바랄 뿐이었다.

길은 험했다. 때는 11월, 눈발이 흩날리기 시작했다. 입고 있던 옷만 걸친 터라 이런 날씨를 감당하기에는 턱도 없었다. 하루 이상을 아무것도 먹지 못해 힘이 하나도 없었다. 게다가 우리는 사실상 무일푼이었다. 동생은 도망 나올 때 주머니에 있던 몇 위안이 전부, 은가왕과 나는 그나마 땡전 한 푼 없었다.

몇 시간을 계속 가는데 멀리서 양치기가 오는 게 보였다. 양치기에게 이리 좀 와보라는 손짓을 했다. 양치기가 먹을 것을 가지고 있으리라고는 생각지 않았지만 우리가 가는 방향이 맞는지만이라도 확인하고 싶었다. 그러나 양치기는 이쪽을 흘끗 보더니 달아나버려 허사로 끝났다. 좀 더 가보니 돌과 벽돌로 지은 작은 집이 보였다. 집 건너편 산록에는 밭도 좀 있었다. 멀리 들판에서 남자 서넛이 야크 똥을 줍고 있고, 여자는 화톳불에다가 음식을 만들고 있었다. 그들은 일을 하다 말고 우리를 의심스러운 눈초리로 쳐다봤다. 다행히 도망가지는 않았다.

우리는 여자한테 다가가 "인근 곌탕의 티베트인 상인 밑에서 일하는 노새몰이꾼인데 두 마리가 달아나 찾는 중이다. 혹시 못 보았느냐?"고 물었다. (여자는 빵을 굽고 있었다. 그 냄새와 화톳불의 온기라니, 우리는 그야말로 환장할 뻔했다.) 여자는 못 봤다고 했다. 그래서 급히 노새를 따라가느라고 가져온 게 없어서 그러는데 먹을 걸 좀 살 수 있겠느냐고 물었다. 그녀는, "우선 홍차 좀 드세요"라면서 빵을 좀 내줬다. 쳄펠이 값을 치르려고 하자 그녀는 됐다면서

"그럴 필요 없어요"라고 했다. 하지만 더 싸가지고 가는 부분에 대해서는 마지못해 돈을 받았다. 뻣뻣하던 몸이 풀리고 허기가 가셨다. 우리는 다시금 산으로 발걸음을 내디뎠다.

길 안내는 내 몫이었다. 지리를 좋아한 나는 어디를 가든 지도를 봤고, 그때마다 주변 지형지물을 숙지해뒀다. 그래서 이제 앞산 퇸드루플링 고갯길만 넘으면 꽝치와카라는 마을로 내려가게 된다는 걸 알고 있었다. 거기서부터는 비교적 안전할 것이었지만 행로가 썩 만만치는 않았다. 고갯길은 직선거리로는 멀지 않지만 우리는 아직 큰길에서 한참 떨어져 있는 데다 눈이 나쁜 은가왕 케상을 끌고 가다시피 해야 했기 때문이다. 기다란 막대기 한쪽 끝을 은가왕이 잡고, 춈펠과 내가 앞에서 번갈아가며 다른 쪽을 잡고 가는 식이었다.

그날 밤 늦게 마침내 눈 덮인 퇸드루플링 고갯길에 도착했다. 인적 없는 간이역에서 잠시 걸음을 멈추었다. 우리는 물 대신 눈을 먹었다. 그러고는 아까 오두막에서 사온 빵을 한 조각씩 나눠 먹었다. 그러나 여기서 잘 수는 없는 노릇이었다. 데첸 사람들이 가까이 와 있을지 몰랐다. 날은 춥고 발은 퉁퉁 부었지만 그래도 길을 재촉했다. 다음 날 아침 우리는 기진맥진한 상태로 꽝치와카에 도착했다. 드리추 강 둔덕에 자리한 마을이었다. 우리는 잠시 머물 곳을 구해 겨우 휴식을 취했다. 사람들한테는 달아난 노새를 찾는 노새몰이꾼이라고 계속 둘러댔다. 빈손으로 돌아가면 주인이 길길이 뛸 테니 죽었다 깨도 노새를 찾아야 한다고 했다. 우리가 잠시 쉬어간 집의 주인은 안쓰러워하며 길 가다 먹으라고 먹을 것을 좀 싸줬다.

강 건너편을 보니 길이 두 갈래였다. 북쪽으로 가면 바탕과 데르게가 나오고, 남쪽은 겔탕과 사담으로 이어지는 윈난 성 방향이었다. 우리는 남쪽으로 가는 게 더 안전하다는 판단을 내렸다. 저들이 우리의 행로를 예상한다면 바탕으로 짐작할 것이었기 때문이다. 강을 건너려면 나룻배를 타야 되는데 수중에 돈이 없었다. 그래서 다른 손님들이 오기를 기다리던 중, 운이 좋게도 결혼식 잔치 행렬이 우르르 몰려와 그 사람들 틈에 끼어 공짜로 강을 건널 수 있었다.

추위와 허기가 줄곧 우리를 따라다녔다. 물도 없어서 눈을 씹었다. 어쩌다 들판에 남은 순무를 보면 눈에 불을 켜고 달려가 우적우적 씹어 먹었다. 한번은 운이 좋아 저만치에서 결혼식 잔치 행렬을 발견하고는 한동안 그 뒤를 따라갔다. 그들은 한참 가다가 자리에 앉더니 먹고 마셨다. 이어 그들이 자리를 뜨자 우리는 바로 달려가 먹다 남긴 음식을 정신없이 찾았다. 불행하게도 건진 건 오렌지 껍질이 고작이었지만 그나마 하나도 빠뜨리지 않고 모아 셋이서 나눠 먹었다. 우리는 그야말로 뭐든지 먹을 수 있었다. 그때 어렵게 도망가던 시절 얘기를 나는 나중에 시로 써보았다.

그때 우린 혁명군을 조직했네.
동지들은 사악한 자들에게 암살당했네.
깎아지른 산길을 오르고 올라 난
간신히 굶주린 늑대의 아가리를 벗어났지.

된드루플링 고갯길에서
썹던 눈은 밥보다 달았네.
새벽녘 큰 별들을 우러르면서 난
낮과 밤의 간난신고를 잊었다네.

우리가 꽝치와카에 도착했을 때
이제서야 안심이다 싶어 마냥 기뻤지.
푸른 강물 굽어보면서 난
혁명의 열정을 다시 불태웠네.

오솔길에 떨어진 오렌지 껍질
더할 나위 없는 먹을거리였지.
모닥불 뒤로하고 누우니
이부자리 베개가 무슨 필요랴.

곌탕의 호숫가에선
칼바람 뼛속까지 저몄는데,
아름다운 평원엔
양도 없고 체링 초모(캄파들 애창곡에 나오는 여주인공)도 없어.

   수탉이 늦저녁에 울어대고

   사담은 달빛에 젖었지.

   저 앞에 펼쳐진 길에 굴곡 많건만 난

   다시금 새 발걸음 성큼 내디딜 거라네.

겔탕 외곽에 물방앗간이 하나 보였다. 다행히 거기에 자리를 얻어 밤을 나고 참파도 좀 얻어먹을 수 있었다. 다음 날이 되어서 우리는 또 계속 길을 재촉했다. 국민당 군을 피하기 위해 읍내 바깥쪽으로 한참을 돌아갔다. 우리는 넓은 솔밭을 한참이나 지났다. 나무들이 빽빽이 들어차서 밤인 양 어두컴컴했다.

겔탕을 지나 남쪽 사담으로 향했다. 다시 강을 건너야 했다. 강물은 우리 발치까지 날름거리고 있었다. 나는 뱃사공한테 가서 강을 좀 건네달라고 부탁했다. 그러면서 이렇게 둘러댔다. "우린 장사꾼인데 강도들한테 다 털렸습니다. 제발 집에 갈 수 있게 도와주세요." 뱃사공은 우리를 한참 훑어보더니 이렇게 말했다. "좋아요. 다른 손님들 올 때까지 기다리시구려. 그때 같이 건네줄 테니."

두려움과 배고픔에 수면부족까지 겹쳐서 우리는 모두 제정신이 아니었다. 얼마 지나지 않아 짜증이 나기 시작했다. 결국 은가왕 케상이 더 참지 못하고 폭발하고 말았다.

"너무 하잖아요?" 은가왕이 뱃사공에게 말했다. "그냥 건네주고 끝내면 되잖아요? 라싸에도 가보고 중국의 대도

시도 가봤지만 당신 같은 사람은 정말 처음 봤구료."

그러자 뱃사공도 화가 났다. 이러다가는 강도 못 건너겠다 싶어 내가 나서서 사공을 한참 달래고 또 달랬다. 너무 지치고 배가 고파서 그러니 이해해달라고 사정하니 결국 뱃사공은 우리를 건네주었다.

우리는 계속해서 빨리 이동했다. 먹을 만한 건 보이는 대로 다 먹었다. 얼마 지나지 않아 '리수'라고 하는 소수민족이 사는 산악 지역에 들어섰다. 밤이 될 무렵 작은 마을이 나타났다. 그중 한 집으로 가서 묵어갈 수 있겠는지 알아봤다. 집안에는 화덕 주변에 일가족 네댓 명이 앉아 있었다. 리수족은 키가 작고 생김새가 비슷비슷했는데 다들 대나무로 만든 물담뱃대로 담배를 피우고 있었다. 하룻밤 자고 갈 수 있겠느냐고 물어봤더니 우리를 멀뚱멀뚱 쳐다보기만 했다.

우리 말을 못 알아듣는 눈치였다. 우리도 그들 말을 알아듣지 못했다. 잠시 어색한 침묵이 흘렀다. 그들은 감자 요리를 하는 중이었는데 와서 먹어보라는 몸짓은 하지 않았다(우리가 뭘 원하는지는 말 안 해도 뻔한데……). 마침내 쵬펠이 동전 하나를 꺼내서 그들 쪽으로 밀어 보냈더니 반응이 왔다. 그들은 와서 먹으라고 손짓 발짓을 했다. 그렇게 해서 하룻밤 신세를 졌다.

다음 날 아침 우리는 아주 일찍 출발했다. 윈난의 큰 현인 사담으로 향했다. 이제 누구나 다니는 일반 도로로 가니까 한결 편했다. 그래도 장사꾼들이 노새를 몰고 다가오면 가급적 피했다. 한번은 어쩔 수 없이 마주쳤는데 알고 보니 바탕에서 온 상인들이었다. 더구나 당혹스러운 것은 우리가 아는 사람들이었다!

처음에 그들은 우리를 알아보지 못했다. 옷이 누더기가 됐으니 그럴 수밖에. 하지만 곧 정체가 드러나서 우리는 급히 둘러댔다. 노새를 몰다가 잃어버려서 찾아 나섰다는 식의 변명은 통하지 않을 것이고, 그래서 사담에 가서 장사를 하려다 산적들한테 다 털리고 간신히 목숨만 건졌다고 했다. 그들은 잠자코 듣고 나서는 자기들끼리 두리번거렸다. 곧이듣지 않는 게 분명했다. 어쨌든 이러저러하게 됐다고 둘러대고 그 이상은 이야기하지 않았다. 떠날 때가 돼서 우리는 작별인사를 하고 각자 길을 갔다. 그들이 속으로 어떻게 생각하든 그거야 우리가 어쩔 수 없는 노릇이었다.

그로부터 얼마 지나지 않아 사담 외곽에 당도했다. 여기까지 오는 데 12~13일이 걸렸다(보통 걸리는 기간의 배였다). 사담에 사촌이 한 명 살고 있어서 그 집에서 묵어갈 수 있겠다 싶었다. 그러나 읍내로 바로 들어가면 위험할 수도 있어서 먼저 사정을 알아봐야 했다. 우리는 가만히 기다리고 있다가 날이 어두워지자 행동을 개시했다.

이 지역에 사는 소수민족은 나시족族으로 캄 남부를 꽉 잡고 있었다. 오래전에 사담의 왕이 관리 하나를 바탕으로 파견했는데 그 관리가 티베트 여자를 아내로 삼았다. 그 여자가 바로 내 사촌 누나였다. 사촌 집 문을 두드리자 누나가 나왔다. 누나는 나를 바로 알아보고는 눈물을 흘렸다. 누나가 우는 걸 보고 나도 놀랐다. 나는 그때까지 들킬지 모른다는 생각만 했지 남들이 우리를 보고 어떤 반응을 보일지에 대해서는 별로 신경을 쓰지 않았다. 누나는 우리를 뚫어져라 쳐다보더니 무슨 일이 있었느냐고 꼬치꼬치 물었다. 그제야 아하, 그렇구나 싶었다. 우리 몰골이 말이 아니었던 것이다. 발은 퉁퉁 부었다. 살은 쏙 빠지고 옷은 완전히 누더기였다.

강도한테 털려서 빈털터리가 됐는데 이대로 돌아갔다간 바탕에 있는 주인이 잡아먹으려 들 테니 잠시 좀 머물다 갔으면 좋겠다고 했다. 뭘 어떻게 해야 할지 생각할 시간이 좀 필요하다는 식으로 둘러댔다. 내 말을 곧이곧대로 믿는지는 알 길이 없었지만, 그런 게 문제가 되진 않았다. 우리를 도와주려는 표정이 역력했기 때문이었다.

누나는 시댁 쪽 집에 묵게 해줬다. 아이러니하게도 그 집은 사담 지사 관사가 코앞이었다. 하지만 등잔불 밑이 어둡다고나 할까, 숨어 있기에는 안성맞춤이었다. 그런 데 숨어 있으리라고는 미처 생각지 못할 테니까 말이다. 2층집이었는데 2층에는 사료용 건초를 보관해두었다. 우리는 낮에는 건초 속에 숨어 있다가 밤이면 1층으로 내려갔다.

이제 안심이 되었기 때문에 우리는 틈을 봐서 츔펠을 다시 데첸으로 보내기로 했다. 거기 두고 온 조직 현장을 꼭 찾아와야 했기 때문이다. 츔펠은 어찌어찌해서 우리가 두고 온 소지품과 서류며 편지 같은 것을 일부 찾아냈다. 그러나 정치적으로 문제가 될 그 헌장은 없었다.

췸펠이 떠나고 얼마 안 돼서 데첸에서 온 티베트인 상인(중국식 이름 후오치창으로 통했다)이 사담을 지나게 됐다. 그가 우리에게 그들이 산지사방으로 우리를 찾고 다닌다고 알려주었다. 중국 군인들도 사건을 조사하다가 우리 이름이 적힌 문서를 찾아냈고, 우리가 캄에서 게릴라 세력을 조직하려고 했다는 걸 알게 됐다고 했다. 이 사실을 알자마자 국민당은 은가왕 케샹과 나에 대한 체포장을 공식 발부했다. 사정이 그렇다면 사담에 더 있을 수는 없고 다시 티베트 본토로 돌아가는 수밖에 없었다. 중국인들이 거기까지 따라와서 잡아갈 수는 없으니까.

우리는 이 시점에 제일 좋은 수는 찢어지는 것이라는 결론을 내렸다. 은가왕 케샹은 타르체도에 친척들이 좀 있으니 그들이 틀림없이 도와줄 것이라고 했다. 은가왕은 눈이 나빠서 혼자 걸을 수가 없었다. 그래서 우리는 자꾸 늦어졌다. 나는 집 주인한테 돈을 빌려서 장사꾼들에게 주고 은가왕을 타르체도까지 데려다달라고 부탁했다. 그 뒤로 오랫동안 은가왕을 보지 못했다. 나중에 알고 보니 타르체도에 도착한 은가왕은 판다 톱계에게 전후사정을 얘기했고, 그의 도움으로 안전하게 청두까지 갔다. (그전에 나는 은가왕에게 만약 청두까지 가게 되면 소련 대사관 사람들을 만나보라고 당부했다. 은가왕은 거기서 계속 길을 재촉해 결국 홍콩을 거쳐 상하이까지 갔다. 1949년 공산당 정권이 들어선 뒤에는 베이징으로 갔다.)

내 계획은 반대쪽으로 가는 것이었다. 다시 뒤로 돌아 참도로 가서 유톡을 만나 다음 계획을 상의해보려고 했다. 그러려면 돈이 좀 필요했다. 췸펠이 마침 데첸에서 돌아온 터라 나는 동생을 다시 바탕으로 보내 돈을 좀 가져오게 했다. 이때 내게 행운이 찾아왔다. 어릴 적 친구인 다와가 장사꾼이 되어 사업차 사담에 와 있었던 것이다. 우리는 손을 맞잡고 펄쩍펄쩍 뛰었다. 그는 내 사정을 듣더니 장사하러 가져온 돈의 절반을 떼어 빌려줬다. 이어 췸펠이 트린리 니마와 함께 바탕에서 돌아왔다. 췸펠도 돈을 가져왔다. 부모님이 나를 위해 땅을 잡히고 빌린 돈이었다. 어찌나 고맙던지, 그분들의 믿음에 보답하기 위해 모든 노력을 다하리라고 다짐 또 다짐했다.

준비를 마치고 췸펠과 나는 바탕을 향해 북으로 갔다. 동생과 니마가 가져온 돈으로 우리는 사담에서 각자 총 한 자루와 말 한 필씩을 구했다. 나는 전에 장사꾼들이 쓰던 기다란 가발도 하나 샀다. 바탕 사람들이 알아볼까 봐 변장을 하기 위한 것이었다. 우리는 바탕 조금 못 미친 지점에서 캠프를 치고 먼저 췸펠을 읍내로 보내 친구들과 가족한테 내가 근처에 숨어 있다는 것을 알리도록 했다.

옛날 친구들이 나를 만나러 왔다. 그들은 드리추 강을 건너 티베트 본토로 들어가면 안 된다고 말렸다. 티베트 당국이 잡아갈 거라는 얘기였다. 그래도 나는 가야 한다고 했다. 물론 내 주머니에는 유톡이 써준 통행증이 있었다. 나는 친구들에게 캄에서 계속 동지들을 규합하라고 당부했다. 내가 할 일은 따로 있었다.

가슴이 울렁거리는 일이 있었다. 아버지가 나를 보러 오신 것이다. 그분은 배우지도 못했고, 내가 몰두하는 정치이론 같은 것은 별 관심이 없는 문제였을 것이다. 그러나 어떻게 된 거냐, 뭘 어쩐 거냐 하는 말은 한마디도 하지 않았다. 다만 내가 더할 수 없는 궁지에 몰린 걸 아시고는 땅까지 잡혀가며 돈을 마련해주셨다.

아버지와 나는 논길을 걸으며 이야기를 나눴다. 나는 데첸에서 있었던 일이며 참도로 가서 다시 투쟁을 계속할 거라는 얘기를 했다. 아버지는 내 어깨에 손을 얹더니 진짜 사나이라면 신념을 위해 끝까지 싸워야 한다고 하셨다. 그러시고는 합장하며 나의 무사평안을 기원하는 기도를 하셨다. 기도하는 아버지의 모습을 보니 유톡의 얼굴이 떠올랐다. 참도에서 나올 때 유톡은 예식용 스카프를 내 목에 걸어주고는 합장하며 나한테 액운이 닥치지 않도록 해달라고 기도했다. 내 평생 나를 위해 그렇게 기도해준 사람은 두 분밖에 없었던 것 같다. 그런 생각을 하니 가슴이 시렸다.

이튿날 아버지는 바탕으로 돌아가셨다. 이제 길을 떠나야 했다. 유톡이 써준 통행증이 있어서 티베트 본토에 들어가는 데는 문제가 없었다. 다만 참도 가는 길이 눈으로 막히는 바람에 지순강에서 한 달 넘게 기다려야 했다. 그러나 우리는 중국군 손아귀에서 벗어났다. 이제 중국군에게 체포될 염려는 없었다. 그때가 1947년 초였다.

10장
라싸에서 윈난으로

참도로 가는 길에 별다른 일은 생기지 않았다. 그러나 유톡과의 만남은 그렇지 않았다. 유톡은 인사를 나누자마자 미소를 지으며 이렇게 말했다. "그런데 푼왕, 자네 공산주의자라며? 나한텐 그런 말 안 하지 않았는가."

"어떻게 아셨습니까?" 나는 깜짝 놀랐고 당혹스럽기도 했다.

"데첸에서 있었던 일이랑 자네가 도망간 얘기가 여기까지 퍼졌어."

나는 잠시 어떻게 말해야 할지 망설이다가 결국엔 진실을 털어놓기로 했다.

"죄송해요. 거짓말을 하려던 건 아닙니다. 저한테 공산주의자인지 묻지 않으셨잖아요. 그래서 먼저 나서서 말씀드리지 않은 것뿐이에요. 그랬다가는 지사님하고의 관계가 안 좋게 될까 봐 걱정이 돼서 그랬어요."

유톡이 어떻게 나올까 잠시 기다렸다. 하지만 유톡은 아무 말도 하지 않았다. 그래서 이야기를 더 이어나갔다. "우리 티베트인들을 위해 좋은 일을 하려고 합니다. 우리는 캄을 중국인의 통치에서 해방시키고 티베트 사회를 개혁하고자 합니다. 티베트가 세계의 다른 나라들처럼 번영하게 만들고 싶어요."

유톡이 또 미소를 지었다. 화가 난 건 아니라는 걸 알 수 있었다.

"자네가 뭐든 간에" 하고 그가 운을 뗐다. "난 자네가 티베트인에게 해될 일을 할 거라고는 생각지 않네." 다시 라싸로 가고 싶다고 하자 그는 잠시 말을 끊었다가 이내 이렇게 말했다. "우리끼리 얘기지만 오래지 않아 데첸에서 있었던 일이 거기까지 알려질 거야. 그렇게 되면 소문이 급속히 번질 거고, 라싸에 있기는 매우 어렵고 위험하겠지. 내가 자네라면 가급적 멀리 떠나겠네. 이름을 바꾸고 자유(인도 접경 지역이다. 지도 2 참조)에 가서 소란이 잠잠해질 때까지 한 2년 눌러 있는 게 어때? 지사 대리로 임명해줄 수도 있네. 라싸 정부에서 굳이 거기까지 잡으러 가지는 않을 거라고 봐."

"감사합니다. 정말 고마운 말씀이지만 그럴 수는 없습니다. 라싸로 가야 돼요. 카샥에서 나를 공산주의자라고 생각한들 증거는 없어요. 저를 체포할 수는 없습니다." 유톡은 그렇지 않다고 하면서 라싸는 너무 위험하다고 나를 설득했다. 하지만 여기 숨어 있는다는 건 상상할 수 없었다. 그저 눈에 안 띄고 시간만 죽이는 짓이었다. 유톡한테 말은 안 했지만 나는 인도공산당을 통해 소련 쪽과 접촉하려는 희망을 포기하지 않고 있었다. 2차대전이 끝난 마당이어서 어느 때보다 실현 가능성이 있어 보였다. 어쨌거나 나는 눈곱만큼도 포기할 생각은 없었다. 우리는 데첸에서 성공 일보직전까지 갔다. 바탕으로 가져갈 무기도 마련했었다. 아직도 그때 우리 모두가 느꼈던 흥분을 잊지 못한다. 행동하는 일만이 남아 있었고, 어떤 위험이 있더라도 전진해야 했다.

결국 유톡은 어떤 말로도 내 생각을 바꿀 수 없다는 걸 알게 됐다. "좋아, 친구. 정말 라싸로 가고 싶다면 막진 않겠네." 그러면서 끝으로 이렇게 말했다. "필요한 게 있나? 무엇을 도와줄까?"

돈이 좀 필요하다고 하자 그는 바로 50도체를 줬다(도체는 티베트 화폐 단위로 꽤 큰돈이다. 당시 야크 한 마리 값이 1도체가 채 안 됐다). 유톡은 정말이지, 좋은 친구였다. 두 주쯤 후에 라싸로 떠나게 됐을 때 그가 한 마지막 당부를 잊을 수 없다. "조심, 또 조심하게. 정부는 공산주의자들을 불구대천의 원수로 생각한다네. 그러니 이만저만 위험한 게 아니야."

라싸에 도착한 것은 1947년 말, 촘펠과 투왕(툽덴 왕축) 두 동생과 함께였다. 달라이 라마 13세 서거 후 잠시 섭정을 했던 레팅이 쿠데타를 시도하다 실패한 지 얼마 지나지 않았을 때였다. 당시 달라이 라마 14세(지금의 달라이 라마—옮긴이)는 겨우 일곱 살이었고, 정부는 레팅의 쿠데타로 몹시 불안했다. 정국이 어수선해서 시기적으로는 썩 좋지 않았다. 유톡의 경고가 다시 귀에 맴돌았다. 그러나 다행히도 금세 자리를 잡았다.

난징과 충칭에서 함께 지낸 삼촌이 지금은 라싸 주재 중국 정부 사무소에서 일하고 있었다. 딱히 내 신상에 대해 변명을 하거나 숨기고 말고 할 필요는 없었다. 삼촌은 나의 정치 노선을 잘 알고 있었다. 충칭에서 정치 문제로 한참 대화도 나눠봤고, 삼촌을 우리 조직에 끌어들이려고 설득도 해보았다. 삼촌은 나를 비판하거나 반대 의견을 말한 적이 한 번도 없었다. 그리고 절대 나를 배신하거나 우리 조직에 해가 될 일은 하지 않겠노라고 약속했다. 그런 내력이 있어서 도착하자마자 삼촌한테 달려가 사실을 다 말해줬다. 캄에 게릴라 부대를 만들려고 했다는 것, 그리고 일이 잘못돼서 도망을 쳐 겨우 목숨을 부지했다는 것 등등.

예상대로 삼촌은 놀라지도 않았고 화를 내지 않았다. 삼촌의 반응은 현실적이었다. 중국 정부가 라싸에서 운영하는 학교의 음악 교사 자리를 알아봐주겠다고 했다. 그렇게만 되면 라싸 정부 쪽의 의심은 덜 수 있을 것으로 본 것이다. 라싸의 국민당 지부가 채용을 한다면 위험한 공산주의자일 리는 만무한 것이다. 삼촌은 우선 난징에 있는 국민당 몽장위원회에다가 나에 대해 좋게 설명을 해놓을 필요가 있다고 했다. 그래서 삼촌 이름으로 윈난 성 데첸에서 있었던 일에 대해 난징으로 전보를 보냈다. 나는 중국공산당원이 아니고, 캄에서 군사력을 키우려고 한 것은 억압적인 군벌 통치자 류원후이에 대항하기 위해서지 중앙정부(국민당)에 맞서려는 것은 아니었다는 내용이었다. 이 정도면 학교에서 일하는 데는 문제가 없을 것이라고 삼촌은 생각했다. 삼촌 말이 맞았다.

금세 숨 쉴 공간이 생겼다. 중국 정부가 운영하는 학교는 개교한 지 몇 년 안 됐는데 키되파 건물 2층을 썼다. 꼭대기 층은 국민당 간부들이 사용했다. 학교에서는 중국어와 티베트어, 그리고 영어를 약간 가르쳤다. 중국과 티베트의 우호 증진을 위한 수단이었다. 여기서 우수한 학생들은 중국으로 유학을 보내줬다.

당시 학생은 40~50명 정도였는데, 티베트 학생도 있고, 한족 중국인 학생도 있고, 중국계 무슬림(이슬람교도—옮긴이) 학생도 있었다. 티베트 학생들 중에는 귀족 자제도 있었다. 교사들 역시 다양했다. 바탕 출신 티베트인이 두 명, 중국인 몇 명, 그리고 차드뤼 림포체가 있었다. 차르뒤는 라싸의 유명한 학자로 과외로 엘리트 학생을 많이 가르쳤다. (청년 시절 달라이 라마 13세는 그를 일본으로 유학을 보냈다. 그래서 대단히 진보적이었다.)

여건은 아주 좋았다. 봉급도 괜찮았고, 거처도 안락했다. 친구도 많았다. 삼촌은 라싸에 와서 살고 있는 바탕과 그 주변 출신들을 많이 알고 있었다. 그들 중 상당수가 간덴, 세라, 드레풍 사원의 승려였다. 라싸에 사는 캄파들은 대부분 국민당이 나를 잡으려 했다는 사실을 이미 알고 있었다. 그래서 굳이 어설프게 변명을 할 필요도 없었다.

나는 처음부터 교사직을 편한 생계수단으로만 보지는 않았다. 하나의 기회로 여겼다. 우리는 학교를 우리 활동의 중심지로 삼았다. 처음에는 천천히 움직였다. 학생들에게 혁명가를 가르치고 혁명가에 나오는 문제와 주제들에 대해 이야기해줌으로써 의식화를 시켰다. 늘 그렇지만 우리 메시지의 많은 부분이 노랫말로 전달됐다. 라싸에 사는 다른 캄파들은 물론이고, 진보적인 현지 귀족인 쇠캉, 장글로엔, 캅쇠파 세이처럼 전에 라싸에 있을 때 사귀었던 친구들의 생각도 떠봤다. 트렌동 세이는 라싸에 없었다. 삼촌이 달라이 라마 가족을 알고 있어 달라이 라마의 제부인 퓬초 타시를 소개받았다. 칭하이 성 출신으로 중국어에 능한 타시와 티베트 사회를 개혁하고 모든 티베트인을 하나로 묶는 문제에 대해 두루 좋은 대화를 나눴다. 수르캉도 몇 번이나 만나보려고 애를 썼지만 계속 나를 피했다. 이런저런 사유로 당장은 만날 수 없다는 것이었다. (2차대전이 끝났는데도 각료들은 우리의 계획에 관심을 보이지 않았다.)

별 문제 없이 정착했다는 확신이 서자, 우리는 다시 소련과 접촉을 시도할 때라고 판단했다. 1948년 초 동생 투왕을 칼림퐁으로 보내 인도공산당과 접촉을 재개하도록 했다. 그들의 도움으로 소련행을 터볼 생각이었다. 우리는 몇 년 전에 페이 델린과 의견을 나눈 대로 소련이 신장을 통해 무기와 탄약을 공급해주었으면 했다. 그러나 늘 그랬듯이 우리 계획대로 되지 않았다.

투왕은 칼림퐁에서 인도 공산주의자들과 접촉하는 데 성

공했다. 운때가 잘 맞았던 것 같다. 인도공산당은 민주주의적으로 권력을 획득하려는 파와 무력으로 집권하려는 파가 갈렸다. 칼림퐁의 공산주의자들은 무력 사용에 찬성하는 파였다. 우리도 마찬가지였다. 그들은 칼림퐁 인근 실리구리에서 이미 행동을 시작했다.

투왕은 칼림퐁의 공산주의자들과 이야기를 나눴을 뿐 아니라 콜카타에 가서 바수와 조시도 만났다. 조시는 인도공산당 총수였다. 그런 만남 끝에 동생은 내게 흥분 섞인 편지를 보내왔다. 칼림퐁의 공산주의자들이 우리를 군사적으로 지원할 것이라는 내용이었다. 투왕의 말에 따르면, 그들은 나름대로 게릴라전에 나설 준비를 착착 진행하고 있으며, 우리가 총을 구입하는 것을 도와주면 우리에게 무기를 구입할 자금을 대주겠다고 했노라는 것이다. 그들은 라싸에서 총을 구하기가 쉽다는 것을 알고 있었다. 그래서 그쪽 사람 일부가 투왕과 함께 라싸로 가서 무기를 살 계획이었다(인도인들은 네팔 장사꾼으로 변장을 한다고 한다). 일단 라싸에 오면 소총과 권총을 사서 권총은 다시 인도로 빼돌리고, 소총은 우리한테 주겠다는 것이었다.

내가 기대하던 소식은 아니지만 어쨌든 굿 뉴스였다. 나는 즉각 그들을 맞을 계획을 짰다. 그러나 몇 주가 지나고 몇 달이 지나도 투왕한테서 소식이 없었다. 최악의 사태가 벌어진 것이나 아닌지 영 불안했다. 붙잡혔을지도 모른다는 생각도 들었다. 그러다 결국 투왕한테 소식이 왔다. 칼림퐁의 공산당 세포가 발각돼 많은 당원이 경찰에 체포됐다는 얘기였다. 다행히 투왕은 자리를 피해 신문 발행인인 타르친네 집으로 몸을 피했다. 사태가 진정되자마자 투왕은 살그머니 빠져나와 라싸로 돌아왔다. (그때가 내 기억으로는 1948년 말이었다.) 다시 한 번 큰 타격을 입은 것이었다. 우리의 희망은 곧 이루어질 듯하더니 다시 물거품이 되고 말았다. 나로서는 어려운 시절이었다. 이래 가지고야 어느 세월에 일이 되겠나 싶어 점점 초조해졌다.

한편 친구 유톡은 동티베트 지사 임기가 1948년으로 만료됐다. 그해 말에 유톡은 라싸로 돌아왔다. 그는 오자마자 나를 자기 집으로 초대했다. 반가운 악수와 함께 나를 기다린 것은 더 안 좋은 소식이었다. 참도를 떠나기 직전 유톡은 행정관들의 영전을 축하하는 잔치에 참석했다. 몽장위원회에서 나온 중국 관리 한 사람이 자리를 같이했는데 초면인데도 유톡에게 다가와 말을 붙였다고 한다. "티베트 공산당 수괴인 푼왕이 지금 티베트에 가 있습니다." 그는 교활하게 웃으며 이렇게 말을 이었다. "들으니 그 친구가 지사님 친구라던데……. 참도에 있을 때 지사님이 집으로 자주 불렀다면서요?"

유톡은 화가 치밀었다고 했다. 후임 지사 랄루 앞에서 그런 얘기가 나왔기 때문이다. 그러나 티베트 귀족들은 화를 다스릴 줄 안다. 그는 속으로는 부글부글 끓었지만 쾌활한 어조로 이렇게 대꾸했다. "푼왕이 티베트공산당 수괴인지 아닌지는 모르겠소. 이마에다가 '나는 공산당이요' 하고 써 붙이고 다니지는 않았으니까. 그 친구가 학생 때 충칭 주

사진 9. 티베트공산당 멤버들. 1947년 라싸에서. 뒷줄 왼쪽부터 톱덴(첫 번째), 침펠(두 번째). 가운뎃줄 왼쪽부터 투왕(첫 번째), 푼왕(두 번째), 톱계(세 번째). 앞줄 왼쪽부터 드룩 침펠, 암도, 트린리 니마.

재 티베트 정부 사무소에서 써준 소개장을 갖고 와서 알게 됐지요. 우리는 처음 만난 이후 친구가 되었소. 그 이후로도 여러 번 봤지. 그게 왜 놀라운 일인지 모르겠소. 그 친구가 공산주의자라는 건 전혀 몰랐으니까. 그런데, 당신들은 그 친구가 공산주의자라는 걸 알고 있었다면서 여러 번 저녁에 초대를 했구려. 그래 놓고, 모르고 그런 나보고 잘못했다고 시비를 걸자는 거요?"

그러자 모두들 웃으며 다른 얘기로 넘어갔다고 유톡은 말했다. 그러나 지금 와서 생각해보니 내가 걱정이 된다고 했다. "분명히……" 하면서 유톡이 심각한 어조로 말했다. "이런 얘기가 라싸로 들어갈 거야. 그리고 내각에서 알게 되면 심각하게 받아들이겠지. 가급적 빨리 캄으로 떠나게. 여기 있다간 잘못하면 체포될 거란 말일세. 이건 친구로서 하는 말이네." 나는 그의 염려가 진심이라는 걸 알았다. 그는 레팅의 쿠데타 사건 때문에 자신도 불안하다고 말했다. 레팅 섭정한테 보낸 폭탄의 발신인이 자기 이름으로 돼 있었기 때문이다. 그는 곧 칼림퐁으로 떠날 계획이라고 했다. 공개적으로는 안과 치료를 받으러 간다고 하고 일단 거기서 한동안 숨어 지낼 작정이라 했다.

인도로부터 지원을 받고자 하는 계획이 완전히 좌절된 직후에 이런 경고까지 듣게 되니까 우리로서는 라싸를 떠나는 수밖에 없었다. 캄으로 돌아가라는 유톡의 권고는 좋은 생각 같았다. 그러지 않아도 콜카타에서 라싸로 배달되는 중국어 신문에서 캄의 사정이 좋아지고 있다는 기사를

사진 10. 티베트공산당 멤버들. 1950년대 중반 라싸에서. 왼쪽부터 톱덴, 푼왕, 롭상 남계, 은가왕 케상.

읽은 바 있었다. 내가 읽은 기사들에 따르면 중국공산당 일부 지역 당원들이 윈난 성 사담에 게릴라 조직을 창설했으며, 이미 세 개 현을 장악했다는 것이었다. 인근의 미얀마공산당도 그 지역에 강력한 세력을 구축하고 있다는 소리도 들었다. 우리가 은신하기에 적합한 곳이었다.

우리는 우리가 만나는 어떤 공산주의 세력이라도 우리를 후원하고 지원해줄 것으로 믿었다. 지금처럼 공산당끼리도 목표가 다를 수 있다는 생각은 눈곱만큼도 하지 않았다. 〈인터내셔널가〉를 부르는 당에 속한 사람은, 모두가 기본적으로 똑같다고 생각했다. 똑같은 목표와 신념을 가지고 있다고 본 것이다. 현지로 가서 공산당 게릴라들과 접촉을 하면 우리를 도와줄 것이고, 그러면 바탕에 우리 세력을 세울 수 있을 것이라고 생각했다. 그래서 동생 투왕을 톱덴의 동생 톱계와 함께 다시 캄으로 보냈다. 육로로 가서 사담의 공산당 조직과 미리 접촉을 하도록 한 것이다. 접촉이 성사되는 대로 우리도 그들과 합류할 계획이었다. (두 사람은 1949년 6월 라싸를 출발했다. 머리를 깎고 승려로 가장했다.)

우리는 캄파 상인 친구들한테 돈을 빌려서 출발 준비를 했다. 장사꾼으로 위장하고 가려면 물품을 사놓아야 했다. 우리는 전부 아홉 명이었고, 다들 권총을 소지했었다.

1949년에 접어들자 라싸의 분위기가 극도로 긴장됐다. 신문기사를 보면 중국공산당이 장제스와의 전쟁에서 결국 승리할 것이라는 게 점점 분명해졌다. 티베트 정부도 무신론자인 사회주의자들이 곧 중국을 통치하게 될 것이라는 전망이 짙어지자 점차 초조해졌다. 심지어 공산주의자들에게 행운이 가는 것을 막기 위해 종교의식을 거행하기도 했다. 우리는 떠날 준비를 마치고 투왕한테서 소식이 오기만을 기다렸지만, 투왕의 편지가 오기도 전에 티베트 정부가 우리를 추방했다.

우리의 추방은 공식 조치였고, 사전 경고 같은 것도 없었다. 1949년 7월 어느 날, 밖에서 노크 소리가 나서 문을 열었더니 평신도 관리인 창괴파가 다른 평신도 관리 한 명, 승려 관리 한 명, 그리고 9~10명의 티베트 군인들과 함께 서 있었다. 군인들이 옆에 서고 창괴파(영국에도 다녀온 인물이다)가 사진을 찍는 동안 승려 관리가 내각이 발행한 공식 문서를 읽었다. 내가 공산당원이며, 사흘 내로 라싸를 떠나야 한다는 내용이었다.

나는 충격을 받은 동시에 분개했다. "수르캉 장관이 내가 누구고 뭘 하는지 안다." 나는 화가 나서 소리쳤다. (나중에 알고 보니 수르캉은 추방 결정을 내린 사람들 중 하나였다.) 추방 명령에 대해 내가 할 수 있는 일은 아무것도 없었다. 그러나 어찌나 화가 났던지 한마디 하지 않을 수 없었다. 더구나 군인들 뒤로 사람들이 떼로 몰려들어 무슨 일인가 하고 쳐다보고 있었다.

"라싸는 귀족들만 사는 곳이 아니다." 나는 큰 소리로 외쳤다. "모든 티베트인이 사는 곳이다. 나는 여기 살 권리가 있다. 오늘은 당신들이 나를 추방하지만, 내일은 반드시 라싸로 돌아올 것이다!" 이런 식으로 한동안 계속 떠들었다. 귀족계급과 정부를 통렬히 비판했다. 관리들은 듣고만 있었다. 그러더니 인도를 경유해(티베트가 아니라) 캄으로 돌아가라고 했다. 인도 국경까지는 군인들을 딸려 보내겠다고 했다. 나는 화가 났지만 주변에 몰려든 평민이며 귀족들이 내 말을 들었을 것을 생각하니 기분이 나아졌다. (그때부터 티베트 정부는 문 밖에 병사를 몇 명 배치해 내가 어디를 가든지 따라다니며 감시하도록 했다. 누구네 집에 가면 따라 들어오지는 않았지만 내가 나올 때까지 밖에서 기다렸다.)

화가 좀 가라앉자 나는 타르체도 출신의 한 티베트인을 만나러 갔다. 이름은 리라고 했는데 중국 정부 사무소에 통역으로 있었다. 그는 내 친구여서 적어도 나와 동지들이 참도를 경유해 캄으로 갈 수 있도록 힘을 써줄 수 있을 것이라고 생각했다. 인도를 통해서 가라는 것은 모욕이고 시간과 경비도 만만치 않게 들었다. 그러나 내 생각은 잘못되었던 게, 리와 국민당 정부 사무소 사람들 역시 추방당한 상태이며 인도를 경유해 돌아갈 준비를 하고 있었던 것이다.

이 와중에 내 신변도 복잡해졌다. 라싸에서 교사로 있는 동안 한 여학생과 사랑에 빠진 것이다. 칠릴라라는 이름의 젊은 여학생이었다. 칠릴라는 내가 담당한 고학년생으로 집안은 티베트 무슬림이었다. 칠릴라네 가족(이름은 추믹 캉사르였다)은 라싸에서 가축과 밀가루를 팔면서 유복한 생활을 하고 있었다. 정부가 추방 명령을 내렸다는 얘기를 해주자 칠릴라는 잠시도 주저하지 않고 같이 가겠다고 나서는 것이었다. 나는 말리면서 다시 돌아오면 그때 결혼을 해도 하자고 했다. 그러나 그녀는 완강했다. "지금 선생님이랑 같이 안 가면 우린 영원히 다시 만날 수 없을 거예요." 그래서 우리는 서둘러 결혼을 했다. 그리고 그녀도 나와 함께 길을 나섰다. (우리는 라싸를 떠나기 전에 부모님한테 편지를 보내 결혼 소식을 알렸다. 나중에 안 일이지만 그 소식을 듣고 부모님은 굉장히 기뻐하셨다고 한다.)

국민당 관리들이 라싸를 떠나기 전날 밤 내각에서는 연회를 베풀어주었다. 예식용 스카프를 선물하고 여비도 넉넉히 주었다. 반면 우리한테는 그런 대접이 전혀 없었다. 톱덴과 나는 며칠 앞서 길을 떠났다. 군인 열두 명이 따라

사진 11. 푼왕의 첫 번째 부인 칠릴라. 라싸에서 (연도 미상).

붙었다. 우리는 무기를 소지했다(티베트 정부는 무기를 뺏으려고 하지는 않았다). 인도로 가는 길에 군인들이 해코지를 하면 어쩌나 싶어서 위급상황시 어떻게 싸울지 비상계획도 짜놓았다. 그래도 너무 불안해서 암도 출신의 체격이 건장한 친구에게 함께 가달라고 부탁을 했다. 그러나 그렇게 되지는 않았다. 군인들은 우리가 티베트를 떠났는지만 확인할 생각이었다. 대원들은 인도 국경까지 우리를 에스코트하고는 라싸로 돌아갔다.

칼림퐁에 도착하자 나는 곧바로 유톡을 찾아갔다. "거봐……." 유톡이 손가락으로 나를 가리키며 말했다. "내가 이렇게 될 거라 그랬잖나!" 다시 그를 보게 되니 정말 반가웠다. 그의 말이 옳았다는 것을 인정하지 않을 수 없었다. 그동안 있었던 일을 설명하자 유톡은 내 손을 꼭 잡으며 재정적인 문제는 없느냐고 물었다. "그런 게 있으면 말하게. 내가 도와줄 수 있어." 돈은 충분하다고 생각해서 됐다고 했다. 어쨌든 정말 고마웠다. 진심이라는 게 느껴졌다. 유톡은 눈물을 글썽거리며 가는 길에 조심하라고 신신당부했다. 나는 걱정 말라고, 조만간 돌아오겠다고 말했다. 그는 한길까지 배웅을 나와 내 모습이 안 보일 때까지 손을 흔들었다.

칼림퐁에서 하루 정도 보내고 우리는 콜카타로 향했다. 거기서 비행기로 일단 미얀마에 기착했다가 다시 윈난 성 쿤밍으로 갔다. 쿤밍에서는 중국과 세계정세가 어떻게 돌아가는지 알아보는 것 외에는 달리 할 일이 없었다. 나는 그동안 못다 읽은 신문기사와 책을 읽어치웠다. 그러다가 2차대전 이후 공산주의가 얼마나 세를 넓혀가고 있는지를 알고는 깜짝 놀랐다. 헝가리, 루마니아, 유고슬라비아, 폴란드, 북한, 베트남에 사회주의 국가가 건설됐다는 소식에 공산주의의 미래는 밝다는 자신감이 생겼다. 목하 소련이 영도하는 사회주의 대가족大家族 창설이 진행되고 있는 것이었다. 그래서 궁극적으로는 중국도 공산당이 국민당을 대체하고 대가족의 일원이 될 것이라고 생각했다. 우리 스스로 티베트 사회주의 국가를 건설하는 데는 실패했지만 이제 중국공산당을 찾아가서 그들의 노력에 동참하기로 결심했다.

우리는 투왕으로부터 확실한 소식을 듣지 못한 채 라싸를 떠났기 때문에 윈난 성 세 개 현의 실정이 어떤지 아무것도 몰랐다. 공산당이 장악했다는 정보만 들었을 뿐, 쿤밍에서는 이렇다 할 내용을 알 수가 없었다. 그래서 우리는 북서쪽으로 240킬로미터쯤 떨어진 따리大理라는 소도시로 가봤는데 그곳에서 마침내 우리는 공산당이 세 현을 실질적으로 통제하고 있음을 확인할 수 있었다. 그래서 우리는 바로 그리로 가기로 했다. 우리는 장사꾼으로 가장을 했기 때문에 사담으로 가는 대규모 장사꾼 행렬에 슬쩍 낄 수 있었다. 사담에 도착한 것은 1949년 8월 15일이었다.

사담에서 우리는 투왕과 바탕 출신 장사꾼 한 명을 만났다. 그는 '중국공산당 서부윈난위원회'라는 조직이 설립됐고, 해방된 세 개 현은 하나의 행정 단위로 통합됐다고 했다. 공산당 본부는 젠촨劍川이라고 하는 인근 현에 있어 급한 마음에 우리는 바로 젠촨으로 직행했다.

아침 일찍 떠나서 그날 오후 늦게 젠촨에 도착했다. 가는 길에 총소리가 들렸다. 그제야 아직 전투 중인 전방이라는 걸 실감했다. 나는 빨리 공산군 사령관을 찾는 게 최선이라고 생각했다. 어렵지 않게 찾을 수 있었는데 사령관의 이름은 우겐으로 바이白족이었고 부사령관은 왕이종으로 한족이었다.

그들이 간단히 먹을 것을 내줬다. 탁자 같은 것이 없어서 우리는 선 채로 먹었다. 다 먹고 나서 나는 우리 조직에 대해 설명을 해줬다. 창설된 지 오래됐다는 것과 소련, 중국,

인도공산당과 유대를 쌓았다는 사실을 강조했다. 우겐은 흥미를 느끼는 듯했다. 캄에 티베트 공산당 조직이 있다는 얘기는 들은 적이 있는데 당원의 이름이나 상세한 정보는 알지 못했다.

그들은 매우 바빴지만 그럼에도 우리를 만나 퍽 반가운 것 같았다. 그래서 바로 좀 더 실질적인 얘기로 들어갔다. 그들은 우리에게 이곳 세 개 현은 이미 사실상 해방을 시켰으니 캄으로 가서 게릴라 활동을 시작하는 게 어떠냐고 했다. 또 바탕에 가면 빨리 자리를 잡을 수 있을 것이라면서 조만간 무기를 지원해줄 수 있을 것이라고 말했다.

우리가 캄 남부를 해방시키고, 그들은 윈난 성 북서쪽에서 공작을 계속한다는 계획이었다. 그런 식으로 필요하다면 우리 세력과 그들이 긴밀하게 협조할 수 있다는 것이다. 서로 등을 맞대듯이 중앙에서부터 바깥쪽으로 세력을 넓혀가면 결국에는 윈난 성 북서부 전체와 캄 나머지 지역을 해방시킬 수 있을 것으로 기대했다. 그게 불가능하다면 적어도 우리는 공산당이 중국 나머지 지역을 모두 해방시킬 때까지 관할 지역을 그대로 지키고 있을 수 있을 것이다. 우리 모두는 우리의 작업에는 2~3년, 중국을 완전히 해방시키는 데는 3~4년 정도 걸릴 것이라고 봤다. 그러나 반드시 해방이 된다는 것만은 의심치 않았다.

이 와중에 골치 아픈 문제가 생겼다. 바로, 티베트공산당의 지위 문제였다. 우겐의 입장에서 볼 때 상황은 분명했다. 우리가 그들 조직에 가입해야 한다고 주장했다. 나는 극구 반대했다. 우리 역사를 듣지 못했는가? 우리는 1939년에 활동을 시작했다! 벌써 10년이나 됐다. 우겐의 조직으로 덜렁 들어가면 우리는 이제 비로소 중국공산당에 가입하는 신참 당원으로 격하되는 것이다. 우리의 지난날 혁명활동을 인정받아야 했다.

우리는 이 문제로 입씨름을 계속했다. 경우에 따라서는 언성이 높아지기도 했다. 그러나 우겐은 입장을 바꾸려 하지 않았고, 그러다 결국 이 문제는 일단 당 중앙위원회에 보고한 다음 중국이 해방된 뒤에 처리하자는 타협안을 내놓았다. 나도 이렇게 논쟁만 하다가는 결론이 나지 않을 것이고, 게릴라 활동을 늦춰가면서까지 지위 문제를 마냥 붙들고 있을 수는 없다고 생각했다. 내키지는 않았지만 결국 당분간 우리 조직이 그들 밑으로 들어간다는 데 동의했다. 나는 고위 간부들한테 사정을 잘 설명하면 이 문제는 공정하게 처리될 것으로 확신했다. 대신 우겐한테 한 가지 양보를 얻어냈다. 내가 중국공산당에 가입하는 것으로 우리 당원 전원이 자동으로 중국공산당원이 되게 한 것이다.

우리는 '중국공산당 캄·티베트변경공작위원회'(중국어로는 중공강장변지공위회中共康藏邊地工委會라고 했다)를 설립했다. 내가 위원회 서기를 맡고, 우리 당 당원 전원이 위원이 되었다. 우겐은 내게 윈난 북서 지방정부 변경 담당 특별위원이라는 직함을 주었다. 그러면서 앞으로 접촉할 일이 있으면 사담에 가서 현지 공산당 책임자인 혜왕보를 만나라고 했다. 우리는 우겐과 전보로 안전하게 연락할 수 있도록 암호도 정했다. 이 모든 것에 합의하고 나서 우리는 사담으로 향했고, 거기서 바탕으로 돌아갈 준비를 시작했다.

너무 많은 일들이 빨리 일어나서 정신이 없었다. 역사적으로 볼 때 이 지역은 항상 변화가 아주 느려서 세기 단위로 손을 꼽아야 할 정도였다. 그런데 지금 우리가 목도하는 현실은 한 주 한 주가 달랐다. 예를 들어 2차대전이 끝난 직후, 장제스는 대단히 강해 보였고 공산당은 약해 보였다. 그러나 지금 국민당은 개신개신했다. 미국이 그렇게 지원해줬는데도 말이다. 마찬가지로 예전에 나는 티베트공산당을 설립해 모든 티베트인을(그게 안 된다면 적어도 모든 캄파를) 하나로 묶는 새 정부를 구성하는 데 모든 노력을 쏟았다. 나는 소련과 중국공산당의 도움으로 독립 공산주의 티베트로서 자치를 누리면서 코민테른과 연계할 수 있다고 꿈꾸었다. 이제 캄과 티베트에 변화를 가져오는 가장 좋은 방법은 중국공산당과 협력하는 것이라는 게 분명해졌다.

소련과 중국공산당은 민족 간의 평등을 옹호하고 소수민족을 거대 지배민족에 복속시키는 것을 극력 반대했다. 그들은 또 모든 민족이 진정한 지역자치를 할 권리를 가진다고 주창했다. 그래서 우리는 중국공산당의 일부가 되면 캄을 변혁시키고, 나아가서 드리추 강 양편의 티베트 전체가 소련의 사회주의 자치공화국과 유사한 방식의 자치공화국으로 발전할 것이라고 생각했다. 중국공산당과 중국 주권 하에 있지만 티베트인들이 다스리는 나라가 되는 것이다.

이제 바탕과 캄 남부를 해방시키러 나선 우리의 가슴은 열정과 희망으로 부풀었다. 그러나 동시에 우리 모두는 우리가 더 이상 독자적으로 행동하지 못한다는 것을 알고 있었다. 우리는 이제 중국공산당의 일부가 된 것이었다.

3부

마침내 시작된
새 조국 건설

11장
다시 바탕에 들어서다

바탕으로의 이번 귀환은 지난번과는 전혀 다른 경험이었다. 당시에 나는 체포장이 떨어졌고 목에는 현상금이 걸린 쫓기는 몸이었다. 현 바깥에 머물면서 부모님과 친구들을 은밀히 접촉할 수밖에 없었다. 이제는 모든 게 달라졌다. 류원후이는 바람이 어느 쪽으로 부는지 잘 알고 있었고, 병력 대부분을 훨씬 안전한 쓰촨으로 뺐다. 바탕에 남아 있는 병력도 공산당과의 전쟁이 아주 불리한 쪽으로 가고 있다는 걸 잘 알고 있었다. 따라서 사기가 땅에 떨어졌다. 더구나 류가 우리 삼촌 가운데 한 분을 바탕 지사로 임명해놓은 터라 우리로서는 전보다 위험도가 훨씬 덜했다. 그러나 전쟁은 끝나지 않았고, 중국군 수비대는 여전히 바탕에 주둔하고 있었다. 그래서 우리는 은밀하게 작업을 시작했다.

시작은 우리 조직의 예전 멤버들을 접촉하는 것이었다. 그러면서 은밀히 새 조직을 꾸려나갔다. 조직명은 '(공산)당 캄·티베트변경공작위원회'라고 했고 약칭은 '바탕지하당'이었다. 우리는 열 명의 멤버로 시작했다. 내가 당 서기를 맡았다. 첫 번째 과제는 민중의 적극적 지지를 얻는 기지를 건설하는 것이라고 보았다. 특히 학생 층의 지원이 긴요했다. 이를 위해 '동티베트민주청년동맹'을 결성하기도 했다. 이 동맹은 비밀조직이 아니어서 회원 수가 40~50명으로 급속히 불었다. 내가 의장을 맡았다.

학생 등을 규합하는 일은 비교적 쉬웠다. 과거에 내가 그들과 접촉한 바 있고, 그들도 중국공산당의 세력이 커지고 있다는 걸 잘 알고 있었기 때문이다. 사실 사람들은 국민당의 패배를 바탕을 장악할 기회라고 봤다. 그런 만큼 사람들을 우리 쪽으로 끌어들이기는 어렵지 않았다.

학생 층에서 일단 성공을 거둔 데 고무된 우리는 지역 민병대나 수도원, 세습 유지 등등 다른 쪽 전선으로 공작 범위를 넓혔다. 우리 청년동맹에 가입하는 젊은 승려가 많았다. 성공은 성공을 낳았다. 곧 우리는 데르게, 리탕, 타르체도에 청년동맹 지부를 세웠다.

당시 우리 모든 활동의 최종 목표는 간단했다. 바탕에 중국공산당의 영도를 받는 '티베트 인민정부'를 세우자는 것이었다. 가장 큰 장애물은 약 400명 규모의 중국 국민당 수비대였다. 우리는 힘이 키워지는 대로 곧바로 그들과 맞서 싸울 계획을 세웠다.

내가 바탕에 와서 처음 우리 조직에 끌어들인 청년 중 하나가 국민당 정부 사무소 전신電信 오퍼레이터였다. 그의 도움으로 나는 비밀리에 윈난 성 있는 우겐에게 전보를 보내 무장봉기를 시작할 준비가 다 됐으니 총과 탄약을 보내달라고 했더니 즉시 보내주겠노라고 했다. 우리는 작전 계획을 최종 조율했다. 우선 케상 체링과 롭상 툰드룹 삼촌이 그랬던 것처럼 간계를 쓰기로 했다. 그래서 바탕의 유지와 정부 관리들 모임을 소집하기로 했다. 그들이 도착하는 즉시 지사와 수비대장을 붙잡고 수비대에게 항복을 요구할 셈이었다. 항복하지 않으면 바로 공격에 나서 격퇴할 준비를 갖춰놓았다. (동시에 나는 베이징의 마오쩌둥과 주더에게 전보를 보내 티베트공산당 간략한 역사와 충칭 시절 중국공산당과의 관계, 바탕의 실상 등을 알렸다.)

그러나 바탕 장악 작전을 시작하려는 마당에 전보가 왔다. 류원후이가 항복하고 공산당의 인민해방군이 이리로 진격 중이라는 내용이었다. 이제 사실상 시캉(캄)이 해방됐으니 반란을 계속 추진한다는 건 무의미한 일이었다. 기다리기만 하면 사태는 곧 절로 해결될 것이었다. 류원후이가 항복을 했다는 것은 이제 우리 당 활동을 공개적으로 할 수 있다는 의미였다. 우리가 맨 처음 한 일은 바탕 주재 국민당 사무소를 장악해 우리 본부로 만드는 일이었다. 삼촌은 군소리 없이 업무를 넘겨줬다. 우리는 미국인 학교 대강당에서 집회를 열었다(미국인 선교사들은 오래전에 다 떠나고 없었다).

나는 중국에 새로운 인민정부가 들어섰다는 것을 설명하고, 이는 티베트인들에게는 좋은 일이라고 강조하는 연설을 했다. 그러면서 공산당과 인민해방군은 국민당과는 전

사진 12. 바탕지하당과 동티베트민주청년동맹 멤버들. 1949년 바탕에서. 맨 윗줄 왼쪽에서 다섯 번째가 푼왕이다.

혀 다르다고 설명했다. 이런 말을 한 기억이 난다. "국민당은 티베트인을 억압하는 세력이었습니다. 인민해방군은 중국공산당이 이끄는 군대로서 티베트인을 억압자들로부터 해방시킬 사람들입니다. 똑똑히들 구분하셔야 합니다." 또 이렇게 말했다. "새로운 중국이 있고, 낡은 중국이 있는 겁니다. 공산주의자들에 대해 이런저런 나쁜 얘기들을 들으셨을 줄로 압니다. 하지만 그건 전혀 사실이 아닙니다." 끝으로 나는 소련과 소련의 소수민족 정책에 대해 설명했다. 그런 정책이 신新중국에서도 이행될 것이라고 말했다.

연설이 끝난 다음 우리는 중화인민공화국 국기인 오성홍

기五星紅旗를 펼쳐들고 기념사진을 찍었다. 감개무량하고 자랑스러웠다. 그토록 많은 구사일생의 위기를 넘기고 좌절에 좌절을 거듭한 끝에 우리는 마침내 성공했다. 우리가 예상했던 것보다 훨씬 엄청난 성공이었다. 이제 완전히 새로운 시대가 캄의 티베트인들 앞에, 그리고 모든 티베트인들 앞에 펼쳐질 것 같았다. 그때 내 나이 스물여덟이었다.

집회 이후 우리는 선전전에 주력했다. 특히 중화인민공화국의 새 헌법에 대해 좀 더 자세히 설명했다(사실 당시 우리가 가지고 있었던 것은 「공동강령共同綱領」이었다. 공동강령은 중국 헌법의 전신으로 1949년 9월 29일 공포됐다). 우리는 '신新문화의 집'이라고 하는 센터를 열어서 오랜 세월 구입해온 공산주의 서적들을 누구나 읽을 수 있도록 비치했다. 마오, 스탈린, 레닌, 주더, 마르크스, 엥겔스의 사진도 걸어놓고 매일 저녁 청년들을 모아 혁명가를 가르쳤다. 희망찬 시절이었다. 다들 미래를 낙관했고, 변화를 열망했다. 민주청년동맹 회원도 급속도로 늘어 300명을 돌파했다.

그러던 어느 날, 1950년 초쯤이었을 것이다. 베이징에서 전보가 날아왔는데, 인민해방군 총사령관 주더가 충칭이 이미 해방됐으니 즉시 그리로 가서 덩샤오핑과 류보청劉伯承에게 우리의 상황을 보고하라는 지시를 내렸다. 깜짝 놀라지 않을 수 없었다. 두 사람은 최고위 실력자였다. 덩과 류는 막강 제2야전군과 서남군정위원회西南軍政委員會의 수뇌였다. 서남군정위원회는 윈난, 귀저우, 쓰촨 성과 시캉(캄)을 관할하는 기구였다.

충칭이 해방됐다는 소식도 놀라웠다. 장제스는 여전히 미국의 지원을 받고 있었고, 나는 공산당이 쓰촨 성을 완전히 장악하려면 1년 정도는 더 걸릴 것으로 예상했다. 나는 의기양양했다. 우리 모두가 그랬다. 바탕에서 한 우리의 노력이 중국공산당 새 정부 최고위층으로부터 인정을 받았다고 생각하니 뿌듯했다.

나는 떠나 있는 동안 우리 조직을 톱덴과 최드락이 맡도록 조치를 해놓았다. 그러고는 이틀 후 동지 다섯 명과 함께 길을 나섰다. 우리는 모두 소총으로 무장을 하고 나는 양털 안감을 댄 망토를 걸치고 유목민으로 가장했다. 짧은 '현대식' 머리를 감추기 위해 기다란 가발도 썼다. 류원후이가 항복을 했다고는 하지만 아직 길목마다 국민당 부대가 움직이고 있었다. 그들이 무슨 짓을 할지 장담 못하는 상황이었다.

우리는 내내 경계를 게을리하지 않았다. 타르체도로 통하는 고갯길까지는 아무 말썽이 없었다. 고갯길 저 멀리서 군인들 같은 한 무리가 우리 쪽으로 다가오고 있었는데 너무 멀어서 누군지 파악하기 힘들었다. 해서 우리는 몸을 숨기고 두 동지를 먼저 보내 그들의 정체가 무엇이고, 뭘 하고 있는지를 알아보도록 했다.

우리가 군인이라고 생각한 사람들은 국민당 정부 관리들이었다. 알고 보니 류원후이는 항복을 했지만 휘하 사령관 중 하나인 티안중티안이 투항을 거부하고 계속 전투를 하고 있었다. 일단 인민해방군과의 전투에서 패한 티안중티안은 2,000명 정도의 병력을 데리고 퇴각해 타르체도를 장악했다. 우리 쪽으로 다가오는 사람들은 국민당 관리였다가 공산당 편으로 돌아선 사람들이었다. 티안이 자기들을 잡아가거나 죽일지 모른다는 불안감 때문에 달아나는 중이었다.

나도 바로 타르체도를 통과하다가는 티안의 저지를 받거나 체포될지 모른다는 생각에 매우 불안했다. 그래서 길을 돌아 큰길에서 좀 떨어진 안전지대에서 잠시 머물렀다. 기다리는 동안 막 타르체도에서 도망 나온 캄파 7~8명을 만났다. 알고 보니 안면이 있는 인물들이었다. 그들은 내가 공산당원이라는 걸 알고 있어 얘기가 한결 쉬웠다.

우리는 바탕에 있는 우리 쪽 사람들한테 최대한 빨리 티안중티안을 공격할 수 있도록 무장조직을 꾸려 이쪽으로 합류하라는 내용의 전갈을 급히 띄웠다. 내 생각에는 데르게로 사람을 보내 차괴 톰덴에게도 민병대를 우리 쪽으로 보내라고 하는 것이 현명할 듯싶었다. 차괴 톰덴은 내가 잘 알기 때문에 몇몇 동지와 함께 내가 데르게로 향했다.[8]

다시 사태가 급박하게 돌아갔다. 우리가 데르게에 도착해 바로 타르체도 공격을 개시하려는 시점에 전보가 날아들었다. 인민해방군이 티안중티안을 패퇴시키고 타르체도를 탈환했으니 즉시 돌아가라는 지시였다. 일은 그렇게 끝났다. 그때 바탕에서 지원 병력이 왔지만 그냥 돌려보내는 수밖에 없었다. 데르게 민병대한테도 집으로 돌아가라고 했다. 우리도 곧바로 타르체도로 향했다.

우리가 도착했을 때 타르체도는 해방이 된 지 며칠 안 된 시점이었다. 인민해방군 병사들이 곳곳에서 눈에 띄었다. 처음 공산군 주력을 본 것인데 대단히 인상적이었다. 특히 군기가 엄정한 것이 그랬다. 약탈을 한다거나 주민을 괴롭히는 일은 없었다. 병사들은 완전히 에프엠이었다.

좀 알아봤더니 제18군 52사단 선발대였다. 서남국西南局에서 티베트 해방 명령을 받은 부대였다. 우종이 사단장이고, 인파탕陰法唐이 사단 정치위원이었다(인파탕은 1980년 티베트 자치구 서기가 된다). 1935년에 홍군에 합류한 티베트인 티앤바오天寶도 우종과 함께 있었다. 제18군은 제2야전군 소속이었다.

우와 일부 인민해방군 장교들이 나를 찾아와서 티베트와 인도공산당에 대해 많은 질문을 했다. 우종은 유명한 사령관이라는 얘기를 들은 바 있어서 참 반가웠다. 그는 중앙정부가 자신에게 티베트 해방을 지시했고, 현재 간제와 데르게에 기지를 설치 중이라고 했다. (얼마 후 그의 부대가 참도를 공격하게 된다.)

내가 사태에 이렇게 핵심적으로 관여하고 있다는 생각을 하니 가슴이 벅차올랐다. 게다가 나는 "공산주의자" 중국인들을 극히 이상적으로 보고 있었다. 물론 일부 인사들을 가까이서 보고는 약간 놀라기도 했다. 지금도 한 가지 에피소드가 기억난다. 타르체도 공산당 서기인 미아오홍슈가 화를 내면서 큰 소리로 욕을 하기 시작했다. 뭐가 제때 도착하지 않은 것이다. 오만한 국민당 관료나 구식 티베트 귀족도 저러지는 않을 것 같았다. 인민해방군이나 공산당 고위관료가 이런 식으로 미쳐 날뛰는 걸 본 경험은 그것이 마지막이 아니었다. 그러나 당시 나는 그게 그리 대수롭게 여겨지지 않았다. 인민해방군도 여기저기서 사람이 모이다 보니 옛날 습관이나 행태를 버리지 못한 사람이 있겠지 하는 식으로 합리화하고 넘어갔다.

그런 생각을 깊이 할 겨를도 없었다. 며칠 후 군인 20명 정도를 대동하고 길을 떠났다. 첫 번째 기착지는 야안鵝眼이었다. 거기서 새로 임명된 쓰촨 성 공산당 책임자인 랴오지고와 리우종을 만났다. 두 사람은 수천 명을 동원한 집회를 열어 나를 환영해주었다. 나도 모르는 사이에 가슴이 울렁거리고 열광적인 분위기에 휩싸였다.

야안에서는 나를 비행기 편으로 가급적 빨리 충칭으로 보낼 계획이었다. 그러나 날씨가 좋지 않아 비행기 편으로 가기에는 안전할 것 같지 않았다. 그럭저럭 여러 날이 흘렀다. 그래서 일단 지프로 청두까지 간 다음 거기서 비행기 편을 알아보기로 했다. 이 계획도 기대만큼 순조롭지 않아 청두에 도착해서도 비행기가 뜰 수 있을 때까지 대엿새를 기다려야 했다. 어떻게 보면 휴가나 마찬가지였다. 나도 그렇지만 나를 따라온 군인들도 시골에서 나고 자란 경우가 대부분이어서 우리 모두는 시간 가는 줄 모르고 번화한 대도시를 구경하기에 바빴다. 매일같이 좋은 식당에 가서 진수성찬을 시켜놓고 왕공대작처럼 먹었는데, 나중에 좀 지나쳤던 게 아닌가 싶어 영 개운치 않은 생각이 들기도 했다.

마침내 비행기가 왔다. 나는 티베트식 복장을 인민해방군 군복으로 갈아입었다. (새것이라 어째 이상했다. 군복은 좋았지만 내 역할이 달라지고 있다는 사실이 느껴졌다. 그리고 그게 무슨 의미인지 당시에는 확실히 알지 못했다.) 청두의 날씨는 야안보다는 한결 나았지만 그래도 대단히 안 좋았다. 비행기는 심하게 흔들리다가 곤두박질쳤다. 극심한 멀미로 죽을 지경이었다. 토하고 싶었는데 토할 만한 것이 없어 빳빳한 인민해방군 모자에다가 토하는 수밖에 없었다. 비행기에서 내리니 환영 나온 인민해방군 장교들에게 거수경례를 할 수가 없었다. 그 모자를 쓰고 있을 수는 없는 노릇이었으니까. 그러나 그것 빼고는 다 좋았다. 도착 후 얼마 안 돼서 덩샤오핑, 류보청, 허룽賀龍과 서남국 최고위 간부들을 만났다. 티베트 해방을 담당할 책임자들이었다.

그들은 나의 내력을 알고 싶어 했다. 그래서 오래전 학교에서 쫓겨난 뒤 예젠잉을 만난 때부터 시작해서 살아온 얘기를 간단히 들려줬다. 적어도 한 시간은 떠들었는데도 그들은 인내심을 가지고 경청했다. 그들은 내 얘기가 끝나자 바로 시행할 계획에 대해 말해줬다. 중앙정부는 인민해방군을 보내 티베트를 해방시킬 것이며, 남서국의 18군이 해방 임무를 맡았다고 했다. (이때가 1950년 3월이었다.) 그들은 또 정부는 티베트를 평화적으로 해방시키기로 했다면서, 평화적 해방이 가능할 것 같냐고 내 생각을 물었다. 나는 군사력을 사용하는 것보다 훨씬 좋은 전략이라고 생각한다고 답했다. 군사력을 사용하면 분명 티베트인과 중국인 사이에 깊은 증오가 싹틀 것이다. 더구나 티베트는 가난한 나라여서 현대식 운송수단이 다닐 만한 도로가 없기 때문에 대군을 투입하면 식량과 물자 조달에 문제가 생길 게 뻔하다고 했다.

충칭에 머무는 동안 나는 덩샤오핑과 여러 차례 대화를 나누며 종종 그의 연설을 듣기도 했다. 한번은 둘이 대화하는 자리에서 당 캄·티베트변경공작위원회라는 조직명을 바탕현당縣黨위원회로 바꾸기로 했다. (나는 당 서기로 임명됐다.) 우리는 또 우리 동티베트민주청년동맹 명칭도 중국민주청년동맹으로 바꾸기로 했다. 나는 많은 시간을 공산당의 소수민족 정책에 관한 출판물과 문건을 읽고 연구하는 것으로 보냈다. 고위급 당료들 사이에 회람된 전보를 비롯해 내부 문건도 많이 보았다. 다른 고위급 간부와 당과 인민해방군 내부 사정에 대해 솔직한 대화도 많이 나눠봤다. 특히 티베트 문제 및 티베트 해방 관련 계획을 토론하는 고위급 관료들 모임에 여러 차례 참석했다. 이런 모임에 끼게 된 것은 물론 기쁜 일이었다. 처음에는 덩샤오핑이 얘기하는 도중에 꾸벅꾸벅 조는(!) 고위 장교들을 보고 깜짝 놀랐다. (인민해방군 장교 중에도 형편없는 자들이 있을지 모른다는 생각이 들었던 기억이 난다.)

그러던 어느 날, 덩샤오핑이 내게 티앤바오는 티베트에 가본 적도 없고 지금은 티베트어도 거의 잊어버렸으니 그 대신 나를 18군과 함께 티베트로 보낼 생각이라고 말했다.

서남국 캄·티베트변경공작위원회도 내가 맡게 된다고 했다. 그럴 수 있겠구나 싶은 것이, 나는 티베트어와 중국어 양쪽에 능했고, 현지 사정과 주요 인사들을 잘 알고 있었기 때문이다. 덩은 나의 역할이 가장 중요하다고 말했다. 말하자면 내가 새로운 중국의 정책에 대해 티베트 상류층의 지지를 끌어내는 역할을 맡게 된 것이다. 일반적으로 티베트인과 중국인 사이의 선린관계를 유지하는 것도 임무의 하나였다. 인민해방군 장군들에게 그들이 잘 모를 수도 있는 티베트의 민감한 사정과 우려 같은 것에 대해 조언을 해줄 수도 있었다. 허룽과 류보청도 내게 군 통역으로 일할 수 있는 티베트인 요원을 찾아달라고 했다. 또 바탕 현지의 우리 조직 활동가들 중에서 두 나라 말에 능한 요원을 타르체도로 보내달라고 부탁했다. 타르체도에서 이들을 하나의 단위로 조직해 훈련을 시킬 요량이었다. 나는 즉시 바탕으로 전보를 쳐서 통역요원으로 일할 수 있는 사람은 모두 나와보라고 했다.

티베트를 평화적으로 해방시키려는 중앙위원회의 계획은, 인민해방군이 농민을 해치거나 그들의 삶과 문화를 훼손하면 안 된다는 사상에 입각한 것이었다. 군기가 열쇠였다. 장병들에게 인민으로부터 재물을 강제로 빼앗으면 안 되고 소수민족의 상징물이나 문화, 종교를 존중하라고 지시했다. 티베트 농촌 대부분이 빈곤한 데다 공산당에서 보내는 병력의 규모를 고려할 때 식량을 비롯한 보급품을 대는 데만도 상당한 어려움이 있을 것으로 보였다. 배고픈 병사들을 통제하기는 어렵다. 그래서 나는 덩에게 현지로 행군하면서 그때그때 보급품을 조달하려고 해서는 안 된다고 말했다. 필요한 식량은 중국에서 가지고 가야 한다는 얘기였다. 덩샤오핑은 내 제안을 받아들여 즉시 허룽과 리다에게 미숫가루 같은 대체식품을 만들라는 명령을 내렸다. 그들이 내놓은 것은 계란, 쌀, 땅콩, 콩가루를 빻아 섞은 것으로 가볍고(그래서 휴대하기 편했다) 영양 많고 먹기도 편했다. 물만 부으면 됐다. 끓는 물을 부으면 죽처럼 됐는데, 내가 보기에는 탁월한 해법이었다.

나를 새 직책에 적응시키는 과정에서 덩은 장궈화張國華를 소개해줬다. 제18군 사령관이자 서남국 공작위원회 제1서기였다. 얼마 후 나는 비행기를 타고 장궈화와 함께 청두로 가게 됐다. 우리가 맡은 해방 계획 세부사항을 조율하기 위해서였다. 청두에서는 차편으로 신진新津의 18군 사령부로 갔다.

18군은 사단이 세 개였다. 52사단, 53사단, 54사단. 52사단은 이미 북쪽 길을 경유해 캄으로 보낸 상태였다. 선발대가 간제에 도착했고, 곧 데르게로 이동할 예정이었다. 나는 54사단에 배정을 받았다. 남쪽 길을 경유해 바탕으로 가는 부대였다. 직책은 공산당 소속 사단 부副서기였다.

내가 할 수 있는 최상의 일이었으므로, 나는 진심으로 잘 하고 싶었다. 도움이 절실했다. 나는 지난 10년 동안 중국 공산당과 접촉이 없었으므로 당이나 인민해방군 내의 사정은 잘 몰랐다. 바보 같은 실수나 하는 것을 피하기 위해 장귀화에게 현지 정치 상황을 잘 아는 비서를 한 명 붙여줄 수 있겠느냐고 물었다. 장은 세심하게 알아보고 나서 마침내 쳉징보를 보내줬다. 54사단 당 위원회 소속으로 중국어 문장에 능했다. 그를 얻게 되니 뛸 듯이 기뻤고 좀 더 자신감을 가지고 적극적으로 일을 추진할 수 있겠다 싶었다.

덩샤오핑은 티베트 상류층과 우호 관계를 형성하는 게 중요하다고 강조했기 때문에 나는 적절한 자리마다 나눠줄 선물을—일본도, 라디오, 문직 실크 등등—구입했다. 장귀화와 청두로 돌아와서도 수천 다얀 '은화'을 바탕으로 보내놓았다. 상인과 주민들이 물품과 서비스의 대가를 지폐보다는 은화로 받으려고 한다는 걸 알고 있었기 때문이다.

나는 캄에서 군 부대가 쓸 가축 수송 일도 맡았다. 그래서 청두에서 선물을 산 다음 타르체도로 가서 캄의 주요 지도자들—차꾀 톰덴, 판다 톱계, 유루뷘 등등—을 초대해 이 문제를 어떻게 처리하는 게 좋겠는지 상의했다.

참도 진격을 준비 중인 인민해방군 부대는 주로 데르게와 바탕에 주둔했다. 우리는 차꾀 톰덴에게 북부 지역(간제에서 데르게까지) 보급품 수송 책임을 맡기기로 했다. 나는 남쪽 지역(리탕에서 바탕까지)을 맡았다. 대규모 작전이었다. 내가 빌린 가축만 10만여 마리였다. 대부분 야크로 각종 보급품을 바탕으로 수송하는 데만 이 정도가 필요했다. 은화로 대금을 지불했기 때문에 다들 흔쾌히 가축을 내놓아 가축을 구하기는 어렵지 않았다. 이 장사로 떼돈을 번 티베트인이 많았다. 나중에 알고 보니 뻥땅도 좀 있었다. 티베트 수

사진 13. 1950년 충칭 서남국 본부에서. 앞줄 왼쪽부터 왕웨이저우(王維舟), 푼왕, 장궈화.

송업자들은 쌀부대에 슬쩍 칼을 찔러 쌀을 조금씩 빼냈다. 그때 알았더라면 동포들에게 화가 났을 것이다. 하나라도 작전의 성공을 망치는 일이 있어서는 안 된다고 생각했기 때문이다. 그러나 정신없이 바쁜 시절이어서 당장의 화급한 문제가 아니면 따지고 자시고 할 겨를이 없었다.

우리는 두 가지 일을 동시에 해야 했다. 한편으로는 군사 공격을 준비하며 다른 한편으로 티베트 정부를 설득해 평화적 해방을 받아들이도록 최선을 다했다. 게다 트룰쿠 같은 종교 지도자들을 참도로 보내 유톡의 후임자 랄루 지사와 대화를 나눠보도록 했다. 나는 판다 톱게를 만나 그의 동생 아포 라가를 참도로 보내 랄루한테 얘기를 잘해보라고 설득했다. 우리는 랄루를 설득해 라싸 정부가 대표단을 보내 평화적 해방 문제를 논의하도록 최선을 다했다. 이 회담을 성사시키기 위해 우리는 성심성의껏 애를 썼지만, 일은 지지부진했다. 라싸에서는 공식 답변이 없었고 우리가 이런 노력을 하는 사이 티베트 정부가 샤캅파와 창괴파 같은 관리들을 인도로 보내 외국의 원조―군사적 지원을 포함해서―를 얻으려 했다는 소식도 들려왔다. 얼마 후 중앙정부가 사태의 향방을 예측하고 더 달라질 게 없다고 확신한 것은 당연한 일이었다. 18군을 드리추 강 서편으로 진격시킨다는 결정이 났다.

티베트 군은 용감히 싸웠지만 수적으로 우세하고 실전으로 단련된 인민해방군의 적수가 되지는 못했다. 티베트 군은 중국군의 공세를 막을 수 없었다. 그래서 두 주 만에 참도의 티베트 군 전원(약 1만 명)이 포로가 됐다. 그중에는 은가뵈도 있었다. 막 랄루의 후임 지사(장관직을 겸했다)가 된 인물이었다.

이 시점에 티베트 동부의 전투는 끝이 났다. 그래서 나도 바로 참도로 가게 됐다. 티베트의 미래를 바꿀 수 있는 사건에 직접 뛰어드는 것이 내 평생 소망이었다. 내 삶의 대부분도 그것을 위해 바쳤고, 내가 열망하던 많은 일이 실제로 실현되는 중이었다. 그러나 참도 전투에서 많은 티베트인이 죽거나 부상당하게 되니 가슴이 아팠다. 그럼에도 불구하고, 나는 중국공산당이 내가 꿈꾸던 티베트 사회를 만들어낼 것이라고 믿었다. 그리고 그 과정에서 중요한 역할을 수행할 수 있기를 간절히 원했다.

12장
17개조 협정

내가 참도에 도착한 것은 18군에 의해 공식 해방이 되고 13일이 지난 뒤였다. 개선군의 일원으로 이 도시에 들어가는 것이 영 이상했다. 더구나 18군 서열 4위인 왕치메이王其梅(18군 부정치위원 겸 참도인민해방위원회 주임이었다—옮긴이)가 전임 참도 지사이자 티베트 각료인 은가뵈가 지내던 널찍한 관사에 내 거처를 잡아놓았다는 걸 알게 되니 더욱 어색하고 마음이 편치 않았다(왕치메이도 거기에 체류했다). 그에게 나는 즉시 그렇게 넓은 공간도 필요 없고, 은가뵈를 대신하고 싶은 생각도 없다고 말했다. 그러나 왕치메이는 내 말을 듣는 둥 마는 둥 하면서 자기는 이런 큰 집에서 잘 못 자지만 티베트족 간부인 나는 큰 회의실이 딸려 있어서 한결 편리할 것이라고 했다. 그가 내게 잘해주려고 핑계를 대는 것으로 여겨졌다. 아무튼 이런 일로 상황이 꼬이는 것도 그렇고 해서 그냥 있기로 했다.

인민해방군이 참도(중국명 昌都—옮긴이)를 무력으로 점

령하기는 했지만 우선순위는 역시 티베트 나머지 지역의 평화적 해방이었다. 따라서 나의 가장 중요한 과제 가운데 하나는 포로로 잡은 고위층 관료들을 우리 편으로 끌어들이는 것이었다. 그중에서도 은가뵈가 집중 공략 대상이었다. 특히 나로서는, 이 시점에 티베트와 티베트 인민을 위한 최선의 길은 라싸에서 공식 대표단을 베이징에 보내 평화적 사태 해결 협상에 나서는 것이라고 설득해야 했다. 나는 이런 주장에 동의했지만 쉬울 것 같지는 않았다. 게다가 우종 장군이 참도 작전을 승리로 마감한 직후 몇 가지 잘못을 저지르는 바람에 내 입장은 한층 곤란해졌다.

우종은 사령관으로는 일급이었다. 그러나 정치감각이 없었다. 붙잡은 티베트인들을 패잔병 취급했다. 예를 들어 승전 축하 기념식장에서 우종과 왕치메이는 무대 중앙에 앉고 노획한 무기는 한쪽 옆에 트로피처럼 쌓아놓고 은가뵈를 비롯한 티베트 관리들은 반대편 땅바닥에 세워놓았다. 관중석의 중국군 장병들은 환호성을 지르며 "제국주의자들을 타도하자!"라고 외쳤다. 물론 실수였다. 관건은 그들을 설득해서 우리 편으로 끌어들이는 것이지, 모욕을 주는 게 아니었다.

다음 날 나는 예식용 스카프와 신형 라디오, 문직 비단을 가지고 은가뵈를 찾아갔다. 그는 지사 관사와 같은 구내에 있는 아담한 1층짜리 건물에서 지내고 있었다. 그의 방에 들어섰을 때 그는 티베트식 평상복을 입고 아주 얇은 방석 위에 앉아 있었다. 예전의 예복이나 격식과는 거리가 멀었다. 귀족 비서인 최고도 같이 있었는데 낙담한 표정들이 역력했다. 괜스레 미안했다.

그러나 할 일은 해야 했다. 선물을 주고 내 소개를 한 다음, 대화를 시작했다. 은가뵈는 불편해했고, 생각이 딴 데가 있었다. 이틀이 지나도 실질적인 진전은 보지 못했다. 나는 내실 있는 합의에 도달하려면 우선 그를 예우해야 한다고 판단했다. 그래서 왕치메이를 만나 참도 지사는 티베트 정부에서 대단히 특권적인 지위라는 것을 설명해줬다. 공무로 여행을 갈 때는 앞에 대여섯 명, 뒤에 대여섯 명의 말 탄 경호원들이 따라붙었다. 관사에 있을 때는 주위에서 종종걸음 치는 하인이 30여 명이나 됐다. 하루 일과를 시작하고 끝낼 때는 예포를 발사했다. 게다가 은가뵈는 장관을 겸직했다. 사정이 완전히 달라진 것은 맞다. 그러나 좀 더 예우를 해줘야 한다고 주장했다. 그는 포로라기보다는 협상 테이블로 끌어 앉혀야 할 티베트 정부의 고위 관리였다. 그러니 옛날 관사에 다시 들어가게 해주는 것이 좋겠다고 제안했다. (나는 그 옆의 작은 방을 써도 된다고 했다.) 왕치메이가 그러라고 승낙을 해서 은가뵈한테 가서 원래 쓰던 방을 쓰라고 떼를 쓰다시피 했다.

나는 또 그를 인민해방군 고위 장교들이 쓰는 식당으로 불러 우리와 함께 식사를 하면 도움이 될 것이라고 생각했다. 그때까지 은가뵈는 자기 방에서 식사를 하고 있었다. 구내식당은 세 개였는데 일반 병사들은 제일 큰 방을, 중하위급 장교와 관리들은 중간 크기 방을, 최고위급은 작은 방을 썼다. (당연히 여기가 음식도 훨씬 나았다.) 왕은 이 제안에도 동의했다. 그래서 은가뵈와 비서인 최고는 우리와 함께 식사를 하게 됐다. 처음에는 좀 불편해하더니 곧 익숙해졌다.

이어 나는 왕치메이를 설득해 포로로 잡힌 고위 관리 30여 명의 예복을 돌려주었다. 모두 라싸에서 파견한 관리들이었다. 하나같이 추레하고 기운이 하나도 없어 보였다. 그들에게 지급한 싸구려 옷이 얼마나 사기를 떨어뜨렸는지가 명백했다. 어떤 식으로든 우리가 적이 아니라는 확신을 줄 필요가 있었다. 전에 입던 옷을 돌려줌으로써 어느 정도 위험도 돌려주는 셈이었다. 우리를 좀 더 긍정적으로 보고 돕게 하려면 그런 조치는 필수적이었다.

이런 변화를 유도한 이후 내가 한 일은 주로 그들에게 새 중국 정부에 대해 교육하는 것이었다. 나는 낮이고 밤이고 가릴 것 없이 여러 날을 은가뵈와 최고와 소련에 대해, 공산주의에 대해, 중국의 현 상황에 대해 대화를 나눴다. 특히 소수민족, 평등, 종교의 자유에 관한 중국공산당의 정책을 강조했다.

두 사람과 한자리에서 대화를 나눴지만 최고와는 따로 시간을 냈다. 그는 라싸에 있는 우리 티베트공산당원 트렌동 세이와 가까웠다. 그래서 나에 대해 이미 많은 것을 알고 있었고, 처음부터 은가뵈보다는 더 우호적이었다. 최고는 변화와 티베트의 미래에 대해 대단히 진보적이라는 걸 금세 알게 됐다. 그래서 우리는 밤늦게까지 이야기하며 중국공산당에 대해 좀 더 상세히 논의하곤 했다. 새벽 두세 시를 훌쩍 넘긴 경우도 많았다. 그런 노력 덕분에 최고는 은가뵈보다 빨리 우리 쪽으로 넘어왔다.

중국 정책의 긍정적인 측면을 설명하는 데 많은 시간을 들였지만 동시에 티베트가 군사적으로 저항해봐야 아무 소용이 없다는 점도 최대한 강조했다. 은가뵈에게는 중국 속담을 인용해 직격탄을 날린 기억이 난다.

"바위로 계란을 치든 계란으로 바위를 치든 결과는 항상 똑같은 겁니다."

전쟁을 시작해본들 고통을 당하는 것은 티베트인이라는 건 너무도 뻔하다는 얘기였다. 은가뵈는 내 말의 의미를 충분히 이해했다. 인민해방군이 참도를 점령할 때 그들의 힘을 직접 봤기 때문이다. 그러나 중국의 상황이나 인민해방군의 위력에 대해 까맣게 모르는 티베트 지도자들도 많았다. 몇 년 전 내각의 수장인 승려 관리가 난징에 갔다가 막 돌아온 티베트 대표단 한 사람을 붙잡고 "라싸가 더 큰가, 난징이 더 크던가?"라고 물었다는 얘기를 듣고 어처구니없었던 기억이 지금도 새롭다.

은가뵈를 비롯한 티베트 관리들과의 관계를 개선하려는 노력이 결실을 맺기 시작하면서 우리는 라싸를 협상 테이블에 끌어낼 아이디어를 논의했다. 은가뵈가 내각의 동료 장관들에게 서한을 보내 자기들이 겪은 일과 티베트가 처한 현실과 그 타개책을 설명하는 것이 최선이었다. 대표단을 보내도록 촉구하는 것이다.

은가뵈는 동의했다. 그래서 우리는 라싸로 보낼 서한 내용을 세심하게 조율했다. 최고가 초안을 쓴 다음, 은가뵈, 나와 함께 여러 차례 문제점을 토론하고 고쳐 썼다. 그런 다음 내가 그 초안을 왕치메이한테 가져갔다. 이어 왕과 은가뵈가 다시 꼼꼼히 살펴본 다음 여러 번 더 수정을 가했다. 마침내 은가뵈를 비롯한 티베트 관리 전원이 서명을 했고, 서한은 라싸로 발송됐다.

서한의 요지는 달라이 라마가 대표단을 베이징에 보내 티베트의 평화적 해방 조건을 논의하는 것이 바람직하다는 것이었다. 왜냐하면 달라이 라마가 싸우기로 든다면 엄청난 생명의 손실과 유서 깊은 문화·종교 유적이 파괴될 것은 불을 보듯 뻔했기 때문이다. 우리는 달라이 라마와 최고위 관리들이 협상을 통해 얻을 게 더 많다는 것을 알아주기를 바랐다. 인민해방군은 무력으로 참도를 점령했지만 주민과 문화·종교 제도는 존중하고 함부로 하지 않았다. 티베트 본토에 가서도 똑같은 상황이 될 것이다. 우리는 라싸의 각료들에게 중국공산당은 얘기가 통하는 합리적인 사람들이라는 확신을 심어주고 싶었다. 그들은 티베트의 종교와 문화를 파괴하려고 작정을 한 미친 괴물이 아니었다. 우리는 참도에서 포로로 잡힌 티베트 관리 두 명 편에 서한을 보냈다. 중국군이 어떻게 행동했는지 직접 본 대로 설명함으로써 편지의 진정성을 입증할 수 있다고 보았기 때문이다.

그러나 몇 달이 가도 아무 응답이 없었다. 라싸와 연락이 되지를 않아서 상황이 어떻게 돌아가는지 전혀 몰랐다. 그래서 차츰 긴장감이 돌았다. 이어 새로운 아이디어가 나왔다. 왕치메이와 은가뵈가 소수의 경호부대만 거느리고 함께 라싸로 가서 내각과 직접 대화를 해보자는 것이었다. 우리가 그 계획의 첫 단계를 준비하는 사이 티베트 정부가 다섯 명으로 된 대표단을 베이징으로 보내기로 했다는 소식이 왔다.

티베트 대표단은 두 팀으로 나눠 베이징으로 가기로 했다. 툽덴 렝뫤과 삼포 세이는 육로로 라싸에서 참도를 거쳐 은가뵈와 합류한 다음 함께 베이징으로 가기로 됐다. 다른 두 관리인 총사령관 케메와 승려 관료 라우타라는 해로로 인도를 거쳐 베이징으로 가기로 됐다. 서남군정위원회는 내게 참도에서 티베트 대표단이 떠날 때 동행하라는 명령을 내렸다. 그래서 우리는 통역 몇 명에 인민해방군 병사 약 30명, 그리고 은가뵈와 기타 티베트인 10명, 은가뵈 부인과 하인 하나까지를 포함해 여장을 꾸렸다. 우리는 말을 타고 18군 주 숙영지인 간제로 가 거기서 차편으로 청두로 향했다. 청두에서는 비행기를 타고 충칭으로 이동해 잠시 덩샤오핑과 류보청을 만난 다음, 다시 항공편으로 베이징으로 갔다.

비행기를 타고 베이징으로 가는 도중 갑자기 계획이 변경됐다. 목표지가 시안으로 바뀐 것이다. 베이징에서 대규모 환영행사를 준비 중인데 하루 정도 시간이 더 필요하기 때문이라는 것이었다. 시안 공항에 도착하니 서북국西北局

민족문제위원회 대표인 왕평汪鋒이 마중을 나와 있었다. 그 날 저녁 왕평은 대표단 전원에게 만찬을 베풀었다. 예우와 선의의 제스처로 한 행사였지만 본의 아니게 파투가 나고 말았다.

 문제는 게셰 셰랍 갸초였다. 셰랍 갸초는 은가뵈와 라싸의 많은 귀족들에게 티베트어를 가르친 유명한 학승學僧이었다. 왕평은 대표단에 대한 우호의 표시로 그를 초대했다. 대표단이 오랜 친구의 동석을 환영할 걸로 생각한 것이다. 셰랍 갸초가 티베트 정부를 대단히 싫어한다는 것은 까맣게 모르고 있었다. 특히 귀족들을 혐오했다.

 갸초는 1944년에 일어난 사건에 대해 아직도 분이 풀리지 않은 상태였다. 당시 그는 국민당 쪽에서 일하고 있었다. 국민당은 일 관계로 그를 티베트 본토로 파견했다. 제자라고 주장하는 중국인 약 50명이 수행했고, 각종 물품과 돈 같은 짐도 엄청났다. 셰랍 갸초 일행이 북쪽 접경지역인 낙추카에 도착했을 때 티베트 군이 그를 저지했다. 이어 티베트 내각이 최종 통보를 했다. 셰랍 갸초만 입국할 수 있고, '제자들'과 물건은 안 된다는 얘기였다. 분노한 셰랍 갸초는 하는 수 없이 중국으로 돌아갔다. 이어 1950년에 다시 한 번 낙추카에서 저지당했다. 이번에는 공산당 편에 서서 라싸 측에 협상에 나서도록 설득하러 들어가려던 길이었다. 그는 '귀족들'한테 받은 수모를 절대 잊지 않았다. 그래서 왕평이 연회에 초대하자 화풀이 기회로 삼은 것이다.

그날 저녁 시작은 왕펑의 사려 깊은 환영 연설로 순조롭게 시작됐다. 이어 예정에도 없는데 셰랍 갸초가 자리에서 일어나더니 한마디 해야겠다고 했다. 처음에는 티베트어로 일반적인 얘기를 했다. 그러다가 통역에게 앞으로 하는 말은 중국어로 통역하지 말라고 한 다음, 티베트 정부와 라싸의 귀족들을 향해 신랄한 비난을 퍼부었다. 은가뵈를 비롯한 참석자들은 당황했지만 자세 하나 흐트리지 않고 조용히 자리를 지켰다. 아무 일 아니라는 듯한 표정들이었다. 왕펑은 티베트어를 몰랐지만, 어조도 그렇고 중국어로 통역이 안 되는 것으로 보아 일이 심상치 않게 돌아간다는 것을 직감했다. 연회가 끝난 뒤 왕펑이 내게 무슨 말이 나왔느냐고 물었다. 사정을 얘기해주자 그는 매우 당황해하면서 셰랍 갸초의 모욕적인 언사가 티베트 대표단에게 나쁜 인상을 심어주게 되면 자신도 상관들에게 욕을 먹지 않을까 우려했다. 우리는 이 문제를 한참 토의한 뒤 더 문제 삼아서 일을 크게 벌이느니 그냥 무시하는 게 최선이라는 결론을 내렸다. 그저 일이 번지지 않고 조용히 넘어가기만을 바라는 수밖에 없었다.

다음 날 우리는 기차를 탔고 이틀 후에 베이징에 도착했다. 성대한 환영을 받았다. 저우언라이 총리가 직접 역까지 나왔으며 최고위 간부들은 물론이고 여러 소수민족 대표 300여 명도 따라 나왔다. 모두들 티베트 대표단을 환영했다. 여기서도 앞서와 같은 사단이 벌어질 가능성이 있었다. 짤막한 연설과 공식 환영식 뒤에 나는 티베트 대표단을 저우언라이에게 소개했다. 그러고 나서 역사 바깥으로 걸어 나가는데, 뭔가 저쪽에서 휙 하고 지나가는 게 보였다. 베이징의 민족출판사에서 일하는 라싸 출신 티베트인 촐로였다(국민당 집권 시절 중국으로 갔다). 촐로는 은밀히 은가뵈에게 다가가 쪽지를 건넸다. 나는 아무 말 하지 않았다. 티베트 대표단이 내가 자기들을 감시하고 있다는 인상을 주고 싶지 않아서였다. 몇 년 후 은가뵈에게 그 쪽지가 뭐였느냐고 물어봤다. 은가뵈는 웃으면서 공산당의 달콤한 입발림을 믿지 말라는 경고였다고 했다. 촐로는 은가뵈에게 중국공산당은 아주 못됐고, 믿을 수가 없다고 말했다. 종교를 믿지 않는 것은 물론이고 작심하고 종교를 파괴한다는 것이었다. 그러나 그 쪽지는 즉효를 발휘하지는 못했다. 이어 며칠 후 나머지 티베트 대표단이 다 도착해서 협상이 시작됐다. 그 결과가 '티베트의 평화적 해방을 위한 17개조 협정'(약칭 17개조 협정. 중국 측에서는 17조협의十七條協議라고 하는데 여기서 협의란 합의(서)라는 뜻이다—옮긴이)이다.

우리는 모두 베이징 호텔에 투숙했다. 회담은 바로 시작됐다. 중국 대표단 대표는 리웨이한李維漢이었다. 그는 정무원政務院 부총리에 통일전선공작부統一戰線工作部 부장이자 국가민족사무위원회 주임이었다. 티베트 측 대표는 은가뵈였다. 그러나 티베트인들이 사적인 대화를 나눌 때 보면 결정권자는 사실은 케메라는 느낌이 들었다. 은가뵈가 장관이고 대표단 공식 대표이기는 하지만 케메는 수르캉의 삼촌이고 수완도 좋았다. 이미 1946년에 티베트 대표단으로 중국에 가서 국민당 대회에 참석한 경험도 있었다. 어린 달라이 라마 14세를 칭하이 성에서 찾아낸 조사위원회 위원이기도 했다. 최근에는 인도 접경 야둥에서 달라이 라마 및 각료들과 함께 있었다. 따라서 달라이 라마 최고위 측근들의 생각은 물론이고 인도와 서방의 현재 상황도 잘 알고 있었다. 이런 정황 말고도 우리는 티베트 엘리트 중에서 정보가 제일 빠른 수르캉이 협상에서 어떤 작전을 쓸 것이냐에 대해 삼촌인 케메와 말을 맞춰놓았을 것으로 확신했다.

반면에 은가뵈는 입지가 좁아 보였다. 그는 중국에서 시키는 대로 한다는 소문이 파다했다. 참도에서 포로로 잡혔을 때 금붙이 같은 걸 뇌물로 받아서 어쩔 수 없이 그쪽에 붙었다는 말도 돌았다. 이런 소문은 하나도 사실이 아니었다. 그러나 그런 의혹이 존재했고, 그것만으로도 그의 영향력은 약해질 수밖에 없었던 것 같다.

놀라운 일도 아니지만 협상은 시작부터 어려웠다. 역사에 대한 양측의 견해차가 대단히 컸다. 그런 차이는 용어 자체에서 처음 표면화됐다. 예를 들어 티베트와 중국이라는 표현에 관해서도 의견이 달랐다. 티베트 대표단은 "티베트 정부"와 "중국 정부"라는 표현을 썼다. 이는 두 개의 동등한 정치적 실체를 뜻하는 말이었다. 우리 쪽에서는 "중앙정부"와 "지방정부"라는 표현을 사용했다. 티베트를 중국이라는 더 큰 실체 안의 하부단위로 간주했기 때문이다.

그러나 용어가 가장 심각한 문제는 아니었다. 처음 말싸움이 크게 벌어진 것은 인민해방군의 티베트 본토 진입 문제였다. 중앙정부는 제국주의 외세를 몰아내고 국경을 방어하려면 군대를 들여보내야 한다고 주장했다. 티베트 대표단은 강하게 반발했다. 티베트에 제국주의 외세는 없으니 군대를 보낼 필요는 없다고 강하게 주장하며, 미래에 제국주의 외세가 티베트를 위협하면 즉시 중앙정부의 지원을 요청하겠다고 했다. 따라서 인민해방군을 티베트에 주둔시키는 것은 불필요하다는 얘기였다. 밀고 당기는 논란이 끝없이 계속됐다. 그러나 사실상 군대를 티베트 본토로 이동시키는 것은 이미 정해진 방침이었다. 중앙정부는 군대를 배치할 생각을 이미 굳힌 상태였다. 티베트 대표단은 오랜 시간 격하게 반론을 폈다. 그러나 결국은 협상이 깨지면 인민해방군이 공격을 하겠다는 위협에 양보를 하고 말았다. 그러나 대외비 부칙 특수한 사정에 따라 가급적 소수의 병력만을 투입한다는 조항을 넣기로 합의가 됐다.

다시 격론이 벌어진 것은 달라이 라마와 판첸 라마의 관계 문제에서였다.

판첸 라마 9세는 달라이 라마 및 티베트 정부와 세금 징수권과 정치 문제를 놓고 오래 다툼을 벌이다가 1924년 티베트를 떠나 중국으로 달아났다. 칭하이 성에서 최고위 측근들과 살면서 중국 국민당 정부와 끈끈한 유대를 형성했다. 체 직메(사진 18 참조) 같은 고위 관리 다수가 중국어에 능했으며 공산당이 집권하기 수십 년 전에 이미 티베트가 중국의 일부라는 것을 받아들였다. 1937년 판첸 라마 9세가 칭하이에서 죽자 휘하 관리들은 다음 환생(판첸 라마 10세)을 찾아 나섰다. 티베트 정부도 마찬가지였다. 사망한 판첸 라마의 추종자들은 그의 환생을 중국 내 티베트인 거주 지역에서 찾아냈고, 라싸의 티베트 정부는 그 소년을 적통으로 인정하지 않았다. 라싸 정부는 자기네가 찾아낸 후보 여러 명을 내놓고 죽은 판첸 라마의 관리들이 찾은 후보를 라싸로 보내 올바른 환생자를 결정하자고 제안했다. 판첸 라마 쪽 관리들은 자기네가 고른 소년이 진짜 판첸 라마라고 주장하며 라싸에서 제시한 후보들과 경합시키려 하지 않았다. 이어 일방적으로 그 소년을 새로운 판첸 라마 10세라고 선언했다.

그 소년의 지위는 라싸에서는 인정되지 않았지만 국민당의 중국 정부는 본토를 떠나 타이완臺灣으로 가기 직전에 그의 합법성을 인정했다. 이렇게 해서 판첸 라마 쪽 관리들과 장제스 정부는 이 소년을 판첸 라마로 인정한 것이다. 그러나 티베트의 전통에 따르면 달라이 라마와 판첸 라마는 각각 상대방의 새 환생의 합법성을 확인해줘야 했는데, 라싸 측에서는 새 판첸 라마를 인정하지 않았다.

중국 내전이 사태를 변화시켰다. 1949년 가을 국민당 군이 북서부 지역에서 인민해방군에게 밀리면서였다. 칭하이 성은 곧 해방될 것으로 보였고, 판첸 라마 10세(당시 12세)와 휘하 관리들은 칭하이 성의 성도인 시닝을 떠나 칭하이 성 한가운데 있는 샹그리드(중국명 香日德) 수도원으로 옮거가기로 했다. 1780년 청나라의 유명한 황제 건륭제乾隆帝가 판첸 라마 6세에게 보시한 사원이었다. 그들은 거기서 바로 타이완으로 탈출하기보다는 공산당과 접촉해보기로 결정했다. 그래서 대표 한 명을 파견해 공산당이 어떤 사람들인지 알아봤다. 대표가 호의적인 보고를 해오자, 그들은 칭하이 성에 머물면서 공산당과 협력하기로 결정했다. 중화인민공화국 수립일인 1949년 10월 1일, 판첸 라마는 베이징에 환영 전보를 보내 미구에 있을 티베트 해방을 지지한다는 뜻을 밝혔다. 답례로 마오쩌둥과 주더도 호의적인 전보를 보냈다. 이후 17개조 협정 협상을 할 때 판첸 라마는 이미 중국 중앙정부에 의해 적법한 환생자로 인정을 받은 상태였고, 전적으로 공산당 편이었다.

_골드스타인, 세랍, 지벤슈

중앙정부는 두 라마 사이에 갈등의 역사가 있다는 것과 이 문제에 대해서는 양측이 대단히 격앙돼 있다는 것을 알고 있었다. 예를 들어 중국 정부가 1951년 5월(노동절) 판첸 라마를 베이징 톈안먼天安門 광장 연단에 초대했을 때 중국에 있던 티베트 대표단은 행사에 참석은 했지만 은가뵈를 비롯한 관리 전원은 판첸 라마를 공식적으로 만나기를 거절했다. 티베트 정부가 여전히 그를 인정하지 않았기 때문이다. 은가뵈는 그날 마오쩌둥에게 예식용 스카프를 선사했지만 판첸 라마에게는 주지 않았다.

따라서 중앙정부로서는 골치가 아픈 상황이었다. 정부는

공식적으로 판첸 라마를 인정했고, 원래 있던 타실룬포 사원의 권좌를 되찾아줄 생각이기는 했지만 티베트 정부의 동의도 원했다. 사태가 더 복잡해진 것은 환생을 인정하는 것이 달라이 라마만의 문제가 아니라 조세권 및 기타 권위와 관련이 돼 있는 문제였기 때문이다. 한동안 어느 쪽도 한 치의 양보도 하려 하지 않았다. 중국공산당 중앙위원회는 티베트 정부를 윽박질러서라도 이 소년을 판첸 라마로 인정하고 타실룬포로 귀환하도록 만들려고 했다. 그러나 녹록지 않았다. 티베트 대표단은 자신들은 사소한 라마 하나도 인정할 권한이 없는데 판첸 라마의 화신을 어떻게 하라는 거냐며 나자빠졌다. 판첸 라마 인정 여부는 달라이 라마의 고유 권한이었다. 중국 대표단은 이 문제가 해결되지 않으면 협상이 진척될 수 없다고 맞받았다. 이 시점에 은가뵈가 야동에 있는 달라이 라마에게 전보를 쳤고, 달라이 라마는 (전보로) 그 소년을 판첸 라마 10세로 인정한다고 답신을 보냈다. 여타 문제들에 대해서는 각자의 권위와 관련된 구체적인 언급을 피하는 모호한 방식으로 해결을 보았다. 17개조 협정의 한 조항을 보면, 판첸 라마는 귀환할 수 있으며 판첸 라마와 달라이 라마 양측은 분쟁 발생 이전의 지위를 그대로 유지한다고만 규정돼 있다.

협상을 완전히 파탄 나게 할 뻔한 또 다른 문제가 협상 말미에 터졌다. 17개조 협정 이행을 감시하기 위해 티베트에 군사·행정위원회를 설립하려는 중앙정부의 계획에 관한 문제였다. 이 문제를 공식 협상 테이블에서 제기하기

사진 14. 티베트 대표단이 1951년 베이징에서 17개조 협정 티베트어 사본을 정리하고 있다. 왼쪽부터 은가뵈, 푼왕, 라우타라, 퓬초 타시, 산두창 린첸, 케메.

전에 리웨이한은 은가뵈와 나를 본부로 초대했다. 리웨이한의 생각은 은가뵈에게 이 문제에 대해 자기네들끼리 생각하고 상의할 시간을 좀 주면 효과가 있을 것으로 본 것이다. 그날 밤 리웨이한은 그럴듯하게 말을 엮었다. "다 잘 되고 있습니다. 우린 아주 열심히 하고 있어요. 일부 의견이 다른 부분이 있지만 대부분의 문제는 해결이 돼서 합의에 도달했습니다. 그런데 우리가 꼭 논의해야 할 마지막 문제가 있습니다." 여기서 그는 잠시 말을 끊었다. "우리는 티베트에 군사·행정위원회를 설립할 필요가 있다고 봅니다. 중앙정부의 행정기관이 되겠지요. 하지만 달라이 라마가 위원회 수반을 맡고, 중국 대표와 판첸 라마는 부대표가 될 겁니다." 여기까지 설명을 마치자 잠자코 듣던 은가뵈가 가봐야겠다며 공손하게 양해를 구했다. 은가뵈와 나는 걸어서 우리 호텔로 돌아왔다. 은가뵈는 리의 제안에 대해 일언반구도 없었다. 그리고, 그 후 우리 모두를 깜짝 놀라게 할 일이 일어났다.

사흘 후 리웨이한은 티베트 대표단에게 토론할 시간을 충분히 줬다고 보고 회의를 소집했다. 그는 티베트 군사·행정위원회 설립 건으로 토론을 시작했다. 티베트 대표단은 내용을 듣고 나서는 깜짝 놀라 노발대발했다.

티베트 대표단은 전통적인 달라이 라마 정부가 계속 기능하는 것으로 이해하고 협정에 만족해했다. 그러나 새로운 조건을 듣고는 분노했다. 티베트에 가동되는 군사·행정위원회란 전통적인 정부의 주권을 깎아먹는 것으로 보였기 때문이다. 중국 측이 한 손으로는 선물을 주고 다른 손으로는 다시 빼앗아가는 것으로 여겨졌다. 리가 구체적인 내용을 설명하는 동안 케메가 속삭이는 소리가 들렸다. "참 이상하네. 이런 얘기라면 절대 끝이 날 수가 없지. 안 좋아."

케메와 다른 대표들이 군정위원회 아이디어를 처음 들은 것은 분명했다. 사태는 더욱 나쁜 쪽으로 흘렀다. 리가 무슨 말을 하려는 순간이었다. "그쪽에서는 은가뵈 대표와 이 문제를 먼저 얘기했을 것으로 아는데요" 정도였을 것이다. 그런데 승려 관리인 라우타라가 극도로 화가 나 갑자기 말을 막고 나섰다. 어찌나 열을 받았는지 소매를 걷어

붙이고 삿대질을 해가며 큰 소리로 떠들었다. "당신들 왜 이래? 매일 중앙정부에서 새 지시가 떨어져. 수주 동안 정말 온갖 문제를 다 논의했는데, 이제 다 끝났다 싶으니까, 이런 걸 또 들고 나와?" 은가뵈는 아무 소리 하지 않았다. 그저 말없이 자리에 앉아 있었다. 다른 티베트 대표들도 리의 제안에 충격을 받았다. 티베트 쪽에서 격앙된 발언이 더 나오자 리웨이한도 화가 나서 말했다. "그렇게 느낀다면 다들 짐 싸서 집에들 가시오." 물론 티베트를 무력으로 점령하겠다는 얘기였다.

일이 꼬이는 것 같다고 느낀 나는 사태를 진정시키기로 했다. 나는 자리에서 일어나 이렇게 말했다. "오늘 회의에서는 모두가 격앙됐습니다. 많은 말이 오갔고, 많은 오해가 있었습니다. 리웨이한 대표가 베이징 호텔로 돌아가라고 했으니 오늘은 일단 그만하십시다. 나중에 좀 더 차분하게 생각해보고 토론하도록 하지요." 내 나름으로는 리의 최후통첩을 순화시키려고 한 말이었다. 그래서 리가 티베트로 돌아가라고 한 것을 호텔로 돌아가라고 말한 것처럼 한 것이다.

중국 대표단은 허를 찔린 셈이다. 그들은 이 문제가 난제라는 생각을 못 했다. 왜냐하면 은가뵈가 이미 길을 닦아 놓았을 것으로 생각했을 뿐 아니라, 군정위원회라는 것은 중국 전역에 있는 기구였기 때문이다. 티베트에 유별난 것을 강요하는 게 아니라는 얘기였다.[9]

리웨이한이 은가뵈한테 군정위 문제를 통보한 이후 우리

는 티베트 측으로부터 아무런 반론도 듣지 못했기 때문에 동의한 걸로 짐작하고 있었다. 호텔로 돌아와서 나는 직접 티베트 대표단을 찾아가 중국의 제안이 실제로 무슨 의미인지를 설명했다. 케메는 대단히 당혹한 표정에 화가 잔뜩 나서는 "푼왕, 그런 위원회는 말도 안 돼. 말에 타고 있는 기수 목 위에다 기수를 하나 더 앉히는 꼴이네"라고 했다. 나는 다른 해석을 제시하려고 했다. 내가 강조한 것은 첫째, 군정위원회는 중국의 표준적인 정책이라는 점이었다. 티베트만을 위해 특별히 마련한 뭐가 아니라는 것이었다. 나는 중앙정부가 새 중국의 4대 지역에 그런 위원회를 이미 설치했다고 설명해주었다. 그 모두가 좀 더 대표성 있고 영구적인 조직이 설립될 때까지 중앙정부를 대신하는 일시적인 행정조직이고, 티베트위원회는 그런 임시 행정기구일 뿐이며, 티베트 정부 위에 있는 것이 아니라고 했다. 특히 말에 탄 기수는 달라이 라마라는 점을 상기시켜주었다. 그가 위원회의 대표가 되며, 따라서 책임자라는 얘기였다. 그러니 걱정할 필요가 없었다.

나는 또 간접적으로 케메와 라우타라에게 이 문제는 갑자기 떨어진 게 아니라 리웨이한이 이미 귀띔을 했다는 얘기를 해주었다. 은가뵈라고 콕 집어서 말하지는 않았다. 그 정도만 해도 누구를 말하는지는 분명했기 때문이다. 한참 이런 얘기를 하고 나자 케메와 라우타라는 "아, 알겠다. 이제 이해가 가네"라고 말했다. 그래서 케메에게 내일 이 문제에 관한 회담을 계속할 수 있겠느냐고 물었다. 그는 "그럼, 그렇다면야 문제없지"라고 했다.

내가 티베트 대표단의 분노를 진정시키기 위해 무진 애를 쓰는 사이 중국 대표들은 최악의 사태에 대비하고 있었다. 그들은 티베트 대표단이 이 문제 때문에 보따리를 쌀 것이라고 봤다. 그랬다면 그야말로 난감한 일이었을 것이다. 결국 전쟁을 의미하는 것이기 때문이다.

나는 즉시 리웨이한에게 전화를 걸어 만나자고 했다. 그는 다짜고짜 "당신네 사람들 짐 싸서 티베트로 돌아가나?"라고 물었다. 나는 기분 좋게 그렇지 않다고 말해줬다. "다시 제자리로 돌아왔습니다. 군정위원회가 실제로 어떤 기구인지를 잘 설명해줬고, 일시적인 것이며, 달라이 라마 정부의 권위를 부정하는 게 아니라는 확신을 심어주었습니다." 리웨이한은 깜짝 놀라 처음에는 못 믿는 눈치였다. "그래?" 하고 그가 재차 물었다. "확실한가?" 나는 사실이라고 말하고 사정을 설명해줬다. 리는 바로 전화기를 들더니, 마오쩌둥에게 보고했다. "지금 푼왕이 문제가 해결됐다고 합니다. 내일 티베트 대표단과 회담을 할 수 있겠습니다." 방 안은 조용해서 전화기 너머로 마오의 목소리가 또렷이 들렸다. 그는 대단히 흡족해했다. 리웨이한도 마찬가지였다. 리는 내 손을 잡고 힘껏 흔들었다. 다음 날 아침 화가 좀 가라앉은 상태에서 양측은 회담을 계속했다.

나는 왜 은가뵈가 티베트 대표단에게 중국 측 제안을 미리 말해주지 않았는지 확실히 알지 못했다. 그런 얘기를 은가뵈랑 해보지도 않았다. 다만, 리웨이한이 그들이 왜 그렇게 놀랐느냐고 묻기에 이런 말은 했다. 은가뵈는 정보를 혼자만 알고 있었던 것 같다. 포로로 잡혔을 때 중국 측에 매수됐다는 소문이 파다했기 때문에 그런 민감한 문제를 가지고 중국 쪽과 따로 만났다는 사실이 알려지면 의혹에 기름을 끼얹는 꼴이 된다고 생각했을 수도 있다고 말이다. 마지막 위기를 넘긴 이후 회담은 빨리 결론이 났다.

모든 논쟁이 끝나고 양측이 서명을 한 결과가 저 유명한 17개조 협정이다. 이 협정에 관해서는 지금까지 많은 연구가 이뤄지고 있다. 17개조 협정은, 서명 당시에 이미 역사적인 문서가 될 것으로 보였다. 나는 자칫하면 티베트가 큰일을 당할 수 있다는 생각에 처음부터 정신을 바짝 차렸다. 그래서 협상에서 내가 할 수 있는 역할에 최선을 다했다. 양쪽을 모두 다 잘 아는 처지여서 내 입지는 좀 특별했다. 그리고 티베트가 평화적 해방에 동의하는 것이 최선이라는 확신을 갖고 있었다. 나는 중앙정부가 대안이 없다고 판단하면 주저 없이 무력을 사용하리라는 것을 잘 알고 있었다. 경제·군사력 면에서 중국과 티베트는 엄청난 차이가 있었다. 티베트 대표단이 평화적 해방을 받아들이는 것 외에 다른 결정을 한다면 그것은 곧 파국을 의미했다. 많은 티베트인들이 바로 학살당할 것이었다. 경제는 황폐화되고, 티베트 사회를 평화롭게 진보시킬 기회도 같이 묻히고 말 것이다. 따라서 평화적인 결과를 달성하는 데 도움이 된다면 무슨 일이든 해야 했다.

서명식 후에 성대한 파티가 열렸다. 잠시나마 나는 영웅이 된 기분이었다. 인민해방군 총사령관 주더도 나왔고 파티에 참석한 인원은 무려 300명도 넘었다. 연회가 시작되고 얼마 되지 않은 시점에 리웨이한이 일어나서 잔을 들고 건배를 제의했다. "17개조 협정 서명에 중요한 공헌을 한 푼왕 동지를 위하여!"

티베트 대표단 멤버들도 나의 노고에 만족해했다. 행사가 끝날 무렵에는 다들 나한테 와서 고마움을 표시하기도 했다. 케메는 이렇게 말했다. "푼왕, 와보니까 자네도 회담의 일원이라는 걸 알겠더군. 좀 걱정이 됐지. 티베트 정부가 자넬 추방한 게 그리 오래전 일도 아니니까 말이야. 우린 이거 어쩌나 싶었다니까. 한 달간 협상을 하면서 생각이 달라졌네. 나도 중국어는 어지간히 해. 리웨이한이 정말 티베트로 돌아가라고 했을 때 자네가 호텔로 가라고 한 것도 알고 있지. 자네가 협상이 잘되도록 애쓴 걸 우린 잘 알고 있네. 티베트와 중국의 우호에 큰 기여를 했어."

13장
다시 라싸로

 협정 서명은 끝났고, 티베트는 평화적 해방을 맞을 준비를 마쳤다. 그러나 중요한 문제가 하나 남아 있었다. 달라이 라마와 최고위 관리들이 아직 인도 접경 야동에 머물고 있었던 것이다. 여차하면 인도로 망명하겠다는 얘기였다. 그들은 베이징에서 토의된 세부사항이나 협정의 정확한 조건을 몰랐기 때문에 예를 들어 협정 조항에 따라 중국군이 티베트로 진주한다는 것을 알게 되면 충분히 망명할 가능성이 있었다. 티베트 대표단도 달라이 라마가 인도로 훌쩍 떠나버리지 않을까 노심초사했다. 그래서 우리는 대외비 부칙에다 달라이 라마가 외국에 다녀오는 것을 원칙적으로 허용한다는 조항을 추가했다.

 물론 중앙정부는 가급적 빨리 달라이 라마와 직접 접촉을 해서 라싸로 돌아오라고 설득하려고 했다. 그래서 장징우張經武(장정에 참여한 역전노장으로 20년 이상 군사와 행정 부문 요직을 지냈다)를 중앙정부 티베트 주재 대표로 삼아 비행기 편으로 인도를 경유해 야동으로 들여보냈다. 물론 달라이 라마에게 보낼 협정 사본 한 부도 소지했다. 리웨이한은 내게 같이 가보라고 했지만 내가 예전에 인도공산당에 선을 댄 적이 있기 때문에 문제가 될 수 있어 포기했다. 대신 알로 푸트랑을 보내되 티베트 협상 대표단 가운데 일부를 딸려 보냈다. 은가뵈 일행은 협정 원본을 가지고 육로를 통해 라싸로 가기로 했다.

장징우가 받은 지침은 달라이 라마가 동행하든 안 하든 야동에서 바로 라싸로 가라는 것이었다. 그러나 야동에서 달라이 라마를 만났을 때, 달라이 라마는 이미 망명 대신 라싸행을 택했다는 사실을 알고 기뻐했다. 그러나 달라이 라마도 다른 티베트 관리 누구도 협정을 수용하겠다는 명시적인 언급은 하지 않았다. 티베트 지도부는 은가뵈를 만나서 원본을 검토할 때까지는 공식 입장을 밝힐 수 없다는 태도를 고수했다.

그러니 은가뵈와 협정문을 최대한 빨리 라싸로 보내라는 압력이 거세졌다. 은가뵈가 참도에 도착하자 왕치메이가 지휘하는 선발대 500~600명을 딸려 먼저 라싸로 보냈다. 장궈화 지휘하의 18군 주력은 한 달쯤 후에 뒤따라가기로 했다. 나는 선발대와 함께 당 티베트공작工作위원회의 일원으로 바탕 출신 기간요원 15~20명과 함께 갔다. (아내와 갓난쟁이 아들도 같이 갔다. 아들내미는 안낭에다 올려놓고 줄로 꽉 묶어 데려갔다.)

세상은 정말 급변하는 중이었다. 라싸에서 추방된 지 2년 만에 새 중국 정부의 간부가 되어 들어가는 참이었다. 나는 미래를 대단히 낙관했다. 새 공산당 정부가 소수민족들을 똑같이 대우하면서 번영을 누리는 황금시대를 열어줄 것으로 믿었다. 티베트는 점진적으로 변화하면서 현대적인 면모를 갖춰갈 것으로 상상했다. 중화인민공화국의 일부이기는 하지만 민족적 정체성과 언어, 문화는 그대로 유지될 걸로 생각했다. 나는 직접 혁명활동을 통해 티베트의 변화를 이루지는 못했다. 그러나 이제 중국공산당의 우산 아래서 새로운 티베트라고 하는 비전을 실현할 수 있을 것으로 확신했다.

장징우는 군대를 대동하지 않았기 때문에 우리 선발대가 라싸에 모습을 드러내는 최초의 인민해방군 부대인 셈이었다. 그래서 최대한 신경을 써서 18군 소속 수천 장병 가운데 정예요원만을 선발했다. 선발대원은 하나같이 젊고 씩씩했다. 군기가 정연하고 무기도 최신식이었다.

당 중앙위원회가 인민해방군(행정요원들도 포함돼 있었다)을 통해 달성하고자 하는 목표는 사실 두 가지였다. 하나는 17개조 협정에 대해 달라이 라마와 그를 둘러싼 상류층의 지지를 이끌어내 중국에 충성하는 국민으로 만드는 것이고, 둘째로는 보급품, 통신, 도로 등등의 차원에서 티베트에 안전판을 확보하는 것이었다. 티베트는 종교적인 역사와 제도의 영향력이 막강한 데다 공산당에 동조하는 중국인이 전혀 없기 때문에 천천히 용의주도하게 일을 처리

해나가야(마오쩌둥 국가주석은 "신중온진愼重穩進"이라는 표현을 씀) 했다. 우리는 마구 밀고 들어가서 변화를 강요하듯이 하지 말고 무슨 수를 쓰더라도 엘리트들에게 소외감을 주지 말라는 분명한 지침을 받았다. 변화는 티베트 엘리트와 인민이 받아들일 준비가 될 때 가능한 것이지 밀어붙인다고 되는 것이 아니었다. 병사들에게는 이상해 보이고 비위에 거슬리는 경우라도 티베트 문화와 전통을 존중하라는 엄격한 지침이 하달됐다. 그리고 모두들 아무리 사소한 행동이라도 조심하라는 명령이 있었다. 예를 들어 병사들이 사원이나 수도원 또는 기타 종교 관련 장소를 방문할 때는 탑돌이 하듯이 시계 방향으로 돌도록 했다. 그게 티베트의 관습이었기 때문이다. 그리고 티베트 내부의 정치문제에 개입해서는 안 된다는 것도 중요했다. 이러한 규정들은 내게 당의 소수민족 정책과 그 미래에 대한 신뢰를 주었다.

그러나 현실 속의 사람들과 현실 속의 삶은 문서로 된 원칙이나 회의에서 한 선언들대로 되는 것이 아니라는 걸 나는 금세 깨달았다. 공산주의와 중국공산당에 대해 내가 아는 것은 사실 모두 책에서 읽은 것이다. 현장과 야전에서 뛰는 실무자들과 고락을 같이하며 몸으로 체득한 게 아니었다. 나는 차츰 현실에 눈을 떴다. 예를 들어 왕치메이는 내 눈에 충격적으로 보이는 행동을 했다. 그는 수많은 전투를 겪었고, 노련하고 용감한 군인으로 알려져 있었다. 그러나 규율에 지나치게 얽매이고 성질이 불같았다. 게다가 유달리 의심이 많았다. 우리가 라싸로 가는 길에 그는 도저히 이해가 안 가는 행동을 보였는데 나중에 생각해보니 불길한 징조였다.

왕치메이는 은가뵈와 티베트 정부를 신뢰하지 않는다는 걸 나는 곧 알게 됐다. 참도를 떠나기 전에 은가뵈와 나는 라싸로 가는 도중 매일 밤 어디서 묵을지를 상의해 결정해놓았다. 우리는 낮에는 가는 속도가 달랐고, 저녁에 다시 합류했다. (우리가 은가뵈 일행보다 좀 늦었다. 병사들이 모두 도보로 이동했기 때문이다.) 어느 날 왕치메이의 말이 갑자기 병에 걸려 죽었다. 독초를 잘못 먹은 것 같았다. 그 때문에 우리 일행은 늦어졌고, 왕은 병사들에게 그 자리에서 캠프를 치고 밤을 넘기자고 했다. 은가뵈는 저만큼 앞서 가고 있었다. 다음 날 아침 우리는 전날 밤에 합류하기로 한 지점에 도착했다. 현장에는 은가뵈가 남긴 쪽지가 있었다. 이곳의 풀과 물이 말한테 안 맞으니 다음번 만날 고갯길로 먼저 떠난다는 내용이었다. 차추카라고 하는 곳 건너편에서 기다리겠다고 돼 있었다.

이 내용을 왕치메이에게 통역을 해주니, 그는 화를 내면서 은가뵈가 일부러 앞서 가서 티베트 군과 접촉해 고갯길에서 매복하고 있다가 우리를 공격하려는 것이라고 하질 않는가. 왕은 바로 지휘관들을 소집하더니 열을 내며 의심스럽다고 떠들어댔다. 나는 은가뵈는 그럴 사람이 아니라고 주장했다. 그러나 왕은 곧이듣지를 않고 그냥 머물러 있어야 한다고 했다. 더 가다가는 무슨 일을 당할지 모른다는 것이었다.

나는 너무 우스워서 은가뵈가 우리를 몰래 공격할 하등의 이유가 없다고 주장했다. 은가뵈는 이미 평화적 해방에 동의했고, 마오쩌둥 국가주석의 특사인 장징우는 벌써 라싸에 가 있지만 아무 일 없지 않느냐고 반문했다. 티베트 정부가 사단을 일으키고자 했다면 장징우를 해코지하기는 쉬운 일이었을 것이다. 병력을 대동하지 않았기 때문이다. 그래서 나는 그들이 왜 갑자기 지금 우리를 공격하겠느냐고 물었다. 더군다나 티베트 군대가 우리를 노린다고 해도 산꼭대기 고갯길에 그냥 앉아서 기다린다는 게 말이 되느냐, 산악 지역에는 벌써 눈이 덮였고, 매복할 만한 곳도 없다. 사슴 같은 야생동물도 여기서는 살아남을 수 없다, 이런저런 설명으로 왕을 진정시키려고 했지만 그는 더 화를 낼 뿐이었다. 결국 나도 화도 나고 답답하기도 해서 내 말이 믿기지 않으면 내가 병사 몇 명과 함께 고갯길로 가보겠다고 했다. 은가뵈가 건너편 마을에서 기다리고 있는지 아닌지 알아보겠다는 것이었다. 왕은 이 제안마저 거부했다. 유일한 티베트족 간부인 내가 잘못되면 베이징 쪽을 대하기가 곤란하다는 얘기였다. 정말이지 막막했다. 결국 많은 논란 끝에 정보 책임자인 수단루가 내 말이 맞다고 하니까 왕은 투덜거리며 그러라고 했다. 차추카에 가보니 은가뵈는 단지 우리를 기다리는 정도가 아니었다. 식량까지 마련해놓고 있었다. 부하들을 보내 우리 선발대가 먹을 곡물을 확보한 것이다. 그러지 않아도 행군 도중에 보급품을 조달하느라 애를 먹던 터였다.

이 사건은 일면 당혹스러웠지만 한편으로 충격이기도 했다. 왕은 최고위급 인민해방군 사령관이고 티베트에 대한 공산당의 소수민족 정책을 잘 알고 있었다. 그러나 티베트인이나 문화에 대해서는 깜깜이었다. 당시에는 그런 과도한 의심도 전투를 하도 많이 하다 보니 생긴 것이겠거니, 하며 마음을 다잡았다. 어쨌거나 황당했다.

그 사건으로 잘못된 의심이라는 게 밝혀졌는데도 왕은 줄곧 은가뵈를 터무니없이 의심했다. 사흘 후쯤에 다시 사단이 벌어졌다. 하루 묵어가려고 잠다 근처 은가뵈의 장원에 도착한 직후였다. 장원 저택은 거대한 3층짜리 석조 건물이었다. 집 앞이 널따란 평지여서 우리는 거기에 텐트를 쳤다. 그러나 주변 지형 때문에 왕은 다시 불안해했다. 좌우 가까이에 산이 있는 탓에 티베트 군이 거기 숨어 있다가 갑자기 우리에게 들이닥칠지 모른다고 걱정이 이만저만이 아니었다. 나는 바보 같은 소리라고 일축했다. 그들이 우리를 공격할 리도 없거니와, 티베트 정부 최고위 관리가 같이 있는데 공격을 한다면 은가뵈는 글자 그대로 인질이 되는 것이라고 설명을 해줬다. 그러나 왕치메이는 귀담아듣지 않고 병사들에게 경계태세를 확실히 하라고 닦달했다.

은가뵈는 티베트 전통 예법에 따라 장교들을 저택으로 초대했다. 저녁을 내겠다는 것이었다. 이 얘기를 들은 왕은 다시금 의구심이 치솟았다. 이번에는 은가뵈가 음식에 독을 탈 거라고 하면서 안 가겠다고 했다. 나는 또 한 번 경악했다. 왕에게 이 지역 사람들이 여행자들에게 독을 먹여서 그들의 '행운'을 빼앗으려 한다는 애매한 얘기가 있지만 그런 소문들은 사실이 아니라고 설득했다. 더구나 은가뵈는 라싸 귀족이고 최고위 티베트 관리였다. 여기 시골 사람이 아니다. 나는 "정 불안하면 은가뵈가 먹는 것만 따라서 먹으면 될 것 아니냐?"고 반문했다. 왕은 들은 척도 안 하고 그저 안 가겠다고만 우겼다. 그래서 한바탕 말싸움이 벌어졌다. 나는 연회에 참석하지 않는 건 말도 안 된다고 주장했다. 은가뵈와 관계를 돈독히 해서 우리 편으로 끌어들여야 한다, 라싸에 도착하면 여러 면에서 그의 도움이 필요하다고도 했다. "선택의 여지가 없어요. 꼭 가야 합니다. 안 그러면 앞으로 문제 될 일이 한두 가지가 아닙니다. 인민해방군 대표가 연회에 참석하지 않는다면 심한 모욕이 됩니다. 특히 집으로 초대를 한 건 굉장히 배려를 해준 겁니다."

왕은 마지못해 내 말을 따랐다. 그러나 왕이 은가뵈를 의심한다는 걸 은가뵈가 알고 있는 게 뻔히 보였다. 은가뵈는 티베트 맥주를 몇 잔 마시더니 "왕 사령관, 우리가 다음 번 고갯길을 넘기 전에(자기 관할 구역 안에서라는 얘기다) 병사 하나라도 죽으면 내 목을 잘라 당신한테 주리다"라고 내뱉었다. 왕치메이가 음식을 입에 대지는 않고 젓가락으로 깨작깨작거리기만 하고 있는 걸 본 것 같다. 왕은 이 말을 듣고도 미소만 지을 뿐, 아무 말도 하지 않았다.

돌이켜보면, 후일 중국공산당과 사이에서 생긴 갈등은 이런 사건들에서 이미 조짐이 보였던 것 같다. 벌써부터 어떤 의구심과 긴장 같은 게 있었던 것이다. 예를 들어, 우리가 참도를 떠나기 전에 중국군을 돕기 위해 바탕에서 온 젊은이들이 하루 종일 잔치를 연 적이 있었다. 각자 추렴을 해서 다들 바탕 음식을 먹고 노래를 불렀다. 나는 낮에는 회의가 있어서 잔치에 가지 못하고 밤에 갔다.

다음 날 18군 정보 장교가 보고서에다 이렇게 썼다. "간밤에 바파 푼왕과 참도의 티베트 관리 전원이 회합을 가졌음. 그 내용은 알려지지 않았음." 그날 늦게 왕치메이가 "무슨 회합을 한 거요?"라고 물었다. 나는 그런 보고서가 있는 줄 몰랐다. 그래서 오히려 그게 무슨 소리냐고 되물었다. 그는 간밤에 회합을 했다는 정보가 있다고 했다. 웃음이 터질 뻔했다. 그건 회합이 아니라 파티라고, 티베트인들끼리만 모인 것도 아니고 중국 관리들도 있었다고 설명해줬다.

참도에서는 또 이런 사건이 있었다. 우리는 대개 일주일에 한 번 공식 회의를 해서 사업 진척 상황과 간부들에 대한 평가를 했다. 그런 자리였는데 내 비서 겸 보좌관으로 있는 중국 관리 쳉징보가 처음에는 나를 치켜세우더니 나중에는 "그러나 앞으로 바탕 티베트공산당의 정치노선(이데올로기)을 조사해볼 필요가 있습니다"라고 발언했다. 나는 어떤 식으로도 반응하지 않았다. 그러나 그가 이런 말을 하는 걸 보면 나를 안 좋게 보고 있는 게 틀림없었다. 어쩌면 비서 노릇만 하는 게 아니라 내 뒤를 캐는 임무도 맡았는지 모르겠다. 그러나 그 자리에 참석한 다른 사람들은 그의 언급에 별로 신경 쓰지 않았다. 우리의 예전 조직에 대해 조사를 해봐야 한다고 말하는 사람은 아무도 없었다. 나중에 알고 보니 쳉징보는 이미 바탕 지하당과 청년동맹에 대해 조사를 해둔 상태였다. 특히 우리가 만든 노래에 의구심을 갖고 있었다. 예를 들면 "일어나라, 일어나라, 일어나라, 티베트 형제들이여. 일어나라"로 시작되는 노래 같은 게 의심 대상이었다. 그 노래는 새 티베트 인민정부를 세울 때까지 우리(티베트인들)가 끝까지 투쟁해야 한다는 내용이었다.

왕치메이가 고위 당국에 나에 대한 보고서를 올렸다는 사실도 알게 됐다. 그는 이 보고서를 어느 중국인 관리에게 정서하라고 주었는데 그 관리가 바빠서 타르친이라는 바탕 출신 직원이 대신 일을 맡게 됐다. 타르친은 그날 밤 내게 와서 왕이 무엇을 적었는지 말해줬다. "푼왕은 일을 아주 잘하고 티베트족 기간요원들 사이에서도 신망이 높다. 대부분의 티베트족 기간요원들은 그의 말에만 복종하고 우리 말은 듣지 않는다. 이런 점으로 보아, 티베트계가 모두 당원이라고 하더라도 티베트계와 중국계 사이에 민족적 갈등이 있을 거란 사실은 명백한 것이다."

이런저런 사건을 치러내면서도 사실 화가 나기보다는 다만 좀 조심해야겠구나, 하는 정도로 생각했다. 당시에는, 그런 사건들이 앞으로 중국인과 티베트인 사이에서 벌어질 문제들의 전조라는 생각은 꿈에도 하지 못했다. 그저 왕치메이가 성질이 워낙 유별나서 생긴 일이라고만 여겼다. 지금 와서 생각해보면 단순히 그 정도의 문제가 아니었다. 후일 투옥됐을 때 내가 무엇 때문에 이 신세가 됐을까 하고 곰곰이 생각해봤다. 겉보기에는 사소한 그런저런 사건들이 결국은 사전 경고인 셈이었는데, 내가 너무 가볍게 본 것이다. 당시에는 두렵다기보다는 짜증이 났고, 할 말을 못한 것도 아니었다.

중국군 소속 관리들 입장에서는 티베트에 간다는 것이 어떤 의미에서는 중국의 다른 성, 예를 들면 윈난이나 귀저우 성에 가는 거나 마찬가지였다. 티베트가 오래전부터 중국의 일부라고 믿었으니까. 그들은 티베트와 중국이라는 별개의 두 국가가 오랜 세월 "법주法主와 시주施主" 관계〔중국(원, 명, 청나라) 황제는 티베트를 물질적 군사적으로 후원하는 대신 티베트 종교 지도자는 중국에 정신적 지원을 제공하는 특이한 불교식 국가 관계. 신도가 고승에게 보시를 하는 관계라는 의미에서 보통 '공시供施관계'라고 한다―옮긴이〕를 유지해왔다는 티베트 쪽의 뿌리 깊은 관념을 이해하지 못했다. 이런 내력을 이해하는 경우라도 별로 신경을 쓰는 것 같지 않았다. 당 중앙위원회는 소수민족의 전통과 관습, 티베트의 특수한 지위를 존중하고 예우하라고 강조했지만 군은 실제로 티베트인의 사고방식을 이해하지 못하는 경우가 많았다. 나는 이것이 문제의 소지가 있다고 보고 티베트 쪽 시각을 중국 동료들에게 전함으로써 간극을 메우려고 애를 썼다.

우리가 라싸 외곽에 도착한 것은 1951년 9월 초였다. 좀 쉬면서 복장도 다듬고 하려고 잠시 행군을 멈췄다. 장징우를 따라갔던 중국 측 요원 알로 푸트랑이 나와서 자기들은 라싸까지 어떻게 왔으며 라싸의 현재 상황은 어떻다는 보고를 했다. 그는 달라이 라마가 몇 주 전에(8월 17일) 돌아왔으며, 장징우와 자신은 트리묀(1874~1945, 동티베트 지사와 티베트 군 부총사령관을 지낸 보수 정치인—옮긴이)의 저택에 거처하고 있다고 했다. 아직 실질적인 사업은 시작하지 않은 단계였다.

당시 라싸는 여전히 구식 사회였다. 내각은 은가뵈에게 바조라고 하는 티베트식 상투를 틀지 않으면 라싸로 들어올 수 없다고 통보했다. 은가뵈는 중국에 가면서 긴 머리를 잘랐기 때문에 당장은 가발로 임시변통을 하는 수밖에 없었다. 가발을 다 꾸미고 쓸 때까지 우리는 기다렸다.

우리 선발대가 마침내 라싸에 들어간 것은 9월 9일이었다. 라싸 남동부에 '새 군사 캠프'라고 하는 것을 설치하고 숙소를 정했다. 티베트 내각은 우리 쪽 편의를 봐줄 연락관으로 류샤르(툽덴 타르파)와 케메, 이렇게 고위급 관리 두 사람을 보내왔다. 우리는 거창하게 라싸에 입성했다. 마오쩌둥과 주더의 거대한 초상화를 앞세우고 왕치메이와 내가 선두에 서서 바코르를 돌았다. 나는 인민해방군 군복을 입고 있었다. 이것이 라싸 사람들이 내가 중국 군대를 라싸로 끌어들였다고 말하기 시작한 한 가지 이유였다.

수천 명의 티베트인들이 우리를 바라보고 있었다. 한 아주머니가 "이게 말로만 듣던 공산군이구먼. 근데 다를 게 없네. 똑같은 중국 사람이야"라고 말하는 걸 듣고 깜짝 놀랐던 기억이 아직도 생생하다. 그들은 공산군이 국민당 군대와 다르다는 말을 듣고는 생김새도 다르다고 생각한 것이다.

우리는 시가를 행진해 본부로 갔다. 이어 왕치메이와 나는 장징우한테 가서 여정에 대한 보고를 했다. 그때부터는 장징우로부터 명령을 받았다. 장궈화가 지휘하는 주력부대는 한 달 정도까지는 이동할 계획이 잡히지 않은 상태여서 그날그날 처리해야 할 행정사무는 많지 않았다. 당장 최우선 과제는 티베트 정부 및 엘리트 층과 우호적인 관계를 쌓는 일이었다. 우리는 티베트 문화와 종교를 존중한다는 것을 보여주기 위해 애썼다. 예를 들어 라싸의 3대 사원 승려 2만 명 전원에게 예물을 보냈다. 우리는 또 라싸와 중국 본토를 연결하는 도로를 건설하고 국경선 요충지에 수비대 주둔 기지를 만들어야 했다. 그러나 그런 일은 주력부대가 도착을 해야 본격적으로 시작될 일이어서, 사회주의 개혁에 대한 구상은 당분간 논할 계제가 되지 않았다. 그래서 대중에게 사회주의 개혁에 대한 선전전을 펴는 것은 신경도 쓰지 못했다. 계급투쟁이 어떻고 착취가 어떻고 하는 얘기는 말할 나위도 없었다.

처음에 우리는 티베트 고위급 관리들을 일일이 찾아갔다. 그저 예를 표하는 방문이었고, 공산당 정책에 대한 진지한 토론 같은 것을 할 의도는 없었다. (17개조 협정에 관한 일반적인 얘기는 했다.) 우리는 관리들에게 직급에 걸맞은 물품—차, 실크, 문직 등등—을 선사했다. 대부분의 귀족들은 티베트 귀족답게 대단히 정중하게 우리를 맞아주었다. 그들은 우호적이고 정중했지만 조심스러워했고, 속내를 좀처럼 드러내지 않았다.

그게 다가 아니었다. 왕치메이를 비롯한 관리 서너 명과 내가 루캉와 총리 대행을 방문했을 때였다. 우리는 놀라 펄쩍 뛰었다. 왕치메이가 먼저 별다른 뜻 없이 "중앙정부와 티베트 지방정부 사이에 17개조 협정이 체결됐고, 그래서 이렇게 찾아뵈러 왔습니다. 약소하지만 (선물을 내놓으며—옮긴이) 성의 표시입니다"라고 했다. 그러자 루캉와는 즉각 분기탱천해 열변을 토했다. 이유인즉슨 중국과 티베트는 과거에 시주와 법주 관계였기 때문에 지금은 두 개의 정부, 즉 하나의 티베트와 하나의 중국이 있을 뿐이라는 것이었다. "당신네 중국인들은 과거에 우리 영토 타르체도를 강점했소. 그런데 이제는 철면피하게도 무력으로 공격하고, '해방'이라는 미명하에 우리 땅 참도를 차지했소. 왕치메이." 루캉와는 손가락으로 왕치메이를 가리키며 말했다. "참도 전쟁 때 당신은 중국군 고위층이었소. 사람들은 '부副정치위원 왕'이라고 하더군. 이제 우리 군대를 무찌르고 '사령관 왕'으로 승진해 라싸에 왔소. 하지만 우리는 그리 쉽게 눌리지 않을 거요. 다른 건 다 제쳐두고라도 군량이 오래가지 못할 테니까." 루캉와는 격한 감정을 전혀 숨기지 않았다.

나는 충격을 받았다. 이런 격정의 폭발은 티베트 귀족의 평상적인 규범을 완전히 벗어나는 것이었다. 라싸의 엘리트는 이런 식으로 대놓고 맞붙지 않는다. 죽이고 싶은 적이라도 오랜 친구인 것처럼 정중하게 말로 한다.

아이러니하게도 왕은 루캉와가 정확히 무슨 얘기를 하는지 몰랐다. 통역인 타르친이 왕을 자극하지 않도록 재량껏 오역을 한 것이다. 루캉와가 "중국"과 "티베트"라고 한 것을 "중앙정부"와 "지방정부"로 바꾸고 격한 표현도 어조를 완화시켰다. 나중에 숙소로 돌아왔을 때 나는 타르친에게 앞으로는 사람들이 하는 말을 바꿔서 옮기지 말고 정확히 통역을 하라고 했다. 타르친은 그래야 된다는 건 알지만 제대로 통역하면 두 사람이 감정이 더 격해져 자칫 심각한 사태가 벌어질까 봐 걱정스러워서 그런 것이라고 설명했다. 나는 그래도 상관없다고 했다. 정확히 통역하는 게 그의 임무였다.

왕치메이는 루캉와가 하는 말이 정확히 무슨 말인지는 몰랐지만 어감에서 비난이라는 걸 알아챘다. 루캉와의 발언을 들으면서 왕의 얼굴이 벌게지던 모습이 기억난다. 처음으로 긴장되던 순간이었다. 그러나 타르친이 임무를 제대로 수행했다면 사태는 한층 더 나빠졌을 것이다.

나중에 왕은 내게 루캉와가 무슨 말을 한 거냐고 물었다. 그래서 가감 없이 얘기해주었다. 그의 반응은 이랬다. "그 사람 정말 반동이야. 하지만 적어도 솔직해. 자기 생각을 그대로 말하잖아. 다른 귀족들은 항상 앞에서는 좋은 소리만 하더군. 하지만 그들이 정말 무슨 생각을 하는지는 결코 알 수가 없어." 그 말이 맞다는 걸 인정하지 않을 수 없었다.

 이런 측면을 보여주는 촌극이 얼마 가지 않아 또 벌어졌다. 내각의 일원인 라가샤르가 주최한 파티에서였다. 나는 그의 집에 들어서는 순간 깜짝 놀랐다. 화려한 액자에 마오쩌둥 주석 사진이 걸려 있었던 것이다. 라가샤르는 '진보적인' 귀족이 절대로 아니었다. 그러니 마오 주석의 사진을 걸어놓은 게 영 이상할 수밖에 없었는데 조금 지나 더 놀라운 일이 벌어졌다. 벽에 걸린 액자가 떨어지면서 그 뒤에 있던 장제스의 사진이 드러난 것이다. 이런 해프닝이 벌어지자 라가샤르 장관은 매우 곤혹스러워했으며, 나는 터져나오는 웃음을 참을 수가 없었다.

 사실 루캉와의 열변을 들으면서 나는 그가 왜 그런 말을 하는지 이해할 수 있었다. 그럴 만한 역사적 이유가 많았다. 그러나 나로서는 그런 이유들을 왕과 다른 중국인들에게 효과적으로 전달하기가 매우 어려웠다. 그들은 티베트가 수백 년 동안 중국의 일부였다는 걸 너무도 당연시하고 있었기 때문이다. 그래도 왕치메이에게는 이렇게 말했다. "루캉와의 주장이 아주 이상하다고 생각해서는 안 됩니다. 티베트인들은 중국과 티베트가 공시관계였지만 오래 전부터 별개의 국가였다고 보고 있거든요." 왕은 아무런 대꾸도 하지 않았다.

 루캉와 사건 역시 일종의 경고였다. 나는 티베트 정부와 중앙정부 사이에 진정한 신뢰를 구축하는 일이 참으로 어렵다는 걸 절감했다. 둘의 관점과 시각에는 엄청난 간극이 있었다. 동시에, 사상을 변화시키고 새로운 사회주의 티베트를 건설하려면 오랜 시간이 걸리겠다는 걸 다시 한 번 통감했다. 그러면서도 궁극적으로는 그렇게 돼야 하고 또 그렇게 될 것이라고 믿었다.

 라싸는 내가 떠나 있던 2년 동안 변한 게 아무것도 없었다. 포탈라 궁은 여전히 우뚝 솟은 언덕 위에서 찬란한 위용을 뽐내고 있었고, 도시는 주민과 승려와 순례객들로 붐볐다. 그러나 새 시대는 이미 시작돼 있었다.

14장
인민해방군과 함께 라싸에 입성하다

　18군 주력부대가 라싸에 도착한 것은 1951년 10월 26일 이었다. 사령관은 장궈화였다. 장은 티베트 군구軍區 사령관으로, 첫 번째 과제는 노블링카 궁(달라이 라마의 여름 궁전—옮긴이)으로 달라이 라마를 예방하는 일이었다(장징우는 이미 야동에서 예방한 바 있다). 티베트인들은 그런 예식을 매우 중시했다. 그래서 나는 예법에 한 치의 흐트러짐이 없도록 신경을 썼다. 달라이 라마와 그 수행원들이 우리가 그와 티베트 정부를 제대로 예우하고 있다고 느끼도록 확실히 할 필요가 있었다. 리웨이한이 내게 해준 얘기로 보면, 마오쩌둥 역시 그런 신념이 확고했다. 장궈화가 베이징을 떠날 무렵인데 마오가 그에게 사석에서 달라이 라마를 만나면 티베트 관습에 따라 세 번 큰절을 하라고 했다는 것이다. 장은 못마땅한 나머지 마오 주석에게 거수경례면 되지 않겠느냐고 물었다. 그랬더니 마오는 화를 내면서 날카로운 목소리로 "장궈화, 당신은 혁명을 위해 땀

흘리고 피 흘려왔다. 달라이 라마한테 세 번 절하는 게 뭐 그리 대단한 일인가?"라고 질책했다. 장은 아무 대꾸도 안 했지만 나중에 알고 보니 마오의 말을 들을 생각이 없었다.

라싸의 인민해방군 수뇌는 예식에 대해 수많은 토론을 했다. 달라이 라마의 시종장과 의전에 관해 여러 차례 의견도 나눴다. 장은 존경의 표시를 보이는 데는 동의했지만 엎드려 절하는 것은 안 하려고 했다. 그래서 티베트족 간부 대표 격인 내가 대신 절하겠다고 제안했다. 그런 예절은 우리 티베트 문화의 일부이기 때문에 내가 달라이 라마에게 절을 하는 것은 아무 문제가 없었다. 그래서 결국은 장궈화가 우리 일행을 인솔하고 달라이 라마에게 예식용 스카프와 각종 예물, 그리고 (작은 불상과 불경, 탑을 한 세트로 한) 멘드레 텐숨을 선사하기로 결정을 보았다. 나는 (군복이 아니라) 티베트 의상을 입고 장궈화 바로 뒤에 서 있다가 세 번 절하기로 됐다. 다른 사람들은 내 뒤에 서 있다가 각각 예식용 스카프를 선사하기로 했다.

티베트 정부는 우리의 계획을 받아들였고, 나중에 들으니 나와 같은 공산당 관료가 큰절을 하는 것에 대해 흡족해하는 한편으로 놀라워했다고 한다. 나중에 나는 장궈화에게 마오의 명령을 따르지 않았다고 놀리면서 다음번에 기회가 되면 마오에게 고자질하겠다고 했다. 장은 소심해져서 "안 돼, 안 돼. 절대 얘기하지 마!"라고 했다.[10]

장궈화 부대의 입성으로 티베트 진주가 끝난 것은 아니었다. 간쑤 성과 칭하이 성을 관할하는 서북西北군정위원회

사진 15. 티베트공작위원회 위원들이 1951년 11월 라싸 노블링카 궁으로 달라이 라마를 예방했다. 왼쪽부터 은가왕 남계, 리주에(李覺), 왕치메이, 장궈화, 달라이 라마, 장징우, 탄관산(譚冠三), 류쩡궈(劉振國), 푼왕.

소속으로 판밍范明이 지휘하는 1,000명 규모의 부대가 12월 1일에 라싸에 도착했다. 이제 서북국과 서남국 양쪽에서 여러 부대와 당 간부들이 합류한 것이다. 우선 과제는 양쪽 병력과 장교, 관료들을 하나로 통합하는 것이었다.

서북국 병력이 라싸에 도착하기 전부터도 서북국과 서남국 사이에는 긴장이 감돌았다. 판밍은 라싸로 오는 도중 바이유펑을 미리 보내 장징우, 장궈화와 만나 사전 조치를 취하도록 했다. 판밍은 도착하면 어떻게 하겠다는 구상을 확실히 세워놓고 있었다. 그는 보무도 당당하게 라싸에 입성해 바코르를 돌 생각이었다. 바이가 이런 계획을 털어놓자 장궈화는 곧바로 안 좋은 생각이라고 말했다. "첫째, 병력과 말들이 오랜 행군으로 지쳐 있을 것이고, 따라서 좋은 인상을 주지 못할 것이다. 또 한 가지, 주력부대가 입성할 때 이미 내각과 티베트 군까지 나와서 환영식을 했는데 그런 행사를 또 하는 것은 적절치 않다." 그러더니 바이유평에게 나를 소개했다. "이 사람이 푼왕일세. 티베트족 중에서 최고위 간부이고 서남국 티베트공작위원회 위원이지. 푼왕에게 의견을 물어보세."

나는 입장이 곤란했다. 하지만 내 느낌을 솔직하게 말했다. "장 동지 말이 맞습니다. 그리고 또 하나, 병력을 도시로 진입시키면 따라온 수많은 말과 낙타에게 먹일 꼴을 구하기가 어려울 겁니다." 나는 다시 개선행진을 하는 것은 군사력을 쓸 데 없이 과시하는 일이라는 점을 덧붙였다. "우리는 티베트인들에게 친구라는 인상을 주려고 애쓰고 있습니다. 정복자가 아니라 말이지요." 그러자 장궈화가 바이유평에게 판밍한테 바코르를 돎으로써 티베트인들을 자극하는 모험을 하지 말라고 전하라고 했다. 그러나 판밍은 장궈화의 지시를 무시하고 내키는 대로 했다. 돌이켜보면 이 사건은 1950년대 티베트 당 지도부에 심각한 갈등이 일어나는 전조였다.

판밍이 라싸에 도착하면서 티베트 정부와도 문제가 생겼다. 자신을 영접하는 방식에 화가 났기 때문이다. 우리는 내각에 티베트 관습에 따라 관리들을 보내 시 외곽에서 판밍을 맞이하라고 권했다. 그들은 동의했다. 그런데 중간급 관리를 책임자로 한 대표단을 보냈다. 우리 쪽에서도 수뇌인 장징우와 장궈화는 나가지 않고 그보다 낮은 급의 알로푸트랑, 수단루, 쳉징보 그리고 나를 파견했다.

판밍은 막무가내였다. 티베트 환영단 대표가 다가와 카타라고 하는 예식용 스카프를 선사하자 벌컥 화를 내며 밀쳐버렸다. 모욕적인 행동이었다. 다들 그런 행태를 보고 충격을 받았다. 티베트 관리들은 도저히 믿을 수 없다고 쑤군거렸다. 공감하지 않을 수 없었다. 판밍이 도대체 무슨 생각으로 저러는지 나로서는 도통 짐작이 가지 않았다. 원래는 티베트 대표단에 대해 최대한 예우를 해야 했다. 그의 행동은 내게 심히 부정적인 인상을 주었다. 티베트 관리들은 말할 것도 없었다.

이런 사건들은 심히 유감이었지만 베이징으로부터 우리가 받은 지침은 서남국과 서북국이 합심협력해서 잘 해나가라는 것이었다. 두 국은 각자 티베트 행정을 담당하는 조직을 두고 있어서 우리는 이를 하나로 통합해 티베트공작위원회를 꾸렸다. 여기서 토론을 거쳐 모든 중요한 결정을 내렸다. 장징우가 새 티베트공작위원회 대표(제1서기—옮긴이)가 되었다. 장궈화와 판밍은 제1부서기와 제2부서기를 맡았다. 장궈화는 새로 통합된 사령부 사령관 직도 맡았다. 스물아홉의 나는 티베트족으로는 유일하게 티베트공작위원회 위원이 됐다.

위원은 다 합해서 11명이었다. 그중 8명은 서남국 출신이고, 3명은 서북국 출신이었다. 그러나 서북국 출신들이 요직을 맡아서 일상적인 활동에서는 실권을 쥔 셈이었다. 예를 들어 판밍은 통일전선공작부장으로 임명됐다. 티베트족과의 관계를 담당하는 자리여서 핵심 요직이었다. 서북국 출신 고위급인 무셴종과 야한장도 중요한 직책을 맡았다.

이렇게 인력이 쏟아져 들어오다 보니 공간이 더 필요했다. 그래서 내게 건물 빌리는 임무가 떨어졌다. 라싸 중심부의 좋은 부동산은 모두 귀족과 수도원 소유여서 본부 건물로 적당한 물건을 찾기가 쉽지 않았다. 다행히 옛 친구 유톡의 집을 빌릴 수 있었다. 라싸 중심부에 있는 데다 장궈화, 나, 그리고 새로 온 관리들 대부분이 들어갈 수 있을 만큼 넓었다. 식량을 보관해둘 공간도 충분했다. 장징우는 트리묀 저택에 그대로 있기로 했다.

얼마 지나지 않아 공간이 더 필요해져서 빌리기보다는 아예 한 채 사는 게 낫겠다는 결론을 내렸다. 여기저기 돌아다니며 적당한 건물을 소유한 집안과 흥정을 하느라 많은 시간을 보냈다. 오래지 않아 산두창 가문의 좋은 집을 구입할 수 있었다. 산두창은 캄 출신 상인으로 1943~1944년 내가 칼림퐁에 있을 때 그 사람 집에 묵은 적이 있었다. 산두창 가문의 집이 티베트공작위원회 공식 사무실이 되었다. (건물은 개인 소유여서 티베트 정부의 구입 허가를 받을 필요도 없었다. 우리는 주인이 부르는 값을 주고, 주인은 우리에게 소유권 이전 증서를 써줬다.) 거래를 할 때마다 우리는 중국 은화 다얀을 지급했다. 티베트인들이 지폐는 받지를 않았기 때문이다.

나는 이 기간에는 사회주의 개혁에 대해 생각할 겨를이 없었다. 당시 우리의 전략은 달라이 라마와 관리들을 일단 우리 편으로 끌어들이는 것이었다. 그런 다음 그들을 통해 전통 사회를 점진적으로 개혁하는 방식이었다. 나는 예나 지금이나 누구보다도 낡은 티베트 시스템을 타파하자는 주의였다. 평민들이 여전히 억압적 체제하에서 고통받고 있다는 걸 잘 알고 있었기 때문이다. 그러나 나는 천천히 용의주도하게 해나가자는 당 중앙의 접근법에 동의했다. 나 역시 변화에 대한 반대가 아직 티베트 곳곳에 도사리고 있음을 알았기 때문이다.

티베트 관리들 다수는 새로운 현실에 대한 이해가 빈곤했다. 우리의 가장 가까운 지지자인 은가뵈조차 1955년도에 한 연설에서 '중앙'정부와 '지방'정부 대신 아직도 '중국'과 '티베트'라는 용어를 그대로 썼다. 쇠캉, 장글로엔, 캅쇠파 세이, 차파 케상, 왕듀, 트렌동 같은 일부 귀족들은 진보적이었다. 티베트가 현대 세계로 진입할 호기로 느꼈다. 그러나 그런 사람은 비교적 드물었고 영향력도 별로였다.

엘리트 가운데 또 한 부류는 총리 대행인 루캉와와 라싸의 사원/종교 지도층이 이끄는 부류로 중국의 주둔 자체를 완전히 거부했다. 낡은 시스템을 현상 그대로 유지하려는 주의였다. 따라서 이들을 우리 편으로 끌어들이는 것은 무망하다고 보았다.

다수 티베트 관리들은 보수적이지만 적어도 표면적으로는 그렇게 적대적으로 보이지 않았다. 그들의 언행에서 새로운 상황을 받아들이고 있다는 게 느껴졌고, 일반적으로 우리에게 우호적이었다. 그러나 그들 역시 낡은 봉건적 체제를 빨리 변화시키는 일에 관심이 없는 것은 분명했다. 그들은 변화의 필요성은 마지못해 인정하는 것 같았다. 그러나 낡은 시스템을 최대한 유지하기 위해 애썼다. 따라서 반중反中 엘리트를 고립시키고 진보파를 지원해 중도적인 다수를 우리 편으로 끌어들이는 것이 우리의 과제였다. 누가 봐도 쉽게, 빨리 될 일은 아니었다. 그러니까 티베트 개혁 문제는 당시로서는 적극적으로 밀어붙일 형편이 아니었던 것이다.

그러나 문제는 티베트인만이 아니었다. 우리 쪽에도 약간의 문제가 있었다. 서북국과 서남국 출신들 사이에 공작 방향을 놓고 의견의 불일치가 있었다. 특히 판밍 부대 일부 장병들은 인민해방군이라면 마땅히 그래야 할 군기가 수준 이하였다.

판밍과 그의 부하들은 티베트인들에게 매우 오만하게 굴곤 했다. 예를 들어 1952년 초에 판밍의 지프가 바코르에서 사고를 냈다. 판밍은 칭하이에서 분해해 들여온 지프를 몰고 있었다. 라싸에서는 달라이 라마 전용차(실제로는 사용하지 않았다)를 제외하고는 유일한 자동차였다. 그러니 라싸 시내에 자동차가 나타났다는 것은 아주 신기한 일이었다. 판밍이 차를 몰고 붐비는 바코르 시장을 누비자 엔진 소리에 놀란 당나귀들이 날뛰기 시작했다. 당나귀들은 좌판을 올려놓은 리어카에 묶어둔 상태였기 때문에 좌판이 쓰러지고 천막이 날아가고 난리가 났다. 내놓은 물건들이 난장판이 되자 노점상들은 화가 치민 나머지 지프에 돌을 던졌다. 판밍과 경호원도 돌에 맞았다. 판밍은 격노해 일부 티베트인을 현장에서 체포했다.

며칠이 지난 뒤까지도 나는 이 소식을 까맣게 모르고 있었다. 그런데 한 친척 아주머니가 와서 직접 본 일이라면서 그 사건에 대해 얘기해주었다. 아주머니는, 상인들은 붙잡혀가기만 한 것이 아니라 티베트 정부가 판밍에게 돌을 던지라고 일부러 보냈다는 소리도 들었다고 했다. 또 잡혀간 그날 밤 심하게 맞았다는 것이었다. 아주머니가 나를 찾아온 이유는 이게 너무도 부당한 일이라고 생각했기 때문이었다. 그녀는 사건은 완전히 중국인들 책임이라고 주장했다. 당나귀들을 놀라게 한 것은 그들이 몰고 온 지프였고, 그 바람에 상인들 물건이 다 망가졌다는 것이었다. 사람들이 화가 나서 돌을 던진 것은 그 때문이었다. 그러면서 그녀는 잡혀간 사람들을 잘 아는데 티베트 정부가 보냈을 리 없다고 누누이 강조했다. 그러고는 그들이 풀려나게 도와달라고 했다.

다음 날, 나는 장궈화에게 가서 아주머니한테 들은 얘기를 그대로 보고했다. 그러면서 그녀의 말이 다 맞지만 붙잡혀온 사람들이 구타를 당했다는 얘기는 하지 않았다. 인민해방군 병사들이 주민들에게 그런 짓을 할 리는 없다고 생각했기 때문이다. "사실일세." 장궈화가 말했다. "판밍이 사람들을 때렸어. 티베트 정부가 의도적으로 자기한테 돌을 던지게 했다고 우리한테 보고를 했네. 우리는 티베트 정부 건에 대해서는 말하지 않았지만, 잘못된 것이라고 비판하고 다시는 그런 식으로 행동하지 말라고 했어." 나는 깜짝 놀라 판밍 고위 장교가 사람들을 때리면 티베트 여론에 부정적인 영향을 미칠 것이라고 말하고, 갇힌 사람들을 즉각 풀어주라고 강력히 요구했다. 장은 내 말에 동의했다. 이어 당 회의에서 판밍을 비판하면서 "유일한 티베트족 위원인 푼왕도 당신 행동에 동의하지 않아"라고 말했다. 그 직후 판밍은 구속자들을 풀어주었다.

불행하게도 바코르 사건은 일과성이 아니었다. 나중에 동료인 알로 푸트랑과 함께 말을 타고 가다 보니 판밍의 기병대 소속 말들이 티베트 농부의 밭에서 보리를 뜯어먹고 있었다. 우리는 그런 행동을 엄격히 금지하고 있었다. 말썽이 날 게 뻔하기 때문이다. 아니나 다를까, 곧 농부가 돌을 던져 말들을 내쫓았다. 그런데 놀라운 것은 서북국 병사들이 건너오더니 농부 멱살을 잡고 협박을 하는 것이었다.

알로 푸트랑은 공산당원이 된 지 오래된, 나무랄 데 없는 혁명 경력의 소유자였다. 그 역시 공산당의 소수민족 정책에 대해 엄청난 이상주의를 품고 있었다. 그는 나한테 말도 하지 않고 말을 몰고 그쪽으로 가더니 병사들에게 당 정책에 정면으로 위배되는 행동을 즉각 중단하라고 호통을

사진 16. 푼왕(왼쪽)이 장징우와 장기를 두고 있다. 훈수 두는 사람은 장궈화. 1952년경 라싸에서.

쳤다. 나는 아무 말 하지 않았다. 동료가 다 말을 해버렸으니까. 알로는 나중에 이 일을 장징우에게 보고했다.

이런 사건이 너무 많이 일어나 참으로 난감했다. 예를 들어 무셴종은 말을 몰고 시장 한복판을 뛰어다니곤 했다. 그러면 티베트인들은 부딪히지 않으려고 옆으로 냅다 튀어 숨었다. 오만하고도 불필요한 짓거리였다. 이런 사건들 때문에 나는 처음부터 서북국 쪽 사람들에 대해 실망했다. 그리고 이런 행동이 일반화되면 우리의 목표 전체를 위태롭게 할 수 있다는 걱정이 들었다.

이런 문제는 대처하기가 참 어려웠다. 겉으로는 우리는

서로 잘 지냈다. 1952년 새해 연휴 때 나는 장징우, 장궈화 그리고 판밍과도 마작과 장기를 많이 했다. 그러면서 그들을 잘 알게 됐다. 우리는 서로 편히 지냈고, 그들은 나를 존중했다. 내가 볼 때 문제는 그들이 대단히 재능 있고 전투에 경험도 많고 공산당 내부 정치에도 밝지만, 많은 경우 세상에 대한 폭넓은 지식이 부족하다는 점이었다. 그들은 어려서 공산당에 들어갔고, 대부분 학교에 다닐 기회조차 없었다(장궈화는 열두 살 때 공산군에 들어갔고 초등학교도 제대로 못 나왔다). 학교에 다녔다고 해도 레닌과 스탈린의 저작을 공부한 사람은 거의 없었다. 따라서 공산당의 소수민족 정책에 대해서도 교육이 제대로 돼 있지 않았다. 심지어 당이 소수민족을 평등하게 대해야 한다고 선언했음에도 국민당 시절의 한족우월주의가 남아 있었다. 이를 공산당 용어로 '대한족주의大漢族主義'라고 한다. 특히 판밍 진영에 이런 요소가 많았다.

이런 게 있다는 사실 자체가 나는 당혹스러웠다. 일부 판밍의 부하들이 거만하게 구는 것을 보면서 나는 화가 나기도 하고 서글프기도 했다. 나는 새 중국에서는 모든 민족이 진정으로 동등한 권리를 누려야 하며, 추악한 대한족주의가 다시 싹트는 걸 막아야 한다고 믿었다. 티베트인과 같은 하나의 민족을 한족과 같은 다른 민족에 종속시킨다면 마르크스주의와 민족주의는 더 이상 논할 수 없다. 그런 태도는 장제스와 국민당의 패배와 더불어 종식됐다고 나는 생각했었다. 그러나 내가 너무 순진했다는 걸 깨닫기 시작했다.

당시 나는 대단히 바빠서 은가왕 케상과 톱덴 같은 가까운 동료들을 만나 얘기 나눌 시간도 별로 없었다. 그나마 한데 모일 기회가 생기면 그런 문제가 화제로 올랐고, 그들도 나와 비슷한 불안감을 표시했다. 그럼에도 불구하고 우리 모두는 대단히 낙관적이었다. 그런 사소한 실수들이 당의 소수민족 정책 본류에 영향을 주지는 않았다. 비록 티베트의 미래에 대한 당의 구상이 명시적으로 표현돼 있지는 않았지만, 나는 티베트가 종국적으로는 소비에트연방에 소속된 여러 자치 공화국과 유사한, 고도의 자치를 누리는 민족 단위의 정치체가 될 것이라고 믿었다. 그러면서 티베트인들에게 최선의 결과가 될 수 있도록 내가 역할을 할 수 있다고 생각했다.

그러나 솔직히 나는 티베트의 미래에 대해 생각해볼 시간이 많지 않았다. 더구나 그것은 아주 먼 미래의 문제처럼 보였다. 티베트 정부가 여전히 집권하고 있었고, 바꾼다는 얘기도 일절 없었다. 특히 판밍과 서북국 부대의 행태에 대해 일부 불안감이 번지고 있기는 하지만 나는 전반적인 방향에 대해서는 만족하고 있었다.

15장
다사다난했던 한 해

1952년, 우리는 두 전선에서 심각한 갈등을 겪었다. 라싸의 티베트인들과도 그랬고, 티베트 공산당 내부적으로도 그랬다. 그러나 티베트에 현대적인 제도를 도입하는 데 있어서는 중요한 진전을 봤다.

1952년 초 우리는 갑자기 조직적인 저항에 부딪혔다. 티베트인민당이라는 조직이 시장에다가 포스터를 붙이기 시작한 것이다. 내용인즉, 중국군이 너무 많이 들어와 인플레이션이 유발되고 인민들이 어려움을 겪고 있으니 중국으로 돌아가라는 것이었다. 티베트공작위원회는 이 조직의 배후는 총리 대행 루캉와라고 생각했다. 인민당이라는 조직을 17개조 협정과 우리의 티베트 주둔을 공격하는 도구로 사용하고 있는 것이었다.

그러나 솔직히 말해서 수천 명의 병력과 관리들이 라싸에 갑자기 진주하는 바람에 심각한 인플레와 식량·연료 부족이 야기된 것은 사실이었다. 우리는 이런 사태를 예상하고 있었다. 그래서 티베트 정부에 우리 식량을 적절히 조달해달라고 촉구했다. 티베트 자체에 곡물이 부족하다기보다는 잉여 곡물을 촌에서 라싸로 들여와 적절한 방식으로 판매하는 효율적인 시스템이 부실한 것이 진짜 문제였다. 이것은 17개조 협정에 따라 티베트 정부에 책임이 있었다. 그러나 처음 몇 달간은 그들로 하여금 이런 의무를 이행하게 만드는 데 실패했다. 루캉와가 막강한 영향력을 발휘하기 때문이라고 우리는 생각했다. 그래서 이 시점에서 우리는 우리가 할 수 있는 일을 했다. 많은 귀족과 사원들이 시골 장원에 엄청난 양의 곡물을 쌓아두고 있었다. 그들을 설득해서 보유 곡물을 팔게 했다. 또 병사들에게 지급하는 식량을 줄이고 많은 병사들을 여러 지역으로 분산시키는 한편, 인도에서 쌀을 구매하고, 내각의 허가를 받아 라싸 서부 교외에 경작지를 개간했다.

티베트인민당 문제가 불거진 와중에 우리는 티베트 군이 훈련과 열병식 때 중국 국기가 아닌 '눈사자기'(설산사자기 雪山獅子旗라고도 한다—옮긴이)를 들고 있는 걸 목격했다. (군복도 예전 것을 그대로 입고 있었다.) 우리 쪽 책임자급 일부, 특히 판밍은 부당하다고 생각했다. 티베트가 아직도 중국의 일부가 아닌 것처럼 보인다는 것이었다. 1952년 티베트 군구軍區 사령부를 설립할 때 이 문제를 둘러싸고 격론이 벌어졌다. 티베트 군은 최종적으로 인민해방군에 편입되게 돼 있었지만 1951년에서 1952년까지는 예전 사령부 지휘하에 독립적으로 기능을 계속했다. 판밍과 같은 우리

쪽 간부 다수는 거부했지만 베이징 협상에서 그렇게 조율이 된 문제였다. 그러나 중앙정부 역시 새 사령부가 중국군과 티베트 군을 둘 다 아우른다는 걸 보여주는 것이 상징적으로도 중요하다고 생각했고, 따라서 이미 티베트 고위 장교 2인을 부사령관으로 임명하도록 규정해놓았다(17개조 협정 대외비 부칙). 티베트 정부는 이에 동의했고, 부사령관 요원으로 라가샤르와 은가뵈를 뽑아놓았다. 취임식 때 둘 다 인민해방군 군복을 입었다. 그러나 식에 참석한 티베트 군은 여전히 눈사자기를 들고 있었다. 이것을 본

사진 17. 눈사자기를 들고 있는 티베트 군. 1952년 라싸.

판밍과 중국군 간부들은 분노했고, 티베트는 국가가 아니니 자체 국기를 가져서는 안 된다고 주장했다. 판밍은 티베트 정부를 힘으로 눌러서 그런 뻔뻔스러운 행동을 즉각 중단시켜야 한다고 생각했다. 그가 보기에는 반동적이고 '분리주의적인' 행태였던 것이다.

깃발 사용 문제를 놓고 심각한 논쟁이 벌어졌다. 그러나 총리 대행 루캉와는 양보하지 않았다. 그의 입장은, 그 깃발은 국기가 아니라 티베트 군기라는 것이었다. 그 증거로 눈사자기는 그 어떤 티베트 관공서에도 게양한 적이 없다고 주장했다. 기술적으로는 그의 말이 맞았다. 나는 이 문제에 관여하지 않았다. 그래서 사태의 전후시말과 양측의 논리에 대해 자세히는 기억하지 못한다. 그러나 솔직히 말해 티베트 군이 눈사자기를 들고 다니는 걸 보면서 인민해방군 장병과 사령관들이 불쾌해하는 것은 이해가 갔다.

이 문제에 있어서 장궈화와 장징우는 판밍의 입장에 반대했다. 마오 주석과 중앙정부가 18군에 내린 기본지침은 일을 천천히 진행하면서 모든 노력을 기울여 달라이 라마와 엘리트 층의 지지를 확보하라는 것이었다. 장징우와 장궈화는 군기 사용을 금지하면 역효과가 날 것이라고 생각했다. 그들은 사소한 상징적 문제를 가지고 핏대 올리며 싸울 필요는 없다고 봤다. 나도 티베트공작위원회 회의에서 두 사람의 입장을 지지했다. 조심스럽게 일을 진행하면서 장기적인 목표에 집중하는 게 중요하다는 걸 누구보다 잘 알고 있었다. 물론 판밍은 강하게 반발했다. 내 생각에 그에게 깃발은 진짜 문제가 아니었다. 그는 티베트 군과 정부의 독립을 단번에 끝장내고 싶어 했다. 티베트와 중국의 관계에 어떤 영향을 미치든 상관없었다. 그래서 삐져나가는 행동을 응징하지 않고 넘어가서는 안 된다고 주장했다. 나는 티베트족 동료들과 이런 농담을 하곤 했다. 판밍의 성격은 거만하고 언제나 싸울 태세가 돼 있는 캄파 같고, 반면에 서남국 관료들은 용의주도하고 계산이 복잡한 라싸 사람 같다고.

다행히 장징우와 장궈화의 주장이 먹혔다. 그래서 티베트공작위원회는 이 문제는 더 왈가왈부하지 않기로 했다. 실제로 1958년 내가 라싸를 떠날 때까지도 티베트 군은 여전히 그 군기를 들고 있었다. 중국 국기도 같이 들기는 했지만 말이다. 기 문제는 티베트공작위원회 내에서 처음으로 큰 의견차가 폭발한 사안이었다. 그리고 이것으로 끝이 아니었다.

티베트 군구 사령부 발족식 직후 티베트인민당이 그예 사고를 쳤다. 우리가 닦달을 했는데도 티베트 정부는 인민당의 정치 선동을 규제하지 않았다. 인민당은 시위를 조직하기 시작했다. 그러면서 나중에는 우리에게 '티베트 인민'의 이름으로 청 왕조 때 그랬던 것처럼 소수의 관리와 병력만 남기고 철수하라는 청원까지 냈다. 1952년 4월이 되자 상황이 심각해졌다. 우리는 전쟁에 대비해 건물 주변에 모래주머니를 쌓기 시작했다. 많은 중국 관리들은 인민당이 (루캉와 및 티베트 군과 협력해서) 전면적인 공격에 나설 것이라고 생각했다. 우리는 반격 준비를 갖췄다. 그러나 마오쩌둥으로부터 선제공격은 하지 말라는 분명한 명령을 받은 상태였다. 우리는 내각과 여러 차례 회의를 열어 반체제 인사들을 규제하라고 강력히 촉구했다. 그러나 그들은 루캉와가 그들과 달라이 라마 사이에 끼어 있어서 자기네는 속수무책이라는 얘기만 했다. 결국 우리는 달라이 라마를 직접 찾아가서 사태가 심각하다고 설득해야 한다는 결론을 내렸다.

티베트공작위원회는 달라이 라마에게 루캉와(공동 총리 대행인 롭상 타시도 함께)의 해임을 요구할 계획이니 허락해 달라고 중앙정부에 연락했다. 베이징은 장징우에게 그러라는 전보를 보냈다. 그러면서 나와 판첸 라마 휘하 관리 대표인 체 직메에게 '티베트 쪽' 의견을 먼저 확인한 뒤 그렇게 하라고 당부했다. 장은 나한테 베이징에서 온 전보를 보여주었다. 나는 두 총리 대행 해임 요구에 동의한다고 말하고서 전보를 체 직메에게 넘겨줬다. 그는 바로 나한테 전보를 돌려주면서 뭐라고 돼 있느냐고 물었다. 나는 그가 중국어에 능한 사람이라 읽고 쓰는 것도 당연히 잘할 거라고 생각했는데 깜짝 놀랐다. 그런데 "직접 읽어보시지요" 했더니 한자를 모른다고 했다. 나중에 알고 보니 그는 회의 때도 티베트 문자로 중국어 발음을 기록했다. 나는 그에게 전보를 읽어주자 그도 동의한다고 말했.

티베트공작위원회 제1서기인 장징우는 달라이 라마에게 서한을 세 통 보냈다. 그러나 아무 일도 일어나지 않았다.

긴장이 고조되고 폭력사태가 임박하자, 장징우는 달라이 라마를 직접 찾아가 우리 입장을 설명하고 총리 대행들을 해임하라고 요구했다.

양쪽 모두에게 다행스럽게도 달라이 라마는 이미 이 문제를 알고 있었던 것 같다. 한번은 어떤 회의에서 루캉와가 열변을 토했다. 그때 달라이 라마는 나와 눈이 마주치자 슬며시 웃으면서 손가락으로 관자놀이를 톡톡 쳤다. 황소고집이라는 뜻이었다. 어쨌든 달라이 라마는 신속히 루캉와를 해임하고 인민당 활동을 금지했다. 라싸의 긴장은 누그러지고 생활은 평상으로 돌아갔다. 자칫하면 파국으로 치달을 뻔한 순간이었다.

루캉와가 제거되자 내각이 다시 1950년 당시의 역할을 회복했다. (달라이 라마가 이끄는) 티베트 정부 최고 행정기관이 된 것이다. 그 영향은 거의 즉각적으로 나타났다. 내각은 온건한 성향이었고, 대개 대립과 갈등은 피하고자 했다. 이처럼 좀 더 우호적인 분위기에서 우리는 티베트 정부의 승인을 받아 새로운 정책을 많이 도입했다. 뭐가 좀 돼가는 듯해 가슴이 울렁거렸다.

새로운 조치들 가운데 가장 중요한 것은 곡물의 수급과 가격을 안정시켜서 치솟는 인플레를 잡는 일이었다. 티베트 전역에 보관돼 있는 곡물을 체계적으로 구매하는 시스템을 마련하는 것이 핵심이라는 결론이 나왔다. 우리는 티베트 정부에 곡물 문제를 담당하는 합동기구를 구성하자고 제안했다. 곡물 구매와 보관 시설을 관장하는 실무위원

사진 18. 티베트 각료인 수르캉과 케메, 체 직메(왼쪽부터)가 환담하고 있다. 1952년 라싸.

회의 장은 나의 옛 친구이자 장관인 수르캉이 맡았다. 은가뵈, 랑듄 그리고 내가 부위원장을 맡았다.

우리는 구체적인 집행을 위해 많은 회의를 했다. 나는 티베트 상류층의 관습을 알고 있었기 때문에 회의 때면 (영국식) 단 차와 과자를 내놓았다. 우리 회의는 관심들이 많아서 관련이 있는 정부 관리 대부분이 참석했다. 라싸 사람들은 관리들이 대부분 곡물위원회 회의에 가 있어서 관청이 텅 비었다고 농담을 할 정도였다.

우리는 먼 데 있는 장원에서 곡물을 구입해 티베트 정부 부역 수송망을 활용해 라싸로 들여온 다음 보관해두거나 판매했다. 중국 정부는 곡물 구입 자금으로 우리에게 10만 다얀을 지급했다. 나는 이런 중요한 책임을 맡게 되어 기뻤다. 그리고 티베트 정부의 도움으로 목표를 빨리 달성할 수 있었다. 곡물위원회를 발족하면서 부수적인 효과도 챙겼다. 티베트 정부를 설득해 장글로옌 쿵, 쿰벨라 같은 진보적인 전직 관리들을 다시 등용함으로써 함께 일할 수 있는 인적 자원을 많이 확보한 것이다.

나는 라싸에 현대식 학교가 필요하다는 것을 진지하게 생각하고 있었다. 티베트 정부는 1920년대와 1940년대에 공립학교를 세우려고 애를 썼다. 그러나 수도원들 쪽에서 폭력으로 위협을 했기 때문에 바로 문을 닫고 말았다. 이제는 상황이 달라졌다. 처음부터 티베트공작위원회에서는 공교육 보급 필요성을 논의했다. 나는 학교 부지를 찾고 교사진을 꾸리는 책임을 맡았다. 1952년 초에 달라이 라마 가족으로부터 적당한 건물을 구입하고 학교운영위원회를 발족시켰다. 학교 이름은 집 주인 이름을 따서 세신학교라고 지었다. 장귀화는 명목상 운영위원장이었다. 고위급 귀족 관료인 차롱 자사와 내가 부위원장을 맡았다.

나는 학교를 세우는 일에 티베트공작위원회 혼자 주도하는 것이 아니라 각계각층의 티베트 주요 인사들을 끌어들이는 일이 중요하다고 생각했다. 그래서 초대 교장은 달라이 라마의 두 스승 중 한 명인 저명인사 트리장 림포체를 초빙했다. 나는 그를 여러 번 찾아가 교장 직을 수락한다는 답을 받아냈다(물론 트리장 림포체가 일상적으로 업무를 본 것은 아니었다). 달라이 라마의 허가가 난 뒤의 일이었다. 장글로옌 쿵이 교감이 됐다. 우리는 차드뤼 림포체 같은 유명한 학자들을 교사로 다수 채용했는데 그 와중에 내 아내도 교사가 됐다. 아내는 학교에서는 티베트어, 중국어, 수학 등을 가르쳤는데 처음부터 학생들 사이에 인기가 높았다. 중앙정부가 교사 봉급과 학생 경비 일체를 지급했다. 나는 이런 학교들이 진보적인 티베트 젊은이들을 육성하는 토대가 된다고 믿었다. 새로운 현대식 티베트를 창조하는 첫걸음이었다.

그다음 우리는 라싸청년연맹을 설립했다. 진보적인 청년 귀족 관료 쇠캉이 대표를 맡았다. 처음에는 회원이 40~50명 정도였는데 귀족과 사업가 집안의 많은 청년들이 연맹에 가입했다. 연맹 모임에서 우리는 중앙정부의 정책을 설명했지만 대개는 사회주의 노래와 혁명가를 가르치고 회원들을 조직해 노래와 춤 공연을 했다. 쇠캉은 음악과 춤에 끼가 많아서 모임을 재미있게 이끌었다. 이전에는 젊은이들이 한데 모여 어울릴 기회가 없었다.

나는 또 각종 뉴스와 지침을 티베트어로 번역하는 연구위원회를 맡았다. 새로운 용어들을 티베트어로 만들어야 했다. 장글로옌 쿵, 차드뤼 림포체, 게셰 최드라, 데모 림포체, 케메 자사 같은 유명한 티베트 지식인들을 위원회에

사진 19. 라싸 시민들이 조캉 사원 인근 바코르에서 초기 형태의 티베트어 '신문'을 읽고 있다. 1952년 라싸. 오른쪽부터 푼왕, 캅쇠파, 차드뤼 림포체.

끌어들였다. 우리는 귀족 캅쇠파 세이의 집을 하나 빌려서 중앙정부에서 온 문건들을 함께 번역했다. 처음에는 일주일에 한 번 티베트어 '신문'을 바코르 벽에 게시했다. 처음에는 그것을 '티베트어 통신'이라고 불렀다. 나중에는 신문을 등사해서 일주일에 한 번 배포했다. 얼마 후에는 사흘에 한 번, 그리고 나중에는 하루에 한 번씩 돌렸다. 몇 년 후에는 이것이 공식 신문으로 자리를 잡아 『라싸일보』가 된다.

이 모두가 시간을 많이 잡아먹는 일이어서 나는 자유시간이 거의 없었다. 그러나 보람 있는 일이었다. 오랫동안 꿈꾸어오던 변화가 실제로 일어나는 것이었기 때문이다. 과거에 우리는 티베트 정부가 이런 일을 해주기를 바랐다. 그러나 그들은 하지 않았다. 이제 달라진 환경과 더불어 마침내 본격 작업이 시작된 것이다

라싸에서 이런 일이 진행되는 동안 판첸 라마는 아직도 티베트로 돌아오기 위해 대기 중이었다. 17개조 협정은 판첸 라마와 휘하 관료들의 자유 귀환을 허용했다. 체 직메가 이끄는 관료 선발대가 판밍과 함께 라싸에 도착한 것이 1951년 12월이었다. 선발대는 판첸 라마가 라싸에서 달라이 라마를 만난 뒤 원래 주석主席했던 시가체로 갈 수 있도록 중간에서 다리를 놓았다.

1952년 6월 전임 환생인 판첸 라마 9세가 중국으로 망명을 간 지 26년 만에 판첸 라마 10세가 시가체로 돌아와 원래 있던 타실룬포 사원에 주석했다. 판밍과 야한장 등

서북국 관료들도 동행했다.

귀환은 했지만 두 라마 측 관료들 사이에는 여전히 앙금이 남아 있었다. 게다가 전임 판첸 라마가 망명을 떠나게 된 핵심적인 사안들은 아직 해결되지 않은 상태였다. 양측은 서로의 지위에 대해 입장이 아주 달랐으며 이런 갈등이 티베트공작위원회에까지 번졌다.

판첸 라마의 관리들은 자기들이 달라이 라마 정부와 동등하며, 달라이 라마 정부로부터 독립돼 있다고 믿었다. 반면 달라이 라마 쪽에서는 라싸 정부가 판첸 라마를 포함해서 티베트 전체를 통치한다고 생각했다. 달라이 라마 측은 판첸 라마의 정부도 다른 군소 라마나 봉건영주들의 부동산 및 행정조직과 구조 면에서 다를 게 없다고 보았다. 이것이 티베트공작위원회 내의 주요 논쟁점이 되었다. 판밍, 장궈화, 장징우 역시 이 문제에 대해 관점이 아주 달랐기 때문이다. 한마디로 판밍(과 서북국)은 판첸 라마를 지지했다. 서남국 출신들은 달라이 라마의 입장을 지지했다.

판밍은 이 문제를 심각하게 생각했다. 티베트 해방 준비 과정에서 청 왕조를 연구해 청나라 정부는 대개 (시가체를 중심으로 한) 판첸 라마 관할 짱 지역을 '뒤쪽 티베트(중국어로 후장後藏이라고 한다)'라고 하고, 달라이 라마 관할 구역을 '앞쪽 티베트(중국어로 전장前藏이라고 한다)'라고 했다는 사실을 찾아냈다. 그는 이것이 판첸 라마가 달라이 라마에 예속돼 있지 않고 자율적이라는 증거라고 생각했다. 판밍은 판첸 라마를 역사적으로 자율적이고 중국에 충성하며 사회 개혁을 지지하는 분파로 보았기 때문에 중국 정부가 판첸 라마를 강력히 지지해야 한다고 믿었다. 그래야만 중국의 입장에서 티베트가 좀 더 안정적이고 확고해질 수 있다고 본 것이다. 바꿔 말하면 판밍을 비롯한 서북국 관료들은 달라이 라마를 티베트의 일인자로 간주하는 베이징의 정책에 반대한 것이다. 그러면서 판첸 라마를 우대하든지 아니면 적어도 달라이 라마와 동등하게 취급하는 새로운 정책을 구현하려고 노력했다. 실제로 판밍은 티베트 자치구를 두 개로 하는 안을 선호했다. 하나는 달라이 라마가 이끌고, 다른 하나는 판첸 라마가 주도하게 하자는 것이었다. 만주족 왕조의 '전장' '후장' 분리정책의 현대판인 셈이다.

_골드스타인, 세랍, 지벤슈

판첸 라마에 관한 판밍의 견해에 대해 마오쩌둥, 저우언라이는 물론이고 장궈화를 비롯해 라싸에 와 있는 서남국 간부들도 동의하지 않았다. 장궈화 등은 티베트가 달라이 라마 정부에 의해 통치돼왔다고 믿었으며, 달라이 라마에게 우위를 부여하는 중앙정부의 정책을 따랐다. 나 역시 같은 의견이었다. 나는 정치적으로 티베트 전체가 라싸의 티베트 정부 관할하에 있다는 것을 알고 있었다(역사적으로도 그랬다). 짱(시가체를 중심으로 한 이른바 '후장') 지역의 많은 현이 라싸 정부 통치하에 있었으며, 다른 현들도 판첸 라마와 라싸 정부 양쪽에 세금을 냈다. 그리고 전 지역이 라싸에서 임명한 지사의 관할하에 있었다. 티베트를 놓고 "앞쪽 티베트(전장)" "뒤쪽 티베트(후장)" 운운하는 것은 만주족(청나라—옮긴이)이 만들어낸 신화에 불과했다.

짱과 티베트 본토의 지위 문제보다 훨씬 심한 대립을 빚은 것은 언제 사회개혁을 시작하느냐 하는 문제였다. 판밍은 티베트에서 빨리 개혁을 시행하는 것이 중국에 좋다고 믿었다. 그는 달라이 라마와 휘하 관료들은 도저히 기대할 게 없을 만큼 반동적이고 봉건적이기 때문에 설득 따위는 쓸모없는 짓이라고 생각했다. 반면에 판첸 라마는 진보적이었다. 따라서 자기 지역에 대한 통제권을 주면 분명 시범적인 개혁에 나설 것이며, 이런 개혁을 통해 달라이 라마 관할 지역의 농민들이 동일한 요구를 하도록 만들 수 있다는 얘기였다. 인민해방군은 티베트에서 아주 천천히 공작을 하라는 마오쩌둥의 지침에도 불구하고 판밍은 티베트 개혁을 급속히 밀어붙이고자 했고, 판첸 라마를 그 도구로 보았다.

판밍이 시가체에 (판첸 라마와 함께) 있는 동안 라싸의 티베트공작위원회에 느닷없이 판밍의 전보가 날아들었다. 판첸 라마가 관할하는 짱에 자율적인 행정조직을 설립하자는 주장이었다. 장징우와 장궈화는 화들짝 놀라 즉각 티베트공작위원회(라싸)를 소집해 전보 내용을 상세히 토론했다. 대부분 그 제안에 전적으로 반대였다. 달라이 라마와 판첸 라마 사이의 갈등을 악화시키고 티베트 정부를 소외시켜 라싸의 티베트인들 사이에 우리에 대한 증오감을 심화시킬 것이란 이유에서였다. 가장 중요한 것은, 마오의 점진 전략을 완전히 망가뜨려 티베트 엘리트 층을 포섭한다는 장기 목표를 불가능하게 만들 것이라는 점이었다.

지도부는 유일한 티베트족 위원인 나한테도 의견을 물었다. 나는 판첸 라마에게 별도의 자치권을 누리는 지역을 준다는 것은 정치적으로 말도 안 되는 발상일 뿐 아니라 잘못된 역사인식에 토대한 것이라고 생각했다. 역사적으로 판첸 라마 정부는 분명히 달라이 라마 밑에 종속되는 것이었다. 더구나 두 개의 자치구를 만드는 것은 17개조 협정 위반이었다. 협정은 미래에 티베트에 하나의 행정조직을 설립한다는 것을 분명히 했다. 협정 어디에도 티베트에 두 개의 자치 행정조직을 둔다는 얘기는 없었다. 티베트공작위원회는 판밍의 제안을 전적으로 거부했다.

이렇게 해서 양측은 베이징의 중앙위원회에 직접 보고서를 보냈다. 리웨이한은 1953년 베이징에서 회의를 소집해 이 문제를 논의했다. 여러 달의 격론 끝에(나는 그 자리에 없었다) 마오쩌둥이 단안을 내렸다. 티베트에서 달라이 라마가 우위이며, 판첸 라마의 지위는 그 밑이라고 결정한 것이다. 마오는 집게손가락과 가운뎃손가락을 쫙 펴더니(나머지 손가락은 주먹 속에 감추고) 달라이 라마와 판첸 라마는 이런 식이 아니라고 말했다. 그러더니 손을 돌려 가운뎃손가락만 보이고 집게손가락은 그 뒤에 가려지게 하더니 이런 식이라고 했다. 달라이 라마가 판첸 라마보다 우위라는 얘기였다. 이렇게 해서 마오 주석은 달라이 라마를 수장으로 하는 통일 티베트가 정답이라는 것을 분명히 보여줬다.

다행히 판밍의 접근법은 통하지 않았다. 그러나 그의 강한 신념과 티베트 공산당 내부의 분열을 보면서 나는 어떻게 하는 것이 티베트를 가장 잘 변혁시키는 것인지, 그리고 한족 동료들을 어떻게 봐야 하는지에 대해 많은 생각을 하게 됐다. 나와 그들의 사고방식 간에는 심각한 차이가 있는 것 같았다. 물론 우리는 똑같이 공산주의자이고 간부였다. 그러나 나는 티베트인이기도 했다. 따라서 마르크스주의에 있어서 민족문제가 특히 중요했다. 한족 간부들은 대부분 정말 용기 있고 혁명 과업에 헌신적이었다. 게다가 실제적인 경험도 많았다. 그러나 대부분 마르크스주의 이론에 대해 깊이 있는 지식은 별로 없었다. 그들의 머릿속에서는 지역 독재자를 타도하고 토지를 나눠주는 것이 공산주의였다.

표면적으로 보면 그들도 모든 민족의 평등이라고 하는 원칙을 이해하고 수용했다. 그러나 모든 민족의 평등이라는 것이 정말로 무엇을 의미하는지는 알지 못했다. 예를 들어 누가 당신에게 막연히 '과일'을 먹어도 된다고 했다 치자. 그래도 당신은 '과일'이라는 것을 먹을 수는 없다. '과일'이란 공허한 개념이기 때문이다. 좀 더 구체적인 차원으로 들어가서 사과인지, 바나나인지, 파인애플인지를 알아봐야 한다. 마찬가지로 민족 간의 평등이란 정치, 경제, 언어 등등에서의 평등을 구체적으로 내포하지 않는다면 공허한 개념이다. 나는 중국인 동료들이 사실상 일반적인 개념 이상의 것을 갖고 있지 않다고 생각했다. 그들과 부대낄수록 이런 막연한 관념이 문제라는 걸 절감했다. 그리고 티베트 개혁에는 사실상 두 가지 노선이 있었다.

하나는 톱다운 식으로 위에서 밀어붙이는 개혁이었다. 티베트인들은 그저 공산당의 명령을 따르기만 하면 된다. 나는 이런 접근법을 좋아하지 않았다. 진정한 공산주의와는 거리가 멀다고 봤기 때문이다. 그런 식으로 해서는 티베트인들로 하여금 새로운 사회를 자발적으로 받아들이게 할 수도 없었다.

또 한 가지 접근법은 티베트인들 자신이 개혁을 추진하는 것이었다. 말하자면 자기 집의 주인이 되는 것이다. 이런 방법에서는 티베트인들이 사령관이 되고 중국공산당은 자문관이 되는 것이다. 티베트는 개혁이 필요했다. 그러나 새로운 사회주의 티베트는 티베트인 자신들에 의해 창조돼야 했다.

지금 생각해보면 판밍과 서북국 추종자들은 전자를, 즉 톱다운 방식을 염두에 두고 있었다. 나는 불안했다. 장징우/장궈화 분파는 판첸 라마 문제에서 판밍 일파와 의견이 달랐다. 그리고 이들의 시각이 승리했다. 그러나 이들도 마음 저 깊은 곳에는 톱다운 식 멘탈리티를 갖고 있다고 하는 우려를 지울 수 없었다. 그래서 나로서는 걱정이 많았다. 고위급 한족 관료 다수가 공산주의 민족 이데올로기를 겉핥기 식으로 이해하는 수준인 데다 대부분까지는 아니더라도 상당수가 톱다운 모델을 당연시하고 있는 것처럼 보였기 때문이다.

그러나 1952년 말 당시 여러 가지 진전 상황에 대해 나는 만족했다. 양쪽의 극단적인 분파는 세를 잃었다. 루캉와는 물러나고 반중 티베트인민당은 해체됐으며, 판첸 라마를 옹립하려는 판밍의 시도는 무산됐다. 티베트 정부의 관계도 아주 좋아졌다. 그래서 공립 초등학교를 개설하고 청년연맹을 조직하는 등 많은 중요한 조치들이 시작됐다. 나는 우리가 점진적으로 티베트 엘리트 층을 잘 설득해서 본인들이 개혁에 나서도록 하는 본래 궤도로 다시 접어들었다고 생각했다.

16장
베이징 간주곡

1953년, 내 인생에 느닷없는 전기가 찾아들었다. 중국불교도연맹 발족식에 참석할 티베트 종교 지도자 대표단과 함께 베이징으로 파견된 것이다. 대표단 조직 책임을 맡은 통전부장 판밍이, 중요한 사안이고 내가 티베트족 최고 간부니까 따라가야 한다고 주장했다. (장징우와 장궈화도 말이 된다고 생각했고, 나도 그랬다.) 대표단에는 쿤델링 자사와 뒨좀 림포체 같은 고승들은 물론이고 대수도원 원장과 모든 종파의 라마들이 망라돼 있었다. 중앙정부로서는 영향력 있는 종교 지도자들에게 좋은 인상을 줄 수 있는 아주 좋은 기회였다. 그래서 베이징까지 가는 길에 여러 도시를 둘러보면서 중국 사정이 어떤지를 잘 알 수 있도록 배려했다. 나도 그들과 내내 동행했다. 모두들 재미있는 여행을 하다 보니 어느덧 8개월이 흘렀고, 라싸로 돌아갈 때가 되었다. 우리 모두가 떠날 날을 고대하고 있었다. 그러나 나는 떠나지 못하게 됐다.

출발 직전 국가민족사무위원회 간부인 왕평과 류게핑劉格平이 나한테 와서 베이징에 남게 됐다고 전했다(나는 티베트에 남을 거라고 생각했었다). 그들은 티베트의 당 사무는 실제로 대부분 아직 본격 시작되지 않았으니 수도에 머물면서 훈련을 받기 좋은 기회라고 했다. 중앙정부 부처(국가민족사무위원회)에서 일하면 리더십도 키우고 민족문제를 다루는 주요 책임자들도 사귈 수 있다는 것이었다. 이렇게 해서 나는 국가민족사무위원회에 파견돼 정치법률분과 부부장 겸 민족출판사 부편집장을 맡게 됐다.[11]

사실 베이징에 있어보는 것도 도움이 될 것 같았다. 일이 어떻게 돌아가는지 직접 볼 수 있는 기회였으니까 말이다. 나는 소수민족문제, 특히 티베트 문제를 담당하는 관리들을 모두 만났다. 종종 티베트 문제를 논하는 회의에 참석해달라는 요청을 받기도 했고, 티베트 대표단 통역을 맡기도 했다. 또 베이징 주재 달라이 라마 사무소와 판첸 라마 사무소 연락책도 겸했다. 상당히 바빴다.

내가 좀 순진했던 것이겠지만 이 모두를 나는 액면 그대로 받아들였다. 그러나 몇 년이 지나고 나서 판밍이 손을 써서 나를 베이징에 주저앉혔다는 사실을 알게 됐다. 그는 라싸에서 나를 배제하고자 했다. 나의 존재가 자기 권위를 손상시키고 자기가 추구하려는 정책에 방해가 됐기 때문이었다. 당 지도부는 주요 문제를 논의할 때 내 의견을 구하곤 했다. 지도부의 유일한 티베트계였기 때문에 내 의견은 나의 나이나 직급, 경험에 비해 훨씬 중시됐다. 판첸 라마의 권위와 같은 가장 핵심적인 문제에 대해 내가 의견을 달리했기 때문에, 판밍은 내가 없어지면 자신의 힘과 영향력이 확대될 거라고 생각한 것이다. 나를 불교도 대표단에 딸려 보낸 것은 물론이고 "훈련"을 위해 베이징에 남게 한 것도 다 그의 책략이었다. 그러나 당시 나는 그런 정황을 까맣게 몰랐다. 더구나 판밍과는 얼굴을 맞대고 지낼 때에는 아주 사이가 좋고 우호적이었다.

베이징에 있다 보니 한족과 티베트족의 관계에 대한 걱정이 좀 가셨다. 국가민족사무위원회의 분위기에는 진짜 깊은 감명을 받았다. 여러 소수민족 출신 고위 관료가 많았는데 한족이 지배하는 방식으로 위에서 밀어붙이는 접근법은 아예 없었다. 중앙정부가 소수민족문제와 소수민족 출신 간부들을 세심하게 배려하는 것도 인상적이었다. 중앙정부에서는 티베트 엘리트 층 대부분을 알고 있었고, 베이징에서 티베트인들끼리 티베트 명절을 지낼 때면 마오 주석, 저우언라이 총리, 류사오치劉少奇 정치국원 같은 최고위 지도자들이 개인적으로 참석했다.

1954년, 내 인생에 큰 영향을 미친 두 가지 주요한 일이 중국에서 일어났다. 전국인민대표대회가 발족해 중국 최초의 헌법을 승인했고, 달라이 라마가 처음으로 중국 본토를 방문한 것이다.

달라이 라마와 판첸 라마는 전국인민대표대회 참석 초청을 받았고, 둘 다 받아들였다. 달라이 라마는 전인대 부의장에 선출됐다. 베이징에서 일하고 있던 나는 두 사람의 방문에 깊이 관여하게 됐다. 그러면서 헌법을 티베트어로 번역하는 일도 도왔다. 나도 전인대 첫 대회에 대표로 참석했다.

달라이 라마의 중국 방문은 중앙정부로서는 대단히 중요한 일이었다. 달라이 라마가 처음으로 중국을 돌아보는 기회였기 때문이다. 모두들 여행 일정 하나하나가 문제없이 돌아가도록 신경을 썼다. 특히 각종 절차에 세심하게 신경을 썼다. 두 라마의 지위 문제는 전년도에 베이징 회의에서 마오에 의해 정리가 됐지만 중앙정부는 그 결정을 아직 공표하지 않은 상태였다. 두 라마가 함께 중국을 방문한 것을 기회로 티베트 당 지도부의 모든 대립과 혼란을 말끔히 씻기로 결정이 돼 있었다. 두 라마를 영접하는 기준을 밝힌 문건─제목은 「달라이 라마와 판첸 라마 영접 관련 중앙정부 지침」이었다─을 리웨이한이 작성하고 마오가 직접 수정한 뒤 승인했다. 이 문건은 두 라마가 어디를 가서 무슨 활동을 하든 달라이 라마를 장長으로 예우하고, 판첸 라마는 부副로 대접하도록 명문화했다.

달라이 라마와 티베트 정부 대표들은 청두를 거쳐 남쪽 길로 베이징에 왔다. 장징우가 동행했고, 판밍은 판첸 라마 일행을 따라 시안을 거쳐 북서쪽 길로 베이징으로 왔다. 도중에 이 문건 사본이 대표단이 지나는 성省 간부들에게 하달됐다. 두 라마를 수행하는 당 간부들에게도 전달됐다.

이 문건에 대해 양측이 보인 반응은 서로 다른 관점을 여실히 드러내는 것이었다. 장징우는 이런 해결책이 전적

사진 20. 마오 주석과 중앙정부 지도자들이 달라이 라마 및 판첸 라마와 공식 회동했다. 1954년 베이징. 왼쪽부터 롭상 삼덴(달라이 라마의 형), 류게핑, 리웨이한, 덩샤오핑, 류사오치, 달라이 라마, 마오쩌둥, 판첸 라마, 저우언라이, 장징우, 시중쉰, 판밍, 낭마강 탈라마 (판첸 라마 쪽 관료 대표), 왕펑, 그리고 푼왕.

으로 옳은 것이며, 티베트 상황에 부합한다는 반응을 보였다. 그러면서 지침을 백 퍼센트 따르겠다고 말했다. 판밍의 반응은 모호했다. 그가 보낸 전보는 량시앙시안(티베트공작위원회 시가체 지부장 겸 판첸 라마 비서) 같은 일부 동지들이 지침에 반대한다는 내용이었다. 나는 베이징 국가민족사무위원회에서 근무하는 탓에 이런 전보들을 보게 되었는데 반대하는 사람은 실제로 판밍이라는 걸 즉각 알 수 있었다. 서북국 출신 량시앙시안은 판밍이 하라는 대로 하는 사람이었기 때문이다. 나는 류게펑을 비롯한 지도자들에게 판 밍의 전보에 대한 의견을 말했다. 그들은 공감을 표시하면 서도 마오가 승인한 지침이기 때문에 문제될 게 없다고 말 했다. 그래서 우리는 정확히 영접 기준 문건에 따라 영접 을 준비했다.

이번 방문은 대단히 중요하기 때문에 일 처리 과정 하나 하나를 최고위 지도자들이 세심하게 점검했다. 예를 들어 시중쉰習仲勳(중앙선전부 부장 겸 정무원 비서장—옮긴이)과 덩 샤오핑은 두 라마가 머물 곳에 관한 준비를 직접 점검했다. 시중쉰은 원래 서북국 출신으로 판첸 라마 그룹과 가까웠 다. 그는 판첸 라마 거처의 격을 달리한 것을 보고는 고개 를 가로저었지만 아무 말도 하지 않았다. 반면 덩샤오핑— 서남국 출신이었다—은 우리를 칭찬하면서 모든 게 완벽 하다고 덕담을 했다.

한편 나는 청두와 시안으로 파견됐다. 국가민족사무위위 원회를 대표해 두 라마에게 예식용 스카프를 드리는 임무 였다. 나는 우선 청두로 가서 아름다운 스카프를 달라이 라마한테 바쳤다. 이어 시안으로 가서 비슷한 스카프를 판 첸 라마에게 바쳤다. 저우언라이는 개인 전용기를 청두로 보내 달라이 라마를 태우고 시안으로 가게 했다. 거기서 달라이 라마와 판첸 라마가 베이징까지(기차로) 동행하게 한다는 계획이었다. 달라이 라마가 시안에 도착하고 나서 나는 다시 저우언라이 전용기를 타고 베이징으로 귀환했 다. 처음 침대 달린 비행기를 봐 놀라기도 했다.

달라이 라마와 판첸 라마가 베이징에 도착할 때가 다가오자, 누가 기차역에 나가 두 사람을 영접하느냐를 놓고 이견이 생겼다. 국가민족사무위원회에서 영접 업무를 맡은 사람은 사무위 주임인 리웨이한의 비서 자오판, 부주임인 몽골족 펑시카 그리고 나, 이렇게 세 사람이었다. 우리는 고위 당국에서 저우언라이가 영접하기로 결정했다는 통보를 받았다. 나는 이 계획이 불만이었다. 그래서 우리 소위원회에서는 부적절하다는 의견을 밝혔다. 1951년 은가뵈가 17개조 협정 협상을 위해 베이징에 왔을 때 저우언라이가 직접 나가서 영접을 했는데 티베트에서 은가뵈는 장관에 불과하고 달라이 라마의 부하였다. 저우언라이만 나가서 달라이 라마를 영접한다면 티베트 관료들(의전에 극도로 민감하다)이 보기에는 부족하다고 느낄 것이다. 우리 모두가 동의했고, 그래서 자오판이 이런 내용을 상관인 리웨이한에게 보고했다. 리는 저우언라이 총리는 정무원(행정부) 수장이며 당 최고위급이라 그 정도면 무방하다고 말했다. 그러나 견해가 서로 다르므로 "마오와 저우에게 보고해서 두 사람이 최종 결정을 내리도록 하겠다"고 결론을 지었다.

다음 날 아침, 리는 우리를 자기 사무실로 불러 당 중앙에서 우리 의견에 동의하고 기차역에 주더도 보내기로 했다고 말했다. 주더는 인민해방군 총사령관이자 정치국 상무위원이었다. 당시 주더의 사진은 거의 모든 관공서 벽에 마오의 사진과 함께 나란히 걸려 있었다. 이 정도면 달라이 라마와 판첸 라마에 대해 각별한 예우를 하는 셈이었다.

티베트 쪽에서도 환영했다.

달라이 라마가 도착한 지 사나흘 지나서 달라이 라마와 판첸 라마가 중국의 최고 지도자들—마오, 류사오치, 저우언라이, 주더, 덩샤오핑—과 함께하는 회의 자리가 마련됐다. 내가 통역을 맡았다. 달라이 라마가 중국 최고 지도부와 얼굴을 맞댄 것은 처음이었다. 중국 쪽에서도 마찬가지였다. 흥미로운 점은, 마오만 발언을 했다는 것이다. 마오는 달라이 라마에게, 자신과 중앙정부는 달라이 라마가 처음으로 베이징을 방문하신 것을 대단히 기쁘게 생각하며 환영한다고 말했다. 중국과 티베트의 관계는 대단히 중요하며, 앞으로 중앙정부는 티베트 발전을 위해 물심양면으로 지원을 아끼지 않겠다는 말도 곁들였다.

달라이 라마도 베이징에 오게 돼 기쁘다고 화답했다. 이어 전에는 중국의 실상을 잘 몰라 인도 국경 근처 야동으로 가서 외국에 피난처를 구해볼까 생각도 했었다, 그러나 장징우가 온 이후로 차츰 전반적인 상황을 알게 됐고 이제 마오를 비롯한 지도자들과 만나게 돼 대단히 기쁘다고 했다.

달라이 라마는 아주 인상적이었다. 열아홉밖에 안 됐지만 말을 잘했다. 초조함 같은 것도 전혀 없었다. 마오는 대단한 통치자처럼 굴지 않고 격의 없이 우호적인 친구 같은 자세로 이것저것 상세히 설명을 해주었다. 대화 도중 마오는 여러 차례 나를 가리키며 달라이 라마에게 티베트계 중에서 아주 좋은 친구라고 말했다. 나는 두 사람 대화를 모두 통역했지만 너무 쑥스러웠기 때문에 이 부분은 달라이 라마에게 통역하지 않았다. 한번은 마오가 내 예를 들면서 설명을 했다. "예를 들어 푼왕은 참도 출신이지만……." 물론 틀린 얘기였다. 그러나 나는 실수를 지적하지 않고 참도를 바탕으로 바꿔 통역했다.

덩샤오핑은 이 실수를 날카롭게 알아챘다. 그날 오후 늦게 각급 관료들에게 회의 내용을 전하면서 아침 일은 모든 게 다 잘됐다고 말했다. 다만 마오 주석이 작은 실수를 하나 했지만 다행히도 푼왕이 그 부분은 통역하지 않았다고 했다. 나중에 류게핑이 내게 이런 얘기를 하며 그 실수란 게 뭔지를 물어서 내가 말해주니 잘했다고 했다.

대화는 한 시간가량 진행됐다. 그런 다음 마오를 비롯한 지도자들은 달라이 라마를 따라 건물에서 나왔다. 이어 마오가 손수 달라이 라마에게 차 문을 열어주었다. 마오는 만남이 상당히 유쾌한 것처럼 보였다. 그는 달라이 라마의 손을 잡고 흔들며 말했다. "베이징은 집이나 마찬가지입니다. 저를 보고 싶으면 언제든 전화를 주십시오. 원하실 때 아무 때나 오셔도 됩니다. 망설이지 마세요. 뭐든 필요한 게 있으면 저한테 직접 말씀하시면 됩니다." 달라이 라마는 나와 함께 차를 타고 숙소로 돌아가면서 매우 흡족해했다. 그는 흥분한 나머지 나를 껴안고는 "푼왕, 오늘 일이 썩 잘됐어. 마오는 대단한 사람이야. 다른 사람들과는 다르더군" 하고 말했다. 중요한 첫 회의가 잘 진행돼서 나도 매우 기뻤다. 티베트에 거는 희망이 어떤 의미에서는 이 회의에 달려 있었다.

중앙정부는 달라이 라마 방문 준비를 위해 베이징에 당 지도부 소모임을 조직해놓았다. 장은 장징우가 맡았고, 나는 위원이었다. 모임에서는 매일 달라이 라마와 판첸 라마의 일거수일투족을 중앙정부에 보고했다. 나의 주 임무는 달라이 라마와 그 휘하 관리들을 찾아가서 그들이 무슨 생각을 하고 무슨 복안을 갖고 있는지 알아보는 것이었다. 판첸 라마와 체 직메한테도 종종 찾아갔다. 그러나 주 임무는 역시 달라이 라마였다. 나는 매일 찾아가 사교 행사나 다른 곳으로 여행을 갈 때 동행했다. 예를 들어 종종 저녁에 댄스파티가 열렸는데 가끔 두 라마도 참석을 했다. 그런 파티에서는 국립무용단 여성 단원들이 내빈한테 가서 같이 춤(폭스트로트)을 추자고 권하는 것이 상례였다. 그러나 우리는 저우언라이로부터 라마들이 원해도 춤을 추게 해서는 안 된다는 엄명을 받았다. 그럴 경우 종교 지도자로서의 이미지에 손상이 갈까 봐 염려했던 것 같다.

달라이 라마는 눈과 귀가 아주 밝았다. 사람들을 예의주시하고는 칼같이 품평을 했다. 그는 저우가 춤을 잘 춘다는 것을 바로 알아채고는 내게 저우는 춤출 때 아주 젊어 보인다고 말했다. "저우가 춤을 추니 20~30대로 보이는군" 하고 달라이 라마는 말했다. 이와는 대조적으로 마오와 주더가 춤을 추면 원래 나이대로 보였다. 달라이 라마는 마오 주석을 포함한 여러 인물들의 이런저런 면모에 대해 관찰한 바를 내게 얘기해주곤 했다. 달라이 라마는 외모에 신경을 많이 썼다. 한번은 마오와의 만남을 마친 후에 마오의 소맷부리가 해진 걸 보고 놀랐다고 말했다. 마오가 복장에 까다롭지 않다는 지적은 정확했다.

라싸에서 나는 달라이 라마를 회의나 각종 의식 때 여러 번 봤다. 그러나 단둘이서 자유롭게 얘기할 기회는 없었다. 티베트 궁정 관습으로는 그런 일은 있을 수 없었다. 그러나 베이징에서는 내가 매일 찾아갔고, 단둘이 있는 경우가 종종 있어서 자유롭게 얘기할 기회가 많았다. 우리는 친구가 됐다. 달라이 라마는 중요한 사건들에 대해서는 일기를 썼다. 그리고 때로는 내게 숙소로 와서 마오나 누가 한 말이라고 적은 부분이 맞는지를 봐달라고 했다. 함께 식사를 하는 경우도 많았다. 그래서 얼마 후에는 식사를 할 때마다 시종장에게 내가 올 테니 수저를 더 준비해놓으라고 했다. 그는 라싸에서는 같이 밥 먹을 수 없지만 여기 중국에서는 괜찮다는 말도 했다.

많은 대화를 나누면서 나는 그에게 어떻게 혁명활동을 시작하게 됐는지, 나의 목표가 무엇인지에 대해 말했다. 또 공산당에 대해, 그리고 중국 본토에서 진행되고 있는 개혁에 대해 설명을 해주었다. 그는 대단히 관심이 많아서 많은 질문을 했다. 그리고 드러내놓고 티베트가 후진적이며 개혁이 필요하다고 말했다. 개혁을 하지 않으면 티베트는 진보할 희망이 없다는 얘기도 했다. 달라이 라마의 진면목을, 그 엄숙함과 화려함 뒤에 감춰진 인간을 알아가는 과정은 경이로웠다. 그리고 이런저런 대화를 나누면서 티베트의 미래에 대한 나의 희망도 더 든든해졌다. 나는 정말로 달라이 라마의 지도 아래 티베트가 개혁을 하고 티베트 방식으로 개선돼갈 것이라고 믿었다. 달라이 라마는 티베트 인민의 절대적인 지도자였다. 지위를 유지하기 위해 새삼스럽게 싸우거나 잔머리를 굴릴 필요가 없었다. 티베트의 미래에 관해서는 자신의 좋은 아이디어를 그냥 실천에 옮기면 되는 위치였다.[12]

이런 대화가 이어지면서 달라이 라마는 많은 얘기를 했다. 라싸에 있는 여러 장관들의 성격이며, 가족 얘기도 했다. 또 은가뵈가 17개조 협정에 서명을 하고 나서 티베트로 돌아온 뒤 자신을 찾아와 그동안 겪었던 난관과 자신을 둘러싸고 번진 거짓과 소문―중국인들에게 뇌물을 먹었다 등등―에 관해 얘기하면서 눈물을 흘렸다는 얘기도 해주었다. 나는 이런 얘기를 듣고 깜짝 놀랐다. 중앙정부와 나는 줄곧 은가뵈가 완전히 우리 편이라고 생각했다. 그러나 달라이 라마한테 그런 얘기를 듣고 나서는 은가뵈도 역시 그들 편이라는 걸 절감했다. 이에 대해 나는 많은 생각을 했고, 얼마 후에는 이해가 갔다.

은가뵈는 귀족이고 장관이었다. 그의 태도나 충성이 아직도 티베트 정부 쪽에 가 있다는 것은 이해하기 어려울 것도 없었다. 나는 그것이 잘못이라고 생각지 않았다. 나는 중앙정부 편이고 중국공산당원이었다. 그러나 나 역시 티베트인이기에 나름의 생각이 있었다. 출신성분 때문에 나의 태도와 중국인 간부의 태도에는 차이가 있었다. 당시 은가뵈는 중앙정부와 긴밀한 관계를 맺고 있었지만 나도 그것이 그가 공산당 이데올로기를 잘 알고 신봉해서가 아니라는 것은 알고 있었다. 그가 중앙정부에 적극 협조한 것은 중국군과 싸워봐야 헛일이라고 생각했기 때문이다. 나는 그의 처신이 충분히 이해가 갔다. 그러나 어쨌든 놀라운 일이었다.

달라이 라마와 자주 만나면서, 그의 건강이 좋지 않다는 걸 알게 됐다. 사실 상당히 걱정이 돼서 매일 아침 라디오에서 나오는 음악에 맞춰 체조를 해보라고 권했다. 달라이 라마와 얘기를 하다가 생활방식과 평소 먹는 음식에 관해 알고는 정말 놀랐다. 그는 티베트의 통치자였지만 극도의 스파르타식 생활을 하고 있었다. 라싸에서 일상적으로 먹는 음식이라야 참파, 버터 차, 말린 고기, 국수, 동그랑땡, 보통 야채 한두 접시가 고작이었다. 1950년 인도 국경 쪽으로 도피할 때까지는 단 차를 마셔본 적도 없을 정도였다. 중국 요리 전문 주방장을 두고 있는 대귀족 가문의 표준적인 생활에 비하면, 달라이 라마는 그야말로 간소한 생활을 했다. 그는 인민들에게 신으로 추앙받았지만 어떤 면에서 삶의 질은 가난했다. 또 어떤 의미에서는 전통의 포로였다. 그리고 그 밑에 있는 관료들은 어떠한 변화도 허용하려 하지 않았다. 달라이 라마가 산해진미를 대접받으면서 놀란 것도 놀라운 일이 아니다. 듣도 보도 못한 요리가 수십 가지씩 올라왔다. 내가 받은 느낌으로는 자신을 비롯한 티베트인들의 생활양식과 중국인의 생활양식을 비교해보면서 낡은 티베트 사회를 개혁하고 인민의 생활수준을 향상시키겠다는 의지를 다지는 것 같았다.

달라이 라마는 새것에 굉장히 호기심이 많았다. 모든 것을 알고 싶어 했다. 어떤 때는 그의 질문에 일일이 제대로 답을 해줄 수 없어 답답했다. 예를 들어 경극京劇 구경을 갔을 때는, 내가 경극에 대해서 잘 몰랐기 때문에 다른 사람들에게 도움말을 청했다.

어느 날 마오가 예고도 없이 달라이 라마의 숙소를 찾아왔다. 저녁 8시경이었다. 대화 도중에 마오가 갑자기 이렇게 말했다. "국기를 갖고 계시다고 들었는데, 그런가요? 그 사람들은 그걸 가지고 다니지 말라고 한다던데, 맞지요?" 마오의 말을 통역하자 달라이 라마가 내게 물었다. "'그 사람들'은 누구를 말하는 건가?" 나는 무슨 말인지 알았지만 그냥 다시 마오에게 통역을 해줬다. 그러자 마오가 "그 사람들"은 장징우, 장궈화, 판밍을 말한다고 솔직히 말했다.

마오가 느닷없이 질문을 했기 때문에 달라이 라마는 그냥 "우리 군기입니다"라고 답했다. 노련한 답변이었다. 티베트가 국기가 있는지 없는지는 밝히지 않았기 때문이다. 마오는 달라이 라마가 자신의 질문에 불안한 기색을 보이는 것을 알고는 곧바로 "그건 문제가 안 됩니다. 국기를 갖고 계셔도 됩니다"라고 말했다. 마오는 분명히 "국기"라고 했다. 그러면서 또 이렇게 말했다. "앞으로는 신장新疆위구르도, 내몽골도 자신의 깃발을 지닐 수 있습니다. 그 깃발에다가 중화인민공화국 국기를 갖고 다니면 되지 않겠습니까? 그럼 되는 것 아닌가요?" 달라이 라마가 고개를 끄덕여 그렇다는 표시를 했다. 이것이 마오가 달라이 라마한테 한 가장 중요한 말이었다. 나도 이 말을 듣고 깜짝 놀랐다.

그러면서 생각이 복잡해졌다. 마오가 이 문제를 정치국에서 다른 간부들과 논의를 했는지, 직접 언급한 적이 있는지 알 수 없었다. 나는 소련의 소수민족 모델을 중시했기 때문에 티베트가 자체 깃발을 사용할 수 있다는 마오의 언급은 적어도 3대 소수민족(티베트, 위구르, 몽골―옮긴이)에 대해서는 소련식 '자치공화국' 모델을 염두에 두고 있다는 뜻으로 보고 흥분했다. 그래서 마오의 언급은 뭔가 새롭고 대단히 중요한 것으로 생각됐다.

그날 밤 나는 장징우한테 가서 이런 얘기를 해줬다. 장징우는 다 듣고는 "마오 주석이 '그 사람들'이 누구라고 하던가?" 하고 되물었다. 나는 "분명히 서기 동지(장징우―옮긴이)와 장궈화, 판밍이라고 했다"고 답했다. 그러자 '이름 말고 딴 얘기를 하던가'라고 했다. 나는 안 했다, 이름만 말했다고 했다. 장이 문제 자체보다 마오가 언급한 사람들에만 신경을 쓰는 게 영 이상했다.

얼마 후 류게핑에게도 마오가 한 말에 대해 얘기하니, 그는 그 의미를 바로 알아채고는 나와 똑같은 반응을 보였다. "그 사람들"이라고 한 대목보다는 문제 자체에 관심을 보였다. 그는 이렇게 말했다. "액면 그대로 한다면 미래에 티베트, 신장, 내몽골 같은 소수민족 지역은 소련과 똑같은 체제하에서 '자치'를 누린다는 얘기가 되는데……." 그는 그렇게 되면 정말 좋을 거라고 했다. 우리 둘은 마오가 그렇게 말했다면 중앙정부도 틀림없이 그런 생각을 갖고 있을 것이라고 생각했다. 이후로도 몇 년 동안 나는 당 문건에서 국기에 관해 논란된 부분이 있는지 찾아봤지만 그런 언급은 볼 수가 없었다.

여러 해 후 내가 투옥됐을 때, 마오의 언급이 다시 떠올랐다. 그래서 그가 한 얘기를 반드시 기록으로 남겨놓아야겠다 싶었다. 당시—1974년이나 1975년쯤이었다—나는 영원히 석방되지 않을 거라고 생각했고, 달라이 라마는 외국에 있었고, 마오는 아주 늙은 상태였다. 나는 두 사람의 만남을 기록으로 남겨야 한다는 강박관념에 사로잡혔고, 그래서 그것을 글로 써두었다.

전국인민대표대회가 끝나고 나서 달라이 라마와 판첸 라마는 중국의 다른 도시들을 둘러봤다. 류게핑과 내가 달라이 라마를 수행하고, 국가민족사무위원회 부주임 류춘이 판첸 라마를 수행했다. 달라이 라마와 판첸 라마는 거의 따로 유람을 다녔다.

류게핑은 이슬람계 후이족 출신의 중요 관료였다. 그 역시 중국공산당 초기부터 활동했다. 우리는 돌아오는 일정을 상의하다가 달라이 라마에게 중국공산당의 내력과 정책에 대해 자세히 소개할 좋은 기회라는 데에 공감했다. 류게핑은 당원 생활을 오래 했기 때문에 그가 달라이 라마에게 공산당의 역사에 대해 설명하는 역을 맡기로 했다. 나는 소련의 민족 정책과 마르크스-레닌주의에 대해 설명을 하기로 했다. 달라이 라마는 공산주의의 면모에 대해 두루 알고 싶어 했다. 지금 생각해보아도, 그때 우리가 그의 생각에 영향을 주었다고 본다. 지금도 달라이 라마는 가끔 자신이 반은 불교도이고 반은 마르크스주의자라고 말한다. 그러나 그는 현실주의자이기도 했다. 그래서 모든 불교신자가 부처님 말씀을 그대로 따르지 않는 것과 마찬가지로 실제 현실은 종종 이론과는 다르다는 걸 잘 알고 있었다.

한번은 내가 통역을 맡은 자리에서 마오가 달라이 라마에게 중국의 여러 도시를 둘러본 인상이 어떠냐고 물으면서 앞으로 티베트 문제에 의견이 있으면 중앙정부에 직접 말해달라고 했다. 이어 "우리는 장징우와 장궈화를 티베트에 파견했습니다. 마음에 안 드는 인물이 있으시다면 교체하겠습니다. 중국인 간부들을 보낸 것은 티베트족을 돕고자 함이지 으스대면서 높은 자리에 앉아 있으라는 게 아닙니다. 그러니 마음에 들지 않는 사람이 있으면 바꿔드리겠습니다"라고 했다. 이 역시 대단히 중요한 발언이라고 생각됐다.

달라이 라마는 마오에게 여행하면서 느낀 소감을 이야기하면서 티베트가 발전을 하려면 개혁이 필요하며 그럴 결심을 굳혔다고 강조했다. 대화 말미에 마오는 달라이 라마의 친척, 스승, 내각 각료들과 악수를 나눈 뒤 달라이 라마 숙소를 떠났다. 여기서 밝혀두고 싶은 것은, 달라이 라마가 자서전에서 마오가 자신에게 공산당의 관점에서 종교는 인민의 아편이라고 했다는 부분이다. 그때는 내가 통역을 맡고 있지 않았다. 그래서 마오가 그런 얘기를 했으리라는 것은 수긍이 가지만 직접 보고 들은 바는 없다.[13]

1955년 2월, 달라이 라마와 판첸 라마는 공동으로 티베트 신년 기념식을 공동 개최했다. 행사 전에 참석이 예정된 마오가 내게 체마르 의식은 어떻게 하는 거냐고 물었다. 체마르는 우리의 전통 신년 세시풍속이다. 네모난 작은 나무상자에 칸막이를 해서 한 칸에는 참파를, 한 칸에는 밀을 넣고 내밀면 그걸 받은 사람은 한 칸에서 조금씩 덜어 하늘에 뿌린다. 신들에 대한 공양이다. 마오가 이 상자를 받기로 돼 있어서 어떻게 하는 것인지를 자세히 설명해주었다. 마오는 잘 이해했다. 그러나 실제로 체마르 공양 의식을 할 때는 원칙대로 하지 않았다. 참파를 조금 하늘에 뿌린 다음 약간을 땅에다가도 뿌렸다. 그러면서 하늘에 뿌린 것은 신들을 위한 것이고, 땅에 뿌린 것은 귀신들을 위한 것이라고 농담을 했다. 다들 웃었다.

신년 하례식 때 마오가 달라이 라마에게 나를 다시 티베트로 보내기로 했는데 괜찮겠느냐고 물었다. 달라이 라마는 당연히 그렇다고 하면서 나를 칭찬했다. 이어 마오는 판첸 라마에게도 같은 질문을 했고, 그 역시 동의했다. 그러자 왕펑을 불러 파견 조치를 취하라고 지시했다.

나는 이 모든 사안을 상관인 리웨이한에게 보고하고, 베이징에 남아 1년 정도 당에서 운영하는 고위급 중앙당교中央黨校에 다니면서 공산주의 이론을 좀 더 배우고 싶다는 견해를 밝혔다. 나는 공산주의에 관한 책은 많이 읽었지만 전문가들과 토론할 기회는 한 번도 없었다. 중앙당교에서는 소련 학자 여럿이 공산주의 이론을 가르치고 있었기 때문에 정말이지 같이 공부를 해보고 싶었다. 물론 중앙당교에서 연구를 마친 뒤에는 티베트로 돌아갈 생각이었다. 리는 좋은 생각이라고 하면서 당 중앙위원회 조직부장 허락을 받아오라고 했다. 어렵지 않게 승인이 났다.

달라이 라마는 베이징에 머무는 동안 마오와 지도자 대 지도자로 중요 정치문제를 논하지는 않았다. 티베트의 수반으로서 우려하는 문제들을 제기할 걸로 예상했는데 그러지 않았다. 아마 어려서(당시 19세였다) 그랬을 것이다. 어쨌든 중요한 정치 문제에 관한 실질적인 대화는 수르캉이 주도하는 내각이 맡아서 했다. 주요 이슈는 두 가지였다. 티베트에 군정위원회를 설립하는 일과 티베트 정부와 판첸 라마 '정부' 간의 역사적 분쟁 문제였다.

티베트 군정위원회 설립은 민감한 문제였다. 17개조 협정에 분명히 명시돼 있기는 하지만, 중앙정부는 협상 당시 티베트 측이 반대한 사안이라는 걸 알고 있었다. 따라서 다른 지역에서 이미 군정위원회가 인민정부로 대체되고 있었기 때문에 군정위원회 단계를 건너뛰고 대신 달라이 라마를 수반으로 하는 티베트 자치구 창설 준비위원회를 설립하면 좋지 않겠느냐고 제안했다. 기존의 티베트 정부는 자치구가 실제로 창설될 때까지 기능을 계속하도록 했다. 이 제안은 티베트 측에 충분히 양해가 돼서 합의를 봤다.

중앙정부는 또 달라이 라마와 판첸 라마가 갈등을 씻는

것이 중요하다고 보고 이 기회에 미해결 문제들을 논의하도록 권유했다. 그러나 해결을 강요하는 것은 잘못이라는 점도 분명히 했다. 정부는 양측에 해결책을 내보라고 했고, 양측은 그렇게 했다.

나는 수르캉과 베이징 호텔에 같이 묵고 있어서 대화할 기회가 많았다. 그는 나를 오랜 친구처럼 대하며 가끔 내 방으로 찾아오기도 했다. 한번은 내게 이렇게 말한 기억이 난다. "푼왕, 이제 끝났어(전통사회를 말한다). 자네가 처음 날 찾아왔을 때 난 아직도 자고 있었어. 자네가 대단히 중요한 일들을 몇 가지를 말해줬지만 난 그럴 수가 없었다네. 실수였지. 지금은 후회가 되지만 당시에는 정말 어려웠다네. 지금은 모든 게 다 끝났어. 그래도 여전히 우린 좋은 친구지 않나."

나는 티베트 역사에 대해 설명을 들을수록 흥미가 느껴졌다. 그래서 수르캉에게 우리 역사에 대해 많은 질문을 했다. 그는 티베트 역사에 해박했다. 7세기 송첸감포 왕 때부터 달라이 라마의 현 정부까지 주요한 사건들에 대해 써서 내게 주겠다고 했다. 몇 달 후 티베트로 돌아가기 직전, 그는 내게 원고를 주었다. 그 소책자를 오랫동안 간직하고 있었는데 투옥되면서 잃어버렸다. 지금도 그 생각만 하면 안타깝기 이를 데 없다. 수르캉은 매우 지적인 인물이었고 그의 티베트어 문장은 아주 고차원적이었다.

매일 저녁을 먹고 나서는 춤들을 췄다. 수르캉도 자주 왔다. 어느 날 저녁, 호텔로 돌아가는 길에, 수르캉이 운전사에게 한 가게에 들러보고 싶다고 했다. 그런데 운전사가 잘못해 일방통행로로 들어섰다. 경찰관이 나와 길을 막았다. 수르캉은 중국어를 몰랐지만 바로 차에서 내리더니 (티베트 관리들 정통 스타일의) 긴 머리를 두 손으로 쥐고 내보이며 중국어로 "뚜이부치對不起, 뚜이부치(미안, 미안)"라고 했다. 경찰은 긴 머리를 보고는 티베트족이라는 걸 알고는 그냥 보내줬다. 그 비슷한 일이 몇 번 있었다. 그래서 한족 연락관들도 수르캉이 난국을 수완 좋게 척척 풀어가는 걸 보고 깜짝 놀랐다. 그들은 수르캉과 비교하면 다른 티베트 관료들은 촌놈 같다고도 했다.

  수르캉은 베이징에서 거의 죽을 뻔한 적도 있다. 어느 날 복통이 너무 심했는데 알고 보니 맹장염이었다. 우리가 병원으로 데려가려는데 각료들은 논의를 해봐야겠다고 했다. 그들과 여러 차례 만났다. 맹장염은 나쁜 징조이기 때문에 중국에서 수술을 받는 게 좋지 않다고 생각한 것이다. 한 사람은 어떻게 할지 점을 쳐보자고 했다. 수르캉은 계속 엄청난 고통에 시달렸다. 우리는 이 얘기를 당 중앙에 보고했다. 그날 밤 8~9시경, 저우언라이가 점 칠 필요 없고 바로 베이징병원으로 데려가라고 했다. 내게는 수르캉을 수행하고 병원에 가서도 끝까지 곁을 떠나지 말라고 명했다. 우리는 티베트 각료들에게 중앙정부의 결정을 얘기해주고 수르캉을 병원으로 데려갔다. 병원에서는 최고 수준의 의사들을 소집해 수술에 들어갔고 나는 바로 옆에서 대기했다. 수술이 끝나자 의사가 내게 수술이 잘됐으니 가봐도 된다고 말했다. 나는 즉시 저우언라이에게 이 희소식을 전했다. "처음부터 끝까지 옆에 있었나?" 저우가 물었다. "네, 그렇습니다." 수르캉은 사흘 만에 퇴원했다.

티베트 대표단은 처음 베이징에 왔을 때 신상에 굉장한 불안을 느꼈다. 특히 달라이 라마가 어떤 대우를 받을지 걱정이 많았다. 그러나 중앙정부에서 준비를 잘했다. 여러 차례 서로 만나고 여기저기 구경을 다니면서 차츰 우려가 가셨다. 그들은 마오를 비롯한 고위 지도자들이 예우를 갖추자 겨우 안심했다. 특히 나이 많은 관료들(달라이 라마의 시종장과 스승들)은 "중국 황제"로 보이는 마오가 달라이 라마 숙소로 직접 찾아온 데 대해 매우 흡족해했다. 그런 일은 티베트 역사에서 처음이었다.

드러내놓고 말은 못했지만, 티베트 대표단의 많은 사람들이 달라이 라마가 중국에 너무 오래 체류하는 데 대해 우려하고 있었다. 그들은 특히 그의 생각과 태도가 변하지 않을까 걱정했다. 은가뵈와 수르캉은 그런 걱정은 하지 않았지만 다른 이들은 그렇지 않았다. 하루 빨리 라싸로 돌아가십사 하는 압력이 거세지자, 1955년 4월 달라이 라마는 베이징을 떠났다.

달라이 라마와 판첸 라마는 북서쪽으로 해서 가다가 중간에 라브랑 사원(간쑤 성 소재)에 들러 종교 의식을 집전했다. 1만 명 넘는 티베트인들이 몰려들었다. 이후 판첸 라마는 북쪽 길로, 달라이 라마는 쓰촨 성 청두로 갔다. 거기서 난감하고도 불미스런 사건이 일어났다.

달라이 라마가 중국의 어느 도시에 가면 제1서기와 시장이 영접하는 게 관례였다. 그러나 청두에서는 쓰촨성 제1서기 리징촨이 나오지 않았다.[14] 쓰촨 성장 리다장이 나왔지만 웃옷을 어깨에 걸치고 무례한 태도를 보였다.

앞에서도 말했지만 달라이 라마는 관찰력이 뛰어난 사람이라 리징촨이 나타나지 않은 것을 포함해 이상한 낌새를 바로 눈치챘다. 그는 나와 중국 관리들에게 영접 책임자가 누구냐고 물었다. 우리는 리징촨은 출타 중인 것 같다는 말로 얼버무렸다. 달라이 라마는 우리 말을 믿지 않는 눈치였다. 나중에 또 리징촨에 대해 묻기에 우리는 다른 식으로 꾸며댔다. 그러나 달라이 라마는 우리가 사실대로 얘기하지 않고 있다는 걸 아는 눈치였다.

그런 가운데 청두에서 5월 1일 노동절을 맞았다. 달라이 라마도 초대를 받았다. 행사장에 도착한 달라이 라마는 리징촨이 나와 있는 걸 보고 놀랐다. 리는 소련에서 온 전문가들과 먼저 악수를 한 다음에야 달라이 라마에게 손을 내미는 식으로 모욕적인 행동을 계속했다. 끔찍한 일이었다. 그동안 리징촨이 영접하러 나오지 않은 데 대해 이런저런 변명을 하느라 애를 썼는데 이제 정작 행사장에 나타난 본인의 그 무례함은 이루 말할 수 없다. 나는 리가 머리가 어떻게 된 게 틀림없다고 생각했다. 달라이 라마도 분명 유쾌하지 않은 표정이었다.

달라이 라마는 청두에 오래 있을 생각은 없었다. 그러나 캄에 지진이 나는 바람에 타르체도와 라싸로 가는 도로가 끊겼다. 공교롭게도 이 때문에 달라이 라마는 저우언라이와 시간을 더 보낼 수 있게 됐다.

저우와 또 한 명의 최고위급 지도자 천이陳毅(당시 국무원 부총리이자 중국군 원수—옮긴이)는 자카르타에서 열린 반둥회의(1955년 4월 18~24일 인도네시아 반둥에서 열린 국제회의로 정식 명칭은 아시아아프리카회의. 인도네시아, 인도 등 5개국의 발의로 소집돼 29개국 대표단이 참석했다. 냉전 상황에서 아시아·아프리카의 중립을 선언하고 식민주의 종식을 촉구했다—옮긴이)에 참석하고 베이징으로 가는 길에 잠시 청두에 들렀다. 정부에서는 두 사람이 청두에서 잠시 휴식을 취하는 것이라고 했지만 사실은 저우가 달라이 라마가 청두에 와 있는 걸 알고 특별히 그를 만나고자 기착한 것이다.

두 사람이 오고 있다는 걸 알았을 때 달라이 라마는 우리에게 공항으로 영접을 나가고 싶다고 했다. 우리도 물론 좋다고 했다. 그런데 공항 영접 대열에 누가 맨 앞에 서느냐는 문제로 우리 쪽 수단루와 리징촨 사이에 이견이 생겼다. 리징촨은 자기가 앞에 서야 한다고 주장했다. 수단루는 달라이 라마가 티베트의 수반일 뿐 아니라 전국인민대표대회 상무위원회 부위원장이므로 당연히 앞에 서야 한다는 논리를 폈다. 합의는 이루어지지 않았다.

다음 날 아침, 달라이 라마와 나는 공항으로 나갔다. 리징촨은 다른 방에서 기다리고 우리는 대기실에서 한 시간쯤 기다리니까 저우가 탄 비행기가 도착했다. 리도, 우리도 그를 맞으러 나갔다. 리는 우리에게 아무 말도 하지 않았

사진 21. 저우언라이와 천이가 1955년 반둥에서 열린 아시아아프리카회의에 갔다 오는 길에 잠시 청두에 들렀다. 왼쪽부터 수단루, 류게핑, 리다장(쓰촨 성장), 달라이 라마, 저우언라이, 천이, 푼왕.

고, 우리도 마찬가지였다. 리가 트랩에 더 가까이 서서 저우와 먼저 악수를 하려고 기회를 보고 있었다. 그러나 비행기 문이 열리자마자 저우언라이가 달라이 라마를 보더니 손을 흔들었다. 그런 다음 바로 달라이 라마에게 걸어가 악수를 청하고 건강이 어떠시냐고 안부를 물었다. 그리고 나서야 리징촨이 눈에 들어왔다. 나중에 들으니 저우는 달라이 라마에 대한 리의 태도를 알고 못마땅해 했으며 따로 불러 질책을 했다고 한다.

다음 날 회의가 소집됐다. 저우언라이와 천이가 반둥에서 있었던 회의 내용을 우리에게 설명하는 자리였다. 저우는 이 회의에 달라이 라마도 초대했다. 달라이 라마는 회의장에 들어서자 객석 맨 앞자리에 앉았다. 리징촨은 연단 위에 앉았다. 그런데 저우가 천과 함께 회의장으로 들어서면서 큰 소리로 "달라이 라마 부위원장님, 이리 올라오시지요"하고 말했다. 그래서 달라이 라마와 나도 연단에 올라갔다. 달라이 라마는 매우 흡족한 표정이었다.

저우와 천은 청두에 사흘을 체류하면서 달라이 라마와 여러 차례 대화를 나눴다. 어느 날 저우가 특별히 달라이 라마를 찾아와 두 시간 이상 대화를 나눴던 기억이 난다. 달라이 라마는 저우에게 중국을 여행하면서 모든 게 다 잘 됐으며, 모든 관계들, 특히 마오 주석이 극진히 환대를 해줬다고 말했다. 그러면서 군정위원회가 아니라 티베트 자치구 주비위원회 설립에 관한 논의에도 만족한다는 견해를 표했다. 이어 여러 도시를 둘러보면서 중국이 어떻게 발전하고 있는지를 보고 감명을 받았다, 반면에 티베트는 낙후돼 있고 인민은 가난하다, 티베트와 중국 사이에 엄청난 격차가 있으며 티베트는 점진적으로 개혁을 해나가야 한다는 걸 이해하겠다고 했다. 저우는 이렇게 응답했다. "마오와 나는 모든 티베트족이 달라이 라마를 믿고 깊이 존경한다는 것을 분명히 알고 있습니다. 당신의 생각이 전적으로 옳습니다만 티베트로 가서 곧바로 개혁에 나서는 것은 바람직하지 않을 겁니다." 달라이 라마가 아직 어려서 남의 주장에 휩쓸리기 쉽기 때문에 경솔하게 일을 벌이다 보수적인 종교계나 관료들과 척이 질까 우려해서 한 얘기 같았다. 달라이 라마는 이렇게 대답했다. "맞습니다. 그게 사실이지요. 우리 달라이 라마들은 신앙의 대상이고 존경을 받고 있지요. 우리의 지위는 역사가 정해준 것이니까요. 하지만 당신의 지위는 다른 방식으로 획득한 것입니다. 당신은 오랜 세월 열심히 일하고 희생한 덕분에 결국 그 직위에 오른 것이지요." 저우언라이도 그렇지만 달라이 라마도 수가 보통이 아니었다.

두 번째 회의 때, 저우는 티베트 개혁 문제를 다시 한 번 상세히 설명했다. "티베트 개혁에 관해서는 깊이 생각해보실 필요가 있습니다. 우리 중앙위원회의 정책으로는, 안정이 우선이라는 겁니다. 이제 중국이 엄청난 변화를 겪고 있다는 걸 직접 보셨습니다. 그에 비하면 티베트는 낙후돼 있지요. 하지만 개혁을 추진할 조건은 아직 성숙해 있지 않습니다. 따라서 조심스럽게 해나가야 합니다. 지도자들의 생각과 대중의 생각 사이에 큰 격차가 있으면 개혁은 성공하지 못할 겁니다. 지도자들의 생각과 대중이 어우러져야만 개혁은 점진적으로 시행할 수 있습니다." 저우는 "대중의 생각"이라고 했지만 내가 듣기에는 사실상 상류층을 의미하는 말이었다. 진정한 대중은 개혁을 통해 낡은 사회의 세금과 부역제도가 끝난다면 기뻐할 것이다. 그러나 귀족과 사원들은 못마땅할 것이다. 어쩌면 개혁에 저항해 혼란이 초래될 수도 있었다.

 티베트인들이 달라이 라마를 얼마나 믿고 따르는지 여행길에 우리 가족을 보고 다시 한 번 절감했다. 아버지는 달라이 라마가 청두를 거쳐 티베트로 간다는 소식을 듣고 그를 보러 청두로 왔다. 달라이 라마는 감사하게도 아버지를 접견하기로 했다. 아버지는 달라이 라마 앞에서 절을 하고 예식용 스카프를 바쳤다. 아버지는 너무 흥분해서 나와 사나흘 함께 지냈다. 노동절 저녁에 불꽃놀이를 했는데 다른 직원이 그 구경을 하라고 8층으로 오시게 했다. 나는 다른 일이 있어서 같이 가지 못했다. 워낙 술을 즐기는 아버지는 우리 방으로 가려고 계단을 내려가면서 비틀거리셨다. 달라이 라마가 몸소 아버지 손을 잡고 우리 방까지 데려다 주었다. 그러나 아버지는 너무 취해서 그게 누군지도 몰랐다. 나중에 달라이 라마가 부축해줬다는 사실을 알고는, 내가 화를 낼까 봐 주변 사람들한테는 나에게는 절대 비밀로 해달라고 신신당부했다. 그러나 달라이 라마의 부축을 받았다는 사실에 대해서는 엄청 자부심을 느끼셨다. 나중에 들으니 바탕에 돌아가서 동네 사람들한테 "이리 와서 내 손 만져봐. 이 손이 복을 준다고. 달라이 라마께서 잡아준 손이니까"라고 자랑을 하셨다고 한다. 청두를 떠나 돌아갈 즈음에는 아주 기분이 좋아서 내게 이렇게 말했다. "달라이 라마를 알현하고 나서 내 인생이 완전해졌다."

 달라이 라마도 곧 티베트로 떠날 채비를 했다. 나는 이때까지 그에게 베이징으로 간다는 말을 하지 않았다. 청두를 떠나기 직전에야 1년간 베이징 중앙당교에서 공부하고 티베트로 갈 것이라는 얘기를 했다. 달라이 라마는 빨리 돌아오라고 했다.

17장
개혁의 시작

중앙당교에서의 1년은 쏜살같이 지나갔다. 아주 흥미로웠고 배우기도 많이 배웠다. 졸업 직전에 왕평이 전화를 해서 천이 부총리 중앙정부를 대표해 티베트 자치구 주비위원회 발족식 참석차 라싸로 가는데 수행할 티베트족 간부가 필요하다는 얘기를 해줬다. 왕이 "자네를 특별고문으로 삼기로 했네"라고 했다. 티베트로 간다니 기뻤다. 나는 장징우, 왕평과 함께 대표단(여러 소수민족 출신을 포함해 약 60명으로 여기에 800명 정도의 직원과 공연단도 같이 갔다) 부단장에 임명됐다.

라싸로 가는 도중 우리는 잠시 시안에 들러 대표단 전체 회의를 했다. 장징우와 왕평이 티베트와 소수민족 일반에 관한 정부 정책에 대해 연설했다. 나도 티베트 민족과 종교의 이해를 주제로 강연을 했다.

나로서는 장과 왕이 티베트족은 기본적으로 아무것도 모르니까 대표단이 일을 주도해야 한다고 말하는 것을 듣고 화가 났다. 천이도 짜증이 난 것 같다. 천은 우리가 발언을 마치자 티베트에 가면 학생이자 손님이라고 생각해야지 교사이자 중앙정부 고위 당국자라고 생각해서는 안 된다는 말로 장과 왕을 간접적으로 비판했다. "우리는 티베트 상황을 잘 모릅니다. 그렇기 때문에 이래라저래라 명령할 것이 아니라 티베트족들로부터 배워야 합니다. 우리 중국인이 큰 민족이고, 티베트족은 작은 소수민족이라는 태도를 갖지 않도록 조심해야 합니다." 최고위급 인사 입에서 이런 말을 들으니 시원했다.

다음번 기착지인 칭하이 성의 성도 시닝에서 우리는 흐루시초프 소련 공산당 서기장이 공산당 전당대회에 '기밀 보고서'를 제출하고 스탈린을 혹독하게 비판하는 연설을 했다는 놀라운 소식을 접했다. 중국 정부는 이 보고서의 내용을 고위 관리들에게 배포했다. 시닝에서 우리는 지역 간부들이 참석하는 회의를 참관했다. 분위기는 놀라움과 경악 그 자체였다. 우리는 흐루시초프가 비난하는 끔찍한 짓들을 스탈린이 저질렀다고는 도저히 믿을 수 없었다. 스탈린은 우리에게 신과 같았다. 그래서 일부는 눈물을 흘리기도 했다. 나는 그런 식의 스탈린 비판이 영 마뜩치 않았다.

회의 끝 무렵에 천이가 이렇게 말했다. "스탈린의 지도하에 소련은 위대한 성취를 이루었습니다. 스탈린도 실수를 했을 수는 있겠지요. 그러나 스탈린은 교사와 같기 때문에 학생이 자기 선생이 실수를 했다고 말하는 것은 무방합니다. 스탈린의 공과 과를 비교해보면 공이 훨씬 크다는 것은 분명합니다." 천이는 흐루시초프가 틀렸다고는 말하지 않았다. 그러나 어감으로 보아 그렇게 믿고 있는 것 같았다. 모든 관료들은 천이의 배경설명에 수긍했다.

그리고 나서 소규모 팀으로 나눠 토론을 진행했다. 우리 조 모임에서 나는 이렇게 발언했다. "그 보고서는 흐루시초프 자신의 과오에 대해서는 아무 말도 하지 않고 있습니다. 자기비판은 하지 않았어요. 흐루시초프는 스탈린이 현재의 자리로 키워주기 전에는 광부였습니다. 흐루시초프가 스탈린을 도살자라고 한다면, 그는 그 도살자한테 명령을 받은 사람이지요. 흐루시초프는 스탈린 밑에서 많은 자리를 거쳤기 때문에 그에게도 과오에 대한 책임이 있습니다. 더구나 스탈린 장례식 연설에서 흐루시초프는 그를 아버지요 교사라고 하면서 공적을 극구 찬양했습니다. 그런데 스탈린이 죽고 나니까 도살자라고 비방하고 나온 겁니다. 그런 행동은 말도 안 되는 것입니다." 나는 흐루시초프가 자기에게 유리한 대목만 골라서 떠들고 있다고 생각했다.

우리는 시닝에서 차를 타고 1956년 4월 17일 라싸에 도착했다. 도착 직전에 천은 내게 자기 차를 타라고 했다. 함께 라싸로 들어가는데 천이 포탈라 궁의 위용을 보고는 눈이 둥그레졌다. "당신네 티베트족은 위대한 민족이야. 천년도 더 전에 저런 웅대한 건물을 지었다니 정말 놀랍네." 천은 군에서 잔뼈가 굵은 원수이기도 했다. 라싸의 지형지물을 잽싸게 간파하더니 "포탈라 궁하고 착포리 의과대학 있는 산꼭대기만 장악하면 라싸는 다 잡는 셈이군" 했다.

사진 22. 티베트 자치구 주비위원회 발족 기념식에서 관계자들이 인민해방군을 사열하고 있다. 1956년 라싸. 앞줄 왼쪽부터 푼왕, 달라이 라마, 천이, 판첸 라마.

 이어 각종 회의며 기념식으로 눈코 뜰 새가 없었다. 천이는 티베트 자치구 주비위원회 발족 기념식들을 주재하고 달라이 라마와 판첸 라마, 그리고 고위급 티베트 관료들을 만났다. 티베트 자치구 주비위의 정치적 목적은 전통 티베트 정부와 봉건사회를 점진적으로 개편하는 것이었다. 공식적으로 말이 나온 것은 아니지만 대부분의 사람들이 알고 있었고, 그럼에도 불구하고 많은 티베트인들은 자치구 수반이 달라이 라마로 돼 있기 때문에 받아들일 만하다고

3부_마침내 시작된 새 조국 건설 341

생각했다.

시닝에서 천은 내게 티베트 평민과 승려들이 자신에게 던질 가능성이 높은 질문 목록을 써달라고 했다. 나는 대부분의 질문이 소수민족 정책에 관한 것이며 중국-티베트 관계와 개혁이 중요하다고 썼다. 특히 개혁 문제는 쓰촨성 티베트족 거주 지역(캄)에서 시작되고 있는 마당이어서 더더욱 그러했다. 천은 시간을 갖고 답변 내용을 구상했고, 조심스럽고 사려 깊게 발언했다.

그는 개혁이 당장 이루어질 것이라고 말하지 않았다. 그러나 무한정 지연될 것이라고도 하지 않았다. 오히려 티베트의 개혁은 어느 시점에 가서 이루어질 것이라고 분명히 선언했다. 왜냐하면 개혁이 없으면 티베트는 발전할 수 없고 생활수준을 향상시킬 수 없기 때문이다. 그러나 언제 개혁을 집행할 것이냐에 대해서는 모호하게 남겨두었다. 그러면서 개혁은 상류층과 대중과의 토론 이후에 시행될 것이라고 강조했다. 나아가 개혁의 이행은 두 계층 모두에 이익이 될 것이라고 덧붙였다. 특히 엘리트 층에게는 개혁이 상류층의 소득을 깎아먹지 않을 것이기 때문에 생활수준 저하는 우려할 필요가 없다고 확언했다. "중앙정부는 실제로 여러분의 생활수준이 향상될 수 있도록 손실 부분에 대해서는 보상을 해주는 정책을 갖고 있습니다. 그러니 '개혁'이라는 말에 거부감이나 우려를 가질 필요가 없습니다." 나도 같은 생각이었다. 천이는 기회가 있을 때마다 개혁을 몰아치듯이 하면 바람직하지 못한 결과를 야기할 수 있다는 점을 강조했다.

재미있는 것은 티베트공작위원회 회의에서 천이가 지도를 가리키며 앞으로 라싸가 티베트 자치구의 중심이 되면 좋을 것이라고 말했다는 점이다. 티베트족이 거주하는 모든 지역의 중심이라는 말로 다른 성 일부 지역들까지를 아우르는 얘기였다. 그렇게 되면 중국과 티베트족의 우호 관계에 바람직한 것은 물론이고 티베트의 발전에도 좋을 것이다. 이런 제안은 1953년 베이징에서 열린 회의에서도 데르게 세이(케상 왕듀)와 캄 대표들이 한 바 있지만, 그 이상 진전은 없었다. 나는 천이가 이런 말을 한 이후 이 문제에 대해 많이 생각해보았다. 그렇게 하면 티베트 개혁이 한결 쉬워질 것이라는 느낌이 들었다. 그러나 솔직히 말해서 그것이 천이 개인의 의견인지 당 중앙위원회에서 토론한 결론인지에 대해서는 알 수가 없었.

천이는 온건한 언사로 급작스러운 변동은 없을 것이라고 확약하고 티베트 문화를 최대한 존중하겠다는 입장을 밝혔지만, 티베트공작위원회의 분위기는 내가 티베트를 떠난 1953년보다 훨씬 급진화돼 있었다. 3년 동안 나가 있다 라싸로 돌아와 보니 티베트공작위원회 간부들 사이에는 개혁을 빨리 시작하자는 열망이 고조돼 있었다. 시범개혁은 이미 그해 말 논의가 진행되고 있었고, 판첸 라마는 주비위원회 모임에서 자신이 관할하는 지역에서 시범개혁을 해보겠다고 말했다.

변하고 있는 것은 라싸만이 아니었다. 1955년 여름 마오 주석은 좌로 기울어 당과 정부가 사회주의 이행에 너무 소극적이라고 비난했다. 집단농장 설치를 두고 하는 말이었다. 이는 사회주의 변혁운동의 서막이었다. 관리들이 곳곳에서 다투어 코뮌을 설립했다. 이런 극좌적 공세는 티베트 전략을 놓고도 갈등을 촉발했다. 중앙정부는 여전히 티베트의 개혁은 서두르면 안 되고 상류층의 동의가 필요하다고 말했다. 반면 마오 주석은 중국이 뒤처지고 있으며 사회개혁을 빨리 해야 한다고 소리치고 있었다. 이 두 가지는 반드시 모순되는 주장은 아니었다. 마오 주석도 티베트까지 포함시키라는 뜻은 아니었을 것이다. 그러나 이 부분을 명료하게 밝히지 않았기 때문에 모호한 부분이 있었다. 라싸의 판밍은 처음부터 바로 개혁에 나서야 한다고 열렬히 주창해왔다. 그래서 새로운 사회주의 변혁을 급격한 개혁 조치를 밀어붙이라는 신호로 받아들였다. 그 시점에 판은 티베트 최고 실세였다. 장징우와 장궈화는 출타하는 일이 잦았다. 장궈화는 티베트로 부임해온 이래로 심장이 안 좋았고 불면증에 시달렸다. 그래서 장기간 계속 머물지를 못했다. 장징우는 베이징에서 맡은 사무가 꽤 됐다. 그래서 일상적인 업무처리는 판밍과 그의 서북국 출신 보좌관들이 좌지우지했다. 중국을 개혁하라는 마오 주석의 촉구를 티베트 개혁을 위에서부터 밀어붙이라는 승인으로 받아들였다. 특히 쓰촨 성 제1서기인 리징촨은 현지에서(한족 거주 지역은 물론이고 티베트족 거주 지역까지도) 이미 개혁에 착수한 터였다. 칭하이 성에서는 가오펑이 보조를 맞췄다.

따라서 판밍은 1956년 후반 티베트 본토 시범개혁 실시 계획을 짰다. 그리고 중국 내륙에서 한족 기간요원 수천 명을 끌어와 개혁을 확실히 이행하는 데 필요한 하부구조를 갖춰나갔다. (한족 기간요원 대부분은 간쑤 성과 산시성 같은 옛 서북국 관할 지역 출신이라는 얘기를 들었다.) 또 현지 티베트족 수천 명을 모집해 훈련시켰다. 현지 기간요원으로 삼기 위한 준비였다. 그러나 그는 이런 계획을 공식적으로 발표하지는 않고 티베트공작위원회 안에서 조용히 처리했다.

한족 요원이 너무 많이 티베트로 유입되는 바람에 주택난이 심각해졌다. 그래서 판밍은 집을 사들이느라 야단이었다. 대부분은 귀족 엘리트 층으로부터 구입했다. 라싸의 부동산은 대부분 귀족 소유였다. 그들의 부는 주로 장원에서 생겼다. 일부 상업에 종사하는 귀족이 있었지만 극히 예외적이었다. 대부분 비즈니스에 종사하지 않기 때문에 현금은 많지 않았다. 그러나 판이 그들로부터 주택을 사들이면서 귀족들 상당수가 그 대금으로 인도 쪽과 장사를 하게 됐다. 본의 아니게 자본가 귀족이 된 것이다. 들리는 말로는 매일 칼림퐁과 야동을 오가는 짐 실은 노새가 수천 마리는 된다고 했다. 게다가 정부 트럭 10~15대가 매일 은화를 싣고 중국 내륙에서 라싸로 들어왔다. 중국 은행에 있는 은화의 대부분이 티베트로 들어간다는 말까지 나왔다 (그리고 이 대부분은 결국 네팔, 시킴, 부탄을 거쳐 인도로 유입됐다). 나중에는 이 덕분에 엘리트 층이 인도로 망명을 하기가 한결 수월해졌다.

이런 식의 사태 전개는 골칫거리였다. 곧 뭔가 조치를 취할 기회가 찾아왔다. 나는 원래 천이와 함께 베이징으로 돌아가 전국인민대표대회에 참석할 예정이었다. 전인대는 1956년 9월 중순으로 예정돼 있었다. 그러나 우리가 떠나기 직전 장궈화, 장징우, 왕펑이 내게, 캄에서 리징촨이 사회개혁을 시행하는 과정에서 적지 않은 문제에 봉착했으니 베이징으로 가는 길에 캄에 들러 상황을 좀 봐달라고 했다. 최근에 라싸에서 캄으로 조사단을 파견하기는 했지만, 내가 현지 간부 및 지역 유지들과 솔직한 이야기가 통할 테니 티베트족들이 개혁에 대해 실제로 어떻게 생각하는지, 그리고 과연 일이 어떻게 진행되고 있는지를 훨씬 생생하게 파악할 수 있다고 본 것이다. 캄에서 상황 조사를 마치고 베이징으로 가 결과를 중앙정부에 직접 보고하라는 명이 내려졌다.

천이가 베이징으로 떠난 것은 5월 31일이었다. 그 직후 나는 차편으로 타르체도로 향했다. 가는 길에 옛날 친구 차괴 톰덴과 판다 톱게 같은 주요 인사들을 만나봤다. 하나같이 말이 똑같았다. 캄 개혁이 다급하게 뒤죽박죽으로 진행됐다는 얘기였다. 계획도 엉성하고 티베트족 상층부와 긴밀한 조율 같은 것도 없었다. 타르체도에서도 이 문제를 티베트족 기간요원들과 논의해봤다. 대부분 바탕에 있을 때 내 밑에 있던 사람들이었다. 그들의 보고도 똑같았다. 나중에는 라싸에서 보낸 조사단 단장인 한족 장샤오밍도 만났다. 그의 말 역시 내가 들은 얘기와 일치할 뿐 아니라 개혁에 관한 구체적인 사실을 많이 알려주었다. 일부에서는 반란까지 일어났다는 것이었다. 타르체도의 지도자들이 막무가내로 개혁을 집행하라고 명령한 것이 분명했다. 모든 것이 어지러웠다. 처음으로 나는, 당이 티베트 정책을 추진하는 방식에 문제가 있다는 생각을 심각하게 하게 됐다.

6월 말 베이징에 도착하자 왕펑은 내가 조사한 내용을 리웨이한(통전부 부장이었다)과 울란후(국가민족사무위원회 주임이었다. 몽골족 출신으로 중국명은 烏蘭夫. 당시 국무원 부총리를 겸했다―옮긴이)에게 보고하도록 주선해주었다. 나는 어떻게 보고하는 것이 가장 효과적일지 깊이 생각했다. 그래서 내린 결론이, 조사 결과를 보고하되 장샤오밍이 조사한 내용이라는 식으로 설명하기로 했다. 왜냐하면 장은 한족이고 공식 특별조사단장이었기 때문이다. 내가 부정적인 보고를 하게 되면 그들은 내가 티베트족이어서 판단이 흐려졌다고 생각할지 몰랐다. 그래서 내 판단은 구두로 덧붙이는 정도로 하고 장샤오밍의 보고서를 제출했다. 다만 앞으로 티베트에서 개혁을 이행할 때는 먼저 현지인들 요구에 맞게 계획을 잘 짜고, 특히 개혁 내용을 상층부 사람들과 세심하게 조율하는 것이 중요하다는 점을 강조했다. 리웨이한과 울란후는 내 건의가 소중한 내용이라면서 고위 당국에 보고될 것이라고 했다. 나중에 마오와 저우언라이가 내 보고서 요약본에 서명한 사실을 알고 기분이 좋았다. 직접 읽어봤다는 얘기였기 때문이다.

전국인민대표대회 이후인 9월 20일, 저우언라이는 티베트 대표 전원을 한 자리에 초대했다. 중국인민정치협상회의(정협)에 막 참석한 티베트 대표단도 같이 불렀다(당시 저우언라이는 정협 주석을 겸했다—옮긴이). 그는 캄의 개혁이 많은 문제에 봉착했으며, 중앙정부는 사태를 예의주시하면서 국가민족사무위원회 고위급 관료인 류게핑을 보내 현지 사정을 조사하고 오류를 수정하도록 했다고 말했다. 또 티베트 본토는 아직 개혁이 시작되지 않았고 적어도 6년 동안은 시작되지 않을 것이라고 말했다. "앞으로 그곳에서 개혁을 시작할 때가 되면 캄처럼 성급하게 하지는 않을 것입니다. 대신 고위층, 하위층과 협의를 해서 '온건한' 방식으로 진행되도록 최선을 다하겠습니다." 그러고는 "대표 여러분은 캄에서 일어난 사태에 놀라지 말라"고 덧붙였다. 내게는 티베트 본토로 가서 달라이 라마와 라싸 정부 관료들에게 이런 내용을 전하라는 지시가 떨어졌다. 체 직메도 같은 임무를 띠고 판첸 라마한테 가라는 명을 받았다.

1956년 11월, 나는 티베트로 돌아왔다. 캄에서 있었던 불미스러운 일을 돌이킬 수는 없지만 저우언라이가 보인 반응 여부는 그나마 다행스러운 정도였다. 라싸로 가는 길에 타르체도에 잠시 들렀다. 지난번 베이징으로 가는 길에 들렀을 때보다 사람들 반응은 훨씬 냉담했다. 현지 당 서기는 이제 티앤바오와 내가 개혁에 반대한다고 떠들고 있었다. 나는 말도 안 되는 소리라고 일축하고 개혁에 반대하지 않는다는 것을 분명히 밝혔다. 개혁은 반드시 필요하지만 어떻게 언제 하느냐가 중요하며, 지금까지의 조치들은 옳지 않았다고 지적했다.

라싸에 도착한 이후 나의 주요 임무는 당 외부 사람들, 특히 달라이 라마와 고위급 티베트 관료들에게 중앙정부의 지침과 입장을 널리 알리는 것이었다. 나는 라싸의 많은 캄파 상인들을 소집해 같은 내용을 설명하기도 했다. 쉬운 일이 아니었다. 상황이 그만큼 심각했기 때문이다. 류게핑의 조사 결과가 캄의 개혁 방식을 비판했기 때문에 개혁 이행 과정에 어느 정도 변화가 생겼다. 그러나 중앙정부는 개혁은 중단하지 않는다는 결정을 내렸다. 과오가 있었다는 것은 인정했지만 개선하거나 교정하라는 것이지 중단하라는 얘기는 아니었다. 결과적으로 소수민족(티베트족)은 하나인데 소수민족 정책은 둘인 셈이었다. 티베트 본토 따로, 캄/암도 따로였던 것이다. 개혁은 계속됐고, 그로 말미암아 1958~1959년에 심각한 봉기가 발생하게 되었다.

나로서는 중앙정부가 캄과 티베트 본토의 관계를 이해하지 못하는 것 같아서 매우 실망스러웠다. 17개조 협정은 티베트 본토에만 적용되고 캄과 암도의 티베트족 거주 지역에는 적용되지 않게 돼 있었다. 그러나 세 지역의 티베트족은 종교와 정체성과 언어가 같은 한 민족이었다. 따라서 드리추 강 동쪽에서 벌어지는 일은 서쪽에도 심각한 영향을 미치지 않을 수 없었다. 중앙정부가 티베트 본토의 개혁은 늦추겠다고 해도 동티베트의 상황을 이끌어가는 방식은 본토 티베트족들의 태도에 큰 영향을 미쳤다. 그들은 자기들한테도 똑같은 일이 일어날 것으로 우려했다. 우리 한구석에 있는 양 한 마리를 잡으면 다른 쪽에 있는 양들도 당연히 겁을 먹게 되는 법이다. 중앙정부가 한 민족에 대해 두 개의 서로 다른 정책을 취했기 때문에 1950년대 말과 같은 문제가 야기된 것이다. 나는 개혁이 필요하다는 것은 여전히 확신했다. 그러나 라싸의 티베트족들에게 그토록 부정적인 영향을 미치는 방식으로 일이 진행된 것은 참으로 서글펐다. 그럼에도 불구하고 캄에서 발생한 혼란이 곧 티베트 전역으로 번질 것이라고는 전혀 예상치 못했다. 그런데 2년 반 만에 1959년 봉기로 이어진 것이다.

4부

투옥

18장
라싸에 긴장이 고조되고

1956년 인도 정부가 달라이 라마와 판첸 라마를 초청했다. 붓다 탄생 2,500주년 기념행사에 참석해달라는 것이었다. 티베트공작위원회는 달라이 라마의 외국행이 영 내키지 않았다. 그러나 두 라마가 어디를 가든 막지 말라는 중앙정부 방침에 밀리고 말았다. 두 라마가 기념식에 가기로 하자 티베트공작위원회는 내가 달라이 라마를 따라가는 문제를 논의했으나 결국에는 부적절하다는 결론이 났다. 우리가 그를 안 믿는 것처럼 보일 수 있기 때문이었다.

달라이 라마가 뉴델리에 도착한 것은 1956년 12월 5일이었다. 이어 4개월간 인도에 체류한 것은 종교적인 방문 이상의 것이었다. 그해 초 캄에서 개혁을 추진하는 과정에서 민중봉기가 일어났고, 그로 말미암아 미국 중앙정보국 CIA이 티베트 상황에 관심을 갖게 됐다. 달라이 라마의 친형인 걀로 톤둡은 칼림퐁 소재 반공 티베트 조직의 지도자졌다. 이들은 달라이 라마에게 망명을 해서 미국의 지원을 받아 중국과 싸우자고 호소했다. 또 다른 형제인 탁체 림포체도 미국에서 돌아와 귀환을 만류했다. 반면에 은가뵈 같은 사람들은 달라이 라마의 귀환을 만류하고 인도에 눌러앉아야 한다고 주장하는 사람들에게 미국이 진짜 티베트를 도우려는 의지가 있다는 것을 보여주는 증거를 대보라고 공박했다.

인도에서 이런 판국이 벌어지고 있다는 게 알려지자 저우언라이는 (네팔에 가는 길에) 뉴델리에 두 번이나 들러 달라이 라마와 문제를 논의했고, 라싸로 돌아오라고 촉구했다. 저우는 마오쩌둥의 보장서도 가져왔다. 적어도 6년간 티베트 본토에 개혁은 없을 것이며, 그 이후에도 사정이 여의치 않으면 더 연기할 수 있다는 내용이었다. 인도 총리 네루도 달라이 라마에게 돌아가라고 권고했다.

_골드스타인, 셰랍, 지벤슈

달라이 라마가 최종 결단을 내리기에 앞서 은가뵈가 티베트로 돌아왔다. 아내(은가뵈와 함께 인도에 가 있었다)가 산일이 내일모레라는 핑계를 대고 빠져나온 것이다. 은가뵈가 돌아올 당시 나는 라싸에 있어서 인도에서 상황이 어떻게 돌아가는지 직접 들을 수 있었다. 그가 당시 라싸의 최고위급 중앙정부 파견 요원인 탄관산譚冠三에게 두 가지 부탁을 한 걸 보면 사태가 심각한 것이 분명했다. 하나는 공산당 입당을 허가해달라는 것이었다. 은가뵈가 이런 요청을 한 것은 처음이었다.

두 번째 청은 훨씬 더 놀라웠다. 공산당과 인민해방군이 티베트에 머물 수 없는 지경이 되면 자신과 가족까지 같이 데려가달라는 것이었다. 나는 정말 놀라지 않을 수 없는 게, 그것은 티베트 정부가 중국군을 몰아낼 시점이 올 수 있다고 생각한다는 의미였기 때문이다. 그는 미국이 지원을 한다는 주장이 설득력이 있다고 생각했음에 틀림없다. 그러나 은가뵈 정도가 중국이 티베트에서 쫓겨날지 모른다고 믿는다면 다른 티베트 관료들은 어떤 생각을 하겠는가? 티베트 안정에 좋지 않은 징조였다.

은가뵈의 두 가지 요청은 베이징의 고위 당국에 보고됐다. 물론 탄관산은 은가뵈에게 중국군이 티베트에서 철수하는 일은 절대 없을 테니 걱정하지 말라고 안심을 시켰다. 그런데 달라이 라마가 망명 대신 귀환을 택함으로써 이 모든 문제가 해결됐다. 그제야 당으로서는 겨우 놀란 가슴을 쓸어내렸다. 1957년 4월 1일, 달라이 라마는 라싸로 돌아왔다.

1957년 여름 나는 베이징으로 가서 전국인민대표대회에 참석했다. 도착한 지 얼마 되지 않아, 왕펑이 나를 보자더니 티베트 상황에 대해 의견을 물었다. 처음에는 나를 지나치게 추어올리는 말로 시작했다. "자네는 당 내 티베트족 최고위급 간부일 뿐 아니라 마오쩌둥, 저우언라이는 물론이고 천이와 리웨이한 같은 지도자들의 신뢰와 존중을 받는 티베트족 리더일세. 지도자들 간의 조화가 중요하지.

수였다는 사실은 나중에서야 비로소 알게 된다.

그해 전인대 회의는 끝이 날 때까지 이렇다 할 사건이 없었다. 왕펑은 소수민족 대표들에게 정부가 베이징에서 그리 멀지 않은 휴양지 칭다오靑島에서 특별회의를 소집해 관심사를 논의할 것이라고 말했다. 그러면서 우리에게 생각을 솔직히 토로해달라고 당부했다. "어떤 제안이라도 있으면 진짜 속생각을 말해주셔도 됩니다. 그러면 소수민족 지역에서 당 사업을 개선하는 데 큰 도움이 되니까요. 걱정하실 필요 없습니다. 여러분의 제안은 인사기록에는 넣지 않겠습니다."

칭다오 회의는 1957년 7월에 시작됐다. 정협 회의 참석자는 물론이고 전인대 소수민족 대표들도 출석했다. 먼저 상견례를 겸해 총회를 연 다음 다시 소그룹으로 나눠 회의를 진행했다. 티베트족들은 하나의 소그룹이 됐다.

처음 열린 총회에서는 소수민족 거주 지역의 실세 간부들이 하나같이 한족이라는 불만이 쏟아져 나왔다. 한 대표는 자기 지역에서는 소도시 책임자는 걸어 다니는 반면 그 밑에 있는 한족 회계 담당은 말을 타고 다닌다고 불평했다.

신장위구르 대표들은 이 문제에 대한 대응이 중요한 변수가 될 것이라고 했다. 그들은 현재의 소수민족 자치구 구조가 개정이 필요하다고 강력히 주장하며 당 중앙위원회에 소련의 "사회주의 (자치) 공화국" 체제와 유사한 소수민족 "공화국"(연방聯邦) 체제를 수립할 것을 촉구했다. 소수민족 간부와 지방정부에 더 큰 자치권을 부여하는 체제를 요구하는 얘기였다. 이론적으로는 나도 동의했다. 그러나 전략적으로 볼 때 그런 시스템은 티베트에서 실현되기는 대단히 어려울 것이라고 생각했다. 한족 간부들의 반대에 부딪힐 것이 뻔할뿐더러 암도, 캄, 티베트 본토 지역 사이의 관계는 물론이고 라싸 정부와 판첸 라마 정부의 관계 등등 해결해야 할 문제가 많았다. 그러나 그런 발상만으로도 가슴이 설레었다.

티베트족 대표들은 총회에서 그런 큰 이슈는 제기하지 않았다. 그러나 티베트족만 모인 분임 토의에서 데르게 세이는 중앙정부가 (쓰촨 성 관할) 데르게 소속 4개 현(괸첸, 바이율, 뎅코, 세슈)을 (티베트 관할) 참도로 이관해야 한다고 주장했다. 그는 데르게의 여왕이 참도해방위원회 부위원장이고, 좀다 현—역사적으로는 데르게의 일부였다—이 행정적으로 참도 관할이기 때문에 당연히 그럴 수 있다고 말했다.

이런 주장이 정부로서는 마뜩치 않을 것이라는 걸 나는 직감했다. 데르게 대표들이 캄에서 진행 중인 사회주의 개혁을 피하려는 작전으로도 보일 수도 있었다. 그래서 바로 이렇게 말했다. "그렇게는 안 될 겁니다. 우리 소모임에서 데르게를 행정적으로 티베트/참도로 이관해달라고 하면, 쓰촨 성의 다른 캄파 지역들 역시 똑같이 해달라고 할 겁니다. 그러니 중앙정부로서는 데르게를 선례로 만들려고 하지 않을 겁니다." 은가뵈 등이 내 의견에 찬성하고 나서 그 논의는 없던 일로 되었다. 이어 우리는 다른 사소한 안

건을 토의했다. 토론 과정에서 통전부에서 나온 한족 관료가 토론 내용을 일일이 기록했다. 나는 별로 신경을 쓰지 않았는데 지금 와서 돌이켜보면 그것 역시 실수였다.

다음 날 우리는 티베트 지역 당원 소모임을 열었다. 우리 그룹의 장은 티앤바오(타르체도 지사)였다. 그는 전날 토론에는 참여하지 않았다. 그는 바로 나한테 오더니 "당신네들 정말 이해가 안 되네. 도대체 왜 데르게를 참도로 이관하자고 한 거야?" 하고 묻는 게 아닌가. 나는 이게 무슨 소리인가 싶어 무슨 말이냐고 물었다. 그는, "당신네 소조가 중앙정부에 데르게 이관을 제안하기로 했다는 걸 어제 모임에 관한 보고서에서 봤다니까"라고 했다. 그러면서 손가락으로 나를 가리키며 말했다. "당신 이름이 그런 제안을 한 사람들 명단에 특별히 명기돼 있었어." 나는 깜짝 놀라 그 토론이 실제로 어떻게 진행됐는지를 재빨리 설명해줬다. "회의 내용을 기록한 사람이 오해를 한 게 분명합니다." 나는 티앤바오에게 분명히 일러주었다. 그러나 이런 식으로 잘못 알려지는 게 영 걱정스러워서 "티베트족 당원 그룹 리더로서, 사실 어떻게 된 일인지 울란후와 왕펑에게 잘 좀 설명해주십시오" 하고 다시 한 번 부탁을 했다. 티앤바오는 그러마고 약속했다. 그러나 그에게만 맡겨놓을 수는 없겠다 싶어 내가 직접 가서 전후사정을 설명하기로 했다.

나는 이런 혼란이 고의적인 것이라고는 생각지 않았다. 그날 일들을 되새겨보니 데르게 이관 문제를 토론한 뒤 은가뵈가 닝마파Nyingmapa(달라이 라마가 속한 겔룩파와 다른 티베트 불교의 한 종파. 빨간 모자를 쓴다고 해서 홍모파紅帽派라고도 한다—옮긴이) 문제를 제기한 일이 생각났다. 데르게는 닝마파가 특히 세가 큰 만큼 중앙정부에 데르게 개혁 과정에서 각별히 신경을 써달라는 요청을 하자는 것이었다. 모두들 동의했다. 그래서 나는 기록자가 이 부분과 데르게 부분을 혼동했음에 틀림없다고 추정했다. 그래도 영 꺼림칙해서 고위층에게 직접 진실을 말하기로 했다.

높은 사람들을 찾아갔더니 한창 마작을 하느라 정신이 없었다. 그래서 처음에는 묵묵히 그냥 지켜만 볼 뿐 아무 말 하지 않았다. (한 사람이 게임에서 빠지면서 나에게 자기 자리로 들어가라고 했다. 그러나 복잡한 중국식 점수제가 싫어서 사양했다.) 한시 바삐 오해를 풀고 싶은 마음 가득했으나 그들은 게임에 빠져 시간 가는 줄 몰랐다. 업무적인 일로 끼어들 때가 아닌 분위기라서 언제 끝나나 하고 기다리고 또 기다렸다. 그런데 한참을 기다려도 끝이 나지를 않았다. 티앤바오한테 부탁을 했으니까 됐겠지,라며 마음을 다잡으며 자리에서 나왔다.

다음 날, 저우언라이가 칭다오에 왔는데 은가뵈와 나를 만나고 싶어 한다는 전갈이 왔다. 우리가 들어가자 저우는 단도직입적으로 용건을 꺼냈다. "당신들과 논의하고 싶은 일이 몇 가지 있는데, 우선 티베트 경계선을 바꾸는 건 부적절하네." 처음에는 도통 무슨 말인지 잘 알아듣지 못했다. 그래서 은가뵈가 저우가 한 말을 통역해달라고 했을 때 뭐라고 해야 할지 나도 몰랐다. 이어 엊그제 분임 토의에서 나온 얘기를 하는 것이라는 생각이 퍼뜩 스쳤다. 그래서 데르게 행정구역 이관 문제를 말씀하시는 것이냐고 물었다. 저우는 그렇다고 했다. 나는 바로 그에게 잘못 전해진 부분이 있다고 하고 티앤바오에게 했던 대로 설명을 했다. 그러자 그는 "좋아, 좋아. 기록 담당이 잘못 알았단 말이군. 그럼 그건 됐고"라고 했다. 그리고 나서는 티베트 북부에 지열에너지를 개발하는 계획에 대해 논의를 했다. 그래서 기록 문제는 이제 완전히 정리가 됐겠거니 하고 마음을 놓았다. 그러나, 훗날 알고 보니 그렇지 않았다.

저우언라이와 만난 직후 은가뵈와 나는 군용기를 타고 라싸로 돌아갔다. 라싸에서 또 곧바로 흥미로운 사건에 연루돼 베이징에서 있었던 오해 문제는 까맣게 잊고 말았다. 그 사건인즉, 왕계 퓸초라는 젊은 티베트 농부가 전해에 주인의 명을 어기고 걍체에서 민주주의 개혁 이행 훈련 강좌에 참석한 일이었다. 주인은 학교에 가지 말고 그 시간에 부역을 하라고 했는데, 왕계가 주인 말에 따르지 않자 명령에 복종하지 않았다는 이유로 매질을 한 사건이 일어났다.

얼핏 보면 사소하고 늘상 일어나는 일로 보일 수도 있다. 농노가 주인한테 매를 맞는 일이야 허다했으니까 말이다. 문제는, 판밍이 이 사건을 티베트 정부를 공격할 기회로 삼았다는 것이었다. 먼저, 매질 사건 기사를 본인이 발행하는 『티베트일보』에 실었다. 이어 티베트공작위원회 회의를 소집해 티베트 관료나 영주들이 우리 쪽 기간요원으로 일하고 싶어 하는 평민들을 학대하는 걸 가만 놔두면 앞으로는 무서워서 우리 쪽에 협력하지 않을 거라고, 이런 일의 재발을 막으려면 영주를 처벌해야 한다고 강력히 주장했다. 그러면서 판밍은 나에게 해결을 맡기자고 제안하여 내가 이 사건에 말려들게 된다.

간단한 문제가 아니었다. 티베트 정부는 여전히 티베트족에 대한 법률적 관할권을 갖고 있었다. 따라서 영주와 농노 사이의 갈등을 해결한답시고 우리가 개입을 했다가는 티베트 정부의 권위에 대한 직접적인 도전이 될 수도 있는 문제였다. 판밍이 나에게 문제를 떠맡긴 것은 바로 그 때문이었을 것이다. 티베트족이 티베트 정부에 도전하게 만들려고 한 것이다.

나는 티베트 정부의 권위를 해치고 싶지 않았다. 나는 여전히 달라이 라마와 엘리트 층을 통해 점진적으로 변화를 추구하려는 입장이었다. 그래서 강압보다는 상호 양해로 문제를 풀기로 했다. 나는 이 사건을 정도 이상으로 심각하게 처리해서는 안 된다고 생각했다. 또 어떤 면에서는 다소 부당하다는 느낌도 들었다. 판밍의 병사들도 현지인들에게 비슷한 짓거리를 하는데 그런 비리는 유야무야하는 터였기 때문이다.

나는 티베트 관리 다수(이들은 티베트 자치구 주비위원회에도 관여하고 있었다)를 끌어모아 함께 사건 조사에 나섰다. 우리는 우선 왕계 퓬초와 그에게 매질을 한 영주에게 자초지종과 함께 왜 그랬는지를 정확히 설명해보라고 했다. 두 사람의 증언과 다른 사람들의 증언을 면밀히 검토한 뒤 우리는 티베트 관습에 따라 중재를 했다. 우선 영주에게는 사과를 하도록 하고, 왕계에게는 우리가 '치료비'조로 돈을 좀 주기로 했다. 예상대로 둘 다 우리 중재안을 받아들였고, 문제는 그걸로 종결이 됐다.

라싸로 돌아와 티베트공작위에 이런 내용을 보고하자 판밍은 만족해하지 않았다. 일방적으로 행동함으로써 이후에도 마음껏 개입할 수 있는 전례를 만들기를 원했기 때문이다. 판밍의 의도를 사실상 내가 저지한 결과가 됐지만, 어떤 의미에서는 그 정도만으로도 신기원을 연 셈이었다. 이런 사건은 원래 티베트 정부가 전권을 가지고 처리할 문제였다. 따라서 그쪽과 합동으로 조사하고 처리했다는 것만으로도 티베트 자치구 주비위원회가 제한적이나마 권한을 행사한 최초의 사례가 되는 것이었다. 관리가 농노에게 사과를 한 것도 처음이었다.

그러는 사이 바깥에서는 급속도로 긴장이 고조되고 있었다. 마오는 티베트에서 당분간 개혁은 없을 것이라고 분명히 말했지만, 그런 정책을 칭하이, 간쑤, 쓰촨, 윈난 성에 사는 동티베트인들에게까지 확대 적용하지는 않았다. 따라서 이런 지역에서는 사회주의 개혁이 계속됐다. 많은 티베트족이 봉기했고, 유혈사태가 잇따랐다. 중국군은 진압에 성공했지만 그 과정에서 많은 반란자들이 티베트 본토로 도피했다. 1957년과 1958년 초에 무장한 캄파 난민들이

(가족이 함께 온 경우도 있었다) 라싸로 들어왔다. 그들이 살던 지역에서 어떤 일이 벌어졌는지 각종 체험담이 급속히 퍼졌다. 우리의 대민홍보는 완전히 망한 셈이었다. 지금껏 한 사례가 기억난다.

1957년 말(아니면 1958년 초였다)경, 나의 고향 바탕 출신의 유명 인사인 한 여성, 찬줄라가 트럭을 타고 라싸로 탈출해 삼촌인 수르캉 장관 집에 머무르고 있을 때였다. 당시 나는 수르캉 옆집에 살고 있었다. 어느 날 아침 일찍 아침식사를 하던 중 그녀가 느닷없이 내 집 앞에 나타났는데 그녀의 행색이 초췌하기 이를 데 없어 깜짝 놀랐다. 그녀는 바탕에서 가장 큰 귀족 가문 딸인데 다 떨어진 옷을 입고 있었다. "푼왕……." 그녀가 말했다. "날 봐요. 거지가 됐어." 나는 정말로 놀랐다. 도대체 어찌 된 일이냐고 물으니, 그녀는 바탕에서 민주주의 개혁이 시작된 이후 봉기가 일어났고, 쵀데 수도원이 공습당했다고 했다. 그녀의 동서는 악질 지주 규탄 대회에서 너무 심하게 구타를 당한 나머지 결국은 강물에 뛰어들어 자살하고 말았다. 그녀도 규탄을 당했고 전 재산은 몰수당했다고 했다. 하룻밤 사이에 알거지가 된 것이다. 그녀는 자신이 겪은 참담한 일들을 상세히 설명하고는 라싸에서 치료를 받을 수 있도록 도와달라고 부탁했다. 너무나 당혹스럽고도 고통스러운 얘기였다. 나는 어서 아침이라도 먹으라고 하면서 도와주겠다고 약속했다.

함께 밥을 먹는 동안 그녀는 캄에서 민주주의 개혁이 어떻게 집행됐는지 더 많은 얘기를 해줬다. 나는 당원이고 간부인 만큼 그녀가 사태를 좀 순화시켜 얘기하고 있다는 게 느껴졌다. 그러나 수르캉한테는 거리낌 없이 다 털어놓았을 것이었다. 그녀의 얘기를 들으면서 그런 이야기들이 어떤 효과를 발휘할지 상상하기는 어렵지 않았다. 오랫동안 우리는 개혁이 6년 또는 그 이상 연기될 것이라고, 상류층의 생활은 떨어지는 게 아니라 나아질 것이라고 누누이 다짐해왔다. 그런데 우리가 그런 얘기를 떠벌이는 사이 찬줄라 같은 사람들이 캄에서 쏟아져 들어와 친척과 친구들에게 전혀 다른 얘기를 전하고 있는 것이었다. 조카가 와서 몸으로 겪은 얘기를 하는데 수르캉 같은 사람들이 어떻게 우리의 약속을 믿을 수 있겠는가?

무장한 캄파들이 점점 더 많이 라싸로 쏟아져 들어오자 그들과 티베트 정부가 합동으로 중국군을 공격할 계획을 짜고 있다는 소문이 무성해졌다. 많은 한족 간부들의 의구심도 커져갔다. 예를 들어, 라싸 주둔 인민해방군 사령관 천멩이는 어느 날 장징우에게 티베트 정부가 곳곳에서 무장 인원을 모집하고 있다고 보고했다. 나는 믿어지지 않았다. 그러나 며칠 후까지 아무 소리 하지 않았다. 이어 천은 장징우에게 간덴 사원 아래 라뫼에 기병 500~600명이 도착했다고 보고했다.

티베트 정부가 전쟁을 준비한다면 중국군도 그에 대비해 전쟁 준비를 해야 한다고 천이 우려하고 있는 걸 알았다. 나는 이것이 불필요한 우려라고 확신했으므로 장징우 앞에서 천에게 정보가 부정확한 것일 수 있다고 말했다. 라뮌과 장징우는 내가 잘 알았다. 1951년 같이 말을 타고 간 덴사원으로 가서 승려들에게 선물을 나눠준 일이 있다. 사원으로 가는 길에 라뮌을 지나쳤던 것이다. 마을에 몇백 가구가 사는 정도였지, 병력 500~600명과 그만한 말을 먹이기는 도저히 불가능한 곳이었다. 나는 잘못된 정보는 위험하며, 인민해방군과 티베트 정부 사이에 긴장을 악화시킬 수 있다고 경고했다. 마을이 멀지 않으니 티베트족 요원들을 데리고 가서 무슨 일이 벌어지고 있는지 직접 알아보라고 장에게 권했다. 장은 잠시 생각을 하더니 그러겠다면서, "확증 없이 인민해방군의 입장을 바꿔서는 안 되고, 불필요하게 티베트 정부에 겁을 줘서도 안 된다." 이렇게 했다.

다음 날, 관리들이 팀을 짜서 라뮌으로 갔다. 돌아와서는 그곳에 말 탄 사람은 전혀 보이지 않더라고 보고했다. 그저 마을 사람들이 산악 목초지에서 데리고 내려온 가축들만 여기저기서 풀을 뜯고 있더라는 것이었다. 천에게 정보를 준 사람이 가축들을 밤에 보았기 때문에 무장 기병으로 착각했음이 분명했다. 위기일발, 이렇게 양측 간에 긴장과 의구심이 극도로 고조됐다. 솔직히 당시 내가 티베트에 있지 않았다면 장징우는 천의 말을 그냥 믿고 말았을 것이다. 그럼 중국군은 전투 준비를 시작했을 것이고, 그렇게 되면 티베트 정부도 대응조치를 취하지 않을 수 없었을 것이다.

다들 신경이 곤두서 있는 바람에 사소한 사건도 위기로 번졌다. 어느 날은 라싸에서 장징우의 통역을 맡고 있는 퓬초 타시가 내게 전날 밤 아파트에 고양이가 들어 잠을 깼다는 얘기를 했다. 자기는 별로 신경을 쓰지 않았는데 다음 날 같은 아파트에 사는 중국인 부부는 (고양이가 낸) 소리를 듣고 티베트 정부군(아파트가 달라이 라마 소유여서 자체 경비 병력이 있었다)이 몰래 침입하려는 줄 알았다고 하더라는 것이다. 그들은 너무 무서워서 밤새도록 총을 들고 문 옆에 서 있었다.

티베트 정부 쪽에서도 선동적인 뜬소문이 떠돌았다. 이를테면 개혁이 곧 시작될 것이며 부동산을 비롯한 귀족과 사원 소유 자산은 압류될 거라는 따위의 소문이었다. 일부 귀족들은 은밀히 재산을 인도로 빼돌리기 시작했다. 내 오랜 친구인 데르게의 차괴 톰덴 같은 진보적인 사람들도 마찬가지였다. 그는 공산당과 가까웠고, 쓰촨에서 관리로 일하고 있었다. 그래서 중국군으로부터 쉽게 트럭 석 대를 빌릴 수 있었다. 손자인 남계 도르제와 딸이 순례차 라싸로 가는 데 필요하다고 했지만 실제로는 귀중품 등을 그편에 실어서 몰래 인도로 빼돌렸다.

어느 날 천멩이가 나한테 와서 그 손자 얘기를 하면서 이렇게 말했다. "우리는 오랜 친구인 차괴 톰덴과 남계 도르제에게 15만 다얀을 주고 시가체에 가서 곡물을 사오라고 했어. 그런데 몇 달이 지났는데도 아직 안 가져왔다네. 자네가 그 집안과 친구니까 빨리 좀 가져오라고 말 좀 해주게." 나는 즉시 남계 도르제에게 곡물이 어디 있느냐고 물었다. "잔머리 굴리지 말게." 나는 그에게 솔직히 말했다. "자네 할아버지가 아직 타르체도에 있어. 중국인들 손아귀에 있단 말이야." 그는 내 말의 진의를 곧 알아듣고는 곡물을 내놓겠다고 약속했다. 하지만 그가 그 약속을 지켰는지는 정확히 기억나지 않는다. 나중에 알고 보니, 그 일이 있고 나서 얼마 후에 그는 캄파들이 1958년 라싸에서 조직한 반중 게릴라군 추시간드룩의 장군이 되어 있었다.

이로부터 얼마 후 이상한 사건이 발생해 긴장이 더욱 고조됐다. 한족 병사 하나가 라싸에서 중국 내지로 전출을 가게 됐는데 가기 전에 포탈라 궁을 한 번 보고 가려고 들렀다. 궁으로 들어서려고 하니 티베트 경비원 두 명이 티베트 국방부에서 발행한 증명서가 있어야 한다고 가로막았다. 병사가 곧 전출을 가야 해서 그럴 시간이 없다고 우기니까 경비원들은 입장을 허가해주지 않았다. 병사가 계속 들어가겠다고 고집을 부리며 이상한 행동을 하니 덜컥 체포해버렸다. 이어 그 병사가 수류탄 두 발을 소지하고 있는 것을 발견했다. (왜 수류탄을 들고 갔는지는 확실히 알아내지 못했다.) 경비원들은 달라이 라마를 죽이려고 했을지 모른다고 보고 병사를 구금했다. 나중에는 구타까지 했다. 이 일로 해서 인민해방군과 티베트공작위원회에서는 난리가 났다. 티베트 정부는 인민해방군을 체포하거나 처벌할 권리가 없었기 때문이다.

천맹이는 내게 병사가 온전히 풀려나도록 힘써달라고 부탁했다. 그래서 내가 달라이 라마의 제부인 퓬초 타시 장군을 찾아갔다. 그는 자초지종과 함께 그 병사가 왜 억류

되고 벌을 받는지 정확히 설명했다. 그는, "푠왕, 이건 우연한 사건이 아닐세"라고 했다. 천멩이에게 수류탄 두 발 얘기와 함께 상세한 내막을 설명하자 그는 진짜 깜짝 놀랐다. 그러면서 그 병사가 도대체 무슨 생각으로 그랬는지 모르겠다고 했다. 나는 그의 말을 믿었다. 인민해방군이 달라이 라마에 대해 모종의 음모를 꾸미고 있다면 그런 식으로 어설프게 하지는 않았을 것이기 때문이다. 그리고 그들이 달라이 라마를 해할 생각이 전혀 없다는 것도 확신했다. 다시 푠초 타시를 만났을 때 나는 우리 사령부는 이 사건에 대해 아무것도 모르고 절대 달라이 라마를 해칠 생각이 없다고 설명하고 그 엉뚱한 병사를 즉시 방면해 중국으로 돌려보내는 것이 좋겠다고 권고했다. 그는 내 말을 따르겠다고 했다. 이어 10~15일 후 인민해방군 병사는 풀려났다.

그 몇 달간 시대적 격변 못지않게 나의 신상에도 변화가 많았다. 캄파들이 라싸에 모여들면서 긴장이 고조되는 동안 나는 베이징으로 가서 1958년도 전국인민대표대회에 참석했다. '반反우파' 운동이 한창일 때였다. 왕펑이 정협회의에서 지방地方민족주의를 타파하자고 열변을 토하던 기억이 난다.[15]

불과 1년 전인 1957년에만 해도 마오는 지방민족주의와 대한족주의에 반대해야 한다고 말했었다. 그러나 왕펑은 한족우월주의는 전혀 언급하지 않았다. 나는 이 부분이 거슬렸다. '왜 이런 식으로 달라질까?' 영 의아스러웠다. 그러나 곧 라싸에 돌아가야 해서 그런 문제를 깊이 따져볼 겨를이 없었다. 그러나, 라싸행은 생각에 그치고 말았다.

라싸로 가는 길은 처음에는 순조로웠다. 도중에 청두에 들러 18군 소속 기숙 유치원에 다니는 두 아들을 만나봤다. 이어 막 라싸로 떠나려는 차에, 베이징의 장징우한테서 전화가 왔다. 즉시 돌아오라는 것이었다. 이유는 딱 부러지게 설명하지 않은 채 할 일이 많다고만 했다. 처리해야 할 문제가 있다니 분부대로 하는 수밖에. 그 이후 22년 동안 다시는 베이징을 벗어나지 못했다.

19장
지방민족주의자로 낙인찍히다

1958년 4월, 베이징으로 돌아와 장징우에게 무슨 일로 오라고 했냐고 물으니 당 중앙위원회에서 내 임무를 바꿀 것이라는 답변이 돌아왔다. 당시 덩샤오핑과 정치국원 펑전彭眞은 출타 중이어서 베이징에 없었다. 그래서 소식이 오기만을 기다렸다. 뭐가 잘못되어간다는 감은 전혀 느끼지 못했으며, 그저 티베트에서 다른 임무를 맡기려는가 보다고만 생각했다. 며칠이 지나도 장징우는 무슨 변화가 있는지 일절 말을 하지 않았다. 그때까지도 나는 의심을 하지 않았다. 그러나 차츰 왜 언급을 회피하는지 이상하다는 생각이 들었다.

여러 날 기다린 끝에 마침내 회의에 참석하라는 통보가 왔다. 거기서 중앙위원회의 결정을 알려준다는 것이었다. 회의실에 가보니 장징우와 장궈화는 벌써 와 있었다. 왕펑은 참석을 못했고 대신 류춘을 보냈다. 장징우가 먼저 말을 꺼냈다.

"자네도 잘 알다시피 우리는 지방민족주의에 반대하네. 자네는 지방민족주의적인 언행을 해왔어. 특히 티베트족 간부의 대표 격이어서 정부에서는 티베트에서 하는 일을 중단시키고 베이징으로 데려오는 것이 낫겠다는 결정을 내렸지. 새 역할은 중국사회과학원 민족연구소 부소장이 될 거야." 그러더니 진짜 폭탄을 떨어뜨렸다. "하지만 이제 두 가지 과제가 생겼다는 점을 잘 헤아려야 돼. 첫째는 맡은 일에 충실한 것, 둘째는 자네 사상을 청소하는 일이야."

어안이 벙벙했다. 지금까지 장징우, 장궈화와 근 8년을 동고동락해왔다. 그런데 그들이 나를 사상을 청소할 필요가 있는 사람으로 보고 있을 줄은 꿈에도 몰랐다. 솔직히 내 사상에 무슨 문제가 있다는 것인지조차 정확히 알아들을 수 없었다. "지방민족주의 사상이란……." 내가 말을 시작했다. "대단히 일반적인 용어입니다. 좀 더 구체적으로 말씀해주시면 제 사상에서 어떤 부분이 청소가 필요하다는 것인지 파악하는 데 도움이 되겠습니다." 아무도 먼저 나서서 말하지 않았다. 몇 분쯤 흘렀을까. 장징우가 나섰다. "푼왕, 작년 칭다오 회의 때 당신은 데르게가 참도의 일부가 돼야 한다고 했어. 심사숙고해야 할 중요한 문제의 하나지."

말도 안 되는 소리였다. 내 귀를 믿을 수 없었다. 이런 일이 실제로 일어나고 있다는 것도 믿기 어려웠다. "말도 안 됩니다." 나는 그들에게 당시 일이 어떻게 된 건지를 설명했다. "은가뵈에게 물어보세요. 그 사람도 데르게 얘기가 나온 회의에 참석했으니까. 그 문제에 대해서는 저우언라이 총리한테 해명을 했습니다." 나는 분노와 동시에 좌절을 느꼈다. 나는 답을 원했다 "그것 말고는 또 없습니까?" 내가 날카로운 목소리로 물었다. "푼왕……." 장궈화가 내 이름을 부르더니 천천히 말을 꺼냈다. "인민해방군이 티베트에 입성할 때 자네는 많은 책을 가져갔어. 그중에 레닌의 『민족자결권에 대하여』가 있더군. 그것도 잘 생각해봐야 할 거야."

이건 더 웃기는 얘기였다. 공산주의자가 레닌을 읽은 것이 뭐가 잘못되었단 말인가? 화가 치밀면서 머릿속은 복잡하게 돌아갔다. 이런 일이 나한테 생기리라고 전혀 예상치 못했다. 그러나 무슨 일인지는 알 만했다. 저들은 이미 결정을 내린 것이 분명하다, 그러니 이 자리에서 저들과 논란을 해봐야 소용없다. 나는 류춘에게 눈을 돌렸다. 그는 또 뭐라고 할지 궁금했다. 그는 모호하게 "푼왕, 내가 말할 수 있는 건, 자네가 국가민족사무위원회에서 일할 때 몇 가지 문제가 있었다는 점일세"라고 했다. 무슨 말을 하는지 도무지 감을 잡을 수가 없었다. 그래서 구체적으로 얘기해보라고 채근을 하자 입을 다물어버렸다. 나는 적어도 지금으로서는 내가 더 할 수 있는 일이 없다는 걸 깨달았다.

나는 성난 모습을, 좌절한 모습을 보이지 않으려고 무진 애를 쓰면서 서둘러 회의실을 빠져나왔다. 일종의 고발을 당한 것은 분명한데, 무슨 건으로 고발을 당한 건지는 여전히 이해가 안 갔다. 나를 고발한 것이 장궈화와 장징우처럼 오랜 세월 동고동락한 사람들이라는 게 마음 아팠다. 그들이 어떻게 내 사상이 청소가 필요하다고 생각할 수 있는가? 마음 깊은 곳에서 아직도 나는 이 모든 일이 오해임에 틀림없고 따라서 곧 해결될 것이라고 생각했다. 참으로 순진한 생각이었으니!

왕평이 회의에 나오지 않았기 때문에 나는 그를 찾아갔다. 전에 국가민족사무위원회에서 일할 때 왕평과는 아주 가까웠고 서로 자주 놀러가기도 했다. 그러나 면담을 하려다 보니 상황이 변했다는 걸 알 수 있었다. 갑자기 그를 만나는 일이 여간 어렵지 않았다. 그는 이런저런 핑계를 댔다. 나중에 알고 보니 왕평은 소수민족 출신 간부들에 대한 대대적인 숙청, 즉 1957년의 이른바 민족정풍整風운동을 주도한 인물이었다. 그가 이 모든 사태의 배후였던 것이다. 그가 나를 지목하자 장징우와 장궈화는 왕평을 밀기로 한 것이다.

결국 왕평을 만났다. 그는 돌려 말하지 않았다.

"티베트족 간부들 중에 우리가 예의주시해온 사람이 셋 있네. 당신하고 티앤바오, 그리고 타시 왕축. 타시 왕축은 지방민족주의 성향 면에서 최악이야. 우리는 여러 차례 칭하이 성 지도부와 토론을 한 결과 부서기 자리는 해임하고 2등급을 강등하기로 했네. 전인대 대표 자리만 유지시킬 작정이야. 그다음으로 심각한 게 당신이야. 무엇보다 당신 스스로가 본인의 자신의 과오를 알고 있으니까 그걸 말끔히 씻어내야 해. 우리는 티베트에서 자네가 맡은 직책을 모두 면직시킬 거야. 당신의 임무는 이제 여기 베이징 사회과학원에서 일하면서 사상을 청소하는 일일세. 티앤바오도 실수를 좀 했지. 현 직책을 그대로 유지하겠지만 사상을 청소해야 돼. 자네가 잘 이해를 해줬으면 하네." 그러더니 끝으로 이렇게 말했다. "당은 자네가 민족주의 사상을 교정하는 시련을 겪는 동안 자네를 보호해줄 거야. 당신을 당에서 축출할 수도 있지만 기회를 한 번 주자는 거지."

할 말이 없었다. 내가 얼마나 심각한 곤경에 처했는지는 분명했다. 단순한 오해의 문제가 아니었다. 그들은 타시 왕축이 최대의 문제라고 했지만 창하이에서 계속 일할 수 있도록 해줬다. 그러나 나의 경우는 직책을 모두 해임하고 베이징으로 전출시켰다. 어떻게 이보다 더 나빠지겠는가?

베이징 상황은 도저히 적응하기가 어려웠다. 어찌 보면 나는 연금 상태는 아니었다. 계속 봉급을 받았다. 미행하거나 이동의 자유를 제한하지도 않았다. 내가 속해 있는 부서는 나의 활동 내역을 고위 당국에 보고해야 했다. 그러나 아무 데고 가고 싶은 곳에 갈 수는 있었다. 다른 한편으로 사실 나는 할 일이 없었다. 대부분의 시간을 혼자 골똘히 생각하는 것으로 보냈다. 내가 저지르지도 않은, 말도 안 되는 일로 문책을 당한 것이기 때문에 어떻게 대처해야 할지 아무런 생각도 나지 않았다.

사상을 청소하라는 말을 들은 이후, 내게 이른바 잘못된 사상에 대해 지적하는 사람은 아무도 없었다. 사실 고위 당국의 그 누구도 내게 일말의 관심을 보이지 않았다. 논리적으로 그들이 내가 과오를 저질렀다고 본다면 그게 뭔지 일러주고 교정할 수 있도록 도와줘야 할 게 아닌가. 그러나 그들은 그러지 않았다. 그냥 나를 없는 사람 취급했다. 그들이 회의에 오라고 하면 갔고 얘기를 들었지만 참여한 것은 아니었다. 나는 항상 일이 어떻게 돌아가고 있는지에 신경을 곤두세웠다. 결국에는 나를 라싸에서 쫓아내기 위해 베이징으로 보내고 별 볼일 없는 자리에 처박아놓았다는 결론을 내렸다.

아버지가 이 모든 정황을 알고는 위로차 특별히 베이징까지 찾아오셨다. 그때 아버지가 해준 이야기의 감동을 지금껏 잊을 수가 없다. "중국 사람은 말이야, 대개는 썩 좋은 사람들이 아니야. 그렇지만 그 가운데 정말 좋은 사람도 있지. 한번은 중국인 소대장을 봤는데 부하들을 아주 잘 다뤘어. 병사들도 소대장을 좋아했고. 더 높은 장교들이 소대장이랑 그 부하들을 못살게 구니까 소대장은 한 60명쯤 되는 대원들을 이끌고 달아났어. 좋은 사람들이었지. 도망가는 와중에 식량을 구하지 못해 굶주렸어. 결국 다들 붙잡히고, 소대장은 포박을 당했지. 놈들은 병사들한테 자기네 소대장을 찔러죽이라고 명령했어. 명령에 복종하지 않으면 그 자리에서 즉시 사살하겠다면서 말이야. 소대장은 부하들에게 '내 걱정은 말고 시키는 대로 해라'라고 명령을 내리면서 이렇게 말했지. '너희는 부모와 처자가 있다. 그것만 걱정하면 된다. 난 이미 끝난 몸이다. 그러니

날 찔러라. 어서 찔러.' 부하들은 철철 울면서 명령에 따랐지. (결국 나중에는 다 몰살당했지만…….) 그 소대장은 진정한 영웅이었어." 이 얘기를 듣고 나는 가슴 뭉클함과 동시에 용기를 얻었다. 사나이라면 그 소대장처럼 행동해야 된다는 생각이 들었다. 무슨 일이 있더라도 용감해야 한다. 투옥됐을 때 나는 이 얘기를 가끔 떠올리곤 했다. 그때마다 살아남아야만 한다는 용기를 얻었다.

그러나 그 용감한 소대장과 달리 나는 확실한 '적'이나 이렇다 할 도전이 없었다. 아무리 생각해봐도 도대체 내가 무슨 잘못을 했다는 건지 이해가 안 갔다. 진짜 문제는, 캄 개혁을 서두르면 안 된다고 한 것이 눈엣가시가 된 것이 아닌가 싶었다. 그러나 걸고 들어간 혐의 자체가 너무도 잘못된 판단인 데다 극히 사소한 것이어서 정색을 하고 반박문을 쓰기도 뭐하고, 도대체 뭐가 문제냐고 죽기 살기로 따지기도 뭐했다. 예를 들어 장궈화는 비난이랍시고 레닌의 『민족자결권에 대하여』를 티베트로 반입한 것을 문제 삼았다. 그러나 레닌의 저작은 공산주의 원칙의 주요 원천 중 하나다. 그리고 레닌은 공산당의 가장 중요한 교사 중 한 사람으로 꼽히고 있지 않은가? 학생 시절 나는 '교사들'(레닌 등등)의 책을 읽었다. 그리고 아무런 문제도 되지 않는다고 믿었다. 예서 무슨 말을 더하랴? 그런 책을 읽고 레닌을 존경해서 죄송하다고? 저들이 나한테 이런 딱지를 붙이는 것은 분명 무슨 다른 동기가 있어서였다. 그러나 그게 뭔지는 정말 알 수가 없었다.

과거에 나는 항상 공산당은 개명되고 진실한 정당이라고 생각했다. 1949년 이후로 못 볼꼴도 많이 봤다. 예를 들면 판밍 같은 간부들의 행태 등등. 그러나 그런 일들은 개별적인 것이고, 특정인의 성격이 그런 것이려니 했다. 그러나 이제 반우파 투쟁이 벌어지고 나와 같은 소수민족 출신 간부에 대한 공격이 극심해지자 당 내의 어둡고 부정한 측면이 보이기 시작했다.

신상 문제로 고심하는 차에 중앙정부의 또 다른 움직임에 당면해 나는 충격과 거부감을 느꼈다. 이른바 대약진운동大躍進運動이었다. 산업생산에서 단기간에 영국을 능가하고 미국을 따라잡겠다고 나선 것이다. 당원과 국민들에게는 금속을 녹여 철을 만들라고 독려했다. (이렇게 해서 만들었다는 철은 대부분 쓰레기 수준이었다.) 이 모든 것이 비현실적이었다. 아이들이 가짜로 놀이를 하는 것이나 마찬가지였다.

베이징에서는 나를 비판하는 청문회 같은 것은 없었다. 그러나 라싸는 얘기가 달랐다. 티베트공작위원회가 모든 티베트족 요원을 모아 회의를 열고 나의 '과오'에 대해 알렸다. (나중에 알고 보니 장궈화와 장징우는 라싸로 돌아가서 달라이 라마에게 민족과 민족주의에 관한 내 사상에 문제가 있어서 베이징의 연구소에서 일하면서 사상을 교정하도록 배려했다고 말했다.) 비서 케샹이 라싸에서 내게 전화를 걸어 그 비난 모임에 대해 알려줬다.

케샹의 말에 따르면, 대부분의 티베트족 요원들은 지도

부의 얘기를 듣고 충격을 받았다. 그들은 마음속으로 그런 비난을 믿지 않았고 따라서 아무 말도 하지 않았다. 물론 일부는 대세에 편승해 나에 대해 이러니저러니 없는 말을 지어내기도 했다. 암도 출시의 한 당원은 내가 당 내에 위험한 분파를 조성하고 있었다고 주장했다. 그러나 대부분은 침묵했으며, 회의가 끝난 다음에는 오히려 뒤에서 당을 비판했다. 그들은 한족이 라싸에 온 뒤로 마작과 포커나 하면서 시간을 허비했고, 대체로 한 일이 아무것도 없다고 말했다. "푼왕은 팔방미인이었다. 이것저것 손대지 않은 일이 없다. 요원들이 숙식할 집을 사고, 학교를 세우고, 중국과 티베트 양측이 서로 이해를 넓히도록 도왔다. 그는 아주 열심히 일했다. 그 대가가 사상 청소라니……." 이런 비판은 라싸의 귀족들에게도 큰 영향을 미쳤다. 일부 귀족들은 "중국인들이 푼왕더러 잘못된 사상을 갖고 있다고 비판할 정도면 우리는 어떻게 되겠는가?" 하고 생각했다.[16]

그 회의에서 일부 티베트족 요원이 나를 공격했다는 얘기를 듣고 깊은 충격을 받았다. 가슴이 미어졌다. 친구라고 생각했었는데……. 나를 그렇게 잘 아는 사람들이 어떻게 내가 당내에 분파를 조성했다고 비난할 수 있는가? 도저히 이해가 이해가 안 가고 억하심정에 가슴이 무너져내렸다.

베이징에 머문 지 몇 달쯤 된 어느 날 문득 생각이 떠올라 라싸에 있는 비서 케상에게 전화를 했다. 내 개인 서류와 사물을 찾아서 보내라고 했다. 그러나 너무 늦었다. 티베트공작위원회 사람들이 이미 내 사무실을 여러 차례 다녀갔고 그때마다 샅샅이 뒤져서 공적인 것은 물론이고 개인 물건도 몽땅 가져갔다는 것이다. 케상은 담당자를 찾아가 개인 서류는 돌려달라고 우겼다. 그래서 결국 그렇게 됐다. 물건이 베이징에 도착하자 나는 불리하게 이용될 만한 것이 없나 하고 철저히 살펴봤다. 시간이 오래 걸리지도 않았다. 1940년 은가왕 케상에게 보낸 편지를 보자마자 저들이 아주 수상쩍어할 것이라는 직감이 왔다. 은가왕 케상은 라브랑(간쑤 성의 티베트족 거주 지역—옮긴이)의 아바 알로 같은 유력 인사들을 우리 편으로 끌어들여야 한다고 생각했고, 그 힘을 이용해 거기서 혁명 과업을 시작할 계획이었다. 편지에서 나는 은가왕에게 우리는 아바 알로와 같은 사람들을 친구로 만들어야 한다고 말했다. 그러나 그런 사람들한테 모든 희망을 걸어서는 안 된다며 주의를 당부했다. 그들이 우리를 전적으로 도와주기를 기대하는 것은 돼지가 하늘을 날기를 기대하는 것과 같다고 비유했다. 물론 그런 일은 무망하다는 뜻이었다. "그보다는 개방적이고 새로운 생각을 가진 티베트인 젊은이들에게 관심을 쏟아야 하네. 이제 학교 안에 조직을 꾸린 만큼 이것을 티베트인 거주 지역으로 널리 확산시켜야지. 작은 불꽃을 키워서 큰 불길로 만드는 거야." 또 이렇게 썼다. 우리 티베트 공산당은 (소련이 주도하는) 제3인터내셔널(코민테른)과 직접 연계할 수도 있고, 중국공산당과 연계해 그 하부조직으로 활동할 수도 있고, 독립된 당으로 계속 갈 수도 있다. 어떤 식이든 문제될 것은 없다. 중요한 것은 우리 티베트

공산당을 통해 청년 학생과 지식인들을 규합해 우리 자신의 혁명을 시작하는 일이다.

장징우와 장궈화는 이 편지가 내가 지방민족주의에 물들어 있을 뿐 아니라 중국공산당으로부터 떨어져나갈 마음을 품고 있는 물증이라고 생각했을 게 뻔했다.

곤란하다고 생각된 또 다른 문건은 내가 캄에 게릴라 세력을 꾸리는 계획을 상세하게 적은 보고서였다. 1943년에 작성한 것으로 수르캉과 내각이 무기를 대줄 의향이 있다고 하면 그들에게 보내려고 했던 것이다. 보고서를 쓴 목적은 그들에게 우리의 열의를 확신시키기 위한 것으로, 캄에서 게릴라전을 수행하기 위한 지침을 용의주도하게 담은 내용이었다. (해방 이후 없애버렸다고 생각했는데 그러지 못했나 보다.) 보고서에서 나는 지금은 유명해진 마오의 게릴라 전술을 많이 채용했다. "적이 쫓아오면 우리는 퇴각한다. 적이 머무르면 아군은 교란한다. 적이 지치면 우리는 공격한다. 적이 퇴각하면 우리는 추격한다" 등등.

저들은 또 내가 충칭을 떠난 직후에 쓴 민족주의적인 노래도 찾아냈다. 나는 우리 이데올로기를 전파하기 위해 글보다 노래를 많이 사용했다. 티베트인에게 다가가 우리의 사상을 퍼뜨리는 데 가장 효과적인 수단이라고 봤기 때문이다. 그 노래에서 나는 이렇게 적었다. "우리 티베트 인민은 수천 년을 살아왔네./송첸감포 같은 영웅들의 시대엔 (AD 7세기) 온 누리에 이름 떨쳤지./지금 우리 나라는 기울어 인민은 도탄에 빠졌다./이제 죽느냐 사느냐를 결정해야 할 순간/싸우고자 하는 자 누구나 하나가 되어야 하리./온 마음 다 합쳐 하나가 되어야 하리./인민의 행복 위해 마지막 숨 다할 때까지 우리 싸우리라."(캄과 암도에서는 아직도 이 곡을 비롯해 이런저런 노래를 부르는 사람이 많다.) 나한테 일어난 일로 미루어볼 때 이런 문건들이 의구심을 증폭시켰을 것은 족히 짐작이 갔다. 게다가 이런 자료로는 충분치 않다는 듯이 칼림퐁에서 티베트어로 발행되는 신문 『티베트 미러』에 기사가 하나 실렸다. 1958년 6월 기사였는데 나를 티베트 민족주의자로서 칭찬하는 내용이었다.

이 기사는 어느 날 밤 늦게 로왕이라고 하는 티베트족 친구가 잠시 찾아와 얘기해줘서 알게 됐다. 그의 말에 따르면 『티베트 미러』 발행인인 타르친 바부가 내가 베이징에 붙잡혀 있다는 소식을 듣고는 내 사진과 함께 나에 관한 기사를 썼다는 것이다. 내용은 이랬다.

두 친구 은가왕 케상과 푼왕은(1943년 일이었다) 티베트 독립을 성취하기 위해 신구 중국 정부에 대항하는 문제에 관해 나와 많은 얘기를 나눴다. 그 토론을 결코 잊지 못한다. 그러나 그때 나는 당신들 두 사람이 빨갱이 첩자라는 걸 알지 못했다. 나중에 당신들은 빨갱이들을 데려와서 당신들의 소중한 조국과 티베트 전체를 적에게 넘겨주었다. 나는 그런 사건들을 생각하면서 낙담했다. 그러나 아마도 당신들은 전술적인 방법으로 그런 행동을 했으려니 생각했다. 그러나 이제는 과연 그런 것인지 아닌지 확신이 서지 않는다.

근자에 들으니 푼왕이 티베트에 충성했다는 이유로 강등이 됐다고 한다. ……들리는 바로는…… 강등의 이유는 중국 쪽 회의에서 티베트를 강력하게 옹호하는 발언을 했기 때문이라고 한다. 그게 사실인지 아닌지는 잘 모르겠다. ……강등을 당했다는 얘기를 듣고 가슴이 아팠다. 그 소식이 사실이라면 진심으로 칭찬을 해주고 싶다. 이게 당신의 오랜 친구가 잘 몰라서 드리는 말씀이다.

_『티베트 미러』, 1958년 6월.

칼림퐁 주재 중국 공상부工商部 사무소에서 일하고 있던 로왕은 윗사람들이 이 기사를 중시해 신문을 외교부로 보냈다고 내게 말해주었다. 그는 상사들이 자기까지 의심하는 것 같다고 했는데, 얼마 후 그들은 은밀히 로왕과 그 아내를 베이징으로 보냈다.

이런 자료들에도 불구하고 나는 특별히 우려하지는 않았다. 티베트공산당을 조직하면서 중국에 대해 부정적으로 이야기한 것은 옛날 국민당 치하의 중국을 말한 것이지 공산당이 이끄는 새로운 중화인민공화국을 말한 것이 아니었기 때문이다. 공산당도 장제스의 국민당을 비판하고 반대해오지 않았던가? 나는 결국 그들이 이런 시각을 받아들일 거라고 생각했다. 돌이켜보면 그런 구분이 통할 거라고 생각한 것은 그야말로 나의 희망사항에 불과했다.

이상한 것은 베이징에서 정부는 내가 '지방민족주의 사

상' 때문에 징계를 받았다는 얘기를 공식적으로는 일절 하지 않았다는 점이다. 나를 아는 한족 및 티베트족 간부들을 만날 때마다 그게 참 이상했다. 그들은 왜 티베트가 아닌 베이징에 와 있느냐고 묻곤 했다. 나는 누가 어디까지 알고 있는지를 도통 알 수가 없었다. 그래서 당이 원하는 대로 할 뿐이며, 내가 원해서 여기 있는 게 아니라고 얘기하는 수밖에 없었다. 어떤 사람들은 티베트에서 여러 가지 문제가 벌어지고 긴장이 고조되는 상황을 생각하면 내가 거기 가 있지 않고 여기 있는 게 참 이상하다고 말했다. 어떤 사람들은 친절하게도 지금 티베트에는 당신 같은 간부가 필요하다고 말하기도 했다. 그러나 내 문제가 어떻게 된 것인지를 베이징에서 나를 아는 사람들도 차츰 알게 됐다. (베이징에 있는 많은 티베트족들은 처음부터 내 문제를 알고 있었다. 라싸에서 정보를 들었기 때문이다.) 처음에는 그게 그리 나쁘지 않았다. 당시에는 우리 연구소에 있는 많은 관리들 역시 우파분자로 낙인이 찍히는 등 고초를 겪고 있었기 때문이다. 그래서 내 경우도 별로 예외적이어 보이지 않았다. 그러나 그런 소식이 퍼지면서 나를 찾아오는 사람이 점점 줄었다. 나와 만나면 나중에 문제가 될까 봐 그런 것 같았다. 그렇게 해서 나는 점점 더 고립되어갔다.

1959년 어느 날, 신문을 집어 들었다가 티베트에 대규모 봉기가 일어났다는 기사를 읽고 깜짝 놀랐다. 신문은 봉기가 티베트 정부가 사전에 꾸민 것이라고 주장했다. 어떻게 그런 일이 일어날 수 있는지 도저히 상상이 가지 않았다.

나로서는 달리 알아볼 방법도 없었다. 그로부터 몇 달 후 1959년 5월 내 오랜 친구 최고가 티베트 대표단을 이끌고 베이징에 왔다. 나는 그를 만나 정확히 무슨 일이 있었는지 솔직하게 물었다. "푼왕……" 그는 이렇게 운을 뗐다. "신께 맹세컨대 그 봉기는 사전에 계획된 게 아닐세. 조직적인 것도 아니었어. 봉기에 참가한 친척과 친구들이 라싸에 있네. 그래서 상황을 잘 알지." 그러더니 내게 몇 가지 예를 들어줬다. "샤수르(각료로서 실세 귀족이었다)는 내 가까운 친척일세. 부인이 보석상자랑 머리 장식을 현금과 함께 옷가방에 싸놓았는데 테이블에 그냥 두고 떠났어. 얼마나 다급히 도망쳤는지 알 만하지. 봉기가 미리 계획된 것이고 조직적이라면 샤수르 같은 장관이 귀중품을 놓아두고 떠날 리가 있겠는가. 시종장 팔라도 금시계를 여러 개를 놔두고 달아났단 말일세. 그리고 달라이 라마도 시계 수집품은 물론이고 일기장까지 놔두고 떠났어." 비슷한 사례는 얼마든지 있었다. 그러더니 최고는 달라이 라마의 탈출 결정은 갑자기 이루어진 것이라고 확신한다고 말했다. 신문 기사보다 훨씬 설득력이 있었다.

티베트 민중봉기 소식이 준 충격으로 도무지 심란했다. 그러나 베이징도 사정이 점점 악화됐다. 민족연구소도 전국 규모로 벌어지는 우파 척결 운동에 휩쓸렸다. 베이징의 모든 연구소에서는 소장 등 간부들에 대한 공격과 비난에 열을 올렸다. 실제로 연구소마다 목표치가 할당됐다. 전체 인원의 몇 퍼센트를 우파로 낙인찍어야 한다는 얘기였다.

우리 연구소 소장인 바오에르한은 매일 연구소에 출근하지는 않았기 때문에 나를 포함해 다섯 명이 사실상의 지도부였다. 우리 중에서 누구를 우파로 낙인찍을 것인지를 논하는 것이 우리의 일이었다. 아무도 죄가 없다고 하는 것은 용납이 되지 않았다.

우파 낙인찍기는 당 내에서 시작돼야 했다. 우리 연구소에서는 대상이 되는 당 간부급 인사가 나를 포함해 셋이었다. 적어도 그중 한 사람은 낙인이 찍혀야 한다는 의미였다. 나를 찍는 것은 적절치 않았다. 연구소에 들어온 지 얼마 안 됐기 때문이다. 더구나 이미 낙인이 찍혀서 사상을 청소하라는 명을 받은 상태였다. 우리 연구소의 실질적인 소장 역할은 왕리빙이 맡고 있었다. 제 머리에 우파 낙인을 찍으려 하지 않는 것은 당연했다. 그래서 마지막으로 남은 인물이 또 다른 부소장이었는데 우리는 궐석 표결로 그에게 우파 딱지를 붙였다. 미친 짓이었다. 그가 잘못을 했느냐 안했느냐는 문제가 되지 않았다. 우리 연구소에 주어진 목표량을 맞추기 위해서 그를 꼽은 것이었다. 공산당 내에서 일이 이런 식으로 돌아가는 건 참으로 참담한 것이었다. 정의라는 사회주의의 이상은 어디로 갔는가? 허탈했다. 당시에는 몰랐다. 이미 더할 나위 없이 나쁜 상황이라고 생각했는데 곧 더 나빠지게 된다.

20장
투옥

 1960년 초, 이제껏 살아온 내력을 여덟 살 때부터 상세히 쓰라는 지시를 받았다. 그동안 짧은 이력서 같은 것은 많이 썼지만 이번에는 공식적인 정치적 조사에 사용될 수 있는 것이니까 아주 상세해야 한다고 그들은 말했다. 우리 체제에서 정치적 조사 운운은 불길한 말이었다. 이때부터 그들은 내가 가는 곳마다 따라다니며 감시를 했다.

 나는 20페이지 이상 분량의 문건을 만들어 제출했다. 1949년 이전에 대해서는 썩 상세하게 쓰지 않았다. 소련, 인도공산당과 접촉한 게 또 나쁜 쪽으로 해석될까 봐 염려스러웠기 때문이다. 그 시절에 대해서는 어디를 갔고, 뭘 했고 등등 표면적인 사건만 설명했다. 내 생각이 어땠는지는 가급적 밝히지 않았다. 중국공산당에 합류한 1949년 이후부터는 좀 더 상세히 쓸 수 있겠다 싶었다. 예를 들어 티베트공작위원회 지도부와 좋은 관계를 유지했다든가 하는 얘기들을 언급했다. 판밍이 한 일 중에서 당 이데올로기에 부합하지 않는 부분이 많다고 생각했기 때문에 그와 의견 차가 있었다는 얘기도 적었다.

다 쓰고 나서 보고서를 제출하고 기다렸다. 두 달 동안 아무 반응이 없었다. 물론 나는 그런 침묵이 무슨 의미인지 알지 못했다. 그러던 어느 날, 1960년 8월 말경이었다. 아침 6시쯤 아는 사람이 집으로 찾아와—일언반구 설명도 없이—그날 저녁 연구소에서 회의가 있으니 와달라고 했다.

가보니 부하직원이 인사를 했다. 그런데 마치 내 상사인 것처럼 굴어서 무척 놀랐다. 뭔가 잘못 돌아가고 있다는 것을 직감했다. 사정이 어떻게 된 건지는 곧 드러났다. 그 친구는 핵심을 바로 얘기했다. 국가민족사무위원회 지도부가 나를 격리시키기로 결정했다는 것이다. 그는 "당신은 연구소 내부로 거주와 이동이 제한됩니다"라며 "격리는 이 시간부로 발효됩니다. 귀가는 허용하지 않습니다" 하고 말했다. 나는 감시원 격인 당원 두 명과 한 방에 꼭 갇혀 있어야 했다. 감시원들은 내가 어디를 가도 따라다녔다. 화장실에 갈 때도 예외가 아니었다.

당의 결정을 듣는 순간 나는 멍해졌다. 작금에 벌어지는 반우파 투쟁에서 많은 사람들이 체포되거나 구금되고 있는 게 사실이었다. 경험적으로 그런 일은 거의 모든 사람에게 일어날 수 있었다. 우리 연구소 서열 3위만 해도 최근에 우리가 궐석 상태에서 우파로 낙인을 찍지 않았던가. 하지만 그런 일이 있을 수 있다는 걸 아는 것과 자기한테 그런 일이 닥친다는 것은 전혀 다른 문제다. 나는 이렇게 극단적인 처벌이 부과될 줄은 꿈에도 몰랐다. 정신이 좀 들자 우리 애들은 어떻게 되나 걱정이 앞섰다.

1958년 베이징에 남으라는 얘기를 들은 이후, 청두 유치원에 다니던 두 아들은 집으로 데려왔다. 곧 베이징에 자리가 날 것 같아서 아내 칠릴라도 라싸에 있던 장남을 나한테 보냈다. 애들 엄마도 베이징으로 옮기려고 여기저기 알아보고 다녔다. 전근 청원 절차가 지연되는 사이 아내는 딸도 베이징으로 보냈다. 수년 만에 처음으로 우리 아이들이 한자리에 모이게 됐는데 어색하고 복잡한 상황이 전개됐다. 청두에서 온 두 아들은 티베트어를 사실상 전혀 몰랐다. 라싸에서 온 두 아이는 중국어를 전혀 몰랐다. 함께 사는 장모는 중국어를 한마디도 못했다. 보모는 티베트어를 전혀 못했다. 내가 통역 노릇을 할 수밖에 없었다. 그날 밤 처음으로 연구소에 억류된 상태로 앉아 있노라니 집에 두고 온 아이들과 장모 생각에 잠을 이룰 수가 없었다.

다음 날 아침 최대한 빨리 우리 가족 상황을 담당자들에게 알리고 집에 좀 다녀오게 해달라고—물론 감시인들과 함께—간청을 했다. 아이들한테 열쇠도 전해주고 돌봐줄 사람도 좀 알아볼 생각이었으나 거절당했다. 장남 푼강을 연구소로 오라고 해서 그 아이에게 열쇠를 맡기고 이러저러하게 어린 동생들 잘 돌보라는 얘기 좀 하는 것도 안 되겠느냐고 물었다. 승낙은 받았지만 큰아들이 왔을 때 직접 만나게 해주지는 않았다. 창문을 통해 내가 본 것은 연구소 밖으로 나가는 큰애의 뒷모습뿐이었다. 그것을 마지막으로,

이후 10년 동안 단 한 번도 아이들 얼굴을 보지 못했다.

한 열흘 동안은 내가 왜 격리돼 있는지 말을 붙이는 사람이 아무도 없었다. 그래서 나중에는 연구소의 한 간부에게 정부가 나를 구금한 이유가 뭔지 분명히 밝혀달라고 얘기를 좀 해달라고 부탁했다. 그는 사흘 후에야 입을 뗐는데, 국가민족사무위원회 지도부가 논의한 결과 내가 국내외적으로 중요한 정치적 사건에 연루돼 있는데 그에 대해 솔직히 털어놓지 않았다는 결론을 내렸다는 거였다. 그러면서 이렇게 덧붙였다. "이제 분명히, 상세하게 고백을 해야 할 게요."

도대체 무슨 사건을 말하라는 건지 짐작이 가지 않았다. 그래서 즉시 짧지만 강한 어조로 "국내외적 사건"에 연루된 적이 없다는 내용의 편지를 썼다. 과거에 내가 해온 일은 이미 다 상세히 해명을 했고, 더 고백하고 말고 할 게 없다. "따라서 내가 예전에 당신들한테 말하지 않은 '국내외적으로 중요한 사건들'이 있다면 전적으로 책임을 지겠다. 그러나 그게 뭔지 나는 전혀 모른다"고 결론을 맺었다. 이렇게 쓰고 나니 기분이 한결 나았다. 그들이 내 편지를 읽으면 조사에 나설 것이고, 그러면 그런 의심은 아무 근거가 없음을 알게 되고, 따라서 연금도 끝날 것이라고 생각했다.

두 주가 지났는데도 아무 반응이 없었다. 당황스러워서 좌절하기 시작했다. 나를 지키는 연구소 사람들과 얘기하는 것은 허용이 됐다. 그러나 보통 때는 떠들 기분이 아니었다. 어느 날, 다른 감시인들이 화장실에 간 사이 유광과 단둘만 있게 됐다. 한족 연구원으로 예전에 서북국 간부로 있던 사람이었다. 그는 내게 이력을 당에 보고할 때 다른 간부들과의 의견대립이나 불화에 대해 언급한 게 있느냐고 물었다. 나는 그랬다고 했다. 자세히 말해보라고 해서 왕평에게 판밍이 티베트에서 일을 잘못 하고 있으며 정부 정책과 반대로 행동한다고 말했다고 얘기해주었다.

"큰 실수를 하셨구먼······."

"어째서요?" 내가 물었다.

"판밍은 서북국 시절부터 왕평의 오른팔(중국어로 간장干將)인데······. 큰 실수를 한 거요." 그는 고개를 저으며 다시 한 번 큰 실수라고 말했다.

그제야 알 것 같았다. 왕평은 얼굴을 맞대고 있을 때는 미소를 지으며 친한 척했지만 뒤에서는 판밍과 함께 나를 흔들어 떨어뜨리고 있었던 것이다. 내가 그토록 순진했다는 게 화가 나면서도 어쩌기에는 이미 늦어버렸다. 내가 곤경에 빠진 것은 분명했으나 상황이 아주 절망적이라고는 생각지는 않았다. 아무 잘못도 한 게 없었으므로. 따라서 차츰 지도부를 설득해 그들의 잘못을 납득시킬 수 있다고 믿었다. 한참 후에 알게 된 일이지만 국가민족사무위원회는 중앙정부에 보고를 하면서 내게 심각한 정치적 문제가 있기 때문에 격리 조사할 필요가 있다고 했다. 마오는 보고서를 직접 읽고는 "이 문제는 철저히 조사하라", 그리고 내가 "하늘만 한(대단히 심각한) 문제가 있더라도 최대한 개전의 기회를 주도록 하라"고 지시했다. (당시 나는 나의 "범죄"가 그토록 심각하게 받아들여지고 있는 줄 전혀 짐작하지 못했다.)

나는 2층의 한 방에 갇혀 화장실 갈 때만 잠시 밖에 나가는 게 허용됐다. 화장실을 갈 때마다 늘 잠겨 있는 문 앞을 지났는데 나는 그 방 안에 누가 있겠거니 했다. 그러던 어느 날 문이 조금 열려 있어서 들여다보니 네댓 명이 앉아 있는 게 들여다보였다. 우리 연구소 사람은 하나도 없었다. 그들은 내가 들여다볼 수 있겠다 싶었는지 바로 문을 닫아버렸다. 그들이 나를 보는 품새가 이상했다. 그래서 공안국公安局 사람들이 아닌가 싶었다. 그날 늦게 창 쪽으로 가서 바깥에다가 침을 뱉는데 바로 창밖에 두 사람이 서 있었다. 혹시 내가 탈출할까 싶어 감시 중인 것 같았다. 그때 처음으로 내가 단순히 "격리"된 것보다 훨씬 심각한 상황이라는 것을 깨달았다. 절망감이 밀려왔다. 이 모든 일이 얼마나 잘못된 것이고, 그들이 얼마나 끔찍한 실수를 하고 있는지 누구한테 하소연이라도 하고 싶었지만, 말을 들어줄 사람은 아무도 없었다.

8월 31일, 건장한 남자 여섯이 느닷없이 들이닥치더니 수갑을 채우고 공안부장 셰푸즈謝富治가 서명한 영장을 내밀었다. 영장에는 "푼왕은 반反혁명활동 혐의자이니 즉시 체포하라"고 적혀 있었다.

잠시 동안, 숨이 탁 막혔다. 세상이 완전히 뒤집어지는 것 같았다. 원래 가야 하는 방향과 모든 것이 거꾸로 돌아가는 것 같았다. 나는, 평생을 공산주의와 티베트 개혁에 헌신했다. 이제 당이 극도로 심각한 범죄인 반혁명활동을 이유로 나를 체포하고 있는데 내가 할 수 있는 일이라곤 하나도 없었다. 이런 일이 일어난다는 것은 생각할 수도 없고 믿을 수도 없었다. 그러나 수갑은 진짜였다. 날 잡으러 사람들이 와 있고, 그들은 내게 영장에 서명하라고 했다. (왜 그랬는지는 몰라도 나는 시계를 들여다봤다. 오후 4시 30분이었다. 지금까지도 그 순간이 잊히지 않는다.) 나는 깊이 숨을 들이쉬고 영장에 천천히 서명을 했다. 그러면서 속으로는 계속 이렇게 생각했다. "나는 충성스러운 당원이다. 저들이 그걸 부정하지는 못할 것이다."

서명을 하고 나자 그들이 나를 끌고 나갔다. 경찰 두 명이 내 팔을 끼었다. 둘은 앞에 서고 나머지 둘은 뒤에서 따라왔다. (동료들은 하나도 보이지 않았다. 당국에서 연구소 바깥으로 나무를 심으러 보냈다는 사실은 나중에야 알게 됐다.) 차석 대가 기다리고 있었고, 내가 가운데 차에 타자마자 즉시 출발했다. 내가 속한 연구소는 중앙민족연구소 캠퍼스 내에 있었다. 구내를 나서는 동안 일부 학생들이 창문 너머로 우리를 쳐다보는 게 보였다. 내 나이 서른여덟이었다. 그로부터 18년 동안 독방에 갇혀 지내게 될 줄은 정말이지 꿈에도 몰랐다.

모든 사태가 불길하고 기분 나빴다. 우리는 베이징을 벗어나 한 시간은 족히 달렸다. 일부 풍경이 지금도 생생하게 기억난다. 천둥번개가 치면서 폭우가 쏟아졌다. 하늘에 구멍이 뻥 뚫린 것처럼 들이붓는 그런 비는 진짜 처음이었다. 차창을 통해 보이는 것은 빗물밖에 없었다.

교도소에 도착하자 대기실로 데려가더니 교도관들에게 신병을 넘겼다. 간수들은 손목시계와 옷을 모두 벗으라고 했다. 그러고는 죄수복을 주었다. 밖에는 여전히 비가 퍼붓고 있었다. 천둥소리가 어찌나 요란하던지 교도소 벽을 다 쪼개버릴 것만 같았다.

교도소 건물 안으로 들어간 뒤 간수를 따라 여러 개의 문을 통과했다. 내 방에 도착하자 간수는 문을 열고는 들어가라고 했다. 아직도 처음 본 감방을 보았을 때가 생각난다. 문틀은 금속으로 테두리를 둘러놓았다. 문은 두껍고 육중했다. 간수들이 문을 열려면 안간힘을 써야 할 정도였다. 바닥 쪽에는 작은 덧창이 있었다. 음식물 반입 창구였다. 좀 높은 곳에도 작은 구멍이 나 있었다. 간수들이 안을 들여다보는 구멍이었다. 육중한 문 바로 뒤에는 좀 더 가볍고 빗장이 달린 문이 있었다. 내 뒤로 탕 하고 육중한 문을 닫는 소리가 마치 총소리 같았다.

감방은 가구나 장식이 거의 없고 음울했다. 폭은 2.7미터, 길이는 6.4미터 정도였다. 뒤쪽 벽 오른쪽으로 낮은 침대에 아주 얇은 매트리스와 베개가 놓여 있었다. 오른쪽 벽 뒤로는 붙박이식으로 시멘트 변기와 세면대가 있고, 컵 하나, 조악한 비누 한 개, 그리고 칫솔과 치약이 놓여 있었다. 천장은 높았다. 전구가 매달려 있었는데 손이 닿지 않아서 끌 수도 없었다. 불은 항상 켜져 있었다. 작은 창문이 하나 있는데 여름에는 열어두고 겨울에는 닫았다. 그러나 너무 높아서 역시 여닫거나 밖을 내다볼 수는 없었다. 사방 벽은 흰색이었다. 그리고 자세히 보니 문이고 침대고 세면대고 변기고 간에 날카로운 모서리가 없었다. 죄수가 자살을 할까 봐 염려한 때문인 것 같았다. 환경 자체가 극도로 음울했다.

첫날 밤에는 잠을 이룰 수가 없었다. 천둥 치는 소리는 계속 시끄럽게 울렸고, 머릿속은 온통 고통스러운 잡념뿐이었다. 나는 사태를 제대로 파악해보려고 애를 썼다. 10년 동안 나는 중국공산당에 내 모든 것을 바쳤다. 국민당은 끝내 나를 잡지 못했고, 티베트 정부는 "공산주의 활동"을 이유로 나를 추방했다. 그런데 지금 나를 감옥에 처넣은 것은 내가 그토록 헌신해온 바로 그 공산당이었다. 온몸에서 힘이 다 빠져나가는 기분, 눈물이 흘렀다. 그날 밤 소회를 머릿속에서 시로 써봤다.

> 산과 계곡은 천둥소리로 요동치는데
> 웃어야 할지 울어야 할지 알 수가 없네.
> 꿈같지만 현실일세.
> 현실 같지만 꿈일세.
> 천지는 온통 칠흑이고
> 이 감방도 빙글빙글 도누나.
> 내 가슴은 펄떡펄떡 터질 것만 같고
> 눈물은 하염없이 흘러내리네.

당시에는 몰랐지만 내가 들어간 감옥은 중앙고급간부격리반성소中央高級幹部隔離反省所(중앙정부 고급 간부 당원을 대상으로 한 격리·교화수용소—옮긴이)라고 했다. 보통 친청1호秦城一號라고 하는 곳이다. 가장 큰 정치범수용소였다. 아이러니하게도 훗날 문화혁명 때 장징우도 이 교도소에서 7~8년을 복역했고 그의 아내 양강도 그랬다. 장징우는 교도소에서 죽었고, 양강은 3년 복역 후 미쳐버렸다. 자기 오줌을 마시는가 하면 옷을 다 벗어던지곤 했다. 나중에 그녀가 풀려난 다음 들은 바로는 남편이 거기서 어떻게 죽었는지 도저히 알 수가 없다고 했다. 그녀가 알아낸 것은 딱 하나, 병원에 있던 엑스레이 사진이었다. 두 팔이 부러지고 내장에는 음식물이 전혀 없는 상태였다고 한다. 판밍도 같은 교도소에서 2~3년을 복역했다고 한다. 수단루와 우리 동포 은가왕 케상, 내 동생 투왕(거기서 14년을 옥고를 치렀다)도 마찬가지였다. 류사오치의 아내 왕광메이王光美(문화혁명 때 정치범수용소에 갇혀 12년 동안 고초를 겪고 풀려났다. 2006년 85세를 일기로 사망했다—옮긴이)는 거기서 12년을 갇혀 지냈다. 이 교도소에 수감된 죄수들 중에서 내가 복역기간이 가장 길었다. 만 18년이었다.

감옥은 적응하기 어려웠다. 사흘째 되던 날 그들이 잠깐 들어와서 머리를 깎아준 것 말고는 줄곧 내 방에서 혼자 지냈다. 군인이나 간수 어느 누구도 나에게 말을 걸지 않았다. 드물게 진찰을 받으러 병원에 갈 때에도 간수와 의사는 한두 마디 외에는 일절 하지 않았다. 죄수들을 상대하는 인원들한테는 모종의 규칙이 있는 것 같았다. 그들에게 말을 붙여봤지만 듣기만 할 뿐 일절 대꾸하지 않았다. 나한테 뭘 하라고 시킬 때도 아주 간단하고 짧은 단어만 사용했다. 동물한테 명령하듯이.

내가 체포되던 1960년 당시 감옥 사정은 경제난이 심각했기 때문에 매우 열악했다. 처음 2년 동안은 교도소 식사가 똑같았다. 하루에 두 끼, 눈물 날 정도로 양이 적었다. 이른 아침에는 뜨거운 물 한 컵 주는 것이 전부였다. 첫 식사는 오전 10시로 옥수수 찐빵 세 조각과 채소 한 사발이 나왔다. 채소는 식용유로 볶거나 고기를 넣지 않고 그냥 데치기만 한 것이었다. 다음 식사는 오후 4시쯤에 했다. 대개 국수 두 사발에 약간의 채소를 곁들인 수준이었다. 가끔 예년에 수확한 썩은 고구마를 주기도 했다. 냄새가 끔찍했다. 먹을거리는 턱없이 부족했다. 의식주 수준이 중국 사람들 말마따나 하늘에서 땅으로 떨어졌다.

늘 배가 고팠다. 어찌나 살이 빠졌던지 광대뼈가 툭 불거져 나올 정도였다. 간수들은 금속 통에 음식을 담아왔는데 그릇이 달그락달그락 하는 소리가 그렇게 달콤하고 반가울 수가 없었다. 나는 줄곧 먹는 상상을 하며 환상에 젖었다. 음식에서 돌이 씹히면 화가 났다. 돌이 아니었다면 그만큼이 음식으로 찼을 텐데 하는 생각에 너무 아까웠다. 종종 옥수수 찐빵이 커다래지는 꿈도 꾸었다. 너무 배가 고파서 간수들한테 베이징 길거리에 버려진 멜론 껍질이라도 갖다 달라려다가 그러면 나를 더 우습게 대하겠지 싶어 그만두었다. 다행히 1963년부터는 사정이 좀 나아져서 하루에 세 끼가 나왔다. 질은 여전히 형편없었지만 종일 배고픔에 시달릴 정도는 아니었다.

한두 달이 지나자 가끔씩 작은 마당으로 데리고 나가 운동을 시켜줬다. 기껏 한 시간 정도였다. 감방에서 마당으로 가는 길에는 군인들이 대여섯 걸음마다 한 명씩 보초를 서고 있었다. 한 명씩 통과할 때마다 그들은 "도착"이라고 외친 다음 "통과" 하고 말했다. 마당에 도착하면 뒤에서 문을 닫았다. 네댓 명의 군인들이 벽 위에서 나를 감시했고 마당에는 항상 나 혼자였다. 다른 죄수와 만날 기회는 일절 없었다. 슬슬 걷거나 운동을 할 때 보이는 것이라고는 하늘과 구름뿐이었다. 가끔 새가 날아가기도 했다. 처음에는 일주일에 한두 번만 운동이 허용됐으나 나중에는 일주일에 두세 번으로 늘려줬다. 그러나 일정이 들쭉날쭉해서 항상 헷갈렸다. 어떤 때는 한 달에 두세 번만 내보냈으나 왜 그랬는지 이유는 알 길이 없었다.

교도소에는 철마다 고정적으로 하는 일이 있다. 5월 1일에는 성긴 옷감으로 된 여름옷을 지급한다. 11월에는 솜을 넣은 겨울옷을 줬다. 2주마다 샤워를 할 수 있었다. 그들은 굽이 얇고 다 떨어진 신발을 샤워실에 일부러 놓아두었다. 저들이 원하는 것을 말하지 않으면 평생을 감옥에서 썩다가 이 신발 꼴이 될 것이라는 뜻으로 받아들였다. 처음 2년 동안은 아무것도 읽는 게 허용되지 않아 하루 종일 감방에 우두커니 앉아 있었다. 방안 가장자리를 따라 걷다가 더 못 걸을 만큼 피곤해지면 침대로 가 앉았다. 시간을 때우기 위해 중국 노래와 티베트 노래를 부르기도 했다. 노래를 부르면서 때로는 춤도 추었다. 머릿속으로 시도 썼다. 저들은 여러 가지 수단을 동원해 내 기분을 상하게 하고 기를 꺾어놓으려고 했다. 지금은 대부분 잊었지만, 그들은 내게 강렬한 교훈을 가르쳐줬다. 자유가 얼마나 소중한 것인지를 깨닫게 해준 것이다.

신문은 투옥되고 나서 거의 곧바로 시작됐다. 교도소에 들어온 지 일주일쯤 지난 어느 날 오후, 간수 두 명이 들어오더니 나를 다른 방으로 데려갔다. 기다란 탁자 너머로 남자 넷이 앉아 있었다. 그들은 마주 보는 상태로 나를 딱딱한 나무의자에 앉혔다.

"이름이 뭐죠?" 그들 중 한 명이 물었다.

"내 이름이 뭔지 알고 있잖소?" 나는 화가 나서 이렇게 대꾸했다. "아니라면 내가 여기 있지 않겠지." 나는 벌어지는 모든 일이 화가 났다. 겁먹은 죄수처럼 공손하게 행동하고 싶은 마음은 전혀 없었다. 두려울 것도 없었다. 하나도 잘못한 게 없으니까.

"왜 여기 들어왔습니까?"

"난 아무 짓도 안 했소. 당신들이 끌고 왔지."

"여기 온 데는 다 그럴 만한 이유가 있는 것이지요."

"그 이유가 뭐요? 난 여기 온 이유를 전혀 모르겠소."

"이유가 없다면 여기 안 왔을 거 아냐!"

이런 식으로 한동안 실랑이를 했다. 양쪽 다 점점 열이 올랐다. 결국 나를 신문하던 사람이 질리고 말았다.

"이제부터 당신은 이름을 사용할 수 없소." 조사관이 말했다. "당신 방 번호는 0689호, 이제부터는 그게 당신 이름이오." 그러더니 버튼을 눌러 간수들을 불렀다. "방으로 데려가." 그는 화난 목소리로 말했다. 그리고 그날부터 내 이름을 일절 사용하지 않았다. 감방 번호만 썼다.

며칠이 지나자 다시 나를 불러냈다. 그러고는 똑같은 질문들을 했다. 나는 전과 똑같이 답변했다. 그리고 계속 그런 식으로 진행됐다. 나는 일이 어떻게 된 건지 생각하고 또 생각해본 결과 중국인들은 워낙 의심이 많아서 내가 뭔가 나쁜 짓을 한 것을 숨기고 있는지 알아내기 위해 정보 캐내기를 하는 것이라는 결론을 내렸다. 이런 식으로 몇 주만 가면 새삼 캐낼 게 없다는 걸 알고 방면할 것이라고 진짜로 믿었다. 그러나 그들은 그러지 않았다. 몇 달이 지난 어느 날, 그들이 하는 말을 듣고는 그런 순진한 생각을 바꿨다. 신문이 끝날 무렵 우두머리 조사관이 무슨 짓을 했는지 사실대로 말하라고 다그쳤다. 그의 말투가 불길하게 들렸다. "아시겠지만 이 감옥에 들어왔을 때는 다 이유가 있지……." 이 말을 듣는 순간 나는 이게 정보 캐내기 차원이 아니라는 걸 알게 됐다. 내 인생을 되찾기가 쉽지 않겠구나 싶었다.

21장
독방에 갇히다

신문은 2년 동안 계속됐다. 조사관들은 특히 우리 티베트공산당 시절 활동에 관심을 집중했다. 그러면서 내 기를 꺾어놓으려고 온갖 방법을 동원했다. 예를 들어 아이들을 걱정한다는 걸 알고는 가끔 밤늦게 감방 창문 바깥에서 아이를 울렸다. 그 소리가 칼로 심장을 찌르는 것 같았다. 어떤 때는 밤 일고여덟 시쯤에 화장을 진하게 하고 향수도 잔뜩 뿌린 여자를 내 방으로 들여보내기도 했다. 그 여자가 언제 올지는 전혀 예측할 수 없었다. 느닷없이 나타나서 감방 문을 열고 나를 열받게 할 목적으로 몇 가지 질문을 하고는 다시 가버렸다. 그 향수 냄새가 항상 방 안에 맴돌았다.

그들은 감방 문에 달린 작은 들창으로 넣어주는 음식에다가도 야료를 부렸다. 음식이 배달될 때 젊은 병사가 밖에 기다리고 있다가 내가 식기를 집어가기 전에 창살 사이로 침을 뱉는 것이다. 끔찍이도 싫었다. 그래서 얼마 후에는 배식 오는 소리가 들리면 바로 들창으로 달려가 식기가 들어오자마자 침이 튀지 않도록 두 손으로 바로 덮었다.

이런 짓까지 할 생각을 한다는 자체가 너무 화가 났다. 그래서 가끔 병사들 모자에 달린 붉은 별을 가리키면서 이렇게 말하곤 했다. "너희는 그 별에 대한 모욕이야. 그게 뭘 상징하는지 아나? 혁명에 목숨을 바친 수많은 사람들을 상징하는 거야. 너희는 그런 용감한 사람들에 대한 모독이라고!" 때로 내가 역으로 그들에게 침을 뱉어주기도 했다. 그러나 결국에는 나를 끓게 만들어 정신력과 의지를 약화시키려는 작전이라는 생각이 들었다. 그런 의도를 간파하고부터는 나 자신을 통제하는 것이 이기는 것이라고 마음을 다잡았다. 그들이 무슨 짓을 하든 무시하는 법을 차츰 배워갔다.

조사는 계속됐다. 어떤 때는 일주일에 한 번, 어떤 때는 두세 주마다 한 번, 그리고 또 어떤 때는 하루에 아홉, 열 시간을 집중적으로 조사했다. 조사 시간 대부분은 나의 살아온 길을 캐물었는데, 어떤 경우에는 특정 사건에 대해 글로 쓰라고 했고, 또 어떤 경우는 좀 더 폭 넓은 질문을 던지기도 했다. 대개는 조사 후 사나흘 뒤에 내게 조서 사본을 갖다 주고 읽어보라고 했다. 내용 중에서 내가 동의하지 않는 부분이 있으면 우리는 언쟁을 벌였다. 경우에 따라서는 그들이 수정을 가하기도 했다. 그러나 결국은 최종본에 서명을 하고 지장을 찍지 않을 수 없었다.

우리는 많은 시간을 말도 안 되는 사소한 문제를 가지고 입씨름을 했다. 한번은 충칭에 있을 때 중국공산당 사무실로 찾아갔다는 얘기를 한 적이 있었다. 거기서 마오 주석의 사진을 보았는데 윗단추를 제대로 채우지 않은 상태였다고 했다. (나는 분명히 그렇게 봤다. 당시 내가 다닌 몽장학교는 복장 규정이 대단히 엄격했기 때문에 그런 게 금세 눈에 띈 것이다.) 그들은 이걸 가지고 물고 늘어졌다. 그들은 그 사무실에는 마오의 사진이 없다고 했고 나는 있다고 주장했다. 꼭 그 사무실이 아니라면 다른 사무실에서 봤을 거라고 했다. 지금도 조사반장이 조사관 탁자 뒤에 다리를 꼬고 앉아 담배를 피우던 모습이 눈에 선하다. 몇 차례 마오 사진에 대해 언쟁이 이어지자 조사반장은 화가 났는지 "푼왕, 당신, 잘 생각해서 대답해야 할 거야" 이렇게 말했다. "푼왕"이라는 말에, 그게 내 이름이구나 하는 생각이 났다. 거의 2년 동안 나는 방 번호로만 불렸다. 그래서 잠시 내가 누구이고 내 이름이 어떤 소리가 나는지를 잊고 있었던 것 같다. 그런 느낌이 들자 울음이 나왔다. 저 깊은 곳에서 눈물이 솟구쳐 하염없이 뺨을 적셨다.

신문은 계속됐고 결론은 나지 않았다. 그들은 내가 저지른 범죄를 자백하라고 했지만 그게 뭔지에 대해서는 두루뭉술하게만 얘기했다. 그들이 뭘 문제 삼고 있는 것인지 정확히 알 수가 없었다. 형량도 정해진 게 없었다. 구금 상태를 끝내고 싶으면 자백을 하라는 말뿐이었다. 그러나 나는, 아무것도 잘못한 게 없었다. 하여 늘 내가 잘못했다고 하는 행동이 뭘 말하는 것인지 추측에 추측을 거듭했다.

대놓고 물어보면 그들은 도리어 아무 말도 하지 않았다. 미치고 환장할 노릇이었다. 무슨 말을 해도 달라지는 게 없는 것 같아서 몇 년 뒤부터는 사소한 문제는 아예 따지지도 않고 그들이 내보이는 대로 서명을 했다.

처음 몇 년 동안은 조사만 괴로운 게 아니었다. 어떤 때는 아무 예고도 없이 오밤중에 내 방에 들이닥쳐 왜 때리는지 이유를 말해주지도 않고 마구 때렸다. 내 기를 꺾기 위한 작전이었다. 자주 때리지는 않았지만 언제 당할지 전혀 감을 잡을 수가 없었다. 어느 날 행패를 당한 일이 아직도 생생히 기억난다. 간수 여럿이 갑자기 쳐들어오더니 팔을 등 뒤로 확 꺾었는데 팔이 부러진 줄 알았다. 그러더니 구두를 벗어 굽으로 내 머리를 때리면서 이렇게 말했다. "따지는 거 좋아하지? 그래, 계속 따져봐." 그 이후로도 비슷한 일을 여러 차례 당하면서 머리에 난 상처가 아직도 남아 있다. 어떤 때는 더럽고 악취 나는 방에 몇 시간 또는 며칠 동안 가둬놓기도 했다.

때리거나 신문을 통해 원하는 답을 얻지 못하면, 다른 방법을 썼다. 어느 날 아주 톤이 높은 윙윙거리는 소리가 들렸다. 귓속에 매미가 떼로 들어와 우는 느낌, 이게 뭔가 싶어 의아하던 중 그와 동시에 아침에 주는 뜨거운 물에 노란 찌꺼기 같은 게 보였다. 좀 맛을 보고는 비타민 같은 거라고 생각했는데, 처음에는 저들이 나 몰래 내 건강이 너무 상하지 않도록 하려는 짓인 줄로만 알았다. 아무리 그래도 역시 공산당원이라 내가 너무 망가지는 건 원치 않는 모양이구나, 내게 못된 짓을 하면서도 다른 한편으로는 아직 어느 정도 동정심은 있구나 하는 생각이 들었다.

한 달 정도 지나고 나서 더러 노란 찌꺼기가 더 많아진 게 눈에 띄었다. 또 어떤 때는 조금밖에 없거나 아예 없기도 했다. 잔류물이 많을 때는 귓속에서 삑삑거리는 소리가 더 심해졌고 극도로 신경이 날카로워졌다. 적을 때는 귓속의 소리가 멀리 사라졌다. 그러면서 그게 비타민이 아니라는 걸 알게 됐다. 그래서 노란 물질을 약간 몰래 감추기로 했다. 언젠가 풀려나면 실험실에 가서 정체가 뭔지 실험을 해보기 위해서였다. 그러나 그들은 나를 철저히 감시하고 있었다. 감출 때마다 귀신같이 찾아내 가져가버렸다.

가만히 생각해보니 나는 아침에 조사를 받을 때마다 신경이 극도로 날카로워져 있었다. 전날 밤에는 잠을 이루지 못했다. 긴장을 풀기 위해 나는 가슴에 몇 번이고 찬물을 들이부었다. 저들이 물에 타주는 물질 때문임이 분명했다. 그러나 뭔지는 알 수 없었다. 감옥에서 풀려난 뒤에 똑같이 수감됐던 친구들한테 물어봤다. 그랬더니 그들도 같은 종류의 물질을 마셨다고 했다. 효과도 똑같았다. 지금까지도 그게 정확히 뭐였는지 밝혀내지는 못했다.

그들이 내게 한 최악의 고문은 귀에는 안 들리는 전자파였다. 머리가 끔찍할 정도로 아팠다. 어떻게 그런 음파를 내는지는 모르겠지만 어떤 때는 두통이 너무 심해서 해골이 빠개지는 기분이었다. 한번은 정말 미칠 것 같아서 식기 넣는 구멍을 정신없이 걷어차다가 발을 베인 적도 있다.

꼭지가 돈 나는 흥건히 고인 피에다가 손가락을 적셔 『공산당 선언』 책자 위에 이렇게 썼다. "마오 주석, 저우 총리, 파시즘, 대한족주의는 티베트 인민 모두의 불구대천의 원수다." 나중에 간수들한테 책을 돌려주면서 흐뭇한 기분이 들었다. 저들도 내가 뭐라고 쓰는지를 보았을 것이기 때문이다.

그들은 음파 고문을 3년 이상 규칙적으로 해댔다. 음파를 보내지 않는 경우는 한 달에 10~15일에 불과했다. 나는 그게 너무도 고통스러워서 얼마 후부터는 시작될 때마다 손가락을 베서 피로 벽에다가 적었다. "한 번" "두 번" 이런 식으로. 매번 이렇게 두 글자만 썼다. 나중에 가서 보니 무려 550회였다.

어느 날 신문에 브라질에서 체포된 중국 기자들이 단식투쟁을 한 결과 마침내 풀려나게 됐다는 기사가 눈에 띄었다. 그게 음파 고문을 중단시키는 방법이 될 수 있겠구나 싶었다. 그래서 멈추지 않으면 하루에 한 끼만 먹겠다고 선언했다. 그다음에는 하루, 이틀을 굶겠다고 했다. 그래도 음파는 계속됐다. 결국 어느 날 완전히 기진맥진한 상태에서 나는 완전 단식을 선언했다. 그러자 맛있는 음식을 가져와 유혹했다. 음식을 문 밖에 놓고 부채로 부쳐 냄새를 방 안으로 흘려보내다가 이런 작전이 안 통하자 맛있는 음식을 잔뜩 가져와 내 침대에 놓고 갔다. 그래도 나는 손대지 않았다.

단식투쟁 엿새째 되는 날, 조사실로 끌려갔다. 그들은 내

팔다리를 꽉 붙잡더니 다리에 무슨 주사를 놓으려고 했다. 그러나 내가 격렬하게 몸부림을 치는 바람에 주사를 놓지 못했다. 그다음에는 우유를 억지로 입에다 들이부었다. 나는 입을 악물고 벌리지 않았다. 그들은 심지어 드라이버를 들이대고 입을 벌리게 하려고 했지만(그때 이빨 하나가 부러졌다) 그마저 허사였다.

다음 날 그들은 나를 다시 조사실로 끌고 갔다. 이번에는 나를 바닥에다가 꽁꽁 묶었다. 그러더니 얇은 플라스틱 파이프를 내 콧속으로 들이밀었다. 이 튜브로 위에 우유를 흘려보내려는 것이다. 누군가가 옆에서 펌프질을 했다. 차가운 액체가 위 속으로 들어가는 게 느껴졌다. 그들 중 하나가 나를 보고 씩 웃으며 소리쳤다. "봤지? 다 수가 있어!"

나는 이렇게 대꾸했다. "그래, 이 파시스트들아, 치졸한 수를 쓰는구나. 좋다! 이제부터는 먹겠다. 음식을 가져오면 먹어주마. 하지만 절대 항복은 못한다." 나는 그들에게 이끌려 비틀거리며 감방으로 돌아갔다. 그날 오후 쌀죽이 나왔다. 일단 원기를 회복시키려는 것이었다.

이 모든 일이 견디기 어려웠지만, 가장 힘든 것은 철저한 고립이었다. 처음 2년 동안은 신문도 읽을 수 없고 라디오도 들을 수 없고 말을 걸 사람도 하나 없었다. 견딜 수가 없었다. 하루가 한 달 같고, 한 달이 1년 같았다. 그들이 조사를 하려고 부르면 나가는 게 고작이었다. 그러나 조사받을 때를 제외하고는 감방 안에서 혼자 멍하니 앉아 벽을 바라봤다. 종종 헛것이 보였다. 맞은편 벽이 내 쪽으로 다가오는 것이었다. 너무 무서웠다. 거의 미쳐가고 있구나 싶었다. 많은 사람들이 실제로 미친 이유를 알 만했다.[17]

제정신을 놓지 않기 위해 나는 눈을 감고 고향 바탕의 아름다운 산천에서 보낸 어린 시절을 마음속에 그려봤다. 잘 아는 산길을 넘고 개천을 지나는 상상을 했다. 그러면 생각은 어느덧 잘 아는 동네로 가 있었다. 어떤 때는 부모님 집에 생각을 집중했다. 가구 하나하나를 머릿속에 떠올리며 상상으로 좀 더 낫게 디자인을 다시 해서 배치를 해보곤 했다. 때로는 매트리스에서 짚을 꺼내 침대에 올려놓고 부모님이 계실 멋진 집을 설계해보기도 했다. 이런 식으로 벽이 달려드는 공포를 떨치기 위해 상상력을 최대한 발휘했다. 처절한 좌절감을 이겨내기 위해, 나는 항상 스스로 위로하고 용기를 불어넣었다. 처참하게 깨지고 말았다는 회한이 솟구칠 때면 그런 건 문제가 아니다, 그런 생각 자꾸 해봐야 쓸 데 없다고 스스로 다짐하곤 했다. 내가 그때 왜 그랬을까, 혹은 왜 그러지 않았을까 하는 생각은 하지 않으려고 무진 애를 썼다.

정신을 안정시키고 몸가짐을 바로 하기 위해 춤을 추고 노래도 해보았다. 심지어는 머릿속으로 티베트어와 중국어로 시를 쓰고 노래도 작곡했다. 고향 바탕에 관한 것도 한 편 있었다.

<u>오르고 또 오르니 산길은 신새벽에 훤하고
산마루를 넘노라니 땀이 뚝뚝 듣는구나.</u>

고개 넘으니 드넓은 풀밭일세,
아름다운 초원에는 백화가 만발.
꽃냄새에 취해 한참을 내려가노라니
행복에 겨워 가슴은 마냥 부풀어 오른다.
파아란 강물, 저 아래 풀밭 가에 넘실거리고,
건너편 산 숲은 푸른 강물 굽어보네.
산새들 행복한 노래 숲 속에서 지지배배,
토끼들은 강물 위에서 덩실덩실 춤을 추네.

  감옥에서 풀려난 후 어떤 책에 적보다 자신을 이기는 것이 더 어렵다는 말이 있던데, 정말 깊은 통찰이라는 생각이 든다. 교도소의 혹독한 조건에 적응하는 데 여러 해가 걸렸다. 철저한 독방생활에도 '적응'이라는 표현을 쓸 수 있다면 말이다. 결코 쉽지는 않았지만 사소한 변화들조차도 내 삶에 조금이나마 위안이 되었다. 2년이 지나고 나니까 그들은 『인민일보』와 『신관찰新觀察』 같은 신문 잡지 열람을 허용해주었다. 그 이후에는 마르크스, 엥겔스, 레닌, 헤겔, 스탈린 같은 책들을 빌려주었다. 한 권을 독파하면 바로 새 책을 부탁했다. 그들은 오락용 책은 일절 빌려주지 않았기 때문에 나는 사회주의 서적들을 읽고 또 읽었다. 정신을 최대한 날카롭게 벼리고 또 벼리기 위해서.

  낮에는 대부분의 시간을 독서로 보냈다. 감방 불이 낮이 훨씬 낫기 때문이었다. 밤에는 불이 흐려서 두세 시간 동안 노래하고 춤을 추었다. 하도 춤을 많이 춰서 감방 바닥이 너덜너덜해질 정도였다. 취침시간을 알리는 벨이 울린 다음에는 노래하고 춤을 출 수 없었다. 밤에도 불은 절대 끄지 않았다. 항상 나를 감시 중인 게 분명했다. 그래도 독서를 허용한 뒤로는 생활이 편해졌다. 차츰 적응도 되고 분노와 좌절감을 다스릴 줄도 알게 됐다. 대충 몇 시쯤 됐는지도 감을 잡게 됐다.

또 하나 저들이 준 특혜라고 할 만한 것은 밀짚모자를 엮는 일이었다. 너무 좋아서 최대한 천천히 했다. 하나를 만들고 나면 일감을 더 안 줄까 봐 걱정이 됐기 때문이다. 사흘 안에 마치라고 하면 네댓새는 끌었다. 불행하게도 모자 엮기는 시작이 그랬던 것처럼 느닷없이 끝났다. 몸으로 할 일이 없다는 게 너무 싫었다.

몇 년 후 감옥에서 풀려난 뒤 류사오치 국가주석의 부인인 왕광메이 여사를 만나 감옥 체험담을 나누었다. 그녀는 간수들의 강요로 창문 닦기, 죄수들 침구류 세탁 같은 하인들이 할 일을 해야 했다면서 투덜거렸다. 그 정도면 정말 운이 좋은 것이라는 생각이 들었다. 내게 그런 일을 주었다면 정말 행복했을 텐데. 감방 안에 우두커니 앉아 있거나 왔다 갔다 하면서 바닥의 개미와 벽의 거미들을 보던 기억이 난다. 개미들은 뭘 이리저리 옮기느라 분주했고, 거미들은 거미줄을 치느라 바빴다. 녀석들이 그렇게 부러울 수가 없었다.

모기란 놈들에 대해서는 그런 정감을 느낄 수 없었다. 여름에는 모기가 떼로 들어왔는데 모기장이 없어서 잘 때는 그야말로 끔찍했다. 쏘이고 가렵고 난리였다. 아침 일찍 일어나면 수천 마리쯤 될 성싶은 모기가 벽에 다닥다닥 붙어 있다. 열심히 사냥을 한다. 곧 작은 핏자국들이 벽을 뒤덮는다. 나는 그것을 일부러 놓아두었다. 비인간적인 대우를 받고 있다는 데 대한 항의 표시였다.

몇 년 지나고 나서 사정이 좀 나아졌지만 조사는 결코 끝이 나지 않았다. 그렇게 여러 해가 지난 뒤에야 조사관들은 내 혐의를 좀 더 구체적으로 말해주었다. 한번은 내가 작곡한 노래에 대해 물었다. 처음에는 무슨 노래를 말하는 건지 잘 몰랐다.〈인터내셔널가〉를 비롯해 내가 번안하고 작사한 혁명가가 한둘이 아니었기 때문이다. 그들은 내가 작곡한〈유격대가遊擊隊歌〉가사를 말해보라고 했다. 시키는 대로 했다. 나중에 알고 보니 이른바 나의 '커다란 정치적 실수'라는 것은 타르친이 칼림퐁에서 발행하는『티베트 미러』에 실린 기사들과도 관계가 있었다. 그는 우리 조직에서 만든 노래 일부를 신문에 실었는데 그중에 중국〈유격대가〉를 번안한 것도 있었다. 나는 1절 중국어 가사는 그대로 두고 2절은 1940년대 초 캄 상황에 맞게 티베트어로 개사를 했다. 조사관들은 바로 이 노래에 관심이 있었던 것이다. 티베트인들에게 중국인에 맞서 떨쳐 일어나 복수를 하라는 내용이었기 때문이다. 티베트어 가사는 이랬다.

조심해, 조심해, 야만적인 중국 놈들아.

철면피 짓이 한 번도 아니고, 두 번도 아니고, 세 번도 아니었지.

처음에는 양첸 사람 넷을 죽였어,

두 번째는 셍고 쿤촉을 찔러 죽였지.

세 번째는 아트리를 몽둥이로 때려죽이고,

네 번째는 나롱 치메 드롤마를 살해했어.

그리고도 온갖 몹쓸 짓을 하면서 사람들 재산을 빼앗아 갔지.

그토록 잔인한 행동을 우리는 본 적이 없다.

인정사정없었지.

우리 티베트인들을 동물처럼 학대했어.

인정사정없었지.

너희들 사악하고 야만적인 중국인들은

약자는 겁박하고 강자는 피하지.

너희들의 음식은 티베트인들의 피와 땀.

이제 우리가 복수하지 않는다면

서서 오줌 누는 사나이라고 할 수도 없지.

다음 날 그들은 나를 다시 부르더니 내가 적어준 가사가 완전하지 않다고 트집을 잡았다. 나는 완전하다고 했다. 그래서 말다툼이 벌어졌다. 그런데 우유라는 조사관이 티베트 말로 "너희들 사악하고 야만적인 중국인들은 약자는 겁박하고 강자는 피하지"라는 부분을 티베트어 원문으로 말해보라고 했다. 나는 그게 원문이라고 했다. 그러자 얼마 후 우유가 "원문은 '너희들 사악하고 야만적인 중국인들은 식당에서 똥을 싸지'가 아니냐"고 했다. 캄파 속어로 "식당에서 똥을 싼다"는 표현은 배은망덕하다는 의미였다. 말하자면 가사의 요지는 "그들은 우리 땅을 점령해 이득을 취했을 뿐 아니라 배은망덕하게도 우리를 억압하고 학대했다"는 것이었다.

화들짝 놀랐다. 질문 내용도 그렇지만 우유가 티베트어를 한다는 사실 때문이었다. (석방 후 알고 보니 그는 민족출판사 소속으로 정부에서 내 사건 조사를 위해 꾸린 특별조사팀에 배속돼 있었다.) 그의 말을 듣자마자 그 구절이 떠올랐다. 맞다. 그게 원래 가사였다. 그러나 그 부분은 나중에 바꿨었다. 순간 잽싸게 기억을 더듬어봤다. 저들이 어떻게 그렇게 세세한 내용까지 알 수 있는지 상상이 안 갔다. 나 자신도 완전히 잊고 있던 일이었다. 그런 부분까지 안다는 것은, 우리 조직 누군가로부터 들었다는 얘기였다. 즉시 은가왕 케상이 집혔다. 내가 그런 노래를 쓰고 할 때 대부분의 시간을 함께 보냈으니까. 그렇다면, 은가왕은 체포된 게 분명했다. 이어 춈펠이 1948년 인도에 갔다가 라싸로 돌아온 일이 떠올랐다. 그는 타르친이 자기 신문에 우리 노래를 기사화했다는 말을 했다. 이제 저들이 내게 "커다란 국제정치적 문제"가 있다고 떠든 이유를 알 것 같았다. 이 노래 가사를 근거로 해서 저들은 내가 티베트인들에게 중국인에 맞서 봉기하고 복수를 하라고 선동했다고 비난하고 있는 것이다. 그래서 내가 "철저한 민족주의자"이고 사회주의와 공산주의에 대해서는 무관심하고 내 민족에만 충성한다는 얘기였다.

뭘 가지고 자꾸 잘못이라고 그러는지를 알게 되자 나는 중국공산당이 떠받드는 마르크스주의 이데올로기를 동원해 더욱 격렬하게 반박했다. "당신들은 서로 다른 두 역사적 시기를 혼동하고 있는 거요. 예전 사회에서는 모든 민족과 계급은 억압자들에 대항할 권리가 있었어. 체제 자체가 착취적이었기 때문이지. 그 노래를 쓸 당시는 중국인과 티베트인(캄 지역)이 억압자와 피억압자 관계였소. 억압자는 국민당, 구체적으로 말하면 군벌 류원후이의 24로군이었지. 그 노래에 언급된 사건들은 류원후이 휘하 장교들이 저지른 학살을 말하는 것이었소. 연대장 마데항은 양첸 사람 네 명을 죽였고, 수비대장 푸데추안은 셍고 쿤촉을 찔러 죽였어. 장한은 여자인 냐롱 치메 드롤마를 쏴 죽였지. 이런 사안들을 가지고 중국 인민 전체를 가리킨다고 하는 것은 억지가 아닌가. 류원후이는 중국을 통치하고 억압한 국민당 반혁명 군대의 일원이었어. 그들은 중국공산당이 맞서 싸우는 바로 그 반혁명 세력이란 말이오. 그러니 내가 중국인에 대항해 봉기를 선동했다고 비난하는 건 잘못이오. 군벌 류원후이와 국민당에 맞서 싸웠다고 해서 반혁명분자라고 한다면 중국공산당 역시 반혁명분자로 취급돼야 해. 국민당에 대해 그토록 처절하게 오랜 세월 맞서 싸워온 세력은 또 없으니까. 그러나 일단 새로운 사회가 시작되면서, 나는 중국공산당원이 되었고, 공산당의 목표를 달성하기 위해 정력적으로 일했소. 단 한순간도 반혁명활동에 가담한 적이 없고, 티베트인들에게 중국인과 맞서 싸우라고 선동한 적도 없소. 그 노래나 우리가 만든 혁명가 어디에도 내가 중국공산당에 반대했다거나 새로운 사회의 중국 인민에게 대항했다는 것을 보여주는 내용은 없단 말이야!" 말을 끝내고는 흐뭇했다. 너무도 명쾌한 구분이어서 그들도 내 주장을 충분히 이해하고 수긍할 것이라고 생각했다. 그러나 그런 일은 일어나지 않았다.

그들은, 내 주장을 어떻게 반박해야 할지는 몰랐음에도 그것을 받아들이지는 않았다. 그러고 나서 한 달여 동안 우리는 말씨름을 계속했다. 그러던 어느 날 우유가 최근 조사 내용 기록을 봐달라고 했다. 그는 날카로운 목소리로 이렇게 말했다. "당신이 뭐라고 하든 우리는 당신의 진짜 목표가 티베트 '독립'이라는 걸 알고 있어." 그는 어찌나 화가 났는지 이를 악다물어서 그 사이로 침이 다 흘러나왔다. 사람이 저렇게 화가 날 수가 있나 싶어 나도 덩달아 더 화가 났다. 내 말이 그들의 사고에 아무런 영향을 미치지 못했기 때문이다. 미치고 환장할 노릇이었다.

"내가 언제 '독립'이라는 말을 했나?" 내가 불끈해서 소리쳤다. "당신들은 지금 날조를 하고 있는 거야. 정말 역겹다. 공산당의 적인 장제스 정부는 나를 체포하라고 현상수배를 했어. 그러나 못 잡았지. 이제 당신들이 날 체포했어. 당신들은 중국공산당의 가면을 쓰고 있지만 반혁명 짓거리를 하고 있는 건 사실 당신들이야. 당신들은 국민당이 하던 짓을 하고 있어. 타이완에 가 있는 국민당 정부가 이걸 알면 당신들한테 상을 줄 테지. 당신들은 피에 굶주린 도살자야!" 그러고는 이렇게 말을 이었다. "당신들은 영혼이 없어. 당신들이 일본에 있었으면 일본에 개처럼 충성했을 거야. 타이완에 가 있으면 국민당에 충성했겠지. 당신들이 공산당에 복무하는 건 어쩌다 거기 들어갔기 때문이야. 당신들은 영혼이 없어……." 나는 조서에 서명했다. 그러나 너무 화가 치밀어서 방으로 끌려가면서도 문제의 〈유격대가〉를 고래고래 불러댔다.

당시는 문화혁명 시대였다. 신문에서 소식을 접할 수 있었다. 나는 기사가 사실인가 싶어 충격을 받았다. 내가 이토록 부당한 핍박을 받고 있는 것만 화가 난 것이 아니라 중국에서 공산주의의 이름 아래 행해지고 있는 작태에 분노했다. 수천 명의 군중이 아침에는 『마오 주석 어록毛主席語錄』이라는 소책자를 놓고 학습하고 저녁에는 하루의 행동을 보고하는 사진을 보고 완전히 정신들이 나갔구나 싶었다. 고대 티베트의 요기 밀라레빠(11~12세기 티베트 불교의 고승이자 시인—옮긴이)의 말이 떠올랐다. "세상은 밀라(밀라레빠의 원래 이름—옮긴이)를 미쳤다고 보지만 밀라는 세상이 미쳤다고 본다." 감옥에서 우두커니 앉아 바깥세상이 미쳐 돌아가는 것을 보는 내 심정을 이보다 더 정확히 표현한 말은 없을 것 같았다.

문화혁명의 광기를 알게 되면서 감옥을 나가게 될 수 있다는 희망은 점점 사그라졌다. 그래서 뭔가 다른 일에 집중해야겠다고 생각했다. 논리학 공부에 매진했다. 나는 마오를 비롯한 사람들이 숙청 같은 심각한 정치적 과오를 저지르고 있는 이유는 논리에 혼동이 있기 때문이라고 생각했다. 헤겔에 따르면 삼라만상은 끊임없이 변한다. 그리고 그런 변화는 어떤 법칙을 따르게 돼 있다. 나는 그 법칙이 무엇인지를 찾고 싶었다.

처음부터 나는 내 생각을 글로 남기고 싶은 마음 간절했다. 그래서 여러 차례 펜과 종이와 잉크를 달라고 간수들한테 간청을 했다. 아무 반응이 없었다. 그래서 나 나름의 방법을 고안해냈다. 옷을 빨고 남은 물(옷에서 물감이 배어나왔다)을 따로 대야에 보관했다. 물이 증발해 물감이 짙어지면 그것을 신문에다가 시커멓게 발랐다. 그런 다음 벽에서 하얀 페인트 가루를 긁어내 사발에 담은 물에 녹여 잉크로 사용했다. 매트리스에서 밀짚을 꺼내 펜 대용으로 삼아 내 생각을 써내려갔다. 이런 식으로 만 자 정도 썼다. 불행하게도 그렇게 신문에 쓴 글씨들은 오래가지 못했다. 흰 잉크가 금세 바래버렸기 때문이다. 다른 방법을 찾아야 했다.

새로운 시도를 했다. 신문 가장자리 여백 부분을 잘라 죽으로 이어 붙여서 네모난 백지로 만들었다. 염료 농축액을 잉크로 사용했다. 난방배관에서 철사줄을 하나 몰래 뜯어 바닥에다가 펜처럼 뾰족해질 때까지 갈았다. 종이를 아끼기 위해 글씨는 최대한 작게 썼다. 그러나 하고 싶은 말이 너무 많아서 종이가 모자랐다. 화장지를 종이로 쓰면 되겠다는 아이디어가 떠올랐다. 인도 사람들이 볼일을 보고 나서 물로 뒤를 씻는 것을 본 생각이 났다. 그런 식으로 화장지를 아낄 수 있었다. 화장지를 꽉꽉 눌러 문질러서 표면을 매끄럽게 만들고 나니까 쓰기가 한결 수월했다. 그런 식으로 수십만 자를 썼다.

글을 쓰는 것은 허용이 됐지만 감방에 사물을 두는 것은 금지였다. 지금도 생각이 난다. 어느 날 운동을 하라고 밖으로 내보내줬는데 땅바닥에 자그마하고 반지르르한 까만 완두콩이 떨어져 있었다. 바람에 날려 여기까지 왔을 것이다. 너무 예뻐서 잽싸게 주워 감췄다. 이것이 나에게는 소중한 개인 물건이 되었다. 체제에 대한 승리였다. 그러고 나서는 온갖 꾀를 써서 늘 감춰뒀다. 어떤 때는 손아귀에 넣고, 감방에서 나갈 때는 혀 밑에도 감췄다. 놀랍게도 3~4년을 들키지 않았다. 수시로 감방 검사를 하는데도 그렇게 오랜 세월 감춰냈다는 것이 흐뭇한 정도를 넘어 뿌듯했다. 그러나 결국은 발각돼 빼앗기고 말았다. 가슴이 찢어졌다. 이 바보야, 바보야······. 돌이켜보면 그런 자책이 무슨 소용이 있었겠는가마는 그때는 정말이지 제정신이 아니었다.

시간이 흘러 한 해가 가고 또 해가 바뀌었다. 나도 모르는 사이에 9년이란 세월이 흘렀다. 나는 마르크스주의와 사회주의, 변증법적 유물론에 대해 엄청난 양의 독서를 했다. 그러나 다른 죄수나 외부세계와의 접촉은 일절 없었다. 아이들은, 아내는, 부모님은, 또 친구들은 어떻게 됐는지 알 도리가 없었다. 사회에서 나만 살짝 면도칼로 도려내진 기분이었다. 그렇게 흔적도 없이 세상에서 사라져 시멘트로 발라버린 지하실에 안에 산 채로 갇혀 있는 것 같았다.

 그러던 어느 날 나를 괴롭히던 자들이 갑자기 진짜 내 혐의를 말해주었다.

22장
묵언 맹세

1969년, 체포된 지 만 9년이 지난 어느 날 조사실로 끌려갔다. 한 관리가 말했다. "여러 해 동안 당신은 여기 갇힌 이유를 물어봤지. 오늘 답을 주겠소."

너무 오래 갇혀 있어서 그들이 믿기지 않았다. 생각할 수 있는 것은 틀림없이 속임수라는 것이었다. 다시 내 기를 꺾어놓으려는 시도 같은 것 말이다. 저들이 또 무슨 거짓말을 하려는 걸까 싶어 머리가 어지러웠다. 또 무슨 장난을 치려는가? 오만 생각이 한꺼번에 밀려와서 관리가 하려는 말에 집중하려 온 힘을 그러모았다. 그가 하는 말을 정확히 들어야만 했다.

그의 입에서 나온 말은 충격적이었다. 나는 분개했다. "1955년 달라이 라마가 베이징에 왔을 때 아주 중요한 비밀(사악한) 모임을 가졌고, 당신이 거기 참석했지. 그게 당신이 투옥된 이유요. 그 모임에 대해 말해보시오."

저들이 무슨 말을 해도 그러려니 하고 넘어갈 준비가 돼 있었지만 그게 혐의라니 어안이 벙벙했다. 웃기는 소리였다. 그런 모임은 있지도 않았다. 그런 발상 자체가 얼마나 바보스러운지 으아아악 하고 비명이라도 지르고 싶었다. 나는 최대한 정신을 집중해 침착한 자세를 유지했다.

"오늘……." 나는 최대한 조용한 목소리로 말했다. "당신들은 내 혐의가 무엇인지 분명히 말해줬소. 똑같이 분명한 대답을 주겠다. 하지만 먼저 뭐 좀 물어봅시다. 사실 확인을 위해서 말이오. 달라이 라마가 베이징에 혼자 오지 않았다는 건 당신들도 알고 있소. 티베트 정부의 여러 관리들과 함께 왔지. 달라이 라마는 완전히 혼자인 적이 절대 없었소. 따라서 달라이 라마와 내가 단둘이서 그런 비밀 모임을 가지려야 가질 수가 없지. 다른 사람들도 참석을 했을 거요. 내 말이 맞지 않소?"

"맞소." 그 관리가 말했다. "다른 사람들도 그 모임에 참석했었소."

"수르캉이 그 모임에 참석했지요?"

"그렇소. 참석했소."

"은가뵈?"

"그 사람도 참석했소."

"그럼 달라이 라마의 시종장인 팔라와 각료 류샤르, 그리고 이러저러한 티베트 관료들은?"

"그들도 모두 그 모임에 참석했소."

"또 온 사람 없었소?"

"티앤바오랑……." 그가 대답했다. "황젠칭(간쑤 성 출신 아바 알로)도 왔소."

나는 잠시 말을 끊었다. 이제 저들이 제시한 혐의를 손쉽게 반박할 수 있겠다 싶었다.

"당신들은 이제야 내가 9년 동안 감옥에 처박은 이유를 말해줬소. 혐의가 뭔지 알고 나니까 정말 기쁘군. 말도 안 된다는 걸 쉽게 보여줄 수 있으니까. 그 혐의는 완전히 날조고 결코 사실이 아니오. 반혁명활동을 모의하는 그 '비밀 모임'이라는 건 애당초 없었어. 당신들에겐 힘이 있어. 날 죽일 수도 있고, 무슨 짓이든 할 수 있지. 하지만 그 혐의라는 게 얼마나 우스꽝스러운지 설명을 해주지.

첫째, 달라이 라마가 베이징에 왔을 때 티베트공작위원회의 수단루가 밤낮으로 따라다니면서 장징우에게 일일보고를 했지. 장징우는 그걸 검토한 다음 다시 중앙정부에 올렸소. 따라서 나랑 티베트 관리들이 정부 모르게 달라이 라마와 '비밀 모임'을 갖는다는 것 자체가 불가능했어!

둘째, 그런 모임이 설령 있었다고 칩시다. 왜 나는 감옥에 있고 거기 참석한 다른 사람들은 고위직에 가 있는 거지? 황젠칭은 지금 어디 가 있는지 모르겠어. 신문에서 이름을 못 봤으니까. 하지만 당신이 그 모임에 참석했다고 한 사람들 중에서 은가뵈는 지금 전국인민대표대회 상무위원회 부위원장이야. 그리고 티앤바오는 쓰촨성혁명위원회 부주임이지. 우리 모두가 참석한 그 모임이 비밀 모임이라면 왜 똑같이 참석한 은가뵈와 티앤바오는 승승장구하고 나는 투옥됐지? 그리고 왜 14년이 지난 지금에 와서야 그건을 문제 삼는 거야?

그러니까, 비밀 모임 어쩌고 하는 얘기 자체가 난센스야. 그런 모임은 없었어. 확인하기도 쉽지. 은가뙤와 티앤바오한테 가서 물어봐."

말을 이어가는데 갑자기 그들이 음모를 꾸미고 있다는 예감이 들었다. 오랜 세월 조사를 하면서 그들은 1949년 이전 활동을 집중적으로 물고 늘어졌다. 당시 우리 티베트 공산당은 류원후이와 국민당에 반대하고 티베트의 자유를 추구했다. 혁명가라든가 게릴라전 계획 등등은 모두 그 시기의 일이었다. 의문의 여지가 없는 사실들이었다. 나는 류원후이 일당을 타도하려고 했다는 사실은 인정했다. 그리고 중국공산당이 국민당에 반대하는 게 정당한 것처럼 나의 그런 활동도 정당하다고 주장했다. 그런 활동은 반혁명 활동이 아니라 혁명활동이었다. 중국공산당의 활동이 반혁명활동이 아닌 것처럼, 우리의 활동도 혁명활동이었다. 그리고 노래에서 티베트 독립을 추구한다고 한 것이 마음에 안 들 수는 있겠지만 그런 건 중국공산당에 가입한 1949년 이후의 활동과 사상에는 해당되지 않는 얘기였다. 중국이 중화인민공화국이 되고 난 이후의 내 활동에 대해서는 트집 잡을 게 없었다. 그리고 나는 공산당 간부였으니 1955년에 달라이 라마와 비밀 모임을 가졌다는 웃기는 혐의를 날조해 1956년에 시작된 캄 지역 티베트족 반란을 선동했다는 자백을 받아내려는 게 분명했다. (한참 세월이 흐른 뒤에 알고 보니, 조사팀은 1949년 이후 내가 잘못을 저질렀다는 증거를 찾

4부_투옥 423

지 못했다고 보고하자 계속 조사하라는 명령을 받았다. 어떻게든 뭔가 찾아내라는 얘기였다. "비밀 모임"은 그런 시도의 일환이었다.)

미친 짓이었다. 9년 동안이나 감옥에 처넣고 고문을 한 이유가 아무 근거 없는 혐의 때문이었다니 도저히 견딜 수가 없었다. 어떻게 그리도 사악하고 잔인할 수 있단 말인가? 저들은 아무런 이유 없이 내 인생을 산산조각 냈다. 그래서 더는 받아주지 않기로 결심했다.

"1949년 새 중국이 수립된 이후······." 나는 최대한 나직한 목소리로 말했다. "나는 모든 일을 당 중앙위원회의 정책에 따라 처리했소. 정부 정책에 한마디도 이의를 달지 않은 것은 물론이고 티베트를 온전히 해방시키는 데에도 중요한 기여를 했지. 당신들이 말한 혐의라는 건 개소리요. 당신들이 잘못 알고 있다는 건 바로 입증할 수 있다. 따라서 이 모든 짓이 사기야. 지금부터 난, 당신들한테 더는 할 말이 없다." 이렇게 말하고 나서 캄파의 맹세를 했다. "당신들이 나한테 무슨 짓을 하든 하려면 해봐. 내가 어쩌겠나······." 그러고는 성난 목소리로 "그러나, 지금 이 순간부터, 당신들한테 한마디라도 한다면 나는 인간이 아니다"라고 선언했다.

나는 읽어보지도 않고 조서에 서명을 했다. 그러면서 서류 곳곳에 지장을 마구 찍어댔다. 내 맹세를 더욱 강조해 보여주려는 행동이었다. 나는 그들이 나를 어떻게 하든 정말 관심이 없었다. 정신 나간 저들의 생각을 바꿀 힘이 내게는 전혀 없음을 이제는 절감했다. 그들은 진실에는 관심이 없었다. 그러나 나는 행동은 절제할 수 있었으므로 그 순간부터 철저히 그렇게 하겠다고 맹세했다. 결코 다시는 이런 사기에 끼게 되는 일은 없으리라. 조사관들은 깜짝 놀라 서로 멀뚱멀뚱 쳐다보다가 나를 다시 감방으로 데려갔다.

그날 이후로도 여러 차례 조사실로 끌려갔다. 그러나 단 한마디도 하지 않았다. 오랜 기간 그들은 지치지도 않고 자백을 받아내려고 애를 썼다. 그러나 되는 일이 아무것도 없었다. 그들이 무슨 짓을 해도 나는 고개만 흔들 뿐 아무 말도 하지 않았다. 그들이 노려보면 나도 맞서 노려보곤 했다.

결국 그들은 포기하고 내 방에 오지 않았다. 나는 무슨 큰 승리라도 한 기분이었다. 그러나 그 대가는 끔찍했다. 이제 나는 인간과의 상호작용에서 완전히 단절된 것이었다. 모든 희망도 함께 사라져버린 것 같았다. 더는 말을 안 했기 때문에 조사관들에게 내 결백을 설득할 일말의 가능성도 함께 묻혔다. 그리고 이제는 독방 수감보다 훨씬 나쁜 상황에 적응해야만 했다. 완전한 침묵이었다. 오랜 감옥 생활을 통해 나는 침묵과 격리가 정신에 나쁜 영향을 미친다는 걸 벌써 배워 알고 있었다.

나는 현실을 냉철하게 파악하기 위해서 변증법과 논리학 연구에 몰두했다. 마오 주석을 비롯한 지도자들이 광기 어린 짓거리를 하고 끔찍한 파괴를 일삼는 문화혁명을 진행하는 것은 마르크스주의 변증법과 논리학의 가르침을 오해했기 때문이라고 봤다. 그래서 변화의 법칙을 집중적으로 파고들었다. 헤겔을 비롯한 저작들을 읽고 또 읽었다. 몇 시간이 며칠이 되고 며칠이 몇 달이 됐다. 여러 해 동안 그 법칙들이 어떻게 작동하는지 천착했으며 내 사상을 도표를 통해 상징적으로 표현하는 방법을 연구했다. 그림과 도표를 수천 번도 더 그렸다. 그러나 결과는 영 만족스럽지 못했다. 그러던 어느 날 변증법에 몰두한 지 4년이 지난 시점에 우연히 종이를 접다가 접힌 틈으로 안을 들여다보는데 뭔가가 퍼뜩 떠올랐다. 그토록 오랫동안 연구해온 개념들의 관계를 쉽게 보여줄 수 있는 도표였다.

다 그리고 나서 얼마나 기분이 좋았던지, 으하하하 하며 한참을 웃고 또 웃었다. 간수들은 웃음소리를 듣고 내가 말썽을 일으키고 있거나 아니면 미쳤다고 생각한 모양이었다. 그들은 내 방으로 달려오더니 양손에 수갑을 채운 채 열네 시간을 그렇게 내버려두었다. (수갑이 너무 빡빡해서 손목에 깊은 자국이 생겼는데 여러 해가 지나도 없어지지 않았다.) 그런 소동이 있은 후 그들은 나를 다시 혼자 내버려두었다. 그렇게 세월이 흘러 1975년(수감된 지 15년 되는 해였다) 어느 날, 여러 관리들이 내 방에 와서 보고는 내가 정신이 나갔다고 말했다. 그들은 나를 정신에 문제가 있는 죄수들을 치료하는 병원으로 데려갔다.

어쩌면 그들 생각이 맞았을지 모른다. 내가 한동안 정신적 통제력을 잃었었는지도 모르겠다. 석방되고 나서 독방

감금형을 처음 사용한 것은 영국인들이라는 얘기를 읽은 적이 있다. 나중에 알고 보니 죄수를 독방에 여러 달 가두게 되면 미쳐버릴 수 있었다. 그래서 이제 많은 나라에서는 독방형을 부과하지 않는다. 교도소에서 독방에 가두는 것은 규정 위반 행위에 대한 처벌로 며칠 그렇게 하는 정도다. 교도소에 수감됐던 다른 사람들 이야기도 많이 읽었다. 네루, 간디, 만델라 등등은 감옥에서 20년 이상을 보냈다. 그런데 넬슨 만델라 전 남아프리카공화국 대통령 빼고는 다들 한 번에 내리 20년을 산 게 아니었다. 4~5년 갇혔다 풀려나고, 그랬다가 다시 체포돼 4~5년 썩는 식이었다. 게다가 그들은 독서를 하거나 다른 죄수들과 대화를 나눌 수도 있었다. 예를 들어 만델라는 절해고도의 감옥에서 26년을 보냈지만 다른 죄수들과 함께 돌 다듬는 일을 하고 대화도 나눌 수 있었다. 나는 코딱지만 한 감방에 홀로 있었다. 누구와도 이야기할 수 없었고, 나중에는 묵언의 맹세를 통해 스스로를 다시 한 번 꽁꽁 묶어버렸다.

감옥에서는 시간이 어떻게 되는지 알기 어렵지만 정신병원에서는 그게 더 어려웠다. 하루하루가 흐릿해져서 그날이 그날 같고 구분이 안 갔다. 그런데 어느 날 공안국에서 나온 관리가 내 방으로 찾아와서는 아이들이 보고 싶지 않느냐고 묻더니 원한다면 만나게 해주겠다고 했다. 정말 보고 싶었다. 하지만 나는 그자의 말을 믿지 않았다. 그저 시큰둥한 표정만 지었다. 그런데 다음 날 그들이 아이들을 병원으로 데려와 20~30분 동안 면회를 시켜줬다. 꿈이 아니었다.

누구하고도 말하지 않은 지가 6년이나 됐을 때였다. 아이들을 못 본 지는 15년이었다. 처음에는 잘 알아보지를 못했다. 너무 많이 커서……. 아이들은 나를 보더니 울음을 터뜨렸다. 나도 울었다. 막상 말을 하려니까 입이 움직이지를 않았다. 성대를 너무 오래 사용하지 않았기 때문에 나는 벙어리처럼 되어버렸던 것이다. 말은 안 나오고 침만 질질 흐르는데도 어쩔 도리가 없었다.

동생 투왕이 아이들과 여자아이 하나를 데리고 같이 왔다. 아이들은 그 여자아이를 친척이라고 했다(큰처남의 딸로 내가 감옥에 있는 사이 우리 집으로 입양됐다). 서로 어느 정도 진정이 되자 아이들은 고등학교, 대학교를 졸업했고, 잘산다고 했다. 나를 안심시키려고 한 거짓말이었다. 힘들게 살았다고 하면 내 상태가 더 나빠질지 모른다고 염려했던 것이다. 동생은 교도소에 갔다 왔다는 얘기조차 하지 않았다. 아이들한테 엄마는 어디 있느냐고 물으니 라싸에 갔다고 했다. 그러나 엄마 얘기가 나오자 왠지 불편해 보였다. 행동도 영 이상한 것이 진실을 말하고 있지 않다는 걸 직감했다. 석방되고 나서 알고 보니 아내는 내가 감옥에 갇힌 지 9년째 되던 해에 끔찍한 죽음을 맞았다.

푼왕의 아들 펭징(푼왕의 둘째 아들)은 멜빈 골드스타인과의 대화에서 아버지와의 첫 만남을 이렇게 회고했다.

어느 날 공안국에서 사람들이 찾아왔어요. 아버지를 만나게 해주겠다더군요. 그런데 정신에 좀 문제가 있어서 헛소리를 한다는 거예요. 1960년에 실종된 이후로 처음 듣는 아버지 소식이었지요. 비록 감옥에 있지만 살아 계신다는 거예요.

아버지는 베이징 안딩安定로에 있는 안딩정신병원에 계셨어요. 병원에 가보니 온갖 미친 사람들이 다 모여 있더군요. 건물은 1층부터 5층까지 바깥쪽 복도는 모두 막아놓았어요. 안쪽에서만 5층으로 올라갈 수 있게 돼 있었지요. 5층에 들어서니까 거대한 철문이 막혀 있었어요. 공안국 사람들이 철문을 열고 아버지한테 데려다줬습니다.

형제들과 나는 아버지가 살아 계시다는 소식에 정말 반가웠습니다. 그러나 형편없는 몰골과 마주치자 너무나 가슴 아팠습니다. 멍하니 허공만 바라보고 계셨어요. 몸도 제대로 가누지 못하고, 입에서는 침이 줄줄 흘렀지요.

우리는 아버지 상태를 고려해 말을 많이 하지는 않았어요. 그런데 아버지는 말씀을 하기 매우 어려운 상태인데도 더듬더듬하면서 우리한테 두 가지만큼은 분명히 말해준 기억이 생생합니다. 첫째, 아버지는 절대 그른 일을 하지 않았다, 당과 인민과 국가에 해되는 일은 하지 않았다고 했어요. 둘째, 자랑스러운 표정으로 새로운 변증법 체계를 고안해냈다고 하셨지요. 그게 무슨 뜻인지 우리로서는 이해되지 않았지만요.

아버지를 마주하면서 참으로 고통스러웠습니다. 친구 어

머니가 여러 해 동안 수감됐던 얘기를 들은 적이 있어서 심하게 충격을 받진 않았습니다. 친구 어머니는 감옥에 들어갈 때는 정상이었는데 풀려난 뒤로는 정신이 이상해졌지요. 그 시절에는 죄수들이 미치는 일이 드물지 않았거든요. 요즘 사람들이 보면 미쳤다고 할 만한 모습일망정, 살아 계시다는 것을 확인한 것만으로도 우리는 만족했습니다.

우리 가족들한테 어떤 일이 닥쳤는지는 감옥에서 풀려난 이후에 알게 됐다. 내가 체포된 이후 아내 칠릴라는 베이징으로 와서 한동안 어느 사무실에서 일했다. 아내와 장모가 아이들을 돌봤다. 아이들의 생활은 많이 어려웠다. 거리로 나가거나 나쁜 쪽으로 빠지지는 않았지만 학교 생활은 엉망이 됐다. 장남 푼강은 고등학교 2학년까지밖에 다니지 못했고, 가운데 펭징은 중학교, 셋째 펭앙은 초등학교밖에 못 나왔다. 막내딸 펭니는 고등학교를 졸업했다.

아내와 아이들은 사회적으로도 정치적으로도 너무나 어려움을 겪었다. 내가 체포되고부터 중국인 이웃들이 못되게 굴기 시작했다. 함부로 이름을 부르고 따돌렸다. 예를 들어 어느 날 한 이웃집 여자가 아내한테 "당신네 티베트족은 악질이야. 조국에서 떨어져나가겠다 이거지?"라고 했단다. 아내는 화가 나서 이렇게 응수했다고 한다. "그게 무슨 말이에요? 우리 보고 분리주의자라니? 중국인들이 오기 전까지 티베트는 통일돼 있었어. 그런데 누가 누구한테서 떨어져나간다는 거야? 우리 티베트인들은 중국인을 오라고 한 적이 없어. 그런데 우리가 어떻게 분리주의자냐고?" 화가 난 이웃은 바로 관으로 달려가 아내가 티베트 독립을 주장하고 있다고 일러바쳤다. 그러고는 거창한 인민재판식 '투쟁회鬪爭會'라는 걸 열어 수천 명이 몰려들었다.

문화혁명 때는 고초가 더 심했다. 당 관료들은 아내가 귀족 출신이며 태형 기구는 물론이고 사람 가죽으로 만든 북과 제례용 도구까지 갖고 있다는 식으로 말도 안 되는 트집을 잡았다. 그들은 아내가 전보 치는 기계를 가지고 있다며 그런 것들을 내놓으라고 명령했다. 그런 게 없으니 당연히 명령에 따를 수가 없었다. 그래서 그 몹쓸 투쟁회라는 것에 수도 없이 끌려다니며 험한 소리를 듣고 매를 맞았다.

결국 그러던 어느 날, 아내는 평소 근무하는 측량국 사무실에 연금돼 귀가가 불허됐다. 그들은 아내를 더럽고 창도 없는 지하실에 감금해놓고 투쟁회를 할 때만 밖으로 끌고 나갔다가 바로 다시 지하실에 처박아놓았다. 1969년 3월 10일, 아내는 그 지하실에서 숨졌다.

그들은 자살이라고 말한다. 그러나 확실치 않다. 이상하게도 가까운 동료 톱덴 역시 거의 같은 시기인 1969년 3월 청두의 감옥에서 죽었다. 그들은 톱덴이 손목을 그어 자살했다고 말한다. 믿음이 가지 않는 소리다. 모든 게 우연인 듯 조작된 것처럼 보이기 때문이다. 게다가 당국은 지금까지도 아내 시신 사진을 주지 않고 있다.

이 사건에 대해 펭징은 이렇게 회고했다.

처음에 나는 아무것도 몰랐다. 그냥 회의가 있다며 아버지가 불려갔고, 그 이후로는 집에 오시지 않았기 때문이다. 회의가 끝난 뒤에도 아버지는 감감 소식이 없었다. 아버지한테는 적이라느니 반혁명분자라느니 하는 딱지가 붙지 않았다. 그냥 이 세상에서 깨끗하게 지워진 것 같았다. 아버지가 어디 있는지 아무도 몰랐다. 그리고 실종된 게 무슨 나쁜 일 때문인지 아닌지조차도 몰랐다. 물론 우리는 아버지가 왜 안 돌아오는지 궁금했다. 형은 우리 동생들보다는 내막을 잘 알았을 것이다. 하지만 그때 난 여섯 살이었다. 아무것도 몰랐다.

우리는 당시 같은 또래 아이들과 비교하면 어려움이 많았다. 우선 우리는 티베트족이었다. 동네에서 유일한 티베트족 가구였다. 동시에 이웃사람들은 우리에 대해 잘 몰랐다. 그들은 그냥 우리를 농노주인이라고 불렀다. 생각해보면 나는 어려서 수줍음을 많이 탔다. 길을 갈 때도 항상 가장자리로 고개를 숙이고 다녔다. 다른 아이들과 말하는 법도 거의 없었다.

당시 어머니는 아버지와 직장이 달랐다. 아버지가 실종되면서부터 어머니는 성격이 나빠졌다. 지금은 우리도 나이를 먹고 보니 충분히 이해가 간다. 당시 어머니는 젊었고, 여러 가지 압력을 혼자서 감당하기에는 너무도 벅찼을 것이다. 여자 혼자서 아이 다섯을 키우는 일은 쉽지 않다. 어머니는 담배를 많이 피워댔고, 점점 더 성격이 안 좋아져갔다.

돈은 좀 있는 편이어서 우리는 재정적 압박은 그다지 느끼지 않았다. 우리가 겪는 어려움은 정신적인 것이었다. 아이들은 아주 어려서 그나마 괜찮은 편이었지만 티베트에서 자란 어머니는 달랐다. 당시 어머니 친척들은 대부분 베이징에 있지 않았고, 말상대가 아무도 없었다. 어머니는 솔직하고 화끈한 분이었다. 문화대혁명 때 어떤 이웃사람과 말싸움을 했다. 그때 한 얘기 때문에 비판을 받았다.

앞서 말한 대로 우리 집은 1960년대 초, 그러니까 1966년 문화대혁명이 시작되기 직전까지만 해도 꽤 형편이 괜찮았다. 문화대혁명 이후 상황은 점점 나빠졌다. 지금도 우리 재산이 처음 압수될 때가 생각난다. 1966년 여름, 나는 열두 살이었는데 학교 끝나고 막 집에 와 있었다. 그런데 갑자기 공작단위工作單位(도시 주민이 소속돼 있는 생활·활동 조직—옮긴이) 사람들이 들이닥쳤다. 혁명위원회 반란파 소속 사람들로, 우리 집을 뒤지기 시작했다. 나는 그 사람들과 말싸움을 하지 않았지만 누나는 따지고 들었다. 누나는 소리를 지르며 그들을 저지하려고 했다. 부질없는 일이었다. 그들은 눈 하나 깜짝하지 않았다. 상자란 상자는 다 열어젖히고 돈과 값나가는 물건은 모두 집어 갔다. 그것이 첫 압수였다.

그때 기분이 어땠느냐고 하는데, 화가 난 다른 사람들과는 좀 달랐다. 이상하게도 난 우리는 이런 고난을 겪을 운명이라는 느낌이 들었다. 그런 환경에서 살았기 때문에 자연스러운 일처럼 느껴졌다. 아버지가 1960년에 실종되기 이전부터 문제가 있었던 것이다. 마땅히 다가올 고난이 그저 몇 년간 연기돼왔을 뿐이라는 생각이 들었다. 당시 내게는 그런 일이 우리한테 조만간 닥칠 것이라는 예감 같은 게 있었다.

저들이 다 가져가고 나니까 남은 게 아무것도 없었다. 생활은 극도로 곤궁해졌고, 그때부터 어머니가 제일 싸구려 담배를 피우기 시작한 기억이 난다. 성격은 더욱 포악해져갔다. 융통성 있는 성격이라면 좀 달랐을지도 모르지만 어머니는 단호하고 고집불통이었다. 우리가 어렸을 때, 밖에 다닐 때는 가슴 쭉 펴고 씩씩하게 걸으라고 하시던 말씀이 지금도 생각난다. 어머니는 무슨 일을 할 때에도 항상 깔끔하고 완벽하게 하려고 애썼다. 말하자면 우리 상황이 어찌 되었든 밖에 나가서는 당당하게 행동해야 한다는 얘기였다. 어머니가 좀 유연했다면 지금까지도 살아 계시지 않을까 생각한다. 그러나 어머니는 굽힐 줄 모르시는 분이셨다. 그래서 그런 고통을 견뎌낼 수 없었던 것 같다.

나중에 그들이 현금과 물품을 일부 돌려줘서 그걸 가지고 살아갔다. 돌이켜보면 어머니는 같은 일이 또 벌어지지 않을까 노심초사한 것 같다. 먹을거리와 필수품 등을 몰래 비축해놓기 시작했다. 물론 그런 물품을 드러내놓고 구입할 형편이 아니었고, 살그머니 나가서 작은 가방에 물건을 사가지고 오시곤 했다. 매번 소시지, 식용유, 소금, 장조림 같은 것을 들고 오셨다. 우리 집 근처에 사는 형 친구가 우리를 많이 도와주었다. 우리 집 창고에는 먹을 게 넉넉히 비축돼 나중에 그게 큰 도움이 됐다.

두 번째 압류는 문화혁명이 시작된 지 2년째 되던 1967년에 벌어졌다. 이번에는 고기를 다 가져갔다. 그래서 한동안 숨겨둔 음식으로 먹고 살았다. 많은 이웃들이 다들 우리를 감시했다. 밖에 나갈 때면 뭐 하러 가느냐고 꼬치꼬치 묻고 행적을 적어내라고 했다.

어머니는 공산당원이지만 간부급은 아니었다. 그러던 어느 날 사람들이 들이닥쳐 어머니를 데려갔다. 그때 우리 형제들이 다 집에 있었는데도 우리가 할 수 있는 일은 아무것도 없었다. 그들은 한마디만 툭 던졌다. "소지품 싸서 따라오시오." 어머니는 그렇게 그들을 따라나섰고, 그로부터 보름 만에 싸늘한 시신이 되고 말았다.

내가 알기로 어머니는 소속 공작단위 지하실에 억류돼 있었다. 거기 여러 명이 연금돼 있었다. 나는 어머니한테 음식이라도 갖다드리려고 애를 썼지만 면회는 허용되지 않았다. 며칠 후, 어머니 사무실 동료 네댓 명이 우리 집으로 찾아왔다. 집에는 여동생과 나밖에 없었다. (큰형은 감옥에 갔고, 막내는 캄에 가 있었다. 누나가 어디 있었는지는 기억이 안 난다.) 그 사람들은 우리 두 오누이에게 사무실로 같이 가자고 했다.

사무실에 도착하자 그들은 우리를 지하실의 작은 방으로 데려갔다. 여동생은 너무 어려서(아홉 살밖에 안 됐다) 나만 방 안으로 들여보냈다. 지금 기억에 그때 침대 위에 시트가 덮여 있었다. 그들이 시트를 젖혀 어머니의 얼굴을 보여주는 순간, 얼어붙고 말았다. 순간 멍해지면서 무슨 말을 해야 할지 아무런 생각도 나지 않았다. 그들은 어머니 얼굴을 보여준 다음 손목을 보여줬다. 유리조각이나 라디에이터 가장자리 날카로운 부분으로 그은 것 같았다.

그게 내가 열다섯 살 때 일이었다.

1976년 1월 저우언라이가 죽고, 이어 같은 해 9월에 마오 주석이 사망했다는 소식은 한 가닥 남은 마지막 희망의 불씨마저 꺼버렸다. 무슨 일이 있더라도 나는 언젠가 내 사건의 전모가 최고위층에 알려질 것이라는 믿음만은 끝까지 놓지 않았다. 나는 마오쩌둥과 저우언라이를 개인적으로 알고 있었고, 왕펑을 비롯한 사람들이 내가 한 일과 내가 겪은 일에 대해 그들에게 거짓말을 했다고 믿고 있었다. 언젠가 마오와 저우가 내가 결백하다는 걸 깨닫고 석방을 명할 날이 오지 않을까 하고 혹시나 하는 희망을 버리지 않았었다. 그런데 이제 그런 희망마저 사라졌다. 이렇게 독방에서 세상과 격리돼 살아가는 생활이 무한정 계속될 것만 같았다.

그렇게 참담한 심정이던 1978년 어느 날, 나는 서글픔과 분노를 다음과 같은 시에 실어 보냈다.

> 새벽녘엔 희미한 햇살 창에 스며들고
> 황혼녘 햇살 끝물은 철문에 비끼네.

꽁꽁 걸어 잠근 이 참담한 독방에서

어언 18년, 오로지 벽만 마주하고 보냈다네.

여름이 가고 겨울이 오고 겨울이 가고 또 여름이 오고.

그러나 봄꽃과 가을 달은 한 번도 여기까지는 찾아와주지 않았지.

여기서 알았다네, 그토록 잔혹한 형벌이 얼마나 많은지.

고난은 언제나 지식인의 운명인 것을,

불우한 처지라도 감사하려마.

그나마 열심히 읽고 생각할 수 있었으니.

자아와 타자에 대해

삼라만상의 본성에 대해 깨쳤다네.

수난 속에서도 행복을 추구했고,

마침내 행복은 찾아왔다네.

그렇게 고난을 헤치며 나는 행복을 얻었지.

자유여, 나는 그대를 추구하다가 그대를 잃었다.

비록 그대는 곁에 없지만 내 마음은 여전히 자유롭다네.

몇 달 후 간수들이 내 방으로 와 나를 정신병동 사무실로 데려갔다. 그들은 한마디도 하지 않았다. 뭐가 어떻게 돌아가는지 도통 알 수 없는 상태에서 전에 못 보던 담당자가 죄수복을 벗으라고 하더니 민간인복을 내주었다. 나는 잠자코 시키는 대로 했다. 그러나 머릿속에는 온갖 상념이 스쳐갔다. 지금 뭐 하자는 걸까? 그들은 계속해서 아무 말도 하지 않았다. 그러더니 내가 체포될 당시 벗어놓았던 옷을 돌려주었다. (상자 속에 18년이나 처박혀 있던 터라 노랗게 변색돼 있었다.) 시계도 돌려줬다. 오래돼서 줄이 곧 바스라질 것 같았다. 어떻게 돌아가는 영문인지 어리떨떨했다. 시계가 제대로 가는지 보는 법조차 생각이 나지 않았다.

"이제 밖으로 나가는 겁니다." 그 담당자가 말했다.

그의 말이 진심인지 의심스러웠다. 그는 석방된다거나 이제 당신은 자유라고 말하지 않았다. 그저 밖으로 나간다고만 했다. 그러더니 "좋은 곳으로 가게 될 겁니다. 두 자녀 분이 같이 모시고 갈 겁니다"라고 덧붙였다.

나는 들뜨지 않으려고 애를 썼다. 석방이 되는 것 같기는 했다. 그러나 그토록 나를 괴롭혀온 그들이 덜컥 신뢰되는 것은 아니었다. 또 하나의 속임수가 아닐까 하는 생각이 떠나지 않았다. 단순히 다른 교도소로 이감되는 것이라면, 희망에 부푸는 것은 그야말로 우스꽝스러운 일이 아닌가. 그들은 내게 챙겨 먹으라며 약도 주었지만 나는 몰래 내버렸다.

그때가 1978년 4월 말이었다. 교도소 밖으로 나서자 그들이 나를 차에 태웠다. 차는 바로 출발했다. 나는 결코 뒤돌아보지 않았다.

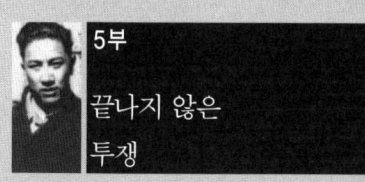

5부
끝나지 않은 투쟁

23장

석방

 어디로 가는 것인지 아무도 말해주지 않았다. 한 한 시간쯤 시내 쪽으로 달리니 베이징 기차역에 도착했다. 아이들이 나와서 기다리고 있는 게 보였다.

 난감하고 혼란스러운 순간이었다. 멍했다. 어떻게 설명해야 할지 모르겠지만, 정서적 반응능력을 상실한 기분이라고 할까. 아이들을 알아보기는 했다. 그러나 반가운 마음이 생기지 않았다. 아이들은 나를 보더니 울음을 터뜨렸지만 나는 똑같이 울어줄 수가 없었다. 스스로 오랜 세월 묵언한 탓인지 무슨 말을 하고 싶어도 말이 쉽게 나오지 않았다. 나도 모르게 침만 질질 흘렸다. 감옥생활을 오래하면서 나는 모든 걸 의심하게 됐다. 그래서 지금 상황이 속임수이고, 저들이 우리 식구를 한꺼번에 감옥에 처넣으려는 작전일지 모른다는 생각만이 머릿속을 맴돌았다.

 별 이야기를 나누지도 못한 상태에서 기차가 도착했다. 그래서 뭐가 어떻게 되는 돌아가는지 급히 이야기를 들었다. 아이들은, 이제 쓰촨으로 가게 되며 거기서 국민당 장교들이 쓰던 좋은 별장에 우리가 살게 될 거라고 들었다고 했다. 관리들은 우리 가족 전체가 같이 갔으면 했지만, 우리 아이들은 가족 모두를 베이징에서 쫓아내려는 음모일지 모른다고 의심했다. 그래서 일단 펭징과 펜강만 나를 따라가기로 하고 나머지 아이들은 안전하다는 확신이 들면 나중에 합류하기로 했다는 것이다. 이런 얘기를 듣는 내내 머리가 멍했다. 내가 할 수 있는 말이라곤 티베트어로 "그래, 그래"뿐이었다.

두 아들, 그리고 베이징 공안국에서 나온 직원들과 기차에 올랐다. 어떻게 된 상황인지 정확히 알지 못하는 상태여서 기차가 출발하고도 한동안은 혼란스럽고 어디가 어딘지 헷갈리기만 했다. 내가 아는 세상에서 다른 행성으로 이송되는 기분이었다. 나는 오랜 세월을 독방에서 보낸 터라 남과 의사소통을 하지 않는 것에 익숙해져 있었다. 그런데 갑자기 이리저리 밀리며 시끄럽게 떠드는 수백 명의 승객과 어깨를 맞대게 된 것이다. 한동안 나는 거의 좀비 상태였다.

한참을 그러다가 조금씩 정신이 들기 시작했다. 그러자 오히려 오만 걱정이 밀려왔다. 정신을 집중하고 생각이 맑아지면서 우려가 깊어졌다. 내 지위가 어떻게 된 건지 확실히 알 수 없었기 때문이다. 저들은 수갑과 족쇄를 채우지는 않았지만 내가 자유인이라는 말도 하지 않았다. 기차역까지 따라온 공안원은 쓰촨 성 쯔궁自貢 시로 가게 된다고 했다. 그게 다였다. 내가 자유라면 누군가 내게 악수를 하며 공식적으로 당신은 이제 자유의 몸이다,라고 말해줘야 하지 않을까? 그래서 이건 일종의 속임수이며 지금까지보다 더 나쁜 감옥으로 가고 있는 게 아닐까 하는 두려움이 커졌다. 배가 너무 아파서 눈을 붙일 수도 없었다. 펭징은 사람들이 기타를 쳐서 아버님 기분을 좀 풀어드리라고 해서 기타를 가져왔다. 펭징은 기타를 아주 잘 쳤다. 그 노래들을 들으면서 행복했던 시절이 떠올랐지만 결국 기분은 더 엉망이 되어갔다. 왜 그런지 나도 이해가 안 갔다. 이제 나는 독방 생활에서 벗어나 어쨌든 겉보기에는 다시금 인간의 생활로 들어서고 있었음에도 두렵고 우울하기만 했다.

쯔궁 역에 도착하자 몇몇 지역 관리들이 우리를 새 숙소로 안내했다. 낡아빠진 작은 방 두 개에 부엌이 딸린 집이었다. 아들들은 그 집을 보더니 "완전히 속았네! 좋은 집에서 살게 될 거라고 하더니 이런 판잣집에다 처박아놔?"라고 했다. 나는 의구심이 더 커지고 불안초조해졌다. 나중에 알게 되었지만 심각한 '정치적 문제'가 있는 죄수들이 석방될 경우 영향력을 발휘할 수 없는 지역으로 보내는 것이 정부 정책이었다. 말하자면 대도시나 주요 간선도로 주변에는 살 수 없게 한 것이다. 돌이켜보면 이런 곳에 배정될 것이라는 걸 충분히 예상할 수 있었지만 당시에는 그걸 몰랐다.

도착 다음 날 우리는 어제 같이 온 베이징 공안국 직원들과 만났다. 그들은 내가 석방됐음을 공식선언하더니, 서명하라고 서류를 한 장 내밀었다. 나는 다소 멍한 상태였음에도 읽는 내용은 충분히 이해할 수 있었다. 서류를 면밀히 검토하다가 장족藏族(티베트족—옮긴이) 독립운동을 한 혐의로 투옥됐다는 구절이 눈에 확 들어왔다. 1949년 이전을 말하는 것인지 이후를 말하는 것인지는 특정하지 않았다. 서류에는 내 사건이 적(나)과 인민/공산당의 모순 사례지만 이제 인민 내부의 모순으로만 다루고자 한다는(심각성이 덜한 수준이다) 내용도 있었다. 내 봉급은 한 달에 120위안으로 정한다는 부분도 있었다. 투옥 이전에 받았던 봉급의 절반 수준이었다. 봉급은 지역 유지들과 비공산계 정당원들로 구성된 쯔궁 시 정치협상회의에서 지급하는 것으로 돼 있었다. 공산당에 복권시킨다거나 중요한 직책을 준다는 얘기는 한마디도 없었다.

간단히 말하면 석방이 되기는 했지만 복권이 된 것은 아니라는 얘기였다. 나는 서류를 대하며 서명하는 것 외에 다른 방법이 없다는 생각이 들었다. 그러나 서명을 하면서 나는 이런 내용을 적었다. "이런 서술들은 본인이 겪은 실제 사실에 부합하지 않음. 따라서 이를 바로잡기 위해 당 중앙위원회에 청원을 낼 계획임." 현지 관리들은 놀란 표정이었다. 그들은 내가 미쳤다고 들었을 것이다. 그러나 분명히 나는 그들이 생각하는 것만큼 "현실과 유리돼 있지" 않았다.

서명을 하자 상자를 하나 내줬다. 체포 당시 압수해간 개인 물건들이 들어 있었다. 편지며 예금통장, 사진 같은 것들도 있었다. 그들은 상자에 모든 것이 담겨 있다고 말했으나 그렇지 않다는 걸 바로 알 수 있었다. 수르캉이 예전에 써준 티베트 소사小史는 돌려주지 않았다. 감옥에서 썼던 문건들도 하나도 돌려주지 않은 것이었다. 그러나 화가 나지는 않고 사진들만이라도 되찾은 게 참으로 다행이다 싶었다.

가족과 다시 살면서 바깥세상과 접촉하는 일에 익숙해지는 데는 오랜 시일이 걸렸다. 그들이 원하는 대로 서명을 하고, 개인물품을 돌려받고 나서부터 자유인으로서의 내 인생이 공식적으로 다시 시작됐지만, 진짜 자유라는 느낌이 들지는 않았다. 간수도 창살도 없고, 독방에 갇혀 있는 것도 아니었지만, 여전히 나에 대한 엉뚱한 혐의를 지우지 않고 있다는 게 너무 화가 났다. 그들은 불필요하게 내 인생 18년을 빼앗아갔다. 해서 나는 그들이 잘못했다는 걸 인정하게 만들어야만 했다.

당시 나를 찾아오는 사람들은 내가 미쳤다고 생각하겠지 싶었다. 만약, 누군가 나더러 인간이 아니라고 하면 잘못된 말일 것이다. 숨도 쉬고 걸어 다니기도 하니까. 그러나 반대로 누가 내가 인간이라고 한다면 맞는 말일까? 혼란스러웠다. 생각도 잘 안 돌아가고 말도 잘 안 나왔다. 두 아들과 같이 살기는 하지만 정서적으로는 친밀하게 느껴지지가 않았다. 나는 아이들이 하는 말이나 질문에 통 관심이 없었다. 나는 아주 낯설고 이상한 존재가 됐다. 독방으로 돌아가고 싶은 생각은 없었지만 길을 잃은 기분이었다. 마치 괴이한 외계에 와 있는 느낌이었다.

그 어려운 시절에 아들들과 함께 지냈다는 것은 참 다행이었다. 정신이 딴 데 가 있고 무관심하고 대화도 잘 안 됐지만 아이들은 나를 부축해 산책을 시키고 끊임없이 말을 걸었다. 처음에는 그 애들이 내가 감옥에 가 있는 동안 베이징에서 있었던 일들에 대해 얘기해주면, 나는 대개 듣기만 했다. 아이들은 문화혁명이 1966년에 시작됐으며 류사오치 국가주석과 국방부장을 지낸 펑더화이 장군, 허룽 장군은 옥사했다고 설명해줬다. 동생 췸펠은 찾아와서 아버지가 바탕에서 고초를 겪다 돌아가셨다는 얘기, 절친한 동지인 톱덴이 문화혁명 때 괴롭힘을 당하다 못해 자살했다는 얘기를 해줬다. 나는 그런 이야기들을 들으면서 충격을 받으면서도 이상하게도 한편으로는 위안 같은 걸 느꼈다. 나는 세상과 완전히 격리돼 감옥에 있는 동안 나만 이런 고통을 당한다고 생각했다. 류사오치와 장군들은 물론이고 동지들의 운명이 어떠했는지를 들으면서 나는 부당하게 박해받고 위해를 당한 수많은 선량한 간부들 가운데 하나에 불과하다는 걸 깨달았다.

오래 말하기가 힘들어 그때그때 몇 마디만 하고 말았다. 그것도 개신개신했다. 내 감정을 정확히 설명하기도 참 어려웠다. (나중에 알고 보니 수년간 말을 안 해서 성대에 손상이 간 것도 말이 잘 안 되는 이유 중 하나였다.) 그러나 얼마 후 상태가 나아지면서 자식들한테 너희 엄마는 어디 갔느냐고 묻기 시작했다. 그럴 때마다 아이들은 화제를 바꾸고 불편해하는 등 어색한 기색이 역력했다. 정신이 멍한 상태임에도 아이들이 뭔가 숨기고 있다는 건 직감할 수 있었다. 줄기차게 물어대니 결국 펭양이 문화혁명 때 돌아가셨다고 말해주었다. 그 말을 듣는 찰나, 갑자기 나와 가장 가까웠던 사람들은 이제 다 저세상 사람이 되었구나 하는 생각이 들었다. 아버님, 어머님, 아내……. 질식할 것 같은 좌절감이 밀려왔다.

그 어렵던 시절을 돌이켜보면, 자식들이 몸과 마음을 추스르고 삶에 대한 의지를 회복할 수 있도록 지속적으로 관심을 쏟아준 것 말고도, 특히 두 가지 점이 떠오른다. 첫 번째는 글을 쓸 수 있었다는 것. 감옥에서 고심 끝에 얻은 변증법 이론은 글자 그대로 온전한 정신을 유지시켜주었다. 언젠가 내 저서를 아버지와 친척들에게 선사해야지 하는 생각으로 마음을 다잡곤 했다. 풀려나면 바로 아버지한테 전보를 치는 공상도 해봤다. 문구는 대충 이런 식이었다. "아버지, 제가 감옥에서 여러 해를 보냈지만 이렇게 선물을 가져왔습니다. 티베트인들에게 명예로운 일이 될 겁니다." 상상만 해도 자랑스러웠다. 감옥에서 쓴 글은 갖고 있어도 된다는 허락을 받지 못했기 때문에 핵심 아이디어를 잊게 될까 봐 늘 걱정스러웠다. 그래서 중요한 개념들은 아예 외워버렸다. 매일 불교에서 기도를 하는 식으로 중얼중얼 감방에서 연구 성과를 암송했다. 쯔궁 시에 도착하자마자, 아이들한테 종이를 좀 가져다달라고 하고는 핵심 개념들을 써내려갔다. 다 쓰고 나니까 정말 안심이 됐다. 하나도 잊어버리지 않았음이 확인됐기 때문이다.

기력 회복에 도움이 된 또 한 가지는 내가 겪은 불의를 잊지 않고 잘못을 바로잡기로 한 결심이었다. 나는 정부와 당이 과오를 인정하고 예전 직위를 회복시켜주기를 간절히 원했다. 아들들은 전에 숙청당한 지도자들이 정부에 탄원을 해서 부당한 혐의를 벗은 사례를 얘기해줬다. 다른 자식들도 나를 찾아와 베이징에서 일어나고 있는 변화와 문화혁명 때 부당하게 당한 고통을 청원을 통해 복권된 새로운 사례들을 전해줬다. 자녀들의 격려에 힘입어 나는 직접 청원에 나서야겠다고 작심했다.

당시 문제는 당장 어떻게 무엇부터 하느냐였다. 쯔궁처럼 궁벽진 곳에서는 별로 할 만한 일이 없었다. 일단 청두로 가서 거기서 청원을 시작하기로 했다. 거기까지 가는 게 문제였다. 나를 감시하는 관리들이 타 지역행을 선뜻 허용해줄 리 만무했다. 다행히도 쯔궁에서 여러 달 지내면서 그들과 사이를 좋게 해두었다. 그들은 내가 미치지 않았다는 걸 알고 있었고, 심지어 우리 아들에게 내가 사실은 무고할 수 있다고 생각한다는 것을 넌지시 비치기도 했다. 마침 당시 나와 같은 많은 무고한 사람들 이야기가 대중의 관심을 끌고 있었다. 따라서 지역 당국자들이 나를 좋아하고 신뢰하니 만큼 살짝 눈감아줄지도 모른다고 은근히 기대했다.

청두행 작전은 간단했다. 나는 발이 자주 부었는데, 그래서 또 종기가 생기면 몇 차례 병원에 갔다가 청두에 가서 진찰을 받으려 한다는 계획을 세웠다. 나는 아들 녀석 하나를 데리고 가겠다고 했다(또 하나는 남겨놓았다. 둘 다 데려 가겠다고 하면 튈 궁리를 하는 것으로 의심할 것 같아서였다). 늘 그렇듯이 이번에도 즉답이 없다가 어느 날, 그들이 내게 차를 보내주어서 우리는 청두로 갔다. 이어 몇 차례 치료차 청두를 들락거리면서 그때마다 즉시 돌아오는 것을 잊지 않았다. 그렇게 하다가 마지막으로 청두에 왔을 때는 한 달쯤 머물 결심을 했다. 쯔궁 시 당국에서 아무 말이 없으면 좀 더 대담하게 베이징으로 가서 청원을 넣어볼 작정이었다. 쯔궁에 남아 있던 아들까지 조용히 불러내 베이징 행 기차에 몸을 실었다. 그때가 1979년 2월이었다.

베이징행은 여러 가지 면에서 건강 회복에 큰 도움이 됐다. 아들이 사는 아파트에 여장을 풀자마자 방문객들이 몰려들었다. 옛날 친구들을 많이 만났다. 은가왕 케상도 만났다. 은가왕은 내가 있던 감옥에서 2년 반을 살고 쓰촨 성으로 이송돼 죄수들이 담당하는 도로건설 현장에 투입됐다. 그렇게 16년을 강제노동을 했다. 은가왕을 비롯한 동지들을 다시 만나니 정말 꿈만 같았다. 하지만 감옥에서 겪었던 얘기들을 들으며 참담한 심정에 가슴이 찢기는 듯했다. 우리 당에 있던 사람들 모두가 이루 말할 수 없는 고통을 당했다. 그야말로 불필요한 고통이었다. 그러나 그것도 공통의 경험이었고, 서로에게 큰 힘이 되었다. 우리는 내 사례를 얘기하면서 그나마 운이 좋았다며 위안을 삼았다. 나는 탄원서를 작성해서 덩샤오핑, 후야오방胡耀邦(당시 공산당 정치국원 겸 선전부장이었고, 이듬해인 1980년 2월 공산당 총서기로 선출된다—옮긴이), 천이 등 새로 들어선 당 지도부에 보냈다.

몇 주가 흘러도 아무 응답이 없었다. 기다리는 동안 나는 지난 수십 년 동안 만났던 사람들보다 더 많은 사람을 만나고 대화를 나누고 경험을 공유하면서 지난 20년 동안 벌어진 일들을 따라잡았다. 그러던 어느 날, 1979년 3월 말이었다. 통일전선공작부 민족국장 수에지안화가 나를 찾아와서는 달라이 라마의 형 걀로 톤둡이 정부 초청으로 막 베이징에 도착했다고 말했다. "그 사람이 선생을 꼭 만나봐야겠다고 합니다. 만나보셔야 할 것 같습니다." 수에는 이렇게 덧붙였다. "자녀분들과 같이 지내셔서 아파트가 따로 없으니까 민족문화궁民族文化宮에서 만나시지요. 우리가 방을 잡아놓겠습니다." 나는 어떻든 상관없다고 말했다. 사실 걀로 톤둡 같은 망명 정부 요인을 만나서 그동안 무슨 일이 있었는지 얘기를 들을 아주 좋은 기회라고 생각했다. 다음 날, 수에가 다시 찾아와 걀로 톤둡이 민족문화궁이 아니라 내가 사는 곳에서 만나겠다고 고집한다는 얘기를 전해줬다. 그래서 우리 아파트에서 만나기로 했다.

걀로의 방문은 1978년 덩샤오핑이 집권한 결과의 하나였다. 덩은 중국 역사의 진로를 바꿨고, 정치, 사회, 경제에서 새로운 시대를 열었다. 우파 숙청과 문화혁명을 추진한 극좌파는 이제 기를 못 펴게 됐다. 그러면서 형무소살

사진 23. 왼쪽부터 푼왕, 걀로 톤둡, 체덴 양드뢴(푼왕의 두 번째 부인). 1999년 베이징에서.

이 하던 사람들이 풀려났다. 물론 나처럼 살아 있는 경우에 말이다……. 덩의 새 정책은 타이완臺灣, 홍콩香港 그리고 달라이 라마와 망명 티베트족 같은 미해결 상태의 "국제적인 문제들"을 풀고 가자는 주의였다. 걀로를 베이징에 초대한 것은 그런 정책 전환의 일환이었다.

걀로 톤둡은 우리 아파트에 찾아와 방문 배경을 설명해 줬다. 홍콩 주재 신화통신사(영국령인 홍콩에서 중국대표부 역할을 하고 있었다) 관리들이 본토 방문을 제안했다는 것이다. 정치적 의미가 있는 제안 같았다. 그래서 걀로는 인도로 가서 베이징 방문 문제를 달라이 라마와 상의했다. 달라이 라마는 가보라고 하면서 두 가지를 확실히 당부했다.

하나는 무슨 얘기를 들어도 좋지만 정치 얘기를 하거나 협상을 해서는 안 된다는 것, 또 한 가지는 내가 어디서 무얼 하고 있는지 알아보라는 것이었다. 걀로는 달라이 라마가 내가 어떻게 됐는지 걱정을 많이 한다고 했다.

달라이 라마의 염려에 나는 가슴이 아릿했다. 걀로에게 1958년부터 지금까지의 내 지난날을 간략히 설명해줬다. 정부에 복권 청원서를 냈다는 얘기도 했다. 그러자 그는 망명 티베트인들이 그동안 어떻게 지냈는지 간략히 말해줬다. 옛날식 태도가 바뀌었다는 점을 특히 강조했다. (예를 들어 지금은 많은 티베트 어린이들이 학교에 다닌다고 했다.) 그는 또 중국의 고위급 인사들을 많이 만나봤다고 했다. 특히 덩샤오핑은 당이 티베트(와 중국)에서 많은 과오를 저질렀지만 지금은 다르다고 말했다고 전해줬다. 독립만 빼고는 무슨 문제든 허심탄회하게 논의할 수 있다고 했다는 것이다. 이런 얘기를 들으니 기운이 났고, 어쩌면 역사적인 전기가 될지도 모르는 걀로의 방문에 한자리 끼게 돼 다행이다 싶었다.

떠나기 전에 걀로는 나의 아이들이 보고 싶다고 했다. 그래서 각자 방에 있던 아이들을 불러 그동안 어떻게 지냈는지 이야기를 나누었다. 그러던 중 딸아이가 울기 시작했다. 걀로도 눈물을 글썽였다. 당시에 우리 아이들은 하나 빼고는 모두 진행성 결핵을 앓고 있었다. 그래서 걀로는 중국 정부에 요청해서 외국에 나가 치료를 받을 수 있도록 해보겠다고 했다. 안 된다고 하면 적어도 홍콩에서 약을 사서 보내주겠노라는 것이었다.

 나중에 걀로 톤둡의 방문이 나한테 큰 도움이 되었다는 걸 알게 됐다. 그가 가고 나서 울란후(통전부장)와 양징런楊靜仁(국가민족사무위원회 주임) 같은 민족문제 담당 최고위 간부들이 나의 청원을 진지하게 검토하기 시작했다. 당시 덩샤오핑은 달라이 라마와의 관계를 회복하고자 했으며, 티베트 문제를 해결해 그를 중국으로 다시 불러올 수 있기를 희망했다. 내가 아는 바로는 달라이 라마가 나의 안부에 관심을 갖고 있는 만큼 정부도 나의 처지에 관심을 가져야겠다고 생각한 것 같다. 걀로의 방문은 우리 아이들한테도 큰 도움이 됐다. 당국이 외국에 나가는 문제에 대해서는 응답하지 않았지만 걀로 톤둡이 가고 난 지 열흘쯤 지나서 그가 배편으로 보낸 소포가 왔다. 중국에서는 구할 수 없는 귀한 약품들이었다.

 걀로 톤둡이 다녀가고 얼마 후 판첸 라마도 나를 찾아왔다. 우리는 오랜 시간 대화를 나눴다. "이보게, 친구." 판첸 라마는 내가 형편없이 사는 처지를 보더니 이렇게 말했다. "우리 둘 다 감옥에서 오랜 세월을 보냈어. 오로지 우리 민족을 위해 일하겠다는 일념 때문이었지. 자네는 감옥에서 18년을 보냈고, 나는 10년 이상 구금 상태로 지냈어. 우리 행동에 불법적인 건 단 하나도 없었지. 단지 우리 민족을 위한 한 길을 걸어왔을 뿐. 난 이제 풀려났지만 아무 힘도 없어 정치적으로 자네를 돕기는 어렵겠지만, 생활 면에서만큼은 필요한 건 얼마든지 도울 수 있네. 그리고 형편이 좀 좋아지면 더 도울 수 있을 거야."

판첸 라마가 개인적으로 찾아와 도와주겠다고 한 사실 자체가 나와 우리 가족에게는 커다란 의미를 갖는 것이었다. 역시 베이징으로 온 것이 올바른 전략이었다. 그러나 당장 필요한 것은 역시 당과 정부로부터 완전한 복권 조치를 얻어내는 것이었다. 청원서가 최고 지도부에 전달이 됐는지 걱정스러웠다. 그래서 은가뵈를 찾아가 도와달라고 부탁을 했다. 그는 내 상황을 잘 알고 있었다. (그는 운이 좋아서 그동안 무사했다.) 그에게 청원서 사본을 주고 상부에 전해달라고 부탁했더니 그는 그러겠다고 했다.

당 중앙위원회 서기처 서기 펑웨이빙도 찾아갔다. 개인적으로는 모르는 사람이었지만 잠깐만 만나달라고 끈질기게 민원을 했다. 마침내 만나게 됐을 때, 나는 덩샤오핑, 천이, 후야오방에게 편지를 여러 통 보냈는데 받았는지 안 받았는지를 모르겠다고 말했다. 상급자들과 얘기해서 덩샤오핑을 좀 만나게 해달라고 부탁하면서 이렇게 말했다. "덩 동지가 나를 압니다. 내 이름만 대면 될 겁니다."

나는 덩과 개인적으로 잘 안다는 걸 보여주기 위해서 함께 찍은 사진을 가져갔다. 그걸 보고 펑은 깊은 인상을 받은 것 같았다. 그 이후로 나한테 좀 더 신경을 쓰는 눈치였다. 청원서 사본도 하나 건네줬다. 그는 덩이 면담할 시간이 될지 예측하기 어렵다고 말했다. 지금 일이 너무 많아서 극도로 바쁘다는 것이었다. 어쨌든 청원서는 전해주겠다고 확약을 했다. 얼마 후 펑한테서 청원서를 전했으니 걱정하지 말라는 연락이 왔다. 그러면서 곧 복권이 될 거라는 걸 암시했다. 수년 만에 듣는 최고의 희소식이었다. 그때 처음으로 내 문제가 완전히 해결될 것이라는 믿음을 갖게 됐다.

1979년 가을, 내 청원 건이 여전히 진행 중인 가운데 덩샤오핑이 달라이 라마에게 중국에 대표단을 보내 티베트족 거주 지역을 돌아보면 어떻겠느냐고 제안했다. 나도 양징런이 망명 티베트 대표단을 초대한 연회에 참석해달라고 부탁해서 그 일에 관여하게 되었다. 석방 이후 처음 참석하는 공식행사였다. 나에 대한 정부의 태도를 시사하는 것 같아서 내심 힘이 났다. 아직 정식으로 복권되지는 않았지만 세컨드 테이블에 내 자리가 마련됐다. 통전부 사람들 대부분이 앉아 있는 자리였다. 양징런과 망명 대표단 멤버들은 퍼스트 테이블에 앉았다. 그러나 망명 대표들은 우리 테이블을 들락거리며 나에게 건배를 제안했다. 대표들은 나중에 나에게 양을 비롯한 관리들과 회담할 때 특별히 당신 칭찬을 했노라고 말해줬다. 망명 대표들과의 만남은 즐거웠다. 이후 티베트 지역을 돌아본 것은 그들에게는 그야말로 감동적인 일이었다.

망명 대표단이 티베트족 거주 지역을 찾은 것은 처음이었다. 정부로서는 좋은 인상을 주기 위해 그들이 가는 지역마다 지침을 보냈다. 현지 주민과 간부들에게 대표들을 따뜻하게 환영하라고 당부하는 내용이었다. (통전부는 티베트족 대중이 아직도 전통 사회에 대해 악감정을 갖고 있다고 믿었다. 따라서 망명 대표들을 계급의 적이며 분리주의자라고 무례하게 대할까 걱정했다.) 라싸의 현지 관리들은 심지어 마을 회의를 소집해 대표들에게 돌을 던지거나 침을 뱉으면 안 된다고 경고까지 했다.

그런데 알고 보니 티베트족의 속마음과 감정을 완전히 잘못 짚은 것이었다. 대표단이 티베트에 도착하자, 현지인들은 열광적으로 환영했다. 1959년 봉기 이후, 그리고 문화혁명 기간에 '착취계급'을 그토록 줄기차게 비난하고 증오하던 바로 그 티베트 민중이 이제 그들을 돌아온 영웅처럼 환영하고 나선 것이다. 라싸에서는 수천 명의 군중이 예식용 스카프를 대표들의 목에 걸어주었다. 많은 사람들이 그들을 껴안고 기쁨의 눈물을 흘렸다. 사람들은 달라이 라마의 형인 롭상 삼덴의 허리띠를 잘라서 부적으로 삼기도 했다. 일부 평범한 티베트족은 "티베트에 자유를!" "달라이 라마 만세!" 같은 구호를 외쳤다.

대표단이 베이징으로 돌아와 내게 해준 얘기에 따르면, 현지의 많은 간부와 주민들이 불상과 두루마리 탱화를 내놓았다. 문화혁명 때 파괴를 모면한 것이라며 달라이 라마한테 전해달라는 것이었다. 현지에서 일어난 일들은 하나같이 정부가 티베트족의 진짜 감정을 얼마나 모르고 있는지를 고통스러울 정도로 똑똑히 보여주었다. 대표단의 체험은 정부가 어떤 의미에서 스스로의 선전전에 놀아났다는 것을 생생히 보여주었다. 이제 계급이 아닌 민족이 티베트의 핵심요소라는 게 분명해졌다. 이는 전혀 예상치 못한 일이었고, 베이징의 지도부도 충격에 휩싸였다.

나도 놀랐다. 감옥에 있을 때 읽은 신문을 통해서라면 티베트족들은 계급투쟁 정책을 환영하는 것으로 보였다. 나는 친구나 외부세계와 접촉이 끊긴 상태에서 친청교도소 독방에 쭈그리고 앉아 신문에서 본 것을 그대로 믿었다. 티베트 민중이 망명 대표단에게 돌을 던지거나 침을 뱉을 것이라고는 결코 생각지 않았다. 하지만 그렇게 자발적으로 열광적인 환영과 지지를 표시할 줄은 상상도 하지 못했다. 한편으로는 자랑스럽기도 했다. 아직도 우리 민족에게 희망이 있다는 생각이 들었다. 그 엄혹한 세월도 티베트인의 자기 문화와 정체성에 대한 사랑을 말살시키지는 못한 것이다.

이 모든 일을 접하면서 나는 다시 한 번 정치와 민족문제에 대해 깊이 생각하게 됐다. 나는 늘 근본문제는 두 민족과 두 문화, 즉 중국과 티베트 사이에 적절한 관계를 발전시키는 것이라고 생각해왔다. 정부는 1956년 캄에서 개혁을 진행하면서 이 점을 오해했다. 그리고 이제는 문화혁명 때 전통 문화를 억압한 것 역시 잘못이었음이 분명해졌다. 정부는 1959년 티베트 봉기 이후 일어난 일들을 재검토해 새 중국에서 어떤 식의 민족 정책을 구사해야 할지 결정해야 할 것이다. 나는 이 문제를 잘 알기 때문에 그런 정책 결정 과정에 중요한 역할을 할 수 있다고 생각했다.

평범한 티베트족들이 달라이 라마의 대표단에게 보인 반응은 중국의 민족 정책이 그동안 얼마나 극좌파의 손에 놀아났는지를 여실히 보여주는 사건이었다. 그것은 나쁜 마르크스주의였고, 따라서 나쁜 결과를 가져왔다. 1950년대 말 이후 민족 평등이라는 원래 정책은 오그라들고 당에서 대한족주의라고 했던 것, 즉 한족이 소수민족들을 지배하는 방향으로 흘렀다. 그 결과 소수민족 자치와 문화는 와해됐다. 평등이라는 수사는 무성했지만 사실 최근 20년 동안 중국인과 티베트족의 관계는 주인과 종의 관계로 전락했다.

마르크스주의 이데올로기에서는, 모든 소수민족은 모든 영역에서 다수 민족과 진정으로 평등하다. 이것이 자본주의 국가와 사회주의 국가를 구분하는 본질적인 차이점이다. 그리고 사회나 국가는 진정한 공산주의라는 최종 단계에 도달하면 한 국가 안에서 민족 간의 차이는 완전히 없어진다. A, B, C라는 민족은 서로 융합돼 새로운 사회주의 민족 D가 된다. 중국의 경우는 그게 아니었다. 한족우월주의 정책의 압력하에서 소수민족 B와 C는 A 민족이 되기를, 한족이 되기를 강요당했다. 이는 우리 나라에 좋지 않은 일이었다. 소수민족들에게도 나쁜 일이었다. 티베트족들이 억압적인 전통 봉건체제를 싫어하고 거부하면서도 중국에 대해 분노하는 이유였다.

망명 대표단은 베이징으로 돌아와 나를 다시 찾았다. 현지에서 보고 들은 것들을 자세히 설명한 뒤 달라이 라마가 나를 신뢰하는 만큼 전할 얘기가 있으면 준비를 해서 자기들한테 달라고 했다. 중요할 수도 있지만 조심스러운 문제였다. 무슨 말을 할까를 깊이 생각해봤다. 이어 정부의 허가를 얻은 다음 1979년 12월 5일, 내 생각을 우리 집에서 대표들에게 전했다. 그들은 내 아이디어를 기록했다. 〔나는 나중에 그들에게 한 얘기를 서면으로 당에 제출했다. 그 보고서는 이듬해(1980년 9월 20일) 중앙당교에서 내는 잡지 『이론연구자료』(531쪽 부록 B 참조) 부록으로 출판됐다.〕

물론 나는 발언에 신중을 기하면서도 솔직하게 말했다. 나는 티베트족들이 대표단을 따뜻하게 맞이한 사실과, 그걸 보고 느낀 바를 염두에 두고 있었다. 그리고 내 생각을

사진 24. 티베트 망명 대표단. 1979년 베이징에서. 왼쪽부터 롭상 타르계, 퓬초 타시, 판첸 라마, 톱덴 남계, 푼왕. 앉은 이는 달라이 라마의 형인 롭상 삼덴.

좀 더 폭넓은 역사적 이론적 맥락에서 설명하는 게 중요하다고 생각했다. 그래서 마르크스—레닌주의는 한 민족이 다른 민족을 억압하는 데 단호히 반대하며 민족들 간에는 진정한 평등이 있어야 한다고 믿는다는 얘기로 시작을 했다. 그런 평등이 부재할 때, 마르크스주의는 소수민족들이 분리를 추구하는 것은 정당하다고 본다고도 말했다.

새 중국 건설 이후 민족 간의 평등과 통합에 관해 많은 개선 조치가 있었지만 심각한 과오도 많았고, 그로 말미암아 많은 고통을 겪기도 했다. 그러나 중국의 최고 지도자들은 그런 과오를 인정했고, 지금은 그런 것들을 바로잡으려고 애쓰고 있다. 따라서 많은 새로운 개혁 정책이 시행되고 있고, 티베트인이 참된 평등을 누리게 될 날이 머지않아 올 것이라고 확신한다. 따라서 이런 중대한 시기에 티베트족에게 최선의 길은 공산당 영도하에 한족(및 다른 소수민족들)과 단합하고 협력하는 것이라고 믿는다. 정말로 오늘의 티베트족들을 염려한다면 현 상황을 잘 헤아려서 본질적인 문제를 잘 검토해봐야 한다. 이러한 점을 달라이 라마와 해외의 다른 친구들에게 전해달라고 했다. 문제는 통합을 추구하는 것이 티베트 민족의 이익에 더 부합하느냐 분리(독립)를 추구하는 게 낫느냐였다. 나는 정답은 '통합'이라고 확신한다고 말했다. 나는 이런 문제로 머리를 쓰면서 티베트 역사에서 이런 중요한 시기에 민족문제에서 다시금 어떤 역할을 하고 있다고 생각하니 기분이 좋았다.

넉 달 후인 1980년 4월, 양징런이 내가 공식 복권됐다는 소식을 알려왔다. 나에게 적용된 잘못된 혐의는 무효화됐다. 공산당원 자격과 직위도 체포 이전과 똑같은 상태로 회복됐다. 양은 당에서 낸 문건들을 읽어보면 그동안 진행된 과정을 알 수 있을 것이라고 했다. 이어 얼마 후 나는 제5차 전국인민대표대회(전인대) 대표 겸 전인대 상무위원회 위원으로 뽑혔다. 동시에 전인대 민족위원회 부주임으로 임명됐다.

양징런이 직접 축하모임을 주관하고 그 자리에서 공식 복권을 선언했다. 첫머리에 양징런이 일어나 나를 위한 건배를 제안하며 이렇게 말했다. "우선 축하의 말씀을 드립니다. 푼왕 동지, 오늘부로 동지는 정치적으로 완전히 복권됐습니다." 그러고는 티베트 망명 대표들과 나눈 얘기에 대해 한 말씀 해달라고 청했다. "걀로 톤둡을 비롯한 망명 대표단이 베이징에 왔을 때 그들은 판첸 라마와 은가뵈, 그리고 선생을 찾아갔습니다. 선생은 그들과 대화를 나누고 의견을 교환했습니다. 그리고 현재로서는 티베트 문제에 대해 특정한 임무를 맡은 것은 없지만 과거에 고위 티베트족 관리였고 상황을 잘 알고 있었습니다. 게다가 대표들이 판첸 라마와 은가뵈를 방문했다고 하지만 당신에 대한 태도는 그분들에 대한 태도보다 훨씬 적극적이었습니다. 그래서 그들이 무슨 생각을 하고 있는지 누구보다 잘 아실 줄로 믿습니다. 그러니 그들이 무엇을 가장 중시하고 있고 미래를 어떻게 보고 있는지 선생의 견해를 말씀 좀 해주시죠."

나는 발언을 하기 위해 자리에서 일어서면서 만감이 교차했다. 수감생활 18년 만에, 이런 모임에서 건배 제의를 받고 한 말씀 하라는 얘기를 듣게 된 게 믿기지 않았다. 내 인생을 되찾게 된 데 감사하고 다시 또 이렇게 내 의견을 피력하게 되어 영광이었다. 그러나 정부가 내게 저지른 과오와 18년간의 독방 구금에 대해 양징런이 공식 사과를 하지 않았기 때문에 그 부분에 대한 불만은 가시지 않았다. 그래서 복권 처분에 대해 고맙다는 말은 일부러 하지 않았다. "오늘 양징런 선생이 내가 복권됐음을 공식 선언해주었습니다. 정말 기쁩니다"라고만 했다.

그러고는 잠시 말을 끊었다가 다시 시작했다.

"양 주임이 말씀하신 두 번째 사항에 대해서 말씀드리면, 걀로 톤둡을 비롯한 사람들이 베이징에서 나를 찾아온 것은 정치적인 방문은 아니었습니다. 하지만 우리는 대화를 나누었습니다. 저는 그들이 말하는 것을 귀담아 들었지요. 그리고 이제 내 생각을 이렇게 여러분께 말씀드릴 수 있게 돼서 기쁩니다. 그들의 주된 목표는 현재의 티베트 자치구는 물론이고 쓰촨, 창하이, 간쑤, 위난 성 지역에 사는 티베트족까지 포함해서 모든 티베트족을 망라하는 통합 자치구를 만드는 것이라고 봅니다. 대표단은 독립만을 노리고 있는 것은 아닙니다. 똑부러지게 말하지는 않았지만 대화 내용을 들여다보건대 지역을 통합해 진정한 자치권을 갖는 것이 그들이 미래에 품고 있는 주된 희망인 것입니다."

양징런이 끼어들었다. "그런 요구라면 우리 나라 안에서 해결할 수 있는 문제겠군요."

수에지안화가 즉시 반론을 폈다. "모든 티베트족의 통합 자치구란 건 망명인사들이 독립으로 가려는 첫 단계입니다." 그는 단호하게 말했다. "그들의 진짜 목적은 독립입니다."

양징런은 대꾸하지 않았다. 그래서 내가 답했다. "나는 그렇게 보지 않습니다. 그들이 진정으로 원하는 것은 모든 티베트족 거주 지역을 하나로 통합하는 것입니다. 그렇게 되고 나면 독립이라는 목표는 포기할 걸로 봐요. 반면 통합 자치구를 성취하지 못한다면, 아무리 시간이 걸리더라도 티베트 독립을 계속 열렬히 추진하지 않을까 걱정이 됩니다. 그들에게는 두 가지 길이 열려 있습니다. 우리가 정책을 짤 때 늘 염두에 두어야 하는 사실입니다."

다음 날 어제 있었던 연회를 떠올리니 놀랍다는 생각이 들었다. 2년 전만 해도 어디가 어딘지도 모를 만큼 멍한 상태에 있었는데, 18년 만에 감옥에서 풀려나 쓰촨 성 외딴 동네로 쫓겨 가 살았다. 그런데 이제는 베이징에서 살고 있었다. 달라이 라마의 형도 찾아왔고, 판첸 라마와 달라이 라마가 중국에 처음으로 보낸 대표단도 찾아왔다. 공식적으로 복권이 됐고 당내 지위와 직급도 예전대로 회복됐다. 그리고 어제는 당 간부들이 나를 위한 연회를 열어 건배 제의를 하는가 하면 내 의견을 들려달라고 부탁까지 했다. 정말 기쁘기 한량없었지만 모든 것이 이토록 급속도로 바

뛰는 것을 소화하기가 벅찼다. 참으로 흥분되는 시절이 지나가는 중이었다.

그로부터 몇 달 후, 당 총서기 후야오방이 예고 없이 라싸로 현장 시찰을 갔다. 거기서 후는 과거의 정책들을 비판하고 티베트족에게 고유문화를 보전하고 종교생활을 누리는 것은 물론이고 자치권과 실권을 주는 새로운 접근법을 촉구했다. 나는 티베트 지식인으로서 티베트족의 시각을 전하기 위해 목소리를 내야겠다는 책임감 같은 것을 느꼈다. 그러나 후야오방의 노선에 반대하는 관료들이 베이징과 티베트 양쪽에 적지 않다는 걸 잘 알고 있는 내가 그런 노선 다툼에 그토록 빨리 휘말려들 줄은 몰랐다.

24장
새로운 투쟁

덩샤오핑은 과거와 철저히 단절했다. 마오도 인간이며, 그의 정책과 결정 가운데 일부 오류가 있었음을 인정한 것이다. 그러나 덩이 중국의 여러 지역 걸쳐 시행하는 변화와 새로운 시각이 티베트에까지 번지는 데는 상당한 시간이 걸렸다. 티베트 지역의 문화혁명이 오류였다고 공식 선언하는 모임이 소집된 적은 한 번도 없었다. 그리고 런룽任榮 당 티베트 자치구 당 위원회 제1서기는 "두 개의 '모두'兩凡是"로 통하는 낡은 정책을 고집스럽게 추종했다. ('두 개兩의 모두凡是' 정책이란, 마오가 죽은 뒤 공산당 주석이 된 화궈펑華國鋒이 "마오 주석이 추진한 정책은 모두 끝까지 수호해야 하고, 마오 주석이 내린 지시는 시종 모두 변치 말고 준수해야 한다"고 선언한 데서 유래한 표현이다.) 1979년 말 당 중앙위원회는 이 문제를 심각하게 인식했고, 이어 1980년 5월 말 덩이 후야오방을 티베트로 보내 "두 개의 모두"식 접근을 폐기하고 문화적 감성을 더한 새로운 정책을 추진하도록 했다.

후의 티베트 방문은 역사적인 것이었다. 도착 직후 후는 주요 연설에서 과거 20년 동안의 정책을 통렬히 비판한 뒤, 정부는 최선을 다해 경제발전을 이룩하고 좀 더 티베트다운 특성이 있는 티베트를 건설할 것이라고 약속했다. 연설에는 민족적 특성이 강한 티베트 자치구라고 하는 강력한 비전이 담겨 있었다. 티베트족은 자치권을 더 많이 행사할 수 있으며, 더 많이 문화, 언어, 종교의 자유를 누려야 한다고 후는 말했다. 티베트에서 활동하는 중국인 간부는 티베트어를 배워야 했다. 진짜로 초점이 계급투쟁에서 민족문제로 바뀌는 것 같았다. (후는 자기 말이 진심이라는 것을 보여주기 위해 런롱을 해임하는 데서 그치지 않고 베이징으로 돌아갈 때 런롱을 함께 데려갔다. 이런 조치의 상징성은 엄청난 것이었다.)

후는 티베트에 관한 6개 항의 자유주의 개혁 프로그램을 공식 선언했다. 눈에 띄는 사항은 다음과 같다.

(1) 당 중앙위원회의 통일적인 영도하에 소수민족들의 지역자치권을 충분히 보장한다. ……통일적인 영도하에 스스로 결정할 권리는 폐기돼서는 안 된다. 이 권리를 충분히 독립적으로 행사하는 것이 필요하다. 티베트의 조건에 맞지 않는 것은 무엇이든 거부하거나 수정해야 한다. 민족단결이나 생산력 발전에 도움이 되지 않는 것도 모두 마찬가지다. 자치구는 당 중앙의 통일적 영도하에 스스로 결정할 권리를

충분히 행사한다. 그리고 자치구는 특수한 사정에 맞게 민족자치권과 그 특수한 이해관계를 보장하기 위한 각종 법률, 규칙, 규정 등을 제정해야 한다.

(2) 다른 성 및 자치구들과 비교해서 티베트 인민의 생활 수준이 한참 뒤처져 있다는 것은 명백하다. 이러한 상황은 민중의 부담을 상당 수준 경감해줘야 한다는 것을 의미한다. 티베트 인민은 세금 납부 및 구매 쿼터를 앞으로 몇 년간 면제해주어야 한다. ……모든 종류의 강제징수는 폐지되어야 한다. 인민은 보상 없는 노역 등을 부과받지 말아야 한다. 농민과 목축업자의 생산물은 협상 가격으로 구입하거나 필요물품을 공급하는 조건으로 교환할 수 있다. 국가 구매 쿼터는 적용하지 않는다.

(3) 티베트 상황에 맞는 특수하고도 유연한 정책을 지역 경제 전반에 걸쳐 시행해야 한다. 거기에는 농업, 목축, 재정 및 교역, 상업, 수공업, 통신 등이 포함된다. 티베트의 경제발전을 좀 더 빨리 촉진하는 것을 목표로 한다.

(5) 사회주의 노선을 견지하는 범위 안에서 티베트의 문화와 교육, 과학을 되살리고 발전시키기 위한 다양한 노력을 기울여야 한다. 티베트족은 오랜 역사와 풍성한 문화를 가지고 있다. 세계적으로 유명한 고대 티베트 문화에는 불교 미술품, 격조 높은 음악과 춤, 의학, 가극 등이 포함돼 있다. 그 모두는 진지하게 연구하고 계발할 가치가 충분하다. 티베트 문화를 무시하고 약화시키는 모든 사상은 잘못된 것이다. 티베트 문화를 전수하고 발전시키는 작업은 필

수불가결하다.

교육도 티베트에서 낙후된 분야 중 하나다. 티베트의 특수성을 고려하여 현지에 대학과 중등학교, 초등학교를 세워야 한다. 사원의 문화유산과 불교 문헌이 손상된 경우가 많으므로 그런 것들을 보호하고 분류화하고 연구하는 데에 성실히 노력해야 한다. 티베트에서 일하는 한족 간부들은 티베트 말과 글자를 배워야 한다. 이 일은 필수다. 그렇게 하지 않으면 대중들로부터 유리될 것이다. 소수민족 인민을 소중히 보호한다는 것은 공허한 말장난이 아니다. 티베트 인민의 관습, 역사, 문화를 존중해야 한다.

(6) 소수민족 출신 간부들에 대한 당의 정책을 올바로 이행해야 하며, 한족과 티베트족 간부들 간의 유대를 좀 더 끈끈하게 발전시켜야 한다.

시짱西藏(중국에서 티베트를 일컫는 말―옮긴이) 지방정부의 행정요원은 향후 2~3년 안에 전체의 3분의 2 이상을 티베트족으로 채워야 한다.[18]

후야오방이 베이징으로 돌아가고 나서 얼마 안 있어 당 중앙위원회는 새 티베트 정책의 일환으로 '31호 문건'으로 알려진 새 지침을 승인했다. 문건은 중앙정부의 통일적 영도하에 티베트는 스스로 결정할 권리를 포함해 진정한 자치권을 행사할 수 있다고 규정했다. 예를 들면 중앙정부의 모든 지침, 정책, 지시, 규정이 티베트의 실제 상황에 맞지 않을 경우 거부하거나 수정할 수 있다. 다만 중요한 사안은 중앙정부의 승인을 먼저 얻어야 한다. 문건은 또 한족 관리들을 티베트로 파견할 때 '소수정예' 원칙을 반드시 지켜야 한다고 규정했다. 말하자면 파견 요원 수는 줄이고 식견과 능력이 뛰어난 사람을 선발해야 한다는 것이다. 나중에 중앙위원회는 '46호 문건'이라는 것을 발표했다. 이는 신장위구르 자치구에 관한 것으로 내용이 한층 더 진전됐다. 이 문건은 미래에 신장과 티베트 같은 특수한 소수민족 지역에서는 중앙정부가 외교, 국방, 거부권 등 세 개 부문에 대해서만 권한을 갖고, 이를 제외한 나머지 권한은 모두 소수민족 지방정부에 귀속될 것이라고 규정했다.

—골드스타인, 세랍, 지벤슈

1980년 6월, 후야오방이 티베트에서 돌아온 지 한 열흘쯤 된 날이었다. 국가민족사무위원회로부터 후가 나를 좀 보잔다는 전갈이 왔다. 후와는 개인적으로 잘 아는 사이였다. 우리는 1950년대에 서남국 요원이었고, 공산주의청년단과도 관련을 맺고 있었다. 얼굴을 마주하자 후는 따뜻한 미소를 지으며 이렇게 말했다. "당신이 아직 살아 있다는 것은 크나큰 승리요."

후는 곧바로, 티베트족 관료들에 대한 우려 때문에 날 보자고 했다고 설명했다. "그 사람들은 그냥 한족 요원이 하라는 대로 하는 경우가 많소. 자기네 민족 입장에서 의견을 말하지 않는단 말이야. 그러니 사실은 티베트족 간부라고 할 수도 없지. 티베트족의 생각과 관심을 표현하거나 옹호하는 법이 없으니 말이오." 나는 티베트가 발전하려면 그런 상황을 바로잡아야 한다는 데 동의했다. 그때 놀라운 일이 일어났다.

"우리는 티앤바오(당시 티베트 자치구 주석이었다—옮긴이)를 베이징으로 다시 불러들이려고 하네." 그러고는 이렇게 말했다. "그래서, 자네가 대신 티베트 자치구 주석으로 갔으면 하네. 2년 후에." 그러면서 이렇게 덧붙였다. "서기 자리는 티베트족으로 채워야지." 앞뒤 맥락을 헤아려보면 나한테 2년 후에 티베트 자치구 당 위원회 제1서기로 임명하겠다는 말이었다. 화들짝 놀랐다. 이런 얘기가 나올 줄은 전혀 예상치 못했다. 그래서 처음에는 뭐라고 해야 할지 얼떨떨하기만 했다.

그러나 본능적으로 거절해야 한다는 느낌이 강하게 들었다. 그리고 그렇게 했다. 후에게 이번에는 베이징에 있는 게 낫겠다고 말했다. 18년이나 감옥에 있으면서 폭넓은 독서를 하고 변증법적 유물론에 관한 이론을 계발했는데 내년 정도까지는 그걸 책으로 만드는 데 전념하고 싶다고 설명했다. 그 책을 쓰는 것이 티베트에 가서 일하는 것보다 당이나 국가에도 더 이로울 것으로 생각한다고 전했다. 우리는 좀 더 이야기를 나눴고, 이윽고 자리에서 일어서면서 나는 그에게 감옥에 있으면서 티베트 문제에 대해 많은 생각을 했다, 언제 다시 만나서 그런 문제들에 대해 보고를 좀 하고 싶다고 말했다. 후는 나랑 대화할 수 있다면 언제든 환영이라고 했다.

문을 나서면서 온갖 상념이 머리를 스쳤다. 하지만 얼마간 따져본 결과 잘한 결정이라는 판단이 섰다. 티베트 일을 맡지 않겠다고 한 것은 변증법에 관한 생각을 가다듬어 책으로 정리할 시간이 필요한 때문이기도 했다. 그렇게 하지 않으면 감옥에서 보낸 18년이 그저 시간 낭비에 불과하게 된다는 간절함이 있었다. 연구를 완성해내면 부정적인 것을 긍정적인 것으로 변환시켰다는 의미가 된다. 그러나 다른 문제가 또 있었다.

당시 나는 내가 티베트에 갈 적임자라고 생각지 않았다. 감옥에서 풀려난 지 얼마 되지 않은 상태여서 티베트에서 활동하는 한족 관리들이나 1958년 티베트를 떠난 이후 현지 사정이 어떻게 돌아가는지 잘 몰랐다. 굵직한 변화를 시도하면 틀림없이 런룽을 지지하는 중국인 간부들의 반대에 부딪혀 갈등을 빚게 될 것이다. 반면 거창한 직함을 달고 가서도 이렇다 할 만한 성과를 이뤄내지 못하면 변화를 갈망하는 티베트족 동포들의 분노를 사게 될 것이다. 적기가 아니었다. 그래서 좀 천천히 봐가면서 티베트와 베이징의 상황을 제대로 파악할 때까지 기다리기로 한 것이다. 그러나 민족정책에 대해 그냥 입 다물고 있을 생각은 아니었다. 나는 후가 제안한 대담한 개혁 방향에 매우 고무돼 있었다. 그래서 당당히 의견을 밝히면서 정부 정책에 영향을 미치겠다고 결심했다.

1981년이면 나의 주장은 엘리트 층 사이에서 이미 널리 알려진 상태였다. 민족 평등과 중국 내 소수민족의 위치에 관한 내 견해는 이미 1980년 9월에 출판이 됐다. 1979년 티베트 망명 대표단을 만나서 한 충고를 정리한 내용이었다(부록 B 참조). 몇 달 후, 후가 저녁 초대를 했다. 티베트에서 온 고위급 티베트족 관리와 한족 관계자들이 많이 참석했다. (은가뵈와 티베트 자치구 당 위원회 서기 파상, 그리고 한족 제1서기인 인파탕도 왔다.) 기본적으로는 사교적인 모임이었다. 그러나 나는 이 기회를 활용해 후를 비롯한 당국자들이 들어둘 필요가 있다고 생각하는 바를 말했다.

첫째, 1959년 티베트 민중봉기 재평가를 다시 시작해야 한다고 말했다. 1959년에 벌어진 사태에 대해 내가 들은 바와 공식 기록 사이에 심각한 불일치가 존재한다고 주장하고, 중앙위원회가 소위원회를 구성해 다시 한 번 검토해야 한다고 제안했다. 많은 사람들이 부당하게 부정적인 정치적 낙인이 찍혀 있는 상태였다. 그들의 내력을 재검토해서 바로잡을 것은 바로잡아야 했다. 예를 들어 일부 티베트족이 1959년 노블링카 궁으로 간 것은 봉기에 합류하기 위해서가 아니라 단순히 종교적인 예방이었다. 나는 그런 사람들을 단순히 잘못된 시간에 그 자리에 있었다는 이유로 '봉기 연루자'라고 낙인찍어서는 안 된다고 강조했다. "생각해보세요. 은가뵈는 당시 각료회의차 노블링카 궁에 가려다가 시위대가 티베트족 관리를 죽였다는 소문을 들었습니다. 그 소식을 못 듣고 회의에 갔다면 그도 반혁명분자라는 낙인이 찍혔을 겁니다."

나는 티베트에서 활동하는 일부 관료들이 아직도 문화혁

명을 전적으로 부정해서는 안 된다는 얘기를 하고 있음을 강조했다. 그들은 문화혁명이 일부는 잘못됐지만 옳은 부분도 있다, 옳은 부분에 대해서는 평가를 해야 한다고 주장하고 있었다. 이런 태도가 잘못이었다. 중앙위원회가 문화혁명을 철저히 부정한 마당이니 만큼 티베트 자치구 지도부 누구도, 좋은 부분이 있었다느니 하는 따위의 소리를 해서는 안 된다. 이 점이 대단히 중요하다. 티베트 자치구 지도부가 이런 점에 합의하지 못하면 어떻게 새 정부 정책을 집행할 수 있겠는가? 이것이 내 주장이었다.

끝으로 소수민족 지역의 봉기 진압이나 치안활동을 위해 군을 투입하는 것은 심각한 잘못을 저지르는 것이라고 말했다. 우리는 '인민의 군대'를 보낸다고 생각할지 모르지만, 병력은 사실상 모두 한족이기 때문에 주민들은 한족 군대로 간주했다. 그래서 상황은 곧바로 총을 든 한족이 소수민족을 억압하는 양상으로 받아들여졌다. 그러면 한족과 소수민족 사이에 대립만 심화된다. "봉기와 소요는 양측이 서로 토론하고 조율하는 과정을 통해 평화적이고 정치적으로 풀어야 합니다. 현지 경찰을 소수민족 출신으로 충당하는 것도 필요합니다."

간단한 발언을 마치자 후는 고개를 끄덕였고 다른 사람들은 아무 말이 없었다. 그런 침묵은 앞으로 벌어질 사태의 예고편이었다.

반응은 바로 나타났다. 티베트에서는 내가 당 중앙에 보고서를 올려 1959년 봉기 진압 조치를 공격하고, 티베트족들에게 "대大티베트" 쟁취 운동을 선동했다는 소문이 퍼졌다. 대티베트 쟁취 선동 운운하는 비난의 발원지는 통일전선공작부(통전부)였다. 간쑤 성의 티베트족 간부 6명이 통전부에 단일 통합 티베트 자치구 창설을 요구하면서 그게 안 된다면 적어도 칭하이, 간쑤, 윈난, 쓰촨 성의 티베트족 거주 지역을 모두 망라하는 통합 동티베트 자치구라도 만들어달라는 청원서를 냈다. 이들은 1980년 말 내가 칭하이 성과 간쑤 성에 들른 길에 청원서 사본을 내게도 보내줬다. 그러나 그 청원서는 베이징의 통전부에 이미 제출이 된 상태였다. 따라서 나는 청원서 작성과는 아무 관계가 없었음에도 통전부는 간쑤 성으로 조사팀을 보내 내가 간부 6명을 부추겨 청원을 내게 했다는 증언을 받아내려고 애를 썼다. 그 작전은 성공하지 못했다. 1959년 티베트 민중봉기 진압을 공격했다는 비난은 내 말을 완전히 왜곡한 것이고, 대티베트 운운은 사실무근이었음에도 이런 식의 애매한 비난이 사람을 잡았다. 티베트의 일부 반동적인 간부들은 개혁 정책이 탐탁지 않자 나를 재차 위험한 민족주의자로 몰아갔다.

1981년 여름, 석방된 이래 처음으로 라싸에 가봤을 때 그런 움직임을 알게 됐다. 겉으로 보기에는 모든 게 정상이었고, 티베트 당 위원회와 지방정부는 세심한 배려로 나를 환영하는 행사를 개최했다. 그러나 수면 아래에서 나는 티베트 자치구 지도부로부터 심각한 공격을 당하고 있었다. 이런 분위기는 티베트족인 은가왕 텐진(신화통신사 티베지국 부국장이었다)이라는 사람이 찾아와 얘기를 하는 도중에 간접적으로 알게 됐다. 나는 그가 안절부절못하면서 누가 지켜보지나 않는지, 엿듣고 있진 않은지 계속 두리번거리는 걸 보고 의례적인 방문이 아니라는 것을 직감했다.

그를 집 뒤로 데리고 갔다. 그러자 거기서 그는 1980년 말 상사인 셍왕치가 작성한 문건을 내밀었다. 제목은 중국어로 '둥타이칭양動態清樣'이라고 적혀 있었다. 현지 사정에 관한 초벌 보고서라는 뜻으로, 극히 제한된 최고위 당원들만 회람하라는 의미였다. 은가왕 텐진은 몇 달 전 사무실 금고에서 뭘 찾다가 우연히 이 문서를 발견했다고 말했다. 그는 이 문건을 읽고 충격을 받았다며, 내가 꼭 봐야 할 것 같아서 위험을 무릅쓰고 복사를 해왔다고 했다. 그런데 베이징의 나한테로 믿고 보낼 만한 인편이 없어서 그동안 그냥 보관해왔다는 것이다.

문건을 보고 나 역시 충격을 받았다. 끔찍한 지난날의 기억들이 되살아났다. 문건은 티베트의 당 사업을 해치는 티베트족 삼인방이 있다며 달라이 라마, 판첸 라마 그리고 나를 적시했다. 나라 밖에서는 달라이 라마가 세계 곳곳을 돌아다니며 티베트 독립운동을 하고 있고, 나라 안에서는 (공산당 외부) 새로운 개혁 조치로 말미암아 판첸 라마가 시건방을 떨고 있다고 했다. 이어 당 내부 상황은 이렇게 묘사했다.

푼왕은 복권이 됐다. 그러나 아직도 티베트 독립을 떠들고 있으며 1959년 소요 사태가 진짜 반란이었다는 것을 인정하지 않고 있다. 그자는 "꼬리를 흔들어대고"(오만하게 비판의 목소리를 높이고 또박또박 말대꾸를 한다는 뜻) 있다. 그자가 티베트 자치구 주석이 될 거라는 얘기가 있다. 그가 처음 티베트 본토에 왔을 때 함께 활동했던 티베트족 다수가 지금 지방정부와 당에서 중요한 자리를 차지하고 있다. 각 부서 국장급이 많다. 그들 모두가 푼왕과 자주 접촉하고 있고 그의 사람인 만큼 예의주시하지 않으면 당이 위험하다.

악담도 이런 악담이, 대단히 심각했다. 떠돌다 흩어질 뒷소문 정도가 아니었다. 문건 아래 서명자는 셍왕치였지만 자치구 당 위원회 제1서기인 인파탕의 승인을 받은 내용이 분명했다. 과거가 또 되풀이되려는가? 이러다 예전에 투옥될 때와 똑같은 사태가 다시 벌어지는 것이 아닌가 하는 불안을 떨칠 수 없었다. 그러나 나는 그때처럼 순진한 젊은이가 아니었다. 그래서 이런 소문과 비난(아직 공식적으로 나한테 통보가 된 것은 아니었다)에 대해 즉각 맞불을 놓기로 했다.

우선 어떻게 일이 이 지경이 됐는지를 면밀히 추적해봤다. 인파탕과 나는 관계가 나빴던 적이 없다. 그러니까 개인적인 원한 같은 것 때문에 나를 공격할 리는 없었다. 따라서 내가 내린 결론은 인파탕이 그 문건에 서명을 한 것은 후야오방이 주최했던 만찬에서 내가 한 발언과 내가 떠들고 다닌다는 소문에 토대한 것이 분명했다. 그렇다면, 내가 해야 할 일은 그에게 나의 주장이 티베트의 당 사업에 위협이 되지 않는다는 확신을 심어주는 것이었다. 그런 작전은 특히 내가 문제의 문건을 보았다는 사실을 드러내지 않는 방식으로 해야 할 것이다. 다행히 나는 라싸를 떠나 다른 티베트족 거주 지역들을 둘러보는 일정이 잡혀 있었다. 그래서 시간을 갖고 어떻게 대응하는 것이 좋을지 심사숙고했다.

라싸로 돌아와서, 인파탕에게 여행 중 본 것들에 대해 당 지도부에 의견을 피력할 수 있는 모임을 소집해달라고 요청했다. 그 기회에 비밀문건에 담긴 비난에 대해 언급할 계획이었다. 무슨 말을 할지는 나름대로 깊이 생각을 해두었다. 우선은 내가 티베트에 온 것은 자치구 정부에 들어갈 생각에서가 아니라는 점을 밝혔다. 나는 솔직하게 후야오방이 티베트 자치구 주석이 돼달라는 부탁을 했지만 사양했고 왜 그랬는지까지 설명을 했다. 요지는 현장을 떠난 지 오래돼서 행정의 효율이 떨어질 게 분명하기 때문이라는 얘기였다.

"둘째로, 라싸 주변에 티베트 독립에 관한 소문이 무성합니다. 중요한 문제이니만큼 한 말씀 하겠습니다. 1949년 우리는 공산당 영도하에 새로운 국가로 다시 태어났습니다. 국민당 치하의 구체제에서 지도자들은 한족우월주의에 사로잡혀 소수민족들을 억압하고 착취했습니다. 그러나 새로운 공산주의 체제하에서는 소수민족을 억압하고 착취하는 것 자체가 위헌입니다. 신중국에서는 민족들 사이의 관계가 국민당 때와는 정반대입니다."

이어 최대한 단호하게 주장했다. "중화인민공화국 출범 이후 나는 개별 민족의 독립이라는 생각을 철저히 배격해 왔습니다. 항상 모든 민족이 조화와 평등 속에서 하나로 단결하도록 노력해야 한다고 주창했지요." 내 생각을 상세히 설명하느라 발언은 거의 두 시간이나 이어졌다. 나의 결론에 대해 아무도 코멘트하지 않았다. "좋은 모임이었습니다. 이제 식사들 하십시다"라는 게 인파탕의 유일한 반응이었다.

식당으로 가는 길에 화장실에 갔는데 자치구 정부 부서기인 바탕 출신의 양링 도르제가 마침 들어왔다. 그는 아무도 못 알아듣게 바탕 방언으로 내 강연이 훌륭했지만 인파탕은 아무 말이 없었다고 말했다. 인은 속내를 전혀 비치지 않았다는 것이다. 이어 저녁 자리에서 인은 건배를 제의하며 이렇게 말했다. "오늘 우리 푼왕 동지가 대단히 중요한 연설을 했습니다. 우리 모두 많은 것을 배웠습니다. 여기 오신 모든 분을 대신해 감사드립니다. 매년 티베트로 놀러오시기 바랍니다."

나는 인파탕이 문제의 비난 부분에 대해 공개적으로 분명히 입장을 밝힐 것으로 기대하지는 않았다. 다만 간접적으로라도 한마디 한 다음 나중에 나를 찾아와 그 문제에 대해 이야기하기를 기대했다. 사실 지금쯤 문건에 나온 악담들이 아무 근거가 없다는 것을 깨달았어야 하는데 내 강연은 별 인상을 심어주지 못한 것 같았다.

여간 낙담스러운 게 아니었다. 양링 도르제와 이 문제를 다시 상의한 끝에 중앙정부에다가 직접 문제를 제기하는 수밖에 선택의 여지가 없다는 결론을 내렸다. 베이징에 돌아오자마자 바로 그렇게 했다. 문제의 보고서는 신화통신 라싸 지국에서 보낸 것이기 때문에 신화통신 총국장 쩡타오를 만나 울란후에게 나의 이의제기를 전해달라고 요구했다. 울란후는 당시 막강한 통전부 부장이었다.

이렇게 해서 1981년 가을이 되면서 덩샤오핑과 후야오방의 개혁 정책이 한창 시행되는 마당인데도 나는 다시 티베트와 소수민족 정책에 관한 입장 때문에 심각한 투쟁에 빠져들 위기에 처했다. 그야말로 몸조심을 하려고 했다면 납작 엎드려서 이목을 끌 짓은 털끝만큼도 하지 않았으면 됐을 것이다. 그러나 나는 감옥에서 너무도 오랜 세월 그런 문제들에 대해 천착에 천착을 거듭했다. 당의 민족 정책은 너무도 많은 부분에서 잘못돼 있었다. 따라서 당의 최고위 관리들이 나의 티베트 마르크스주의적 시각을 들을 필요가 있다고 생각했다. 그에 대한 대가가 무엇이 되든, 나는 이 일에 적극적인 역할을 계속하기로 굳게 마음먹었다.

25장
소수민족 정책

1980년 말, 나는 헌법 개정과 관련해 진행되는 주요 토론에 적극 참여했다. 나는 지도자 개인들이 국가정책을 쉽게 무시하거나 뒤집는 것을 목격해왔다. 그래서 정부가 헌법에다가 소수민족의 권리를 명문화하는 조항들을 넣어주기를 원했다. 이것이 제대로 되면 소수민족의 권리는 단순히 정책인 정도가 아니라 법률이 되는 것이고, 그러면 향후 지도부 교체나 정치적 변동이 있더라도 그와 관계없이 유지될 것이었다.

나는 전인대 민족위원회 부주임이었기 때문에 헌법 논란에 끼어드는 게 자연스러웠다. 그래서 소수민족 관련 입법 토론에 직접 개입했다. 나는 새 헌법에 대해 많은 생각을 갖고 있었고, 우선 내 의견을 우리 분과 간부회의 때 구두로 제안하기로 했다.

제안하고자 하는 조항을 나열하기보다는 마르크스주의가 민족문제를, 특히 다수민족과 소수민족들 사이의 관계를 어떻게 다루는지를 좀 더 넓은 차원에서 설명하는 것으로 운을 뗐다. 많은 중국 지도자들은 티베트족 같은 소수민족들이 분리주의를 추구한다고 비판했다. (나를 공격하고 있는 라싸의 관리들을 괴롭힌 것도 바로 그 문제였다.) 그러나 내가 보기에 그들은 마르크스주의 민족 이론을 제대로 이해하지 못한 것이었다.

마르크스주의에 의하면, 다민족 국가에서 민족들 간의 관계는 완전한 평등의 관계여야 한다. 그러나 마르크스주의는 계급에 토대한 사회에 매몰돼 있는 민족과 공산주의 사회에서의 민족을 근본적으로 구분한다. 계급에 토대한 사회에서는 소수민족의 분리주의 운동이 부정적인 것으로 간주되지 않는다. 다수민족과, 다수민족이 독점하는 정부의 억압정책으로 촉발된 활동이기 때문이다.

그런 사회에서 지배(즉 억압)민족은 수사적 차원에서 모든 민족의 통합(민족단결)을 강조한다. 그것이 전형적인 양상이다. 그러면서 국가에 대한 소수민족들의 투쟁을 강력히 억압하고 국가 파괴를 획책하는 '분열주의' 책동이라는 경멸적인 딱지를 붙인다. 그러나 마르크스주의 입장에서 보자면 소수민족들이 다수민족의 억압에 맞서 투쟁하는 것은 올바르고 정당하다. 평등하지 않기 때문이다. 진정한 평등이 없는 상태에서 분열주의는, 계급에 기초한 사회에서 소수민족이 취할 수 있는 타당한 반응이다. 실제로 그런 양상이 계급에 기초한 다민족 국가의 특징이다. 이와는 대조적으로 사회주의 국가에서는 다수민족이 소수민족을 억압하지 않는다(또는 말아야 한다). 모두 평등해야 하며, 민족들 간에 완전한 통합과 단합이 이뤄져야 한다. 따라서 민족들이 단결하기 위해서는 억압이 아니라 진정한 평등을 보장하는 새로운 정책이 필요하다.

그런데 민족들 간의 평등이라는 게 무슨 의미인가? 나는 "우리는 한 국가 내에서 민족들 간의 주권적 평등을 필요로 한다"고 한 레닌의 말(『레닌 전집』 19권)을 강조했다. 진정한 민족 평등이란 따라서 당/국가가 소수민족들이 정치, 경제, 문화 등등의 영역에서 스스로 결정을 할 권리를 인정하고 존중해야 한다는 것을 의미한다. 레닌은 "그렇게 해야만 분리주의 운동과 감정 문제를 해결할 수 있다"고 했다(위의 책). 사안이 이렇기 때문에 나는 헌법에 특정한 조항을 여러 개 추가해야 한다고 주장했다(푼왕의 제안 전문은 550쪽 부록 C를 보라.)

첫째, 나는 새 헌법에 "자치를 하는 민족은 주요한 권력체이며 지역 문제를 관할하는 책임을 진다"는 조항을 넣자고 제안했다. 그렇게 되면 각 민족은 지역 및 자체 정치, 경제, 문화 발전을 적극적으로 추진할 권리를 갖게 될 것이다.

둘째로, 소수민족 주민들은 가급적 큰 정치체에 통합시켜야 한다고 제안했다. 민족들을 서로 다른 지역으로 나누는 현재 시스템은 민족의 평등과 통합을 수호하려는 당 정책에 저촉되며, 장기적으로 소수민족의 이익을 해친다는 점을 강조했다. 나는 '대티베트'라는 표현을 특별히 언급하지는 않았다. 화를 돋우거나 불안감을 줄 수 있기 때문이다. 그러나 앞에서 말한 내용을 받아들인다면 모든 티베트족을 포괄해야 한다는 점을 조심스럽게 표현했다.

셋째로, 후야오방에게 밝힌 대로 나는 소수민족 지역에 군을 경찰력으로 활용해서는 안 된다는 것을 헌법에 명시해야 한다고 생각했다. 군사력을 행사하고 국가 전체의 외교문제를 관장하는 것은 국가의 권리다. 반면에 군과 지역정부, 그리고 지역주민 사이의 관계에 있어서 해결을 요하는 문제들이 있다. 군의 절대다수는 한족이기 때문에 군과 지역주민의 관계는 종종 한족과 소수민족의 관계와 동일시되었다. 따라서 나는 다음과 같은 조항을 헌법에 추가할 것을 제안했다.

우리 나라의 국방은 최고 국가 당국(전국인민대표대회)과 최고 국가 행정기구(국무원)에서 통제한다. 우리 나라를 수호하는 군대는 침략세력과 싸우는 일을 책임지며, 자치지역의 공공질서 유지 책임은 맡지 아니한다. 자치지역의 공공질서는 현지 소수민족 병력이 담당한다. 자치지역 주둔 국가 방위군은 자치정부의 권리를 존중하고 민족자치와 관련된 자치정부의 명령을 준수해야 한다.

끝으로 소수민족이 고유 언어를 사용할 권리를 명문화할 필요가 있다고 강조했다. 그러면서 "민족과 언어의 평등에 동의하고 지지하지 않는 자들과, 민족 억압 및 불평등에 대항해 싸우지 않는 자들은, 마르크스주의자도 아니고, 사회주의자도 아니다"라는 레닌의 말(『레닌 전집』 20권)을 인용했다. 또 "어떤 민족의 구성원들이 왜 고유어를 사용해야 하는가? 고유어를 사용하는 것이 고유한 문화, 정치, 경제를 발전시키는 유일한 방법이기 때문이다"라고 한 스탈린의 언급(『스탈린 전집』 11권)도 덧붙였다.

우리 나라에서는 소수민족 언어 문제와 관련해 줄곧 엇갈린 정책을 써왔다. 해방 전 국민당은 한족우월주의와 민족 동화정책을 추진했다. 그들은 소수민족 언어를 점진적으로 한어漢語로 대체하고, 종국적으로는 소수민족 언어를 말살하려고 했다. 이와는 대조적으로 해방 직후 공산당은 민족 평등과 단결 원칙을 고수하면서 소수민족이 고유어를 사용하고 발전시킬 권리를 존중했다. 그러나 당은 극좌파의 영향을 받으면서 옛날 접근법으로 후퇴했다. 나는 "문화혁명 10년 대재앙 기간에 소수민족 언어는 '사형선고'를 받았다"고 썼다.

그러나 사인방(1960~1970년대 초 문화혁명을 주도한 장칭江靑, 왕훙원王洪文, 장춘차오張春橋, 야오원위안姚文元 네 사람을 말한다—옮긴이) 축출 이후 공산당은 소수민족 언어를 복권시키기 시작했다. 그러나 일부 지역에서는 관리들이 여전히 종국에는 소수민족 언어를 한어(중국어)로 대체하는 꿈을 꾸고 있다. 이런 식의 한족우월주의가 일부 지역에 아직도 잔재함은 민족문제에 관한 국가사업에 가장 심각한 장애요인 중 하나다. 따라서 나는 다음과 같은 조항을 헌법에 삽입할 것을 제안했다.

국가는 소수민족이 자치구에서 고유어를 제1언어로 사용할 권리를 보호한다. 한어도 가르쳐야 한다. 소수민족 언어를 한어로 대체하는 것은 금지한다. 국가의 법률, 정책, 규정, 명령 등은 소수민족 언어로 번역해야 한다. 소수민족 학생들이 중등학교와 대학 진학시험에서 소수민족 언어를 사용하고 한어로 대신할 수 없도록 구체적인 정책을 마련해야 한다.

연설을 끝내자 전인대 민족위원회 주임 리귀가 내 의견을 높이 평가하면서 문서로 적어달라고 요청했다. 나중에 그 문건은 울란후를 비롯한 많은 주요 관리들에게 배포됐다. 울란후 역시 내 보고서를 마음에 들어해 다른 부서와 관리들에게도 회람시켰다. 그러나 전체적으로 보면 헌법 개정 제안 보고서는 엄청난 논쟁으로 비화됐다. 그때까지만 해도 당의 민족 정책을 심각하게 비판한 사람은 아무도 없었기 때문이다. 울란후가 내몽골에 있을 때 일부 문제를 제기했고, 류게핑도 닝샤후이족寧夏回族 자치구에 근무할 때 일부 비판을 제기한 바 있었다. 그러나 나처럼 소수민족문제에 관한 당 이데올로기의 핵심을 문제 삼은 비판은 없었다.

나는 당 내에서 양징런, 장평, 수에지안화, 황초우 같은 주요 간부들의 공격을 받았다. 나중에 알고 보니 간부 13명 정도가 똘똘 뭉쳐 내가 제출한 보고서와 티베트 망명 대표단과 나눈 대화를 비롯한 여러 발언을 반박하는 작업에 장장 5개월 동안이나 몰두했다. 그들은 10만 자 분량의 반박문을 만들어 연로한 마르크스주의 이론가 리웨이한의 이름으로 내놓았다. 리는 1951년 17개조 협정 협상 대표단을 이끌었고, 통일선전공작부장을 지낸 인물이다.

화가 나서 참을 수가 없었다. 공격의 요점은 열 가지인데 그 대개가 견강부회에 왜곡이기 일쑤였다. 일례로, 한 항목에서 내가 제국주의자들이 쳐들어와 티베트족을 포함한 중국의 모든 민족을 억압했다는 사실을 구체적으로 언급하지 않았다고 지적했다. 그리고 내가 민족들이 원래는 자유였는데 나중에 강제로 한 민족의 통제 아래 들어갔다고 말함으로써 티베트가 역사적으로 중국의 일부라는 사실을 부인했다고 비난했다. 또 다른 항목에서는 내가 1959년 티베트 민중봉기 진압에 대해 유보적인 입장을 보이고 있다고 문제 삼았다. 나아가서 내가 티베트족 관리들이 티베트족의 이익을 대변하지 않고 시키는 대로만 한다고 비판한 달라이 라마 형 편을 들었다고 주장했다. 심지어 내가 대티베트 운동을 선동했다느니 티베트 망명자들과 내통하고 있다느니 그야말로 웃기는 주장도 서슴지 않았다. 그러나 공격의 골간은 레닌의 말처럼 한 국가 내에서 "민족들 간에 주권적 평등"이 있어야 한다는 나의 주장에 관한 것이었다.

그들은 민족들이 주권을 갖는다는 내 주장을 완전히 부인했다. 그들이 만든 문건에서는 국가주권과 민족주권은 근본적인 차이가 있다고 주장한다. "주권"이라는 개념은 국가들 사이에서만 의미를 갖는다는 것이다. 그들은 하나의 국가를 구성하는 여러 민족들에게는 주권이라고 할 만한 것이 존재하지 않는다면서, 소련의 "자치공화국" 체제로 대표되는 모델은 받아들일 수 없고, 그 연장선상에서 내가 소수민족 지역의 완전한 자치를 주장한 것은 이론적 정당성이 없다고 공박했다.

이런 문서가 있다는 사실은 한 부가 나한테 배달이 되고 나서 알았다. 거기에는 다음 날(1982년 6월 18일) 회의가 있으니 출두해 보고서에 지적된 의문들에 대해 답변을 하라는 소환장도 첨부돼 있었다. 하루 전에 통보를 하고 답을 하라는 데 대해서는 도저히 불가능하다고 판단했다. 그러나 저들에게 뭘 주기는 줘야 했다. 그래서 재빨리 한 페이지짜리 성명을 작성했다. 상대를 자극하지 않는 방식으로 지난날 나의 상급자였던 리웨이한 동지의 논평을 충분히 들여다볼 시간이 안 돼서 추후 면밀히 검토한 뒤에 자세한 답변을 드리겠으니 양해해달라는 내용이었다. 보고서를 대충 읽어본 결과 일단 사실관계가 틀린 부분이 많아서 모든 것을 철저히 검토한 연후에 서면으로 상세한 보고서를 제출하겠다는 점을 분명히 했다. 이런 짧은 성명서를 주머니에 넣고 회의장으로 갔다.

회의실에 들어서는 순간, 연단 중앙에 녹음기와 마이크 몇 개가 설치돼 있는 게 눈에 들어왔다. 범상한 회의는 아니라는 걸 직감했다. 회의장에는 이미 일고여덟 명이 와 있었다. 양징런도 있었다. 그러나 악수를 청하는 사람은 아무도 없었다. 내가 들어서자 모두들 쳐다보기만 할 뿐 아무 말이 없었다. 나는 조용히 자리에 앉았다. 몇 분 동안 아무도 말이 없었다. 우리는 그저 묵묵히 자리에 앉아 서로를 응시했다. 대놓고 적대적인 표정을 짓지는 않았지만 호의적이지 않다는 것은 분명했다.

얼마 후 리웨이한이 두 사람의 부축을 받으며 들어왔다. 그의 나이 여든 여섯, 건강이 좋지 않았다(당시 병원에 입원 중이었는데 2년 후인 1984년 8월 사망한다). 리는 문화혁명 때 홍위병의 공격을 받고 실각했다. 복권 이후 통전부에 모습을 나타낸 것은 그때가 처음이었다. 나는 그를 보자 가슴이 뭉클해서 바로 일어나 악수를 청했다. 나 때문에 이 자리까지 나오시게 돼서 참으로 송구스럽다고 말했다. 그리고 나서 다들 자리에 앉았다. 회의가 시작됐다.

"푼왕." 리웨이한이 나를 쳐다보며 발언을 시작했다. "31년 전 동무는 17개조 협정을 성사시켜 티베트를 위대한 조국의 품으로 되돌리는 데 커다란 기여를 했소. 그러나 최근 들어 동무의 마르크스주의 이론 이해에 심각한 결함이 있다고 보는 사람들이 많아요. 그래서 동무의 발언과 보고서 등을 내가 자세히 검토해봤소. 그 보고서는 보셨소?"

"네." 내가 답했다. "그 문건은 접수해서 살펴봤습니다." 그런 다음 준비해둔 성명서를 꺼내 읽었다.

리웨이한의 비판에 대해 이 자리에서 당장 답하지는 않겠다고 하자 양징런을 비롯한 사람들의 표정에는 못마땅한 기색이 역력했다. 그래서 리웨이한에게 한마디 했다.

"리 부장님, 부장님은 방금 31년 전에 제가 커다란 기여를 했다고 말씀하셨습니다. 그런데 그 이후에 제가 어떻게 됐는지 아십니까?"

"몰라. 말해보게."

"커다란 기여를 하고 나서 얼마 되지 않아 '지방민족주의자'라는 누명을 쓰고 18년을 감옥에서 썩었습니다."

"18년을 감옥에서 보냈다는 게 정말인가?" 리가 물었다. "정말 고생이 심했겠구먼." 그는 충격을 받은 듯했다. 자기는 정말 몰랐다고 했다. 당시에는 그도 사방에서 시달리던 터라 아마도 내 얘기까지 들을 겨를은 없었을 것이다.

양징런 등은 분위기가 이런 쪽으로 가는 게 마음에 안 들었을 것이다. 바로 양이 끼어들었다.

"푼왕." 그가 날카로운 목소리로 말했다. "선생은 상세한 서면 보고서를 준비하겠다고 했습니다. 그게 언제쯤이면 될까요?"

"여러분은 10만 자짜리 문건을 쓰셨습니다." 나는 냉랭하게 말했다. "연구하고 정리하려면 시간이 좀 걸리겠지요."

"시간이 좀 걸릴 거라고요?" 양징런이 화 난 목소리로 틱틱거렸다. "사소한 잘못 때문에 이 자리에 불려나온 게 아니라는 걸 잘 모르시나 본데……. 리웨이한 동지는 저명한 마르크스주의 이론가요. 이분도 당신의 사상을 비판했소. 그러니까 동무의 과오는 극히 심각한 수준이요. 게다가 오늘 실제로 동무를 여기 불러낸 사람은 덩샤오핑 동지야. 너무 바빠서 직접 참석은 못하시고 시중쉰習仲勛(전인대 상무위 부위원장) 동지한테 일임했지. 당신이 쓴 글들을 조사할 분으로 리웨이한 동지를 선택한 것도 시 부위원장이요."

나는 평정을 잃지 않았다. 그저 상세한 답변서가 언제 끝날지 시점을 특정하기는 그야말로 어려운 일이라고만 했다. "리 부장도 저를 비판을 함에 있어 심사숙고했을 겁니다. 그러니 그분의 지적도 똑같이 심사숙고해야 마땅하겠지요."

그러자 다들 나서서 나를 공격하려고 들었다. 그런데 리웨이한이 끼어들었다.

"들어보세요, 여러분!" 다소 격앙된 어조였다. "나는 푼 왕에게 충분히 의견을 개진하도록 시간을 줘야 한다고 봅니다. 내 보고서를 비판하거나 반박할 수 있겠지요. 필요한 만큼 시간을 줍시다."

그는 잠시 말을 끊더니 슬그머니 웃으며 다시 말했다. "오늘 정말 반갑네. 여기 오면서 자네와 한바탕 논쟁을 벌여야겠구나 싶었어. 하지만 우린 잘 지냈었지. 자, 밥이나 먹으러들 갑시다."

그는 내 손을 잡고 회의실을 나섰다. 나는 식사 때도 그의 옆자리에 앉았다.

나의 전략이 먹힌 것이다. 그들은 회의에서 나를 공격할 작정이었다. 그런 다음 내가 과오를 인정했다거나 아니면 바락바락 대들었다고 보고했을 것이다. 둘 중 어느 쪽이 되더라도 내가 지는 게임이었다. 과오를 인정하면 저들은 리웨이한의 지적에 설복됐다고 할 것이다. 인정하지 않으면 리웨이한이 간곡한 말로 바로잡아주려 했지만 내가 고집불통으로 들으려 하지를 않았다고 떠들 것이다. 그러나 리웨이한 자신이 좀 더 시간을 주자고 했고, 내게 애정을 보였으므로, 그들이 할 수 있는 것은 아무것도 없었다. 그날 회의는 그렇게 끝이 났다.

모임이 있고 나서 일주일 뒤에 나는 후야오방에게 편지를 보냈다. 이미 상세한 답변서를 쓰기 시작했고, 끝내려면 몇 주 정도 걸릴 것으로 예상됐다. 그래서 먼저 후에게 리의 보고서는 사실관계가 부정확한 부분이 많다는 점을 설명하고, 당 중앙위원회가 이 문제를 심도 있게 조사해주기를 요망한다는 내용을 간단하게 적어 보낸 것이다. 시간을 좀 더 벌고 싶었고, 후가 적들의 얘기만 듣게 놓아둘 수 없었기 때문이다.

답변서를 완성하는 데는 몇 주가 더 걸렸다. 다 끝내고 보니 25만 자 분량이었다. 이것을 리웨이한에게 보내고, 덩샤오핑, 후야오방, 자오쯔양趙紫陽(당시 국무원 총리였다—옮긴이), 시중쉰을 비롯한 여러 명에게 보냈다. 양징런한테 보내면 다른 사람들에게 전달하지 않을지 모른다는 걱정이 들었기 때문이다. 이렇게 해놓았으니까 이제 최고위급이 참석하는 공정한 청문회가 열리겠거니 했다. 그러나 결과는 내 예상과 전혀 달랐다.

1982년 7월 리웨이한이 덩샤오핑에게 서한을 보냈다.

지난번 회의에 대한 간단한 요약과 자신이 쓴 10만 자짜리 문건, 그리고 한 페이지짜리 내 성명도 첨부했다. 그러나 내가 쓴 긴 반박문은 붙이지 않았다. 나는 덩샤오핑이 모든 문건을 직접 본 다음 "리웨이한 동지가 프레젠테이션을 잘했네. 이 문건들을 중앙위원회 위원 전원에게 배포하고 중앙위 서기처 사람들한테도 돌리세요"라는 메모를 달아 후야오방한테 넘겨준 것을 알았다. 후는 덩 동지의 명령에 따라 그렇게 했다.

물론 나는 당황스러웠다. 최고위급에 회람되고 있는 문건에는 리의 비판에 대한 내 반박문이 들어 있지 않았기 때문이다. 그래서 리의 코멘트와 함께 내 반론도 전문이 읽혀야 한다고 요구하는 편지를 썼다. 그리고 나서 병원으로 리를 찾아갔다. 의구심을 풀고 싶은 게 있었기 때문이다.

리는 소파에 앉아 있었다. 나는 그의 손을 잡고 옆으로 가 앉아 말을 꺼냈다. "리 부장님, 저 잘 아시지요? 제가 1951년과 1953년에 부장님 밑에서 일했습니다. 진심으로 부장님을 존경합니다. 제가 사상적 과오가 있어서 부장님이 허심탄회하게 비판하신다면 기꺼이 들었을 겁니다. 그러나 제가 보기에 10만 자 비판문은 과거에 저를 감옥에 집어넣은 자들이 만든 것입니다. 이제 그들이 저를 다시 공격하고 있습니다. 부장님 이름을 이용해서 저를 공격하고 있어요. 부장님은 제가 쓴 것들을 다 보지 못하셨을 겁니다. 그래서 저는 부장님 비판을 강하게 맞받아치는 수밖에 선택의 여지가 없었습니다. 하지만 저의 반박이 부장님을 노린 것이 아니라 저들에게 보내는 것이라는 걸 알아주셨으면 합니다." 그는 가타부타 아무 말도 하지 않고 그저 고개만 끄덕였다.

그 이후 사태는 더 악화됐다. 관련 문건들이 티베트 당 위원회 수장인 인파탕에게 보내졌다. 역시 내 답변서는 들어 있지 않았다. 인은 즉시 그것들을 티베트 자치구 공작 위원회 멤버들에게 배포한 다음, 거창하게 관련 토론회를 소집했다. 많은 티베트족과 한족 관료들이 그 모임에서 나를 극렬하게 비판했다. 양링 도르제만이 당 노선에 따르지 않았다. 나중에 들으니 양링은 벌떡 일어나서 이렇게 말했다고 한다. "리 부장이 옳다면 푼왕은 심각한 과오를 저지른 겁니다. 하지만 푼왕이 제출한 한 페이지짜리 성명서는 리의 비판의 많은 부분이 사실 관계가 맞지 않다고 했고, 그런 잘못들을 반박하는 서면 보고서를 제출하겠다고 돼 있습니다. 전후 사정을 제대로 알려면 푼왕의 반박문을 읽어볼 필요가 있다고 봅니다."

인파탕은 양링 도르제의 발언 내용은 무시하고, 태도가 모호하다고 하면서 나중에는 티베트 내 푼왕의 '대변인'이라고 비난했다. 인은 이어 현 수준의 관리들에게도 문건들을 배포했다. 그렇게 해서 나를 공박하는 모임이 계속 열렸다. 비열한 공작이었다. 분통이 터졌다.

베이징에 있던 나는 당 중앙에 여러 통의 편지를 보냈다. 리웨이한의 10만 자 논평에 대해 25만 자짜리 반박문을 썼다, 사소한 논쟁이 아닌 만큼 당 중앙이 두 문건을 철저히 평가해야 한다고 촉구하는 내용이었다. 그러고는 지금까지 민족문제에 관해 당 내에서 논쟁다운 논쟁이 없었다고 통명스럽게 한마디 했다. 그러면서 그 결과는 앞으로 소수민족 지역에서 사업을 해나가는 데 있어서 큰 영향을 미칠 것이니만큼 당 중앙이 소규모 조사위원회를 가동해 리와 나의 주장을 철저히 검증해달라고 촉구했다. 똑같은 주장을 담은 서한을 덩샤오핑과 후야오방에게도 보냈다.

답이 오기를 기다리면서 제6기 전인대 1차 회의(개막은 1983년 중반으로 예정돼 있었다) 참석 준비를 하는 동안 내게 또 충격적인 일이 일어났다. 어느 날 우연히 고인이 된 류사오치의 부인 왕광메이를 만났는데, 그녀는 내 이름이 쓰촨 성 대표 명단에 없더라고 했다. 나는 그 말에 별로 신경쓰지 않았다. 있을 수 없는 얘기였기 때문이다. 그런데 그 다음 주에 다시 만났을 때 체크를 해봤는데 내 이름이 명단에 없다고 정색을 하고 알려줬다. "좀 알아보세요." 나는 그 충고를 무시하고 말 수가 없었다.

나는 전인대 민족위원회 부주임이어서 대표들 명단 열람권이 있었다. 왕광메이가 경고한 대로 내 이름이 빠져 있었다. 역시, 나를 끌어내리려는 시도로구나 싶은 생각에 화도 나고 참담하기도 했다. 즉시 시중쉰한테 전화를 걸어 좀 만나자고 했다.

당 최고위 지도자의 한 사람으로 정치국원인 시중쉰은 내가 무슨 얘기를 하는지 몰랐다.

"바꾸기로 예정돼 있는 건 없어." 그가 말했다. "자넨 여전히 전인대 상무위원회 위원이고 민족위원회 부주임이야."

"그럼 왜 내 이름이 쓰촨 성 대표 명단에서 빠졌습니까?" 내가 물었다.

그는 답변을 하는 대신 명단을 뒤적였다. 터무니없는 걱정을 하고 있다는 걸 바로 보여줄 참이었다. 그러나 명단이 너무 길었다. 세로 줄만 해도 10~15칸이 됐다. 그사이 나는 자리에 앉아 차를 몇 모금 마셨다. 시중쉰이 명단을 덮더니 바로 양징런에게 전화를 했다.

"전인대 쓰촨 성 대표 푼왕은 어떻게 된 거야?" 그가 퉁명스럽게 물었다. "명단에 이름 넣는 거 잊었나?"

"얼마 전에 보고서 드렸는데요." 양이 사분사분하게 말했다.

"그 보고서 너무 길어서 읽어보지도 않았어. 어떻게 된 건지 말로 해보게."

"아시는 것처럼 푼왕은 티베트에서 당 사업을 해치는 삼인방의 하나로 비난을 받았습니다. 그 이후에도 헌법에 민족 관련 조항을 넣자는 발언이 있었고요. 그리고 마지막으로 리웨이한과 논쟁이 있었습니다. 그런 이유들로 해서 이번 전인대에는 빼고 대신 정치협상회의 상무위원 후보로 올렸습니다."

"그런 중요한 문제를 왜 나랑 먼저 상의하지 않았나?" 시중쉰이 성난 목소리로 질책했다. "그리고 이런 중요한 결정을 왜 만리장성 같은 명단 속에다 묻어버린 거야?" 그는 잠시 말을 끊었다가 이렇게 말했다. "큰 실수 한 거야. 푼왕의 위치는 바꾸면 안 돼. 이 문제는 후야오방한테 내가 직접 보고하겠다! 푼왕 바로 집어넣어. 알아들었어?"

통화가 끝난 뒤 나는 시중쉰과 진지한 대화를 나눴다.

나는 이렇게 말했다. "지금까지 제가 개인적으로 부탁을 드린 적이 없습니다. 하지만 아시다시피 전에 저를 공격했던 사람들이 다시금 저를 공격하고 있습니다. 제게는 티베트족 대표로 전인대에 나갈 권리가 있습니다. 지금 이 문제를 후야오방한테 보고하겠다고 하셨는데, 저도 후에게 보고하겠습니다. 필요하다면 덩샤오핑에게도 할 겁니다. 티베트족을 대변하기 위해 계속 싸울 겁니다."

시중쉰의 방을 나선 뒤 나는 여러 통의 편지를 썼다. 시도 마찬가지였을 것으로 본다. 그리고 나서 얼마 되지 않아 후야오방과 덩샤오핑이 내게 전갈을 보냈다. 양징런에게 전인대 상무위원 직위를 변경하지 말라고 지시했다는 내용이었다. 이 결정은 내게 상당한 의미가 있었다. 그리고 다른 쪽에서도 행운이 다가왔다.

리웨이한의 보고서에 대한 나의 상세한 반박은 당으로서는 난감한 문제였다. 리는 당 중앙위원회를 대신해 평가를 한 것이다. 어떤 의미에서는 덩샤오핑의 의중을 대변한 것이었다. 따라서 중앙위원회에서 내가 맞다고 하면 리가 틀렸다는, 나아가서 덩이 틀렸다는 얘기가 됐다.

그들은 묘책을 생각해냈다. 전인대에서 시중쉰이 당 중앙을 대신해 상무위원들을 소개했다. 그러면서 나를 소개하는 대목에서 오랜 세월 혁명 과업을 잘 수행한 당원이라고 칭찬했다. 그는 "펑왕은 지대한 기여를 한 인물입니다"라고 하면서 이렇게 덧붙였다. "우리 당 내에는 이데올로기에 관한 생각의 차이가 있습니다. 그리고 당 강령에 따르면 누구나 다른 의견을 가질 권리가 있지요." 내 이름을 직접 언급하지는 않았지만 그가 무슨 얘기를 하는지는 논쟁을 알고 있는 사람들한테는 분명했다. 그리고 나도 당 중앙이 무슨 생각으로 이러는지 감을 잡았다. 간접적이고도 재치 있는 방식으로 리웨이한과 내가 서로 다른 견해를 가질 권리가 있다고 선언한 것이다. 그들은 내가 맞다고 확언하지는 않았지만, 치열한 논리 싸움에서 마침내 거대한 조직을 이겼다는 느낌이 들었다. 당 지도부는 나의 관점을 공격하지 않기로 한 것은 물론이고 당원들이 생각을 마음대로 말할 수 있다는 메시지를 전했다.

나는 헌법 개정에도 영향을 미쳤다. 내가 제안한 조항들이 받아들여지지는 않았지만 정치국원이자 전인대 상무위원장인 펑전(헌법개정위원회의 실질적인 총책임자였다)을 설득해 전문序言에 '단결'과 '상호협조'라는 말보다 '평등'을 앞세웠다. 평등이 우선하지 않으면 단결도 있을 수 없다는 것이기 때문에 방향 면에서 큰 차이가 있다. 1982년 12월 4일 승인된 최종 개정안은 "중화인민공화국은 전국 각 민족 인민이 함께 창립한 통일 다민족 국가이다. 평등·단결·상호협조의 사회주의 민족 관계는 이미 확립되었으며 계속 강화해야 한다"고 규정했다(1978년의 이전 헌법은 "국가의 모든 민족 사이에 평등을 강화해야 한다"고만 돼 있었다).

한편 "당의 역적 삼인방"이라는 비난 공세 대해서도 마침내 결백이 입증됐다.

1984년 봄 티베트 자치구의 많은 관리들(인파탕, 락디, 양링 도르제도 있었다)이 베이징으로 왔다. 양링 도르제는 자오쯔양 총리를 만났다. 쓰촨에서 함께 활동하던 시절부터 잘 아는 사이였다. 그 면담에서 자오는 티베트 사정을 물었고, 양링 도르제는 솔직하게 말을 했다. "1978년 제11기 공산당 중앙위원회 제3차 전체회의(여기서 덩샤오핑이 개혁개방을 선언했다—옮긴이) 이후 국가 전체가 우선순위를 정치투쟁에서 경제발전 문제로 돌렸습니다. 그러나 라싸에 있는 인파탕을 비롯한 사람들은 여전히 티베트의 우선순위는 정치투쟁이라는 전하에 일을 추진했습니다. 그들은 정치투쟁의 최우선 타깃이 달라이 라마, 판첸 라마 그리고 푼왕이라고 했습니다. 리웨이한에 대한 반박문을 읽어보지도 않고 푼왕의 민족이론을 비판했지요."

자오의 답변은 이랬다. "티베트의 현 상황에는 잘못된 점이 있다. 경제발전이 국가의 최우선순위다. 티베트도 마찬가지다. 푼왕과 판첸 라마는 둘 다 우리 사람이다. 그리고 우리는 달라이 라마도 포섭하려고 노력하고 있다. 따라서 그들을 공격 대상으로 삼는 것은 잘못이다."

다음 날 양링 도르제는 후야오방을 면담했다. 후는 그의 얘기를 듣더니 화를 냈다. "경제발전이 국가 전체의 최우선순위야. 계급투쟁 때문에 우리 나라가 그 홍역을 겪었잖

나. 티베트의 경제발전을 신경 쓰고 현지 인민의 생활수준을 향상시키지 않으면 결코 우리가 원하는 정치적 결과를 얻을 수가 없어." 후는 또 세 사람을 지목해 정치투쟁의 타깃으로 삼는 것은 잘못이라고 말했다.

나는 이런 사실을 까맣게 모르고 있었다. 그러던 어느 날, 대문을 두드리는 노크 소리가 났다. 양링 도르제였다. 얼굴 가득 미소를 머금고 있었다. "록" 하고 그가 말했다(록은 대충 "나의 친구"라는 뜻의 캄파 방언으로 인사할 때 쓰는 말이다). "이제 전전긍긍하면서 당신을 찾아올 필요가 없겠네." (내가 정치적으로 공격을 받고 있을 때는 나와 가까운 관계로 보이는 것도 위험했다는 얘기다.)

양링이 얘기를 이어갔다. "오늘 선물을 두 개 가져왔지. 하나는 후야오방이 준 거고, 또 하나는 자오쯔양이 준 걸세. 두 사람이 자네를 찾아가보라고 했어." 그러더니 양링은 후와 자오가 보인 반응을 얘기해줬다.

그런 일이 있고 나서 얼마 안 되어, 당 중앙위원회는 인파탕이 '역적 삼인방'을 공격한 데 대해서 비판했다. 그리고 나서 1984년 4월 초, 인파탕, 락디, 양링 도르제 그리고 도르제 체덴(티베트 자치구 최고위 티베트족 간부)이 갑자기 나를 찾아왔다. 그들은 당 중앙에서 나에 대한 공격이 과오라고 인정했다는 얘기를 전해줬다. 어제는 판첸 라마한테 갔었고, 오늘은 사과차 나를 찾아왔다는 것이었다. 그들은 과오를 저질렀다는 것을 인정했다!

일이 이렇게까지 풀리라고는 전혀 예상치 못했다.

한편 1985년 가을에는 우리 티베트공산당의 지위 문제도 결론이 났다. 1949년 윈난에서 중국공산당과 접촉을 했을 때 현지 책임자는 나와 우리 당 동지들을 중국공산당원으로 일괄 받아주겠다고 했다. 그러나 당원 지위를 언제부터 인정해줄 거냐는 후일 당 중앙의 결정에 따라야 한다고 했다. 어언 40년 가까이가 흘러 이제 1980년대 중반이었다. 많은 동지들이 은퇴를 앞둔 나이가 됐다. 그런데도 당원 자격이 언제부터 발효됐는지에 대해서는 여전히 정리가 되지 않고 있었다. 그래서 통전부와 국가민족사무위원회가 이 문제를 조사한 결과를 당 중앙에 보고했다.

시중쉰과 후치리胡啓立(당시 정치국원―옮긴이) 등이 서명한 문건에서 당 중앙위원회는 내가 1940년 충칭에서 예젠잉을 만난 이후 타르체도와 라싸에서 공산당을 창건해 많은 당원을 등록시켰다는 결론을 내렸다. 따라서 나의 혁명 활동은 공식적으로 1940년에 시작됐다. 나는 1940년 예젠잉을 만났을 때 이미 중국공산당과의 관계가 시작된 것으로 보아야 한다고 생각했다. 그러나 당 중앙은 당시 90대인 예젠잉이 우리가 만난 사실을 기억하지 못하고 있어서 내가 윈난으로 간 1949년까지는 우리가 중국공산당의 일원이었다는 것을 인정할 수 없다고 했다. 나는 더 따지지 않기로 했다. 우리 티베트당을 공산당의 일부로 공식 인정해준 것으로 만족했다. 우리 당이 소련공산당에 속하느냐, 중국공산당에 속하느냐, 독자적인 티베트 정당이냐 하는 것은 내게 중요치 않았다.

이렇게 해서 나는 다시 제자리로 돌아왔다. 복권이 됐을 뿐 아니라 1940년 이후 나의 혁명활동도 인정받았다. 감옥에서 보낸 끔찍한 세월을 다 지워버릴 수는 없지만 역사의 기록은 이제 말끔해졌다.

후기

1985년부터 1993년까지 푼왕은 전국인민대표대회 민족위원회 부주임으로 있었다. 고인이 된 판첸 라마의 가까운 조언자로서 티베트인들을 위해 여러 가지 방식으로 판첸 라마와 협력했다. 1989년 판첸 라마의 돌연한 죽음과 때를 같이해 후야오방이 죽고, 톈안먼天安門 사건 이후 자오쯔양은 실각했다. 같은 해에 티베트에는 계엄령이 발동됐다. 이런 일련의 사태로 인해 푼왕은 감옥에서 시작한 변증법 관련 저서를 완성하는 일에 몰두했다. 1990년 (80만 자짜리) 주저 『새 변증법 탐구辨證法新探』가 티베트인민출판사에서 나왔다. 중국에서 널리 호평을 받았고, 이 책을 주제로 한 학술 토론회가 성대하게 열렸으며 토론회 내용까지도 출판이 됐다.

1994년 두 번째 저서 『달에서는 물이 액체 상태로 존재한다月球存有液態』가 쓰촨과학기술출판사에서 발행됐다. 변증법적 시각으로 천문학의 문제들을 연구한 것으로 달에

물이 있음을 논증했다. 2년 후인 1996년에는 세 번째 책 『새 자연변증법 탐구自然辨證法新探』가 중국사회과학출판사에서 출판됐다.

이런 와중에 푼왕은 라싸 태생 티베트족 체텐 양드뢴을 만나 결혼했다. 부부는 현재 베이징에 살고 있으며, 체텐은 푼왕의 연구와 저술을 돕고 있다. 그녀의 끊임없는 성원과 도움이 없었다면 푼왕은 그런 연구들을 완성해내지 못했을 것이다.

우리가 후기를 쓰고 있는 이 순간, 푼왕은 84세의 노구이지만 마르크스주의와 티베트 민족에 대한 헌신으로 티베트 정책에 적극 관여하고 있다. 그는 여전히 티베트에 더 큰 자치권을 부여해야 한다고 주장하는 비판적인 티베트인의 목소리를 대변한다. 종종 티베트 문제에 관해 강연을 한다. 1998년에는 장쩌민 국가주석을 만나 두 시간 동안 민족문제에 대해 토론했다.

푼왕은 현재 다양한 연구 프로젝트에 관여하고 있다. 그 중에는 유명한 중국 고전 『역경易經』과 자신의 저서 『새 변증법 탐구』의 비교연구도 포함돼 있다. 티베트 지역 혁명운동의 역사도 연구하고 있다.

현재 푼왕은 중국사회과학원 교수이자 박사과정생 지도원이며 티베트족 최초의 철학 분야 박사학위 지도교수이다.

이제 푼왕의 일대기를 접어야 할 때가 된 것 같다. 끝으로 1983년 말 후야오방과 나눈 중요한 대화에 대한 푼왕의 설명을 첨부한다. 중화인민공화국 내에서 티베트인들의

사진 25. 푼왕(왼쪽)이 장쩌민 국가주석과 대담하고 있다. 1998년 베이징에서.

위치가 어떠해야 하는지에 대한 푼왕의 입장이 잘 정리돼 있다.

후야오방이 내게 티베트에 관해 물었다. 그래서 당면 과제에 관한 내 생각을 피력했다. 설명을 시작하기 전에 먼저, 시간이 되면 상세하게 말씀드리고, 바쁘시면 짧게 하겠다고 했다. 후는 주저 없이 "괜찮아. 천천히 하게. 다리가 좀 아프지만 의자에 걸처놓고 있으면 나아지겠지"라고 했다. 그러더니 다리를 올리고 담배를 피워 물고는 내 얘기에 귀를 기울였다. 나는 솔직히 말했다. 소수민족들, 특히 티베트족과 좋은 관계를 형성하고 유지하는 데 중요한 여러 가지 문제를 자세히 설명하는 중에 그는 동의의 뜻으로 연신 고개를 끄덕였다. 한 번도 "아니야"라거나 반대하는 뜻을 보이지 않았다.

일반론으로서 나는 티베트족 같은 소수민족들을 모든 면에서 한족과 진실로 동등한 민족으로 취급하기 위해 노력해야 한다고 말했다. 스스로를 사회주의 중국의 일부가 되게끔 발전시킬 수 있는 자치권과 실권이 그들에게 주어져야 한다. 다만 민족적 색채가 가미돼야 한다고 했다.

특수한 문제로는 소수민족 간부들이 자기 민족의 이익을 촉진하기 위해 한 제안이나 주장에 대해 비판하거나 낙인을 찍지 않는 것이 매우 중요하다고 강조했다. 1958년 수천 명의 소수민족 간부에게 "지방민족주의"라는 딱지를 붙인 것은 잘못된 일이었다. 그들은 소수민족들이 겪고 있는 현실적인 문제를 제기한 것뿐이었다. 반면에 "한족우월주의"라는 부정적인 딱지가 붙은 중국인은 한 사람도 없었다. 평등이 없고, 한족의 시각과 정체성을 따를 수밖에 없게 되면 중국 내 민족들 간에 끈끈한 통합은 불가능하다고 말했다.

둘째로, 소수민족 출신 관리들을 등용하는 것만으로는 충분치 않다는 점을 강조했다. 그들에게 실권과 자치권이 있어야 한다. 폼으로 달고 다니는 직함만으로는 안 된다. 곳곳에서 소수민족 출신 관리들이 한족 동료들 손에 놀아난다는 불평이 쏟아져 나오고 있다. 한족 관리들은 그런 시각에 별로 신경도 안 쓴다. 이런 상황이 최악으로 치달은 것이 문화혁명이었고, 그 이후로도 썩 달라지지 않았다. 이런 식으로 계속 갈 수는 없으며, 소수민족 출신 관리들이 해당 지역에서 주도권과 자율적 의사결정권을 가져야 한다고 말했다. 평등이란 민족들이 자기가 사는 지역에서 자신들의 삶을 결정할 수 있는 기본적인 권리가 있다는 것을 의미한다.

셋째로, 소수민족 지역에서 반란을 진압하고 치안을 유지하기 위해 군을 투입하면 절대 안 된다는 얘기를 했다(24장과 25장 앞부분에서 언급한 바 있다).

넷째, 한족 이주 노동자 문제를 제기했다. 그들은 소수민족 지역으로 서둘러 파견되고 있는데, 이는 좋지 않다. 내몽골 자치구의 경우 한족 인구가 전체 인구의 87퍼센트가 됐다. 반면에 몽골족은 13퍼센트에 불과하다. 현지에서 대학생 시위가 자주 있었던 것은 놀라운 일이 아니다. 신장 위구르 자치구에서는 옥토의 대부분이 인민해방군 농장으로 전용됐다. 나는 후야오방에게 중국은 많은 인구에 비해 땅이 적은 반면 소수민족은 인구는 작고 땅이 넓다는 사실을 잘 안다고 했다. 따라서 일부 한족을 소수민족 지역으로 이주시키는 일은 필요할 것이다. 그러나 한족만 원하는 곳으로 보내는 것은 좋지 않다. 티베트 지역으로 한족을 이주시키려면 국가적인 마스터플랜을 가지고 단계적으로 고도의 통제하에 해야 한다. 항상 염두에 둬야 할 가장 중요한 점은 한족이 현지 소수민족의 생존과 이익을 해쳐서는 안 된다는 것이다. 경제적으로도 그렇고 문화적으로도 그렇다.

이어 티베트를 현재 우리 정책의 문제 사례로 분석했다. 티베트가 해방되기 전에 라싸의 중국인 총수는 손가락으로 꼽을 정도였다. 1943년 처음 시가체에 갔을 때 중국인이 운영하는 가게는 하나밖에 없었다. 중국인 주인도 한 명뿐이었다. 지금은 군대는 논외로 하더라도 한족 노동자와 관리들이 그 가족까지 포함해 엄청나게 늘어났다.

이런 식으로 한족이 유입됨으로써 현지 일자리는 외부 출신들에게 잠식당했다. 그 결과 경제적으로 어려워졌을 뿐 아니라 많은 사회적 문제가 발생했고 지금도 일어나고 있다. 어중이떠중이가 모여들다 보니 법을 어기고 치안과 민족관계를 해치는 경우가 많아졌기 때문이다. 중앙정부가 이런 문제에 즉각 관심을 기울이지 않으면 20~30년 안에 심각한 위험이 닥칠 것이다. 라싸에 "티베트적"인 것이라고는 포탈라 궁밖에 남지 않았고, 중국어를 쓰는 사람들로 넘쳐날 것이다. 그렇게 되면 수천 년 동안 모든 티베트족의 경배와 존숭의 대상이었던 라싸는 멸종 상태가 될 것이다. 그리고 "민주주의적이고 사회주의적인 새로운 현대 티베트"라는 용어는 공허한 슬로건으로 전락한다. 그런 말장난으로 스스로 바보임을 입증하는 것이다. 그렇게 된다면 이것은, 국제 공산당 운동사에서 중국공산당 최대의 과오가 될 것이다.

그럴 위험이 있다. 당장 소수민족들이 한족 사회에 차츰 동화돼가고 있다. 일부 소수민족은 이름만 남았다. 문화적 정체성은 사라진 지 오래다. 이런 식으로 계속 가면 중국 공산당은 역사에 용서할 수 없는 과오를 저지른 것으로 기록될 것이다. 사회주의의 기본 특성은 사회주의 국가의 모든 민족이 공동 번영하고 행복을 누린다는 것이다. 정부는 한족 유입을 철저히 통제해 라싸 같은 도시의 주민이 티베트족으로 유지되도록 해야 한다.

다섯째, 중국의 경제건설은 소수민족 거주 지역의 풍부한 자원을 어떻게 활용하느냐에 달려 있다. 자원을 잘 활용해야 한다. 그러나 그 자원을 쓸 때 소수민족 자치에 관한 헌법과 법률의 규정에 맞게 현지 소수민족의 이익을 존중해야 한다. 자원 활용이 소수민족의 생산과 생활에 미치는 영향을 충분히 고려해야 한다. 자원에서 얻은 소득은 합리적인 방식으로 일정 비율에 따라 배분해야 한다. 현지 소수민족의 이익을 적절히 고려하지 않고 국가의 이익과 공적 소유만을 강조해서는 안 된다.

끝으로 동화와 민족 정체성 상실 위기에 대해 말했다. 정책을 바꾸지 않으면 티베트족과 같은 비교적 수가 많은 소수민족들이, 결국은 언어도 독특한 문화도 없는 이름뿐인 아주 적은 소수민족으로 전락할 것이다. 소수민족이 한족에 하나씩 동화돼가버리면, 사회주의와 중국공산당 치하에서 민족들 간에 평등이 존재했고, 존재한다고 우리가 어떻게 말할 수 있겠는가?

_골드스타인, 셰랍, 지벤슈

푼왕의 에필로그

2002년 멜빈 골드스타인은 푼왕에게 이 책에 넣을 에필로그를 써달라고 청했다. 이틀 후 푼왕은 다음과 같은 글을 보내왔다.

선생은 나의 인생에 대해 많은 질문을 했고, 나는 성실히 답변하려고 노력했습니다. 이제 부탁하신 대로 몇 가지만 간단히 말씀드리겠습니다.

첫째, 1939년에서 1949년까지 10년간 우리는 티베트 민족의 진보와 발전을 이루기 위해 투쟁했습니다. 티베트 사회의 개혁, 티베트 민중의 행복, 티베트 민족 전체의 통일과 해방을 추구했지요. 최선을 다한다고 했지만 냉혹한 역사의 현실 앞에서 우리는 그러한 진보를 성취하는 데 실패하고 말았습니다.

1949년 새 중국이 수립되고 나서, 나는 새로운 채널을 통해, 새로운 방식으로, 그리고 새로운 역사적 조건하에서,

새로운 방법으로 티베트 민족의 진보와 발전을 위해 흔들림 없이 계속 일했습니다.

다들 아시다시피 새 중국 헌법과 중국공산당의 기본 정책은, 소수민족을 억압하기 위해 고안된 옛날 중국의 시스템은 모두 폐기돼야 하며, 모든 민족은 크든 작든 평등하며 함께 번영할 수 있도록 서로 협력해야 한다고 명문화하고 있습니다. 따라서 나는 오늘의 역사적 조건하에서 티베트족과 기타 소수민족들이 상호 이익을 위해서 다수 한족과 (분리가 아닌) 단결을 해야 한다고 믿습니다. 이것이 새 중국 수립 이후 나의 기본 관점이었습니다.

1980년대 초 당 중앙위원회 3차 전체회의에서 문화혁명을 비난한 이후 당은 소수민족과의 협력을 위한 새로운 지침과 정책을 명시했습니다. 이를 토대로 나는 우리 한족 형제들이 형제 소수민족들을 성실로 대하고, 55개 소수민족 각자가 진정 스스로 주인이 되고 자체 개혁과 발전을 이룰 수 있는 탄탄한 고향을 갖도록 해줘야 한다는 점을 누차 강조했습니다. 그렇게 해야만 소수민족들의 이해와 국가의 이해가 하나가 되고, 그렇게 해야만 불화와 반목이 사라지고 진정한 통합과 안정을 실현할 수 있기 때문입니다. 그러나 많은 장애와 난관이 있었습니다. 전통적인 한족 우월주의와 봉건주의, 패권주의 등의 영향 때문이지요. 당 중앙이 제시한 새로운 지침과 정책은 철저히 이행되지 않았습니다. 그런 것들을 실현하려면 여전히 지속적인 노력이 필요합니다.

둘째로, 나는 평생 티베트 공산주의 운동을 시작하고 중국공산당, 소련공산당, 인도공산당과 관계를 맺는 일을 맡아왔습니다. 그 때문에 장제스의 국민당 학교에서 퇴학당하고 국민당 경찰에 쫓기기도 했습니다. 나중에는 티베트 정부로부터 추방당했지요.

그 이후 17개조 협정 협상에 관여하면서 협상을 직접 지켜봤습니다. 티베트를 새로운 중국의 대가정大家庭으로 돌려놓는 협상이었지요. 나는 티베트 민족의 해방과 새로운 중국의 국가적 통합을 위해 열심히 노력했습니다. 설국의 전통적인 영적 지도자인 달라이 라마와 판첸 라마가 마오쩌둥, 저우언라이를 비롯한 중앙정부 지도자들과 회담할 때는 통역을 맡았습니다. 그러나 나중에는 독방에 감금됐고 공산당 친청교도소에서 18년 동안 혹독한 고문을 당했습니다.

그러나 당나라 때 문인 유종원柳宗元은 "적敵이 해가 된다는 것은 다들 알지만 얼마나 이익이 되는지는 모른다"(「적에 관한 단상敵戒」이라는 글에 나오는 말로 원문은 '皆知敵之害而不知爲利之大'—옮긴이)고 했습니다. 이 말을 저는 가슴 깊이 새기고 있습니다. 감옥에서 석방된 뒤 덩샤오핑은 내게 "고생 많았네!"라고 했습니다. 사실 독방 신세의 어려움은 이루 말로 다 할 수 없습니다. 그러나 다른 한편으로 보면, 그들에 의해 친청교도소에 수감되지 않았더라면 나는 오래 전 그 어지러운 문화혁명 때 벌써 이 세상에서 사라졌을 것입니다. 다행히도 나는 캄파로서 보리와 쇠고기와 양고

기를 먹고 자란 덕분에 강인한 의지로써 견딜 수 없는 어려움도 잘 극복했습니다. 친청교도소에서 살아나왔지요. 베토벤은 "내가 운명의 목덜미를 잡아챌 것이다. 운명은 나를 패배시킬 수 없다"고 했던가요. 내가 바로 그랬던 것 같습니다. 고통이 나를 무너뜨리도록 놓아두지 않았습니다. 사랑하는 부모님과 동포들 그리고 눈의 나라 티베트인들 얼굴에 먹칠하지 않았습니다.

나는 감옥에 있으면서 폭넓게 독서했습니다. 아인슈타인은 또 이런 말을 했지요. "철학은 모든 과학적 탐구의 원천이다." 나는 철학적 사고의 최고 형태인 변증법이 인간 지혜의 결정체이며 과학에 관한 과학이라고 믿습니다. 수세기 동안 철학자들은 만물이 서로 다른 규칙에 따라 변화한다고 생각해왔습니다. 그런 전제 위에서 나는 새로운 변증법적 추론에 관한 이론적 체계를 발전시켰습니다. 공간 차원에서 본 만물의 구조의 논리적 형식과 시간 차원에서 본 운동의 순환 법칙과 변증법적 층위의 분화 법칙을 한데 통합한 내용입니다. 이런 문제에 관한 나의 생각을 세심하게 기록했고, 그 결과는 '친청공산당학교'에서 18년 만에 완성한 내 박사학위논문이라고 할 만한 것입니다.

감옥에서 풀려난 이후 나는 『새 변증법 탐구』라는 책을 썼습니다. 주로 사회구조를 다룬 내용으로 80만 자쯤 됩니다. 20만 자 분량의 『달에서는 물이 액체 상태로 존재한다』와 60만 자 길이의 『새 자연변증법 탐구』도 썼습니다. 내가 처음으로 내린 과학적 결론은 달을 포함한 모든 행성에 액체 상태의 물이 존재한다는 것입니다. 이것은 미국 항공우주국NASA에 의해서도 여러 차례 검증이 됐습니다. 크게 보면 친청교도소는 내게 해보다 이로움이 많았다고 하겠습니다.

  셋째로, 1980년에 나는 뤄양洛陽 마르크스주의철학사협회 주관 학술모임에 초대를 받았습니다. 주최 측 요청에 따라 발언할 기회가 있었습니다. 나는 이런 말을 했습니다. "감옥에 있을 때 마르크스주의 관련 모든 고전과 현대 과학기술에 관한 많은 책을 여러 번 통독했다. 다른 사람들은 그런 기회가 없었을지 모른다. 내가 하고자 하는 말은, 그래서 내가 박식하다는 얘기가 아니다. 반대로 나는 아직도 모르는 게 너무 많다고 생각한다. 그러나 두 가지는 분명하게 말할 수 있다. 첫째로, 마르크스와 엥겔스가 아직도 살아 있다면 과거의 관점 가운데 일부는 결함이 있으며 불완전하다는 사실을 인정할 것이다. 그리고 둘째로, 변증법과 경제관의 기본들은 유지하겠지만 일부 오류에 대해서는 교정을 할 것이다. 모든 이론은 일반화이며 사회적 실천의 결과이다. 따라서 당대의 제약에 구속될 수밖에 없다. 마르크스와 엥겔스가 아직도 살아 있다면, 오늘날 중국공산당을 포함해 전 세계 공산주의자들의 정책과 행동이 자신들이 제시한 사상과 원칙에 항상 들어맞지는 않는다고 선언할 것이다. 생전에 마르크스는, 자신이 보기에 마르크스주의 조직 내지는 정당을 자처하는 사람들이 마르크스주의자가 아니라고 공언한 바 있다."

이런 말을 했을 때 각계 전문가와 학자들 수백 명이 열렬한 박수를 보내줬습니다. 그들도 파국적인 문화혁명 10년 동안 마르크스주의와 마오쩌둥의 사상이 "정점"을 넘어섰다고 공언하다가 혹독한 시련을 겪은 사람들이었습니다.

마르크스주의는 인류를 해방시켜 세계 속에서 보편적인 조화에 도달하고, 공정하고 합리적이며 건전한 사회 체제를 설립하는 것을 목표로 합니다. 따라서 그런 사회에서는 인간이 인간을 착취한다거나 강한 민족이 약한 민족을 억압하는 따위의 일은 없습니다. 그것이야말로 인간의 고결한 이상을 지탱하는 진보적인 사상이지요.

그러나 덩샤오핑이 강조한 대로 실천이 진리의 유일한 잣대입니다. 이러한 사상의 인도 아래, 그리고 장쩌민 주석을 정점으로 하는 제3세대 지도부의 영도 아래 중국은 매일 새로운 변화를 겪어왔고 세계의 찬탄을 받았습니다. 그러나 중국 국경 내에서 한족과 티베트족의 관계는 물론, 기타 여러 소수민족들과의 관계는 개선할 필요가 있습니다.

몇 년 전에 장쩌민 공산당 총서기와 두 시간가량 '티베트 문제에 관해' 대담을 나눈 적이 있습니다. 그때 나는 장 총서기에게 예전에 소련이 무너진 경험으로 볼 때 민족문제가 얼마나 중요한지에 대해 당 중앙에 보냈던 서한을 주었습니다. 오랜 기간 민족문제 실무를 담당했고, 폭넓은 식견을 가진 많은 사람들이 중국은 피상적으로는 조화롭게 굴러가고 있는 것 같지만 사실은 한족과 티베트족(과 여타 소수민족들) 사이에 수많은 갈등요인이 있다는 사실에 우려를 금치 못하고 있습니다. 그들은 장기적인 목표보다는 단기적인 목표에 치중하고, 증상을 원인으로 본다든가, 나쁜 소식은 숨기고 좋은 소식만 보고한다든가, 심지어 사실을 조작하고 거짓말을 날조하고, 공공의 이익을 손상시켜 개인적 이득을 취하는 것과 같은 무책임한 행동들에 대해 불만을 표시했습니다.

중국이 20년 동안 개혁을 해왔고, 세계무역기구WTO 가입을 포함해 세계경제로의 개방도 추진해온 만큼 당 중앙위원회가 '이제는' 여러 민족들 간의 관계를 분석하고, 소련 해체로부터 교훈을 배워 민족문제에 관한 새로운 정책과 지침을 만들어낼 것이라는 기대가 있습니다. 1980년대 초에 그랬던 것처럼 말입니다. 결론적으로 소수민족 거주 지역에 정치, 경제, 문화적 자치권을 부여함으로써 한족과 소수민족들의 관계를 근본적으로 개선하고, 진정한 민족 평등, 진정한 사회 평화와 안정이 달성될 것으로 기대해야겠습니다.

나는 종종 티베트 민족(과 다른 형제 소수민족들)의 미래와 운명에 대해 우려의 마음이 듭니다. 20년 전 후야오방 총서기와 만났을 때 나는 많은 제안을 한 바 있습니다. 그중 하나가 라싸는 절대 변화시켜서는 안 된다는 것이었습니다. 라싸는 수백 년 동안 눈의 나라 티베트족의 신성한 도시였습니다. 무슬림에게 메카가 그러하듯이 티베트족에게는 라싸가 성지입니다. 포탈라 궁이 새로 짓는 고층 아파트와 어깨를 나란히 하고 중국어를 쓰는 주민들로 가득

차게 된다면 중국 정부는 역사적 과오를 저지르는 것이고, 끔찍한 결과를 맞이할 것입니다. 당 중앙은 현재의 티베트 인민과 그들 역사에 책임을 지고 있기 때문에 심사숙고해서 그런 '부정적인' 결과를 야기할 정책은 모두 철회하기를 바랍니다. 그러나 개혁개방 선언 이후 20년이 지난 지금까지도 상황이 나아지지 않아 대단히 걱정스럽습니다. 1940년대 초에 티베트공산당을 창립한 나로서는 이 문제에 온 관심을 쏟아야 한다는 역사적 책임감을 느끼고 있습니다. 엥겔스는 이렇게 말했습니다. "역사는 결국 잘못되고 비정상적인 현상들을 올바른 궤도 위에 올려놓는다." 그의 말이 국가와 민족 관계에도 적용될 것이라고 믿습니다.

끝으로 유명한 한족 작가 왕리슝王力雄(1953년 만주 창춘長春 출생의 중국 작가이자 티베트, 소수민족 연구가—옮긴이) 선생 얘기를 좀 하겠습니다. 왕 선생은 티베트 곳곳을 17번이나 누비고 『천장 : 티베트의 운명天葬 : 西藏的命運』이라는 책을 썼습니다. 그는 티베트의 진실과 티베트 인민의 감정과 생각을 잘 알고 있습니다. 그래서 그 책은 국내외적으로 많은 관심을 끌었습니다. 최근에도 왕리슝은 티베트족과 한족 양쪽에, 특히 한족에게 도움이 될 만한 글을 썼습니다. 제목은 '달라이 라마가 티베트 문제의 열쇠다達賴喇嘛是西藏問題的鑰匙'입니다. 이 글은 영어와 티베트어로도 번역돼 널리 호평을 받았지요.

한 유명한 외국 작가는 제게 이런 말을 했습니다. "왕은 아주 책을 잘 썼다. 그러나 티베트인이 왕이 한 것과 같은 얘기를 썼다면 한족들은 분명히 이런저런 못마땅한 토를 달았을 것이다. 최소한 편견에 사로잡힌 얘기라고 주장했을 것이다. 마찬가지로 외국인이 그런 걸 썼다고 해도 한족 중국인은 역시 못마땅해했을 것이다. 최소한 티베트의 현 상황을 제대로 파악하지 못했다고 주장했을 것이다. 그러나 유명한, 그리고 사정에 눈밝은 한족 작가가 썼으니 더 뭐라고 하겠는가?"

세계의 지붕에 사는 티베트족은 오랜 세월 인도에서 꽃핀 불교문화를 받아들여 토착 문화와 잘 융화시켰습니다. 그로부터 싹튼 독특한 티베트 문화는 티베트 인민에게 큰 영향을 미쳤습니다. 따라서 그들은 1950년대 말(중화인민공화국 수립 이후) "좌파주의"의 잘못된 노선으로 야기된 해악과 파괴에 강력히 반대했습니다. 나아가서 문화혁명 기간(1966~1976)에 자행된 참사와 파괴, 그리고 티베트에 아직도 남아 있는 문화혁명의 잔재에 반대했지요.

따라서 캄과 티베트 본토(중앙티베트)와 암도에 거주하는 대부분의 티베트족은 정신적 지도자인 달라이 라마를 가슴 깊이 그리워하고 있습니다. 그들은 달라이 라마를 신뢰하고 의지하며, 그가 축복해주기를 원하고, 그를 위해 기도합니다.

다들 아시다시피 고대로부터 현대에 이르기까지 정치권력의 성패는 인민이 어떻게 생각하느냐에 달려 있다는 것이 역사의 교훈입니다. 따라서 왕리슝의 글은 모든 티베트인과 관련된 문제들을 처리하려면 어떻게 해야 하느냐에 관해 상당한 의미를 갖습니다.

과거에 덩샤오핑 동지는 티베트에 관한 올바른 원칙을 제시한 바 있습니다. 그는 "독립만 빼고는 무슨 문제든 허심탄회하게 논의할 수 있다"고 말했습니다. 마찬가지로 달라이 라마도 "우리는 독립을 원하는 것이 아니다. 진정한 자치를 원한다"고 여러 차례 선언했습니다. 한쪽에서는 국가의 통합을 원하고, 다른 쪽에서는 자치를 원합니다. 두 입장은 서로 모순되는 것이 아니며, 따라서 절대적으로 양립할 수 있습니다. 이런 기본 관점은 아주 명확합니다.

왕리슝은 2002년에 『달라이 라마와의 대화與達賴喇嘛對話』라는 책을 새로 썼습니다. 거기서 그는 달라이 라마를 네 차례 찾아갔던 얘기를 다음과 같이 요약했습니다.

> 정치 실세들에게 다음 세 가지를 꼭 말해주고 싶다.
> 첫째, 달라이 라마를 만나보고 문제를 면밀히 조사해본 결과, 그가 진정으로 중도노선(자치)을 취하고 있다고 분명히 말할 수 있다. 그리고 그가 '중도노선' 운운하는 것은 사악한 속임수에 불과하다고 보는 입장은 아주 잘못된 것이다.
> 둘째, 달라이 라마는 아주 건강하다. 따라서 달라이 라마가 정신적으로나 육체적으로 점점 쇠약해지고 있다고 보고 티베트 문제는 그가 죽은 다음으로 미루는 게 상책이라고 생각하는 사람들은 재고해야 한다.
> 셋째, 서방에서 달라이 라마는 위인이고 유명인사다. 따라서 달라이 라마를 적으로 삼는 사람은 누구든지 간에 서

방(국내 티베트족은 말할 것도 없고)의 적이 되는 것이다.

이러한 세 가지 논점을 토대로 왕은 달라이 라마가 티베트 문제를 푸는 열쇠라고 단언했습니다. 중국이 달라이 라마와 대화를 하고 모든 티베트인과 관련된 문제들을 해결하면 정부는 단박에 엄청난 성공을 거둘 수 있을 것입니다.

과거에 한 지식인이 이런 말을 한 적이 있습니다. "편견과 선입견에 근거한 견해는 단순히 사실관계 잘못인 경우보다 진실에서 훨씬 거리가 멀다." 이렇듯 말과 생각이 미치는 영향력은 그 사람이 편견에 사로잡혀 있는지 단순히 사실을 잘못 알고 있기 때문인지에 따라 엄청난 차이가 있습니다. 티베트 문제에 있어서 관련 당사자들이 헤어나오지 못하고 있는 편견은 이런 차원에서 잘 따져봐야 합니다.

여기서 꼭 한 가지 분명히 해두고 싶은 게 있습니다. 오늘날 우리는 달라이 라마가 티베트 문제를 푸는 열쇠라는 사실을 인정해야 합니다. 그는 티베트 문제에 있어서 가장 중요한 변수입니다. 따라서 달라이 라마와 그의 입장에 관한 논란을 잘 따져보는 것은 아주 중요한 문제입니다.

역사적으로 보면 종교와 정치의 분리는 사회 발전의 불가피한 추세라는 게 입증됐습니다. 봉건 전제군주 시스템은 300여 년 지속되다가 결국은 현대 민주주의 사회 체제로 바뀔 수밖에 없었습니다.

이와 관련해 달라이 라마 본인은 여러 번 솔직한 입장을 밝혔습니다. 그는 자신이 고수하는 중도노선(독립이 아니라

자치를 원한다)이 실현되면, 그리고 중화인민공화국 대가정 내에서 단일 티베트 민족의 진정한 민주적 자치정부가 수립된다면 정치를 떠나 평범한 승려로서 종교 활동에 전념하겠다고 말했습니다.

따라서 달라이 라마의 의도에 대해 의구심을 가질 이유가 없습니다. 그의 진심과 헌신을 왜곡하거나 고결한 인품을 깎아내릴 이유도 없습니다. 그 반대입니다. 왕리슝 선생 말대로, 달라이 라마는 티베트 문제 해결의 열쇠입니다.

|부록|

부록 A
동티베트인민자치동맹 헌장 원본

부록 B
티베트 망명 대표단과의 대화 요약

부록 C
민족문제 관련 헌법 개정 의견

부록 A 동티베트인민자치동맹 헌장 원본

동티베트인민자치동맹 헌장 원본은 중화인민공화국 수립(1949년 10월 1일) 이후 국민당 문서들 가운데서 발견됐다. 내용은 다음과 같다.

동티베트인민자치동맹 정치강령
(1946년 10월 데첸)

1장
우리 동맹의 명칭은 당분간 동티베트인민자치동맹으로 하고, 제1차 대표자대회에서 토론을 거쳐 공식 명칭을 공표한다.

2장
동티베트인민자치동맹은 쑨원 선생이 제창한 삼민주의에 따라 동티베트인민자치지역에 새 정부를 설립하는 것을 최고 원칙으로 한다. 삼민주의와 국민당 제1차 전국대표자대회 성명에 언급된 민족주의 관련 결정 및 1945년 8월 24일 충칭 중앙실무위원회에서 장제스 주석이 언급한 민족주의 구현 및 세계 평화 옹호 약속에 따라, 우리는 최선을 다해 다음 사항들을 실천한다.

1. 동티베트의 모든 인민은 단결해서 자유를 위해 싸운다. 봉건 군벌 류원후이 세력은 동티베트 바깥으로 철수해야 한다.

2. 자치지역정부를 설립한다. 자치정부는 정치적으로 동티베트에 거주하는 모든 인민에 의해 통제돼야 한다. 정부 관리는 모두 동티베트 인민이 선출하며, 정부는 삼민주의를 따르지 않거나 우리 지역을 장악하려는 그 어떤 침략세력에도 대항한다.

3. 부역 제도를 철폐하고 과다한 세금과 공과금을 모두 폐기한다. 부존자원을 잘 활용하고, 도로를 건설하고, 농업과 목축업을 발전시켜 인민의 생활수준을 신속히 개선한다.

우리는 위에 약속한 내용을 실현하고 동티베트 인민의 정치·경제·군사·문화 생활을 개선하기 위해 끝까지 싸운다.

3장
당원의 의무:
1. 이 강령에 제시된 모든 규칙을 성실히 준수한다.
2. 자치동맹 중앙위원회의 명령에 절대 복종한다.
3. 조국의 이익에 반하는 일을 절대 하지 않는다.
4. 동티베트 인민의 이익에 반하는 일을 절대 하지 않는다.

5. 동맹의 이익을 절대 배신하지 않는다.
6. 주민의 이익을 돌본다.
7. 다른 민족의 종교적 신념을 존중한다.
8. 동지들을 형제처럼 사랑하고 돕는다.
9. 선의의 비판을 수용한다.
10. 과오는 과감히 바로잡는다.
11. 열심히 공부해 새로운 지식을 익힌다.
12. 개인의 이익보다 전체의 이익을 우선한다.
13. 소수는 다수에 따른다.
14. 불건전한 구습을 타파한다.
15. 각급 집회에 참석한다.

4장: 선서

나는 동티베트 인민의 일원입니다. 나는 동포를 사랑함을 맹세하며 역사적 사명을 완수하기 위해 영광스러운 혁명군에 입대하고자 합니다. 나는 자치동맹 중앙위원회의 명령을 준수하며 내 목숨 다하는 날까지 용감히 싸우겠습니다. 이 선서를 따르지 못하면 어떤 처벌이라도 달게 받겠습니다.

선서인 : _____

5장

1. 동티베트인민자치동맹의 최고기관은 당원 전원으로 구성되는 대표자대회이다.

2. 대표자대회에서 10~12인을 선출해 중앙위원회를 구성한다. 중앙위원회는 대표자대회가 열리는 기간을 제외하고는 동맹의 최고기관이 된다.

3. 중앙위원회는 5~8인을 선발해 상무위원회를 구성한다. 이중 한 명을 상무위원장으로 임명한다.

4. 동티베트는 강동(드리추 강 동쪽 지역), 강서(드리추 강 서쪽 지역), 강하(드리추 강 하류 지역) 3개 주州로 나눈다. 각 주는 관료 5~7인으로 현지 정부조직을 둔다. 1인은 서기장, 다른 1인은 간사장幹事長으로 보임하고 나머지는 서기로 한다.

5. 각 주는 현縣 지부를 하나씩 두고 현 지부는 관료 3~5인으로 구성한다. 현 지부 관료는 모두 서기로 하고 그 중 1인을 서기장으로 삼는다. 현 지부는 주 정부 지도를 받으며 상급기관의 명령을 집행하는 책임을 맡는다.

6. 현 지부는 다시 구區 지부 하나씩을 두고, 구 지부는 다시 읍邑 지부 하나씩을 둔다. 읍 지부 아래에는 여러 소조직을 둔다.

7. 자치동맹 대표자대회 총회는 동맹의 전략과 정치노선을 결정한다. 총회는 상황에 따라 부정기적으로 개최한다. 각 주는 1년에 한 번 대표자 대회를 개최한다. 각 현은 6개월에 한 번 대표자대회를 개최한다. 각 구는 3개월에 한 번 대표자대회를 개최한다. 각 읍은 매달 한 번 대표자대회를 개최한다. 각 소조직은 매달 세 차례 모임을 개최한다. 대표자대회에서는 실무 경험을 교환하고 상급기관의 명령을

전달한다.

8. 자치동맹의 기본단위는 소조직이다. 각 읍마다 대표자 1명을 선출한다. 주 대표자대회에는 각 읍에서 대표자 2명을 선출한다. 구 대표자대회에는 각 읍에서 대표자 2명을 선출한다. 소조직 조직원은 소조직 모임에 참석해야 한다. 각 소조직은 5인 이하로 구성된다.

9. 중앙위원회 및 상무위원회 위원과 위원장은 1년에 한 번 동맹 대표자대회 총회에서 선출한다. 재선되면 임기를 갱신할 수 있다.

10. 지역 책임자들은 중앙위원회에서 임명한다.

11. 각 현 지부장은 해당 지역 조직에서 추천하고 중앙위원회의 동의를 얻어 공표한다.

12. 각 소조직의 장은 소조직 모임에서 선출하며 읍과 현 지부에 통보한다. 소조직 책임자는 상급기관에서 해임할 수 있다.

6장

우리의 과제를 시급히 달성하기 위해 동맹 중앙위원회 산하에 총사령부를 설치한다. 총사령부 조직과 운용은 별도 문건에서 논의한다.

7장

필요할 경우 언제든 이 강령에 다른 항목을 추가할 수 있다.

지금까지의 각 장은 동티베트인민자치동맹 제1차 대표자대회에서 승인을 받는 즉시 발효된다.

7장 부록: 군사문제 강령

동티베트인민자치동맹 군사문제에 관하여:

중국 및 동티베트 안팎의 상황에 따라 우리의 군사력을 조직하는 것이 절대적으로 긴요하며 시급한 과제다. 따라서 정치적 환경, 경제적 조건, 총사령부 설립 초기인 현재의 실제 역량을 헤아려볼 때 데첸을 주기지로 삼는다.

현재, 우리 과업이 막 시작된 점과 지리적 상황 및 기타 특수한 사정을 고려할 때 총사령부 산하에 드리추 강 하류 지역, 드리추 강 서부 지역, 드리추 강 동부 지역 사령부 등 3개 하위 사령부를 설립해야 한다.

모든 사령부는 현재의 상황에 맞춰 효율적으로 과업을 시작한다. 3개 사령부의 초기 과제는 다음과 같다.

드리추 강 하류 지역 사령부는 데첸, 곌탕, 웨이시, 균드랑, 융딩 등을 포함해 윈난 성 캄파 거주 지역을 관할한다.

드리추 강 동부 지역 사령부는 류원후이가 이끄는 24로 군 관할하에 있다. 국민당 쪽 사정을 봐서 활동 개시 여부를 결정한다.

드리추 강 서부 지역 사령부(참도 일대). 우리 과업의 최종 핵심인 티베트 본토 공작에 나서려면 현재 가장 중요하고도 시급한 과제는 드리추 강 서부에 군사력을 조직하는 것이다.

위에 언급한 사항들에 따라 우리는 청년, 여성, 수도원, 학교, 상류층 인사, 지역 민병조직과의 관계를 발전시키고 선전전을 펴야 한다. 적의 세력이 어느 정도인지도 잘 파악해야 한다.

게릴라 세력 조직에 관하여:

우리는 군사력 확보를 위한 세부 계획을 마련했다. 주요 전략은 마오쩌둥, 주더, 펑더화이의 저술을 참고했다. 예를 들면 다음과 같다.

1. 군사력이 충분치 않으면 충분한 척 위장한다. 한 지역에만 집중하지 않고 전면적으로 치고 빠진다.
2. 적이 전진하면 우리는 퇴각한다. 적이 퇴각하면 우리는 전진한다. 적이 한 곳에 멈춰서면 우리는 교란작전을 펼친다. 적이 약해지고 피로해지면 우리는 공격한다.
3. 적 수송부대를 공격해서 보급품을 탈취해 적이 머물 곳이 없게 만들어야 한다.
4. 군사 세포조직을 가급적 많이 퍼뜨려 주민들을 조직으로 흡수한다. 싸울 때는 전광석화처럼 적이 상상하지 못한 허를 찌른다.
5. 전면전은 피한다. 한꺼번에 적군 다수를 무찌르겠다는 생각을 가져서는 안 된다. 신속하게 싸우고, 우리 위치를 적이 알지 못하도록 해야 한다.

부록 529

6. 적의 사정을 탐지해 다수로 소수를 제압하며, 매복으로 적을 치고 포위한 다음 궤멸시킨다.

7. 죄수를 잘 대우한다. 적을 추격하되 항복을 유도한다. 항복한 적에게는 선물을 준다.

부록 B 티베트 망명 대표단과의 대화 요약

이 문건의 원제는 「푼초 왕계(중국공산당원)와 방문 티베트 대표단의 대화 요약」으로 1980년 9월 20일 중앙당교 이론연구부가 발행한 『이론연구자료』 별책부록에서 발췌했다.

잡지 편집자의 주—푼초 왕계 동지가 방문 티베트 대표단과의 몇 차례에 걸친 대화 내용을 요약해 보내왔다. 티베트를 비롯한 소수민족문제 이해에 도움이 될 것으로 보고 참고용으로 게재한다.

달라이 라마 파견 대표단과의 대화 요약(1979년 12월 25일)

인도에서 온 티베트 대표단이 12월 3일 다시 나를 찾아와 티베트족 거주 지역을 방문했을 때 얼마나 열렬한 환영을 받았는지 상세히 얘기해줬다. 그들은 내 지난날과 현재에 대해 좀 더 상세히 듣고 싶다며 달라이 라마가 이끄는 외국 거주 티베트인들에게도 전할 말이 있으면 해달라고 했다. 또 주요 논점을 메모해 달라이 라마에게 상세히 보고하겠다고 했다. 나는 당 중앙위원회 통일선전공작부에 어떤 얘기를 하는 것이 좋겠느냐고 질의했고, 재량껏 하라는 답변을 받았다. 대표단이 곧 베이징을 떠나야 할 시간이 다가왔다. 달라이 라마의 제부이자 망명정부 보안부 장관인 퓬초 타시와 인민의회 부의장 롭상 타르계가 12월 5일 오후 우리 집을 찾아와 대화를 나눴다. 대표단은 그날 밤 베이징 우의友誼레스토랑에서 저녁을 샀다.

우선 그들은 그동안 어떻게 지냈느냐고 물었다. 특히 지난 20여 년간 정치무대에서 "사라진 것"을 궁금해했다. 나는 중국 본토로 가서 학교에 다닌 얘기를 간단히 한 다음, 열여덟 살 때부터 진정한 마르크스-레닌주의 혁명을 추구하고 민족해방의 길을 모색했다고 설명했다. 국민당의 민족억압 정책에 맞서 싸우기 위해 나는 국민당 몽장위원회가 운영하는 학교에서 티베트 공산혁명 조직을 결성하고, 그 외곽조직으로 충칭에서 티베트청년학생동맹을 만들었다. 퇴학당한 뒤로는 중국공산당의 혁명운동에 가담해 새 중국이 탄생하는 1949년까지 티베트에서 민족·민주주의 혁명활동을 했다. 그 기간에 불꽃회, 고원高原공산청년동맹, 티베트민족통일해방동맹, 동티베트인민자치동맹, 바탕 지하당(중국공산당 캄·티베트변경공작위원회)과 외곽조직인 동티베트민주청년동맹 등 여러 혁명조직을 결성했다. 같은 기간에 도르제 유톡 지사와 수르캉 장관을 통해 카샥 정부에 민주주의 개혁을 통해 티베트 인민의 부담을 덜어주고 제국주의 세력 및 국민당 정부에 맞서 싸우자고 촉구하기도 했다. 그런 민족·민주주의 혁명활동 때문에 옛 중국 정부의 "공비共匪" 명단에 올랐고, 공산주의자라는 이유로 티베트 정부로부터 추방을 당했다.

1950년부터는 모든 소수민족이 중국공산당의 민족평등 정책에 따라 하나로 통합되어 번성하고 강력한 사회주의 대가정을 이루도록 노력했다. 이런 고결한 혁명 목표를 실현하기 위해 나는 티베트의 평화적 해방에 참여했고, 티베트의 발전을 위해 최선을 다했다. 그러나 불행하게도 1958년 일부 간부들의 모함을 받았다. 그들은 상관과 인민을 속였다. 나는 "지방민족주의 사상"을 가졌다는 날조된 혐의로 티베트에서 베이징으로 전출을 당했다. 1960년 "격리 상태에서 조사한다"는 구실로 친청교도소에 수감됐고, 그로부터 18년을 독방에서 지냈다.

지금은 후야오방 총서기가 이끄는 중국공산당 중앙위원회의 관심 덕분에 내 문제를 재조사하는 위원회가 새로 발족했다. 내가 모집한 티베트공산당 당원 수백 명과도 관련이 되는 사안이어서 조사와 해결에 시간이 좀 걸릴 것이다. 관련 부서들로부터 받은 응답에 따르면, 적절하게 진행되고 있는 것으로 안다. 11기 공산당 중앙위원회 제3차 전체회의 정신에 따라 곧 해결될 것으로 믿는다. 내 건의 진상에 대해서는 석방 이후 중앙정부와 관련 지도자들, 친척, 친구들에게 설명을 했다. 인민은 무엇이 옳고 무엇이 그른지에 대해 자기 의견을 말할 권리가 있다. 가슴 저 깊은 곳에서는 무엇이 굽은 것이고 무엇이 곧은 것인지를 안다.

달라이 라마와 여러분들이 걱정해주신 데 대해 깊이 감사한다.

다음은 대표단의 질문에 대한 답변 및 나의 사견을 적은 것이다. 참고가 되기를 바라며 오류가 있다면 질정을 요망한다.

1

나는 마르크스주의를 신봉하는 공산주의자였고, 지금까지도 변함없다. 18년간 모진 시련을 겪었지만 뿌듯한 일도 있었다. 투옥 생활 후반부는 어지간해서는 얻기 어려운 연구의 기회로 삼았다. 마르크스 전집과 기타 철학의 고전을 몇 차례 통독했다. 참으로 많이 배우는 시간이었다. 그런 연구의 결과를 정리할 시간이 있을 것이다. 지금까지는 마르크스주의에 대해 올바른 입장을 가진 철저한 마르크스주의자가 된다는 것이, 마르크스주의의 기초 이론인 유물변증법을 활용해 마르크스주의의 다양한 관점을 올바로 이해한다는 것이 어떤 것인지를 확고하게 인식하지 못했다. 과장이 아니다. 사실에서 진실을 파악하는 원리도 체득하지 못했고, 독자적으로 사고하지도 못했고, 마르크스주의와 비非마르크스주의, 반反마르크스주의를 제대로 구분하지도 못했다. 따라서 역사발전과 역사발전을 위한 투쟁에 합치하는 객관적인 법칙을 추구하는 공산주의 전사戰士가 되지 못한 것이다.

나는 외신에서 달라이 라마가 자신은 이제 "충실한 공산주의의 추종자"라고 말했다는 기사를 보았다. 대단히 흥미로웠다. 그분과 의견을 나눌 기회가 있으면 좋겠다.

2

여러 친척과 친구들이 자주 묻는 고통스러운 질문에 대해 답하고자 한다. 나는 공산주의자다. 그런데 공산주의 체제의 감옥에서 18년 동안이나 독방에 감금됐고 정신적 육체적으로 고문을 당했다. 그러나 분명히 말하건대, 당 규율이나 국법을 어겨서 감옥에 간 것이 아니다. 오히려 법을 올바로 집행해야 할 자들에 의해 투옥됐다. 법을 어기고 당 규율과 국법을 위반한 것은 바로 그들이다. 따라서 당의 책임이나 잘못은 아니다. 나의 잘못은 아니지만 나의 불운이다. 참으로 기나긴 독방 수감이라는 이례적인 형벌 자체가 문제의 본질을 잘 드러내준다. 우리 사회정치 체제에 어긋나는 그런 비정상적인 역사적 비극들이 혼돈으로 점철된 문화혁명 기간에 일상적인 것이 되었다. 당과 인민을 위해 오랜 세월 많은 기여를 한 인사들이 어떤 운명에 처했는지 신문에서 많이들 보셨을 것이다. 그렇다. 나만 감옥에 간 것이 아니다. 많은 사람들이 나로 인해 피해를 봤다. 내 동생 툽덴 왕축은 14년을 복역했다. 내 아내 칠릴라는 박해를 받다 죽었다. 우리 아이들도 수년간 감옥에 가야 했고, 강제노동을 했다(큰아이 푼강은 6년을 감옥에서 고생했다). 아버님(고라 아시)은 자식들 때문에 노심초사하다가 돌아가셨다. 교도소에 간 친척들도 수십 명이나 된다. 둘도 없는 동지인 톱덴을 비롯한 많은 동지들이 박해를 받다 세상을 떠났다. 은가왕 케상 동지는 16년 동안 감옥 생활과 강제노동을 했다. 우리가 겪은 일들은 티베트인들 중에서도 참으로 유별나다. 그래서 석방 후 많은 동지들이 내게 "살아남았다는 게 가장 큰 승리일세"라고 했다. 하지만 상황을 총체적으로 보고 앞으로의 일에 매진하라는 당의 당부에 동의한다.

3

앞에서 달라이 라마를 오랜 세월 알고 지내면서 이해하게 됐다는 말씀을 드렸다. 그분도 나를 이해한다. 우리는 세계관은 다르지만, 뒤떨어진 티베트 민족이 번영하면서 다른 민족들과 나란히 행복을 누리기를 열망한다는 점에서는 똑같다. 서로 20년 이상을 떨어져 살았지만 나는 그분의 소망이 더 강해지고 더 단호해졌을 것으로 확신한다. 그분은 전통적인 특권을 누리기만 하지 않는다. 티베트인의 눈과 마음을 더할 나위 없이 깊이 신뢰한다. 〔퓬초 타시가 "우리가 열렬한 환영을 받고 외몽골(원나라 때 티베트 불교를 받아들여 불교가 성했으며 지금도 티베트 불교 신자가 많다―옮긴이)의 몽골인들이 달라이 라마를 따뜻하게 맞아준 것이 그 중거"라고 거들었다.〕 앞서 말했듯이 개인적으로 나는 달라이 라마를 존경한다. 세속에서의 높은 지위에 연연하지 않고, 고결한 믿음을 가진 분이다. 그런 이유로 해서 그분의 둘째 형님인 걀로 톤둡이 지난번 베이징에 와서 그분을 대신해 조언을 구했을 때 나는 국내외적인 상황을 분석한 다음 솔직하게 다음과 같이 제안했다. "중국 정부와의 단절을 끝내고 대화를 시작해야 한다. 사람들을 보내서 두루 살펴보고 얘기도 들어봐라. 달라이 라마 본인이 와서 사정을 살피고 의견을 들어보는 것도 나쁘지 않을 것이다." 어떤 선택을 하든 기본적인 조건과 전체적인 상황을 이해한 토대 위에서 해야 한다. 들으니 달라이 라마의 셋째 형님인 롭상 삼덴이 홍콩을 방문해 중앙정부에 달라이 라마가 소련을 경유해 몽골에서 열리는 평화회의에 참석한다는 소식을 전해주었다고 한다. 지도자급이신 여러분을 여기서 이렇게 만나게 돼서 대단히 기쁘다. 티베트 곳곳을 돌아보셨다는 얘기를 들었다. 민중이 열렬히 환영을 했다는 것은 여러 가지 면에서 우리가 당면한 문제에 답을 준다고 본다. 어제 공산당 부주석 리셴녠李先念과 국가 부주석 울란후가 여러분을 다시 만난 자리에서 "티베트 지역에서 우리 일처리에 흠결과 과오가 있었다. 그래서 그런 것들을 바로잡으려고 한다"고 말했다고 들었다. 개인적으로 그런 언급은 진심이며, 여러분뿐 아니라 우리 티베트족 인민을 포함한 인민의 이익에 합치하는 것이라고 생각한다. 여러분이 그 의미를, 중앙정부 지도자들의 말 속에 담긴 정신을 올바로 이해하리라 믿는다.

4

여러분이 주신 티베트 팸플릿 두 가지를 읽어봤다. 달라이 라마가 쓴 대목에 나에 대한 구절이 보였다. (퓬초 타시와 롭상 타르계가 "맞다"고 했다.) 그렇다. 나는 내가 "빨갱이 한족"을 티베트로 불러들인 "빨갱이 티베트인"이라는 것을 인정한다. 정확히 말하면 인민해방군을 끌고 왔다. (퓬초 타시는 이렇게 회고했다. "중국군 선발대가 마오 주석과 주 총사령관의 거대한 초상화를 들고 라싸 시내로 입성한 것이 1951년이었다. 왕치메이와 당신이 맨 앞에 서 있었다.") 나는, 마오 주석의 말을 빌리면, 티베트인들—형제 티베트족—을 도우러 온 사람들을 안내하는 티베트인이었다. 그들은 우리가 좌절을 딛고 일어나 고향 땅의 주인이 되고, 스스로를 개혁하고, 인민의 생활수준을 향상시키고, 행복한 새 사회를 건설하는 데 도움을 주고자 했다. 한족을 끌어들여서 티베트족을 지배하는 체제를 만들려고 한 것이 전혀 아니었다. 그랬다면 "빨갱이 한족", 인민해방군, 그리고 안내자가 됐던 "빨갱이 티베트인족"은 모두 가짜 공산주의다.

다들 알다시피 공산주의자들이 신봉하고 몸 바쳐 싸우는

진리 가운데에서 가장 기본적인 것은 어떤 형태이든 한 민족이 다른 민족을 지배하고 억압하는 체제에 맞서 싸운다는 것이다. 그렇기 때문에 다른 민족에 대한 통제나 압제를 지지하는 어떤 사상이나 언급이나 행동도 진정한 마르크스주의와는 불과 물처럼 양립할 수 없다. 따라서 한족을 티베트로 끌어들인 이유가 티베트족을 지배하게 하려는 것이었거나, 한족 자신이 티베트족을 지배하고자 했다면 우리는 마르크스주의의 배신자이고 티베트 민족과 인민의 배신자일 것이다. 당과 인민과 역사 앞에 책임지기 위해 나는 우리의 목표를 분명히 밝혀두고자 한다.

같은 논리로 한족이 여타 형제 소수민족 거주 지역으로 진입한 것은 그런 목표를 성취하기 위해서였다. 우리 티베트족을 포함해서 소수민족은 인적 자원과 물적 자원 두 가지 측면에서 우리 한족 형제들의 도움이 절실했다. 자립만으로는 충분치 않다. (나는 800만 위안 이상이 드는 라싸-콩포 간 고속도로 건설 문제를 예로 들었다.) 그러나 본질은 도움과 지원이며, 그들의 지위는 조언자이고 상담역이다. 그리고 목표는 우리가 "제 발로 서고"(스탈린) 고향 땅의 주인이 되어 더 나은 삶을 가꾸는 것이다. 그 반대가 아니다. 이런 포인트를 분명히 하는 것은 이론적으로뿐 아니라 현실적으로도 중요한 의미를 갖는다. 먼 미래에 영향을 미치며 우리의 혁명 대의의 질과 성공을 좌우하게 될 것이다. 전략적으로 대단히 중대한 의미를 갖는 것이다.

5

 나는 좀 전에 "빨갱이 한족"과 "빨갱이 티베트인"에 관한 달라이 라마의 언급에 대해 이야기했다. 물론 머릿속의 목표를 이야기하는 것과 현실에서 실제로 일어나는 일은 다른 문제다. 주관적인 소망은 중요하지만 종국에는 객관적인 결과가 모든 것을 말해준다. 따라서 티베트 민족이 다른 형제 소수민족들과 마찬가지로 공산당 영도하에 사회주의 대가정에 통합돼 한 민족이자 고향 땅의 주인으로서 번영하고, 인민이 생활수준이 향상되고 행복해지는 날 "한족을 티베트로" 끌어들이거나 한족과 협력한 우리들은 민족과 인민의 이익과 대의를 위해 어느 정도는 역사적 기여를 한 셈이다. 간단히 말해서 좋은 사람들이 되는 것이다. 반대로 사태가 정반대가 되면 한족을 티베트로 끌어들이거나 한족과 협력한 우리는 민족과 인민에 씻을 수 없는 죄악을 저지른 셈이다. 나쁜 사람들이 되는 것이다. 나는 모든 빨갱이 한족과 빨갱이 티베트족, 그리고 그들과 협력한 티베트족이 후자가 아닌 전자가 되도록 최선의 노력을 다해야 하고 또 그렇게 할 것이라고 믿는다. 내 입장에서 보자면 나는 항상 전자였다(감옥에서 흔들림 없이 투쟁한 18년을 포함해서). 앞으로도 그런 노력과 투쟁을 멈추지 않을 것이다.

 엥겔스는 이렇게 말했다. "역사는 결국 잘못되고 비정상적인 현상들을 올바른 궤도 위에 올려놓는다." 민족문제에도 똑같이 적용되는 말이다. 따라서 공산당 영도하에 티베트족과 여타 형제 소수민족들은 진보의 과정에서 나타나는 모든 어려움을 극복하고 민족 번영과 행복의 밝은 미래를 향해 전진할 것이다.

6

사회 진보의 근본 조건인 경제활동(생산과 교환)의 변화로 말미암아 국내외적으로 민족과 국가들 간의 통합이 역사적으로 불가피한 추세가 됐다. 자본주의 세계에서조차 유럽공동시장과 여타 블록경제가 연합과 통합을 향해 나아가는 움직임을 보이고 있다. 사회주의 중국의 여러 민족들은 말할 것도 없다. 물론 연합과 통합은 절대적인 평등과 상호지원, 상호이익에 기초해야 한다. 그럴 때에만 통합은 강고하고 장기적이며 역동적일 수 있다. 반대로 경제적인 것이든 정치적인 것이든 또는 문화, 이데올로기적인 것이든 타자에게 억지로 강요하는 것은 단명할 수밖에 없다. 왕왕 비용이 이득보다 훨씬 크고, 종국에 가서는 불화와 분리로 귀결되며, 비정상적인 현상을 야기하게 된다. 따라서 "사회주의자들의 기본 원칙"(레닌)인 민족평등의 원칙을 국가적으로뿐 아니라 국제적으로도 고수해야 한다. 오늘날 민족평등에 기초해 우리 자신의 장기적이고 근본적인 이해관계를 본다면 우리 티베트족은 형제 한족 및 형제 소수민족들과 긴밀히 단결해야 한다. 번영하는 사회주의 대가정을 이루는 역사적 과정에서 그만큼 경제적 정치적 문화적 유대관계가 밀접하기 때문이다. 나아가서 인도, 파키스탄, 네팔, 미얀마 같은 이웃나라들과도 우호 관계를 확립해야 한다.

각 민족은 원래 자유롭고 독립적이었다. 그러나 약육강식과 적자생존의 세상이 됐다. 여러 역사 시대를 거치면서 강자의 지배가 있었고, 그 결과 민족들 간에 정복하고 정복당하는 비정상적이고 부적절한 관계가 야기됐다. 적대관계는 인류사회 발전 과정에서 민족들 간의 관계의 주류는 아니며, 역사적으로나 현실적으로 정당성을 주장하는 근거가 돼서도 안 된다. 그것은 지배민족 내 일부 지배계급의 잘못된 믿음이며, 역사적 편견이다. 다른 민족에 대한 지배와 착취를 선호하는 이런 전통적인 시각과 역사적 편견은 온갖 그럴듯한 언어로 치장되지만 정상적이고 합리적인 관계를 확립하는 데 전혀 도움이 되지 않는다. 정상적인 관계는 민족들 간의 평등이라는 원칙 위에 서야 한다. 그렇지 않기 때문에 민족 분리가 유발되고 심화되는 것이다. 따라서 민족 관계를 논할 때 비정상적인 지배자와 피지배자 관계를 기준으로 해서는 안 된다. 이는 민족 관계의 기본형태가 아니기 때문이다. 대신 논리의 토대가 되어야 하는 것은 정상적이고 합리적인 경제, 정치, 문화 관계이다. 이는 오랜 세월 상호 교환이 이루어지는 과정에서 점진적으로 형성돼온 관계이다. 이런 근본적인 추세와 역사의 흐름에 집중해야 한다. 마찬가지로 과거지사를 기초로 해서는 안 되고, 모든 민족에 공통되는 이익이라는 관점에서 경제, 정치, 문화 영역에서 민족평등이라는 원칙을 철저히 준수하는 방안에 초점을 맞춰야 한다.

혁명가(엥겔스)는 낡은 시스템을 본질적으로 부정했고, 공산주의자(마르크스와 엥겔스)는 "낡은 소유 시스템과 철저히 단절했다." 왕후장상과 같은 지배민족 내 지배계급이 '덕'이나 '공포'의 힘을 사용해 다른 민족을 정복하고 지배한 기록을 보면 그런 일은 극히 제한적일 수밖에 없다. 따라서 반면교사로 삼을 일이지 긍정적인 사례로 삼아서는 안 될 일이다. 그렇게 하지 않으면 혁명 원칙과 역사적 사실에 정면으로 위배될 뿐 아니라 논리적 모순과 혼란에 빠지게 된다. 민족과 계급에 관한 마르크스주의적 입장에서 완전히 벗어난 것이기 때문이다. (마르크스주의 이론은 기본적으로 지배민족과 피지배민족, 착취계급과 피착취계급을 구분한다. 그러면서 피지배민족과 피착취계급 입장에서 민족과 계급 문제에 접근한다.) 과거의 민족 관계를 살펴보는 이유는 합리적인 관계를 효과적으로 형성하고, 좀 더 합리적인 관계로 나아가기 위해서이다.

전에 달라이 라마가 티베트는 고대 이래로 주권국가였다고 한 말과 최근 미국 『월 스트리트 저널』지에 실린 기고문을 읽어봤다.〔샤카파(1967년 예일대 출판부에서 나온 『티베트 정치사*Tibet: A Political History*』를 통해 티베트와 중국은 역사적으로 별개의 독립국가였음을 논증한 대표적인 티베트 학자. 1939~1951년 티베트 정부 재무장관을 지냄—옮긴이)를 비롯한 학자들이 쓴 책도 읽어봤다.) 나는 달라이 라마가 논거로 삼은 민족과 계급에 관한 입장을 완벽하게 이해하고 있다. 민족들 간의 역사적 관계에 관한 나의 입장은 이미 말씀을 드렸다. 내 생각에는 어느 쪽도 예전의 관계, 특히 비정상적이고 부적절한 관계를 기준으로 논리를 펴서는 안 된다. 지금의 새로운, 정상적이고 적절한 관계를 기준으로 해야 한다. 과거를 돌아보는 것은 이제부터 앞을 보면서 기존 관계를 합리적이고 적절하게 조절하기 위해서다. 본인의 졸견으로는 오늘의 상황에 집중해야 한다. 소망과 주관적 상상에 사로잡혀서는 안 된다. 객관적인 세력과 주관적인 힘의 균형을 잘 분석해야 한다. 편견에 사로잡히거나 맹목에 빠져 자신의 능력을 과대평가해서는 안 된다. 남들은 물론이고 자신을 잘 알아서 비전을 가지고 현재의 상황과 미래의 추세를 꿰뚫어봐야 한다. 그래야 어느 정도의 비용을 들여서 어떤 이득을 얻을 수 있는지 균형 잡힌 시각을 가질 수 있다. 요컨대 주관적인 소망이나 관념 때문에 현실에서 멀어져서는 안 된다는 얘기다.

나는 좀 더 현실적이고 이익이 되는 최적의 해결책은 한족, 티베트족, 그리고 50여 형제 소수민족들이 단결해 공산당 영도하에, 그리고 민족 간 평등을 기초로, 서로 돕고 협력해서 중화인민공화국 사회주의 대가정을 만들어가는 것이라고 믿는다. 이것이 티베트족을 포함해 우리 나라 모든 민족의 이익에 부합한다. 이론적으로 모든 민족은 자기 운명을 결정할 권리가 있다는 것은 논란의 여지가 없다.

사회주의자는 말할 것도 없고 서구의 민주주의자라도 인정할 원칙이다. 그러나 민족의 운명을 책임지려고 한다면 민족자결권을 남용해서는 안 되며, 소수가 사익을 위해 악용해서도 안 된다.

여러 민족의 근본적인 이해관계를 보장하기 위해, 그리고 객관적이고 진실에 온전히 부합하는 분석을 한다면 우리는 다음과 같은 올바르고 타당한 결론에 도달한다. 현 중국의 역사적 조건하에서는 모든 민족이 단결하는 것이 분리되는 것보다 낫다. 통합은 이롭고, 분리는 해롭다. 인민의 이익을 대변하는 현재의 중국공산당은 분리주의를 용인하지 않는다. 왜냐하면 분리는 모든 민족 구성원들에게 이롭지 않기 때문이다. 그리고 자신들의 의견을 말하고 결정을 내릴 권리가 있는 광범위한 민중도 분리에 동의하지 않을 것이다. 자신의 근본적인 이익에 반하기 때문이다. 한 발짝 물러서서 다시 생각해보면 이제 분리는 불가능하다. 울란후(몽골족으로 통일전선공작부장과 국가 부주석을 지냈다—옮긴이) 동지는 "중국 본토에서 떨어져나간 외몽골(몽골인민공화국—옮긴이)은 현재 이름뿐인 껍데기로 소련 제국주의자들의 통제를 받고 있다"고 강조했다. 요컨대 우리는 상상이 아닌 현실에서 출발해야 하며, 연합이 역사발전의 추세라는 것을 알아야 할 것이다. 물론 통합의 조건은 분명하다. 진정한 통합이어야 하며 가짜여서는 안 되고, 진실한 것이어야 하며 피상적인 것이어서는 안 된다. 기본적인 조건은 민족 간의 진정한 평등, 즉 민족들 간의 주권적 평등을 인정하는 것이다. 분리의 원인에 관해서는 아무것도 모르거나 주의를 기울일 생각도 않고 결과만을 가지고 비난하는 것은 지배민족 내 민족주의자들의 주관적 이상주의이고, 지배계급의 편견이다. 바보라면 이런 사정을 이해하지 못하고 거꾸로 갈 것이다.

지금까지 말씀드린 본인의 소견을 잘 생각하셔서 달라이 라마와 해외의 다른 친구들에게 전해주기 바란다. 티베트 민족의 이익을 진정으로 염려한다면, 현재 상황을 세심하게 살펴서 연합이 이익이냐 분리가 이익이냐 하는 본질적인 문제에 올바른 답을 내놓아야 한다.

7

신중국 수립 이후 당 중앙과 마오 주석을 중심으로 민족 평등과 단결을 위한 정책 이행에 커다란 성과가 있었다. 그러나 아직도 이론과 실천 양면에서 많은 문제가 있다. 이런 결함들은 문화혁명 때 린뱌오林彪(부총리, 국방부장 등 요직을 지냈다. 1971년 반反마오쩌둥 쿠데타를 기도하다가 사망한 것으로 알려져 있다—옮긴이)와 4인방이 주도한 소요와 파괴로 말미암아 파국에 부딪혔다. 그때 입은 손실은 이루 헤아릴 수가 없다. 티베트 지역에서 그 후유증을 보셨으리라 믿는다. 울란후와 양징런 동지는 올여름 소수민족 공작회의에서 이런 문제의 원인을 지적했다. 한편, 신중국 수립 이후 모든 분야에서 놀라운 발전이 이루어졌다. 달라이 라마도 중국 내지를 여행하면서 그런 성취를 보고 높이 평가했었다. 그러나 1957년 반우파 운동 이후로 일이 어그러지기 시작했다. 특히 문화혁명 때 상황이 아주 혹독해졌다. 예젠잉 동지는 건국 30주년 기념식에서 이 문제에 대해 아주 중요한 연설을 한 바 있다. 대화를 나누는 과정에서 나는 여러분이 티베트족 거주 지역의 현재 상황을 예의주시하고 있다는 것을 알게 됐다. 마땅히 그래야 할 일이다. 그러나 티베트는 우리 나라 여러 소수민족 가운데 하나에 불과하므로 소수민족 전체의 일반적인 상황을 알아야 한다. 그래야 티베트 문제에 관해서도 확실한 시각을 가질 수 있다. 위에 언급한 울란후와 양징런 동지의 언급을 잘 살펴봐야 한다.

한편, 소수민족문제는 국가 전체의 문제다. 소수민족문제의 전체적인 상황을 명확히 파악하기 위해 앞서 언급한 예젠잉 동지의 연설을 잘 살펴보시기 바란다. 소수민족과 국가의 문제를 다룬 중요한 보고서 두 건이 있는데 여러분이 현재와 과거의 우리 나라 상황을 진정으로 이해하고 분석해서 미래의 행동을 올바로 결정하는 데 꼭 필요한 내용이다.

우리 나라는 다소 길을 돌아왔다. 실수도 있었고, 과거에 그런 실수 때문에 큰 고통을 겪기도 했다. 그러나 과오는 바로잡히기 마련이고, 실패는 성공의 어머니이다. 지금은 화궈펑 주석이 이끄는 당 중앙이 그런 과오들을 교정하고 있고, 모든 게 정상 궤도로 나아가고 있다. 우리의 앞길에는 장애와 난관이 있지만, 4대 현대화(공업, 농업, 국방, 과학기술 현대화)의 전망은 매우 밝다. 한마디로 실천이 모든 이론을 검증한다. 인민의 믿음과 힘이 모든 것을 지속적으로 변화시킬 것이다. 길은 멀지만 미래는 밝고 희망차다.

8

끝으로 내가 티베트에서 일할 때 맡았던 책임에 대한 질문에 답하고자 한다. 물론 내 입장에서 하는 얘기다. 나는 중국공산당 티베트공작위원회에서 활동한 것 외에도 중앙정부 지도자들과 달라이 라마 같은 티베트 최상층부가 만날 때도 관여했다(마오 주석, 저우 총리, 덩샤오핑 부총리, 천이 부총리 등이 달라이 라마 및 기타 상층부 인사들과 만날 때 통역을 맡았다). 전반적으로 볼 때 티베트 문제와 관련해 마오 주석이 이끄는 당 중앙위원회의 정신과 정책은 올바르다(구체적인 공작 관련 지침들은 개인적인 차원에서 분석해야 한다). 말하자면 한족과 티베트족은 동등하며, 어느 한쪽이 하위에 있거나 다른 쪽의 부속물이 아니다. 한족이 티베트에 진입한 목적은, 위에서 말했다시피, 마오 주석과 저우 총리가 티베트 종교, 행정 관료와 대표들에게 여러 차례 분명히 밝힌 바 있다. 민족평등이냐 민족예속이냐? 조력자이며 조언자이고 협력자냐 아니면 그 반대냐? 이런 문제가 한족과 티베트족 관계의, 그리고 우리 나라 민족문제 전체의 열쇠다. 이는 민족문제에 관한 판이한 두 입장, 관점, 방법을 구분하는 선이다. 진정한 마르크스주의인지, 진정한 공산당인지를 알아보는 시금석이다. 따라서 민족문제에 관한 두 노선은 민족문제 해결의 성패를 좌우하는 기초다. 과거 티베트에서 이런저런 일탈이나 과오가 있었다면(그 이유에 대한 설명은 예젠잉과 울란후의 보고서에 나와 있다), 내가 아는 한은, 상당부분 지역 지도자들(한족 간부들)의 잘못이었다. 그들은 현지 상황에 대해 고위 당국에 진실을 보고하지 않았다. 또 의도적으로 혹은 잘 몰라서 당 중앙과 마오 주석의 지침과 정책에서 벗어나거나 그에 복종하지 않았다. 티베트 현실을 무시하고 강압적으로 명령을 내리기도 했다. 나는 그런저런 사정을 잘 아는 위치에 있는 사람 중 하나다. 기회가 있으면 달라이 라마한테 직접 설명해드리고 싶다. 그런 식으로 티베트에서 벌어진 일들은 당 중앙과 마오 주석의 책임이라고 할 수 없다. 더더구나 마르크스주와 원래의 정책 탓은 아니다.

그날 면담 끝에 그들은 내게 인도로 와서 달라이 라마를 만나보라고 다시 한 번 부탁했다. 나는 "그 문제는 당 중앙의 의견을 들어보겠다"고 했다. 그러면서 개인적으로 가장 큰 소망은 달라이 라마를 베이징에서 만나는 것, 그리고 예전에 그랬던 것처럼 그가 티베트족 거주 지역과 본토의 여러 성, 시를 둘러보는 데 수행하는 것이라고 말했다. 그런 기회가 오기를 나는 고대하고 있다.

부록 C 민족문제 관련 헌법 개정 의견

1980년 말 푼왕은 전인대 민족위원회에서 강연을 통해 소수민족문제에 관한 여러 구상을 제안했다. 다음은 그 요약이다.

1

다들 아다시피 계급사회에서 민족들 간의 관계는 지배자와 피지배자의 관계이다. 계급들 사이의 관계는 착취와 피착취의 관계이다. 민족투쟁과 계급투쟁에 관한 한 마르크스주의 이데올로기는 피억압 민족과 피착취 계급의 관점에서 출발한다.

일반적으로 지배(억압) 민족은 단결과 연합을 강조하고 투쟁과 적대행위(민족의 분리·독립)에 반대한다. 반면 피억압 민족은 투쟁과 적대행위를 강조하고 통합과 연합에 반대한다. 이런 차이는 서로 다른 민족 간의 이해관계 차이 때문이다. 계급 관계도 사정은 마찬가지다. 따라서 민족들 사이에 억압이 존재한다면 '민족단결' 이론은 민족투쟁을 억압하는 자들의 논리가 되고, "민족의 분리·독립" 이론은 민족투쟁을 지지하는 사람들의 논리가 된다. 민족평등 상태의 역사적 조건하에서는 민족들 간의 단결·협조론이 진보적이고 혁명적인 것인 반면 분리·독립론은 퇴행적이고 반동적인 것이다. 그러나 외부에서 심각한 민족억압이 있으면 한 국가 내에서 민족들 간의 투쟁은 줄어들고 모든 민족이 하나로 뭉쳐 침략 민족의 억압에 맞서 싸울 것이다. 이는 특정한 역사적 조건하에서 피억압 민족들 간에 단결이 이루어지는 경우다. 이것이 민족투쟁과 민족평등에 관한 마르크스주의의 원칙이다. 이는 역사적 조건이 달라지면 달리 적용돼야 한다.

민족억압 상황에서는 억압 민족과 피억압 민족의 단결과 평등을 논한다는 자체가 난센스다. 그러나 민족평등이 이루어진 역사적 조건하에서(예컨대 공산당이 이끄는 사회주의 국가) 민족 간의 단결과 상호협조에 반대하고 분리·독립을 지지한다는 것 역시 난센스다. 억압이냐 피억압이냐를 구별하지 않고 역사적 조건을 제대로 파악하지도 않은 채 "민족단결"이나 "민족분리"를 떠드는 것은 이론적으로 난센스일뿐더러 실천적으로는 해가 된다. 레닌은 민족과 계급 문제를 이론적으로 분석하지 못하는 사람은 웃음거리가 될 것이라고 말했다.

민족단결은 민족평등의 과실이며, 민족평등을 전제로 한다. 민족단결은 민족평등 없이는 존재할 수 없다. 민족단결이 없다면 민족들이 평등하다고 할 수 없고, 민족억압과 차별이 존재할 것이다. ("민족독립"을 요구하는 것만을 민족주의라고 하면서 민족들의 이익을 해치는 세력은 배제한다.) 따라서 민족평등은 민족단결의 원인이며, 민족분리는 민족억압의 결과이다. 양쪽의 인과관계는 특정한 상황하에서는 역전될 수 있다. 이 인과관계를 제대로 인식하지 못하고 결과를 원인으로 간주하거나 해로운 결과를 야기하는 것은, 인식론적인 오류이며 민족 관계에서 모든 비정상적인 현상의 원천이 된다. 역사적으로는 대개 지배민족 내지 거대민족 상층부의 편견이 그런 결과를 가져왔다. 민족평등이 없는 민족단결은 민족 불화를 야기할 뿐이며, 자기 민족을 배신하는 매국노들에게 악용된다.

민족들 간에 진정한 단결과 상호협조가 이루어질 수 있는 최소한의 조건은 절대적으로 진정한 민족평등이다. 이것이 사회주의자들의 가장 기본적인 원칙이다(레닌). 진정한 민족단결은 진정한 민족평등에 기초하며, 민족들 간의 자발적이고 적극적인 연합의 결과물이다. 그런 연합은 서로를 해치거나 노예화하거나 심지어 죽이는 것을 목적으로 하지 않는다. 우호적인 협조와 상호 이익을 목표로 한다. 불행하게도 거대민족에 속하는 많은 사람들이 이런 간단한 이치를 모르고 있다.

민족평등의 원칙이란 어떤 것인가? 레닌은 이렇게 말했다. "한 국가 내에서 우리는 민족들 간에 주권적 평등을 필요로 한다"(『레닌 전집』 19권 100쪽). 이는 소수민족이 정치, 경제, 문화 등등의 영역에서 스스로 결정할 권리를 인정하고 존중해야 한다는 의미다(『레닌 전집』 19권 238쪽).

공산당이 이끄는 사회주의 국가에서 모든 민족의 구성원은 공통의 이익을 공유하며, 하나로 단결해 새로운 사회주의 사회 건설을 위해 민족의 분리·독립에 맞서 싸워야 한다. 이것이 우리의 역사적 책임이자 영광스러운 과업이다. 동시에 공산당과 사회주의의 진정한 면모이기도 하다. 민족 억압, 착취, 차별, 지배, 특히 소수민족 동화정책은 이와는 절대 양립할 수 없다. 물과 기름이다. 진정한 사회주의-민주주의 국가에서는 이것이야말로 모든 민족의 자발적인 단결과 연합을 위한 기초이자 이유가 된다.

위에 언급했듯이, 민족 관계와 민족문제에 있어서 진짜 마르크스주의, 공산주의, 사회주의와 가짜 마르크스주의, 공산주의, 사회주의를 구분하는 기준은 각 민족에게 스스로 결정할 권리가 있다는 것을 받아들이고 존중하느냐 안 하느냐이다. 연합과 상호협조는 그런 인식과 존중에 바탕을 두어야 한다. 그런 원칙을 인정하는 것은 민족문제를 구체적으로 다룰 때 특히 중요하다.

국가의 외교정책은 어느 정도는 국내 정책을 반영한다. 다른 민족과 다른 나라의 권리를 인정하고 존중하는 것은 자기 국가 내의 모든 민족의 권리를 인정하고 존중한 결과이다. (소련의 수정주의 외교는 러시아 국수주의에서 비롯된다.) 따라서 한 국가 내에서 모든 민족이 평등하다는 것을 인정하고, 민족들 사이에 협조관계를 구축하는 것이 다른 나라들의 권리를 인정하는 토대가 된다. 그렇기 때문에 국제적으로도 우리 나라가 모든 민족의 권리를 인정하는 것이 중요하다. 우리 나라가 절대 수정주의와 패권을 추구하지 않는다는 것을 보장하는 데에도 긴요하다.

올해 당 중앙위원회에서 두 가지 중요한 문건이 나왔다. (후야오방 동지와 왕리 동지가 티베트에서 한 중요한 담화인) 「티베트 공작 회의 요약 회람」과 「당 중앙위원회 서기처 티베트 공작 회의 요약」이다. 올해 전인대 민족위원회에서 한 자오쯔양과 울란후의 발언도 있다. 이런 담화와 문건은 정부 수립 30주년이 된 우리 나라의 민족자치 문제를 다루는 기본 원칙이다. 역사와 현재에 대한 과학적 분석이기도 하다. 이런 지침들은 우리 나라 민족 관계의 현 상황은 물론이고 마르크스주의 민족관과도 부합한다. 그래서 새로운 역사적 조건하에서 민족문제를 처리하는 지침이 되는 것이다. 그러나 소수민족의 권리를 보호하는 모든 원칙은 국가의 법률과 규정으로 명시돼야 한다. "소수민족의 권리는 모든 민족이 평등하고 소수민족의 권리가 국법으로 명시돼 있는 민주주의 국가에서만 보호받을 수 있다" "소수민족의 권리는 지역, 도시, 현 수준에서 법률로 명문화돼야 한다"(『레닌 전집』 20권 28쪽).

따라서 다음과 같은 조항을 헌법 전문에 추가해야 한다.

―중화인민공화국은 다민족국가이다. 각 민족은 민족자치 원칙을 철저히 고수하고, 민족억압과 차별에 반대하며, 민족평등을 지지해야 한다. 모든 민족은 합심협력해 국가의 통합과 민족의 단결을 수호함으로써 새로운 사회주의 국가

를 건설해야 한다.

2

현재 중국의 자치구는 다음 두 종류로 구분된다.

1. 소수민족이 자치구에서 자치를 하면서 주민의 다수가 소수민족이고 한족은 소수인 경우. 지역문제를 다수가 결정하기 때문에 이론적으로 진정한 자치이다. 이런 자치구의 통제체제는 자치라는 이름에 걸맞다.
2. 자치구의 소수민족이 현지 거주 한족보다 소수인 경우, 이론적으로 진정한 자치가 아니며 "자치구"라는 이름에 걸맞지 않다. 이런 지역에서는 주민의 다수가 의사결정권을 행사하는 다수가 아니기 때문에 자치구처럼 보이려고 비정상적인 조치를 취하게 된다. 예를 들어 자치구 요건을 만족시키기 위해 소수민족 주민 수를 부풀리는 따위다.

첫 번째 유형의 민족자치가 이론적으로 올바르다. 주민의 다수가 지역 문제를 결정하기 때문이다. 두 번째 유형은 이론적으로 옳지 않다. 지역문제를 결정하는 다수의 숫자가 가짜이기 때문이다. 두 번째 유형의 민족자치는 이론적으로 옳지 않기 때문에 실제로 오류와 혼란에 빠지게 된다. 따라서 첫 번째 유형으로 바꾸는 노력을 해야 한다.

이런 이유들을 근거로 다음과 같은 조항을 개정 헌법에 추가하기를 요망한다.

―민족자치를 실천하는 방법으로 소수민족이 거주하는 각 지역에 자치기관을 두어야 한다. 그러한 지역에서는 자치민족이 주요한 권력체이며 지역 문제를 관할하는 책임을 진다.
―주요 민족이 주민의 다수를 점하지 못하는 지역에서는 행정구역을 재조정하거나 여타 합리적인 조치를 취해 주요 민족 인구가 해당 자치구의 다수가 되도록 해야 한다.
―소수민족과 한족이 함께 거주하는 인접 지역에서는 모든 민족의 연합체 형태로 자치공조 조직을 설립해야 한다.
―여러 소수민족과 한족이 함께 거주하는 지역에서는 각 민족 대표로 구성되는 자치정부 조직을 설립해야 한다.
―성, 자치구, 시, 현의 지방정부는 해당 지역에 거주하는 소수민족과 한족 시민의 권리를 보호하는 책임을 진다. 현지 주민들이 지역문제 처리에 적극 참여하도록 유도한다. 민족 차별, 모욕, 억압은 허용되지 않는다.

3

사회주의 시기는 모든 민족의 발전과 번영과 전진의 시대이다. 이런 목표를 달성하기 위해, 특히 소수민족 스스로 자체의 정치, 경제, 문화를 발전시키고 낡은 사회의 유산인 민족억압, 차별, 동화정책 등을 철폐하기 위해 현재의 소수민족 행정구역을 재조정해야 한다. 현재 지역 분할 시스템은 예전의 불합리한 시스템을 토대로 한 것이고 반동적인 국민당이 채택했던 한족우월주의의 결과였다. 현재 시스템은 공산당이 주도하는 새 중국의 특성과는 맞지 않는 상태에서 모든 소수민족에게 평등한 권리를 부여하려는 것이다. 이런 시스템은 재산의 공적 소유를 토대로 공존공영을 추구하는 우리 사회주의 국가의 민족 관계에도 맞지 않는다. 우리 사회주의 국가 내에서의 민족 관계는 사적 소유를 토대로 한 경우보다 좀 더 합리적이고 좀 더 발전된 형태이다. 그러나 현재의 지역 분할 시스템은 "민족의 평등과 통합을 보호하는" 당 정책을 추진함에 있어 악영향을 주며, 장기적으로 볼 때 소수민족의 이익을 해치게 될 것이다. 레닌은 일찍이 이렇게 말했다. "소수민족이 통치하는 자치지역을 설립하는 것은 더 말할 나위 없이 중요한 의미를 갖는다. 자치지역은 규모가 아주 작다고 하더라도 민족억압을 철폐하는 데 중요한 역할을 하기 때문이다"(『레닌 전집』 20권 33쪽). 따라서 다음 조항을 헌법에 추가해야 한다.

―지리적으로 인접한 지역에 함께 거주하는 여러 소수민족은 점진적으로 각 소수민족이 통치하는 개별 자치행정조직을 설립해야 한다.

4

위에서 설명했듯이 정부수립 이후 30년 동안의 민족정책을 검토해보면 국가가 국방과 외교문제에 대해 중앙에서 통제권을 갖는 것은 절대적으로 옳다는 것을 알 수 있다. 그러나 자치구에는 아직 해결을 요하는 문제들이 남아 있다. 예를 들어 군과 지방정부 간의 문제, 군과 지역 주민 간의 문제가 그러하다(예컨대 군은 소수민족 병력을 대신해 소수민족 지역 공공질서 유지에 투입된다. 이 과정에서 소수민족 지역의 토지와 군마용 목초지를 정부군용으로 징발하는 문제가 생긴다). 정부군 병력의 다수는 한족이기 때문에 군과 지역 주민 사이의 관계는 종종 한족과 소수민족의 관계로 보인다. 이런 문제들에 관해서 양측의 책임과 책임의 한계를 명확히 규정할 필요가 있다.

마찬가지로 접경 지역 소수민족과 관계되는 국가의 외교문제는 관련 소수민족과 자치정부 조직의 토론과 동의가 있을 때까지 최고 국가 당국이 일방적으로 결정해서는 안 된다. 외교 문제를 처리함에 있어 국가의 이익은 관련 소수민족의 이익과 조화를 이루어야 한다. 따라서 다음 조항들을 헌법에 추가하는 것이 바람직하다.

―우리 나라의 국방은 최고 국가 당국(전국인민대표대회)과 최고 국가 행정기구(국무원)에서 통할한다. 우리 나라를 수호하는 군대는 침략세력과 싸우는 일을 책임지며, 자치지

역의 공공질서 유지 책임은 맡지 아니한다. 자치지역의 공공질서는 현지 소수민족 병력이 담당한다. 자치지역 주둔 국가 방위군은 자치정부의 권리를 존중하고 민족자치와 관련된 자치정부의 명령을 준수해야 한다.

―최고 국가 당국(전인대)과 최고 국가 행정기구(국무원)는 국가의 외교 문제에 대해 통제권을 갖는다. 국경 인근에 거주하는 소수민족의 이익과 관련되는 모든 외교 문제는 전인대에 부의하기 이전에 해당 소수민족과 자치정부의 토론을 거쳐야 한다.

5

해방 이전 국민당은 한족우월주의와 소수민족 동화정책을 썼다. 소수민족의 언어를 한어로 점차 대체해서 종국에는 소수언어를 말살하려고 했다. 해방 이후 우리 당은 민족평등과 단결 원칙을 고수해왔다. 그러면서 소수민족이 고유 언어를 사용하고 발전시킬 권리를 존중했다. 그러나 극좌파의 영향으로 우리는 다시 낡은 국민당 시스템으로 돌아가 소수민족의 언어권을 존중하는 대신 "혁명"과 "사회주의"를 강조했다. 10년 참변 동안 소수언어는 "사형에 처해졌다." 사인방을 타도한 이후, 그리고 특히 1978년 제11기 공산당 중앙위원회 제3차 전체회의 이후 당은 복권 작업을 시작했고, 소수민족의 언어권에도 큰 관심을 기울였다. 그러나 일부 인사들은 아직도 소수민족 언어를 종국에는 말살하려는 꿈을 꾸고 있다. 그리고 그런 인사들이 아직도 많은 소수민족 지역에서 활동하고 있다. 소수언어는 아직 완전히 해방되지 않았으며, 한어로 대체하려는 경향이 엄연히 존재한다. 이는 소수민족문제를 풀어나가는 데 있어 가장 심각한 문제 가운데 하나이다.

"민족과 언어의 평등에 동의하고 지지하지 않는 자들과 민족억압 및 불평등에 대항해 싸우지 않는 자들은 마르크스주의자도 아니고, 사회주의자도 아니다"(『레닌 전집』 20권, 11쪽). "어떤 민족의 구성원들은 왜 고유어를 사용해야 하는가? 고유어를 사용하는 것이 고유한 문화, 정치, 경제를 발전시키는 유일한 방법이기 때문이다"(『스탈린 전집』 11권, 30쪽). 모든 민족에게 있어서 고유어를 사용하고 발전시키는 것은 민족의 운명과 관련된 근본적인 문제이며, 각 민족의 위엄과 이익을 지키는 원칙의 문제이기도 하다. 우리 나라에서는 소수민족들도 한어를 배울 필요가 있다. 그러나 한어가 소수민족 언어를 대체해서는 안 된다. 따라서 다음과 같은 조항을 헌법에 추가했으면 한다.

―국가는 소수민족이 자치구에서 고유어를 제1언어로 사용할 권리를 보호한다. 한어도 가르쳐야 한다. 소수민족 언어를 한어로 대체하는 것은 금지한다. 국가의 법률, 정책, 규정, 명령 등은 소수민족 언어로 번역해야 한다. 소수민족 학생들이 중등학교와 대학 진학시험에서 소수민족 언어를

사용하고 한어로 대신할 수 없도록 구체적인 정책을 마련해야 한다.

6

위에 제안한 내용을 다시 한 번 요약한다. 다음 조항들을 헌법 전문에 추가해주시기를 요망한다.

―중화인민공화국은 다민족국가이다. 각 민족은 민족자치 원칙을 철저히 고수하고, 민족억압 차별에 반대하며, 민족평등을 지지해야 한다. 모든 민족은 합심협력해 국가의 통합과 민족의 단결을 수호함으로써 새로운 사회주의 국가를 건설해야 한다.

―민족자치를 실천하는 방법으로 소수민족이 거주하는 각 지역에 자치기관을 두어야 한다. 그러한 지역에서는 자치민족이 주요한 권력체이며 지역 문제를 관할하는 책임을 진다.

―주요 민족이 주민의 다수를 점하지 못하는 지역에서는 행정구역을 재조정하거나 여타 합리적인 조치를 취해 주요 민족 인구가 해당 자치구의 다수가 되도록 해야 한다.

―소수민족과 한족이 함께 거주하는 인접 지역에서는 모든 민족의 연합체 형태로 자치공조 조직을 설립해야 한다.

―여러 소수민족과 한족이 함께 거주하는 지역에서는 각

민족 대표로 구성되는 자치정부 조직을 설립해야 한다.

—성, 자치구, 시, 현의 지방정부는 해당 지역에 거주하는 소수민족과 한족 시민의 권리를 보호하는 책임을 진다. 현지 주민들은 지역 문제 처리에 적극 참여하도록 유도한다. 민족 차별, 모욕, 억압은 허용되지 않는다.

—지리적으로 인접한 지역에 함께 거주하는 여러 소수민족은 점진적으로 각 소수민족이 통치하는 개별 자치행정조직을 설립해야 한다.

—우리 나라의 국방은 최고 국가 당국〔전국인민대표대회(전인대)〕과 최고 국가 행정기구(국무원)에서 통할한다. 우리 나라를 수호하는 군대는 침략세력과 싸우는 일을 책임지며, 자치지역의 공공질서 유지 책임은 맡지 아니한다. 자치지역의 공공질서는 현지 소수민족 병력이 담당한다. 자치지역 주둔 국가 방위군은 자치정부의 권리를 존중하고 민족자치와 관련된 자치정부의 명령을 준수해야 한다.

—최고 국가 당국(전인대)과 최고 국가 행정기구(국무원)는 국가의 외교 문제에 대해 통제권을 갖는다. 국경 인근에 거주하는 소수민족의 이익과 관련되는 모든 외교 문제는 전인대에 부의하기 이전에 해당 소수민족과 자치정부의 토론을 거쳐야 한다.

—국가는 소수민족이 자치구에서 고유어를 제1언어로 사용할 권리를 보호한다. 한어도 가르쳐야 한다. 소수민족 언어를 한어로 대체하는 것은 금지한다. 국가의 법률, 정책, 규정, 명령 등은 소수민족 언어로 번역해야 한다. 소수민족

학생들이 중등학교와 대학 진학시험에서 소수민족 언어를 사용하고 한어로 대신할 수 없도록 구체적인 정책을 마련해야 한다.

―국가는 현존하는 민족 간 불평등을 없애기 위해 특별 교부금 제도를 마련하거나 기타 조치를 취함으로써 소수민족들이 자체 정치, 경제, 문화, 과학, 교육, 보건 부문을 발전시키도록 지원해야 한다.

―각 소수민족은 번영과 발전을 이루기 위한 방편으로 국가의 지원을 받아 자체 정치, 경제, 문화 센터를 설립해야 한다.

7

우리 나라에서 소수민족은 자원이 풍부한 광활한 땅(전 국토의 70퍼센트)을 점유하고 있다. 반면 50여 개 소수민족의 인구는 아주 적다(다 합쳐서 5,000만 정도로 중국 전체 인구의 약 6퍼센트에 불과하다). 소수민족의 이익은 물론이고 국가 이익을 수호하기 위해 전국인민대표대회는 국가 이익에 부합하지 않는 조치들에 대해서는 거부할 권리를 가져야 한다. 마찬가지로 정부 내 소수민족 대표들은 소수민족의 이익을 보호하지 못하는 조치들을 거부할 권리를 가져야 한다. 소수민족 대표들은 거부권을 행사할 수 있다. 방식은 소수민족 대표들만으로 구성되는 '소모임'을 개최해 문제의 조치들을 투표를 통해 부결시키는 것이다. 마르크스의 이론에 따르면 진리는 절대적인 관점에서 논할 수 없다. 늘 예외가 있기 때문이다. 대부분의 조건하에서 소수민족은 다수에 따라야 한다. 그러나 특정한 상황에서는 다수에 따르지 않을 수 있다. 민족평등 문제의 경우 수가 적다고 권한이 적어서는 안 된다. 이 나라의 모든 민족 구성원은 평등한 권리를 가져야 한다. 국가 권력기관과 관련해 다음 조항들을 헌법에 추가하는 것이 바람직하다고 본다.

1. 전인대의 소수민족 대표 인원수에 관하여

(1) 원칙적으로 각 소수민족은 전인대에 일정한 수의 대표를 보내야 한다.

(2) 자치구 인민대표대회에는 주요 민족 대표들 외에 해당 지역에 거주하는 다른 소수민족 대표도 포함돼야 한다.

(3) 소수민족자치구가 있는 성省 인민대표대회에는 해당 성에 거주하는 각 소수민족이 일정한 수의 대표를 보내야 한다.

2. 각급 인민대표대회의 기능과 권한에 관하여

(1) 전인대는 소수민족자치구 인민대표대회가 제기한 조치가 국가 이익에 반할 경우 거부권을 행사할 권리를 갖는다. 소수민족 대표들은 전인대가 작성한 정책들이 소수민족의 이익에 위배될 경우 '소모임'을 열어 거부권을 행사할 권리를 갖는다.

(2) 소수민족자치구 인민대표대회는 하급 인민대표대회에서 제기한 조치들이 지역 전체 인민의 이익에 반할 경우 거부권을 행사할 권리를 갖는다. 소수민족자치구 인민대표대회가 해당 지역의 주요 소수민족이 아닌 기타 소수민족의 이익과 관련해 정책을 제시할 경우 관련 소수민족 대표들은 '소모임'을 열어 거부권을 행사할 수 있다.

(3) 소수민족자치구가 있는 성의 인민대표대회는 소수민족자치구 인민대표대회가 제기한 조치들이 해당 성의 모든 인민의 이익에 반할 경우 거부권을 행사할 수 있다. 소수민족자치구가 있는 성의 인민대표대회가 작성한 정책이 소수민족의 이익에 반할 경우 해당 성 내 소수민족자치구 대표들은 '소모임'을 개최해 거부권을 행사할 수 있다.

여러 소수민족이 공존하는 지역에서는 지역 인민대표대회가 제시한 정책이 소수민족의 이익이나 소수민족 간 관계에 영향을 미치는 사안일 경우, 모든 소수민족 대표들의 토론과 동의를 거쳐야 한다.

지방정부는 해당 지역에 거주하는 소수민족과 한족의 권리와 이익을 보호하는 책임을 져야 한다(예컨대 일자리 구하는 일을 돕고, 관습과 종교적 신념, 정치적 권리를 존중해야 한다).

이상은 참고용 제안임을 밝혀둔다.

주(註)

1) 1927~1928년 장제스가 이끄는 국민당은 중국 영토의 상당 부분을 장악하고 있는 많은 "군벌들"을 복속시키는 작업에 나섰다. 그런 군벌 중 하나가 캄(중국에서는 시캉西康 성이라고 했다)의 지배자인 류원후이(劉文輝)였다.
1931년, 장제스는 류원후이를 어떻게든 회유하기 위해서 바탕 출신 티베트인 케상 체링을 캄에 파견했다. 케상 체링은 바탕 학교를 졸업하고 윈난(雲南) 성에 있는 고등학교에 진학했다가 성 간부 훈련소에 입성한 똑똑하고 야심에 찬 인물이었다. 1924년 국민당에 들어가 최초의 티베트족 당원이 됐다가 1927년에는 당시 중국의 수도였던 난징으로 가서 국민당 몽골·티베트위원회(중국어로 몽장蒙藏위원회) 위원으로 임명된다. 티베트와 몽골족을 비롯한 소수민족문제를 관할하는 정부 부처였는데, 바탕으로 파견된 것이 스물아홉 살 때였고 직함은 시캉 당무 특별위원이었다. 공식적으로 그의 임무는 현지에 국민당 시캉 지부를 조직해 국민당 중앙정부의 권위를 확립하는 것이었다. 그러나 장제스 입장에서는 류원후이의 지배력을 약화시키는 것이 급선무였다. ─골드스타인, 세랍, 지벤슈

2) 가라 라마는 원래 드리추 강 서쪽 리워체 출신이었다. 리워체는 캄의 일부로 당시 티베트 정부가 관할하고 있었다. 그는 1917년 중국-티베트 전쟁 때 중국 쪽에 가담하였고, 이후 티베트 정부에 체포돼 교도소 생활을 했다. 그러나 1924년 중국으로 탈출해 난징까지 갔다. 1920년대 말 몽장위원회 위원으로 임명됐고 이어 1935년 캄으로 파견됐다.

판다 톱계는 부유하고 권세 있는 판다창 가문 사람이었다. 판다창가의 본향은 트라얍인데, 트라얍은 캄의 일부로(마르캄 북쪽) 티베트 정부 관할 지역이었다. 아버지는 라싸로 가서 유명한 상인이 됐고, 형제 중 하나는 티베트 정부 관리가 되는 특혜를 받았다. 보통은 티베트 본토의 세습 귀족들만이 누릴 수 있는 자리였다. 1934년 판다 톱계는 반란을 일으켜 티베트 정부군 연대 본부를 장악하는 데 성공했다. 소총과 대포도 모두 노획했는데, 더 큰 반란으로 이어지지는 못했다. 이어 티베트 정부군이 반격에 나서자 민병대와 함께 노획한 무기를 가지고 국경을 건넜다. 바탕의 중국군 사령관은 그의 바탕 정착을 허가했다. 티베트 정부는 장제스에게 톱계의 신병 인도를 요청했지만 중국은 거부했다. _골드스타인, 세랍, 지벤슈

3) 이로부터 수년 후인 1950년, 푼왕은 인민해방군 혜룽(賀龍) 장군을 만났다. 혜룽은 푼왕에게 장정 당시 마을 동쪽 산길에서 바탕을 내려다본 적이 있다고 했다. 그는 농담 삼아 말하기를, 자기가 가지고 있는 지도에는 바탕이 큰 현으로 나와 있는데 내려다보니까 너무 작아서 깜짝 놀랐다고 했다. 두 사람은 옛날이야기를 하면서 한바탕 웃었다. 푼왕은 혜룽의 이야기를 듣고 다음과 같은 시를 지었다.

바탕의 둥룽 고갯길에 올라
혜룽 장군은 저 아래를 굽어봤다네.
은둔의 땅(바탕) 양 옆으론 강이 흐르는데
맙소사, 보리 낱알만 하다니!

_골드스타인, 세랍, 지벤슈

4) 당시 티베트에서는 일처다부(형제들이 한 여자와 결혼하는 제도)가 일반적인 혼인 형태였다. _골드스타인, 세랍, 지벤슈

5) 송첸감포는 7세기에 티베트를 통일하고 왕조를 세웠다. 이 왕조는 9

세기 중반까지 지속됐다. 전성기에 티베트는 현재의 쓰촨 성과 칭하이 성의 상당부분 및 신장(新疆) 성 일부까지 차지했다. _골드스타인, 세랍, 지벤슈

6) 장제스의 연설 요지는 다음과 같다:
티베트의 정치적 지위에 관해 국민당 제6차 전국대표대회는 티베트에 고도의 자치권을 부여하고, 정치적 발전을 지원하며, 티베트족의 생활수준을 향상시키기로 결정했다. 엄숙하게 선언하노니, 티베트족이 자치정부를 원한다면 우리 정부는 우리의 성실한 전통에 따라 고도의 자치권을 부여할 것이다. 미래에 그들이 독립을 위한 경제적 필요를 충족시킨다면 국민당 정부는 외몽골(1924년 독립한 몽골인민공화국을 중국에서 일컫는 말—옮긴이)의 예처럼 그런 지위를 획득하는 데 도움을 줄 것이다. 그러나 티베트는 독립적 지위를 굳건히 해서 또 하나의 한국(남북 분단을 말한다—옮긴이)이 되지 않도록 연속성을 보장할 수 있다는 증거를 제시해야만 한다. (중국 공보부 발행, 「독립과 민족 간 평등」. 이 연설문은 미국 존 데이 출판사(The John Day Company)가 1946년 뉴욕에서 영문으로 발행한 『장제스 총통 전시(戰時) 메시지 모음집 The Collected Wartime Messages of Generalissimo Chiang Kai-Shek, 1937~1945』 2권[1940~1945], 857쪽에 실려 있다.) _골드스타인, 세랍, 지벤슈

7) 왕웬준은 오래가지 못했다. 곰보 체링을 쏴 죽인 지 1년쯤 후에 참도에서 곰보 체링의 추종자한테 암살을 당했다. 푼왕은 이 소식을 듣고 기뻐했다. 곰보 체링의 원수를 갚아서여서도 그렇지만, 왕이 자기도 죽이려 한다는 소문을 들었기 때문이다. _골드스타인, 세랍, 지벤슈

8) 지역 유지들이 언제 그랬느냐는 듯이 잽싸게 새 정부 쪽으로 돌아서는 염량세태는 웃음이 났다. 나중에 안 일이지만 인민해방군이 시닝을 해방시키자 차괴 톰덴, 판다 톱계, 케상 에셰, 타시 남계는 연명으로 주더 총사령관에게 만나고 싶다는 내용의 편지를 보냈다. (타시

남계는 류원후이 밑에서 국민당 관리 노릇을 했는데 예전에 내가 타르체도로 보낸 공산주의 서적 보따리를 찾아낸 인물이다.) 차꾀 톰덴의 비서인 왕계는 류원후이가 인민해방군에게 항복을 하고 있는 시점에 은밀히 이 편지를 품고 시닝으로 향했다. 왕계는 간쑤 성 성도인 란저우(蘭州)에 도착하자 펑더화이(彭德懷) 장군을 만나 차꾀 톰덴이 보내서 왔다고 하면서 톰덴이 장정 때부터 주더를 안다고 했다. 펑은 그를 즉시 베이징으로 보냈다. 왕계가 베이징에서 국가민족사무위원회(國家民族事務委員會) 최고위 간부들을 만났을 때 통역자가 은가왕 케샹이었다. 옛날 바탕에서 고락을 함께 한 동지로 당시에는 민족사무위원회에 몸담고 있었다. 은가왕이 나중에 나한테 해준 얘기에 따르면, 그들은 '혁명적'으로 보이려고 편지에다가 데첸의 동티베트인민자치동맹을 마치 자기들이 세운 것처럼 써놔서 은가왕이 웃었다고 한다. 심지어 우리가 만든 동맹 헌장 사본까지 첨부를 했다는 것이다. 그들이 우리 헌장을 손에 넣게 된 것은 국민당 정부가 그 사본 하나를 타르체도에 보냈기 때문이다. 류원후이 밑에 있던 타시 남계가 그 사본을 입수한 것이다. _푼왕

9) 1949년에 해방된 지역은 모두 인민해방군이 행정을 맡았다. 특히 처음에는 군이 신정부의 권한을 행사했다. 당시 중국은 여섯 개 지역으로 나뉘어 있었다. 그중 네 개는 서북, 서남, 중남, 동부 지역으로 군사행정위원회라고 하는 기관이 행정을 맡았다. 민간 당국으로 넘어가는 과도기였다. 1954~1955년에 네 개의 군정위원회가 모두 인민정부로 대체됐다. _골드스타인, 셰랍, 지벤슈

10) 이 일에 대해 달라이 라마는 후일 다음과 같이 썼다:
그들이 알현하러 왔을 때 전통식 복장에 모자를 쓴 티베트인이 맨 앞에 서 있었다. 그들이 방으로 들어서자 그 남자가 세 번 큰절을 했다. 나는 좀 이상하다는 생각이 들었다. 이 친구는 분명 중국 대표단의 일원이었기 때문이다. 나중에 알고 보니 그는 통역이었고, 충실한 공산당 지지자였다. 나중에 왜 똑같이 마오식 인민복을 입지 않았느냐

고 물어봤다. 그는 사람 좋은 어투로 "혁명은 옷의 혁명이라고 착각할 필요는 없습니다, 혁명은 생각의 혁명입니다"라고 대답했다. (『유배된 자유를 넘어서 : 달라이 라마 자서전*Freedom in exile: the autobiography of the Dalai Lama*』, New York : Harper Perennial, 1990, p. 72) _골드스타인, 셰랍, 지벤슈

11) 중화인민공화국에서 민족문제를 담당하는 기관은 세 곳으로 통일전선공작부(약칭 통전부), 국가민족사무위원회, 민족위원회이다. 통전부는 공산당 중앙위원회 직속으로 중국 최고위 지도자들과 바로 연결돼 있다. 최고위 정책·전략 수립 기관이라고 할 수 있다. 국가민족사무위원회는 행정부 격인 정무원(이후 국무원) 소속으로 정무원은 다시 중앙위원회 산하이다. 소수민족문제 관련 행정부 정책과 담당 관리들을 관할한다. 의회 격인 전국인민대표대회(全國人民代表大會, 전인대) 산하 민족위원회는 세 기관 중에서 가장 영향력이 떨어진다. 소수민족들의 의견을 표현하는 통로다. _골드스타인, 셰랍, 지벤슈

12) 달라이 라마는 자서전 『유배된 자유를 넘어서』(pp. 86~87)에서 베이징에서 만난 푼왕에 대해 이렇게 썼다 :
얼마 지나지 않아 푼촉 왕갈(푼초 왕계, 즉 푼왕)과는 좋은 친구가 됐다. ……알고 보니 푼왕은 수완이 좋고 차분하면서도 지혜로운 사나이였다. 뛰어난 사상가이기도 했다. 또 대단히 성실하고 정직했다. 그래서 그 친구와 같이 있으면 기분이 아주 좋았다. 분명 그는 나의 공식 통역으로 자기 임무에 대단히 만족하는 것 같았다. 본인이 우상시하는 마오 주석과 만날 기회가 있다는 점도 작용을 했으리라. 하지만 나에 대한 감정도 못지않게 각별했다. 한번은 티베트 이야기를 하는데 내가 아주 열린 마음을 갖고 있어서 미래를 대단히 낙관한다고 했다. 그는 오래전에 노블링카 궁으로 나를 알현하러 간 적이 있는데 그때는 내가 왕관을 쓴 꼬마였다고 하더니 "그런데 이제는 장성한 분이 여기 계시는군요"라고 했다. 감회가 깊었는지 푼왕은 엉엉 울었다. 몇 분 후 울음을 멈추더니 그때는 진짜 공산주의자로서 말을 계

속했다. 달라이 라마는 나라를 다스리는 수단으로 점성술에 의존해서는 안 된다고 했다. 종교는 삶의 토대로서 믿을 것이 못 된다고도 했다. 그가 진심으로 하는 말이라는 게 느껴져서 나는 경청했다. 그가 미신적인 관습이라고 한 문제에 대해, 나는 부처님도 어떤 사물을 참이나 거짓으로 판단하기에 앞서 철저히 검증해야 한다고 강조했다는 얘기를 해줬다. 나도 그에게 종교는 본질적인 것이며, 특히 정치에 관여하는 사람들에게는 그렇다고 말했다. 대화 말미에 나는 우리가 서로를 매우 존중한다는 것을 느꼈다. 우리 사이에 가로놓인 이런저런 차이는 개인적인 문제였다. 그래서 갈등의 원인이 되지는 않았다. 결국 우리는 둘 다 조국의 미래를 깊이 걱정하는 티베트인이었다. _골드스타인, 셰랍, 지벤슈

13) 달라이 라마 자서전 『유배된 자유를 넘어서』(p. 99)에 다음과 같은 대목이 나온다 :
(마오가 내게 말했다.) "종교는 아편입니다……." 이 말을 듣는 순간 나는 얼굴이 화끈 달아오르고 갑자기 매우 불길한 예감이 들었다. '그렇다면, 당신은 결국 업(業)의 파괴자가 될 것이다'라는 생각이 들었다. ……내가 느낀 두려움을 그가 알아채지 않았으면 싶었다. 나에 대한 신뢰가 깨질지 모르기 때문이었다. 다행히 어떤 이유에서인지 푼촉 왕걀(푸왕)이 이날은 통역을 맡지 않았다. 그랬다면 아마 그가 내 속마음을 알아챘을 게 분명하다. 그 이후로도 우리는 모든 문제를 함께 토론했다. _골드스타인, 셰랍, 지벤슈

14) 리징촨은 공산당 내에서도 극좌파로 유명했다. 달라이 라마를 마중 나오지 않은 것은 달라이 라마에게 예를 표하고 싶지 않아서였을 것으로 추정된다. 아마 종교적 반동분자쯤으로 생각했을 것이다. 이로부터 1년도 안 되어 리징촨은 자신의 관할구역인 캄에서 사회개혁을 시작한다. _골드스타인, 셰랍, 지벤슈

15) 중국에서 '지방민족주의'란 특정 지역 거주 민족의 이익을 전체 국민

의 이익보다 우선시하거나, 다른 민족들에 대해 적대적이거나, 극단적인 경우 특정 민족의 분리 독립을 주장하는 등의 여러 행태를 일컫는 말이다. _골드스타인, 셰랍, 지벤슈

16) 푼왕의 수감은 달라이 라마에게도 영향을 미쳤다. 달라이 라마는 후일 『유배된 자유를 넘어서』(pp. 111~112)에서 이렇게 썼다 :
나는 늘 푼촉 왕걀(푼왕)이 마오 주석의 신임을 얻고 있는 한 티베트에는 희망이 있다고 생각했다. ……1957년 말, 한 중국인 관리가 푼촉 왕걀은 위험한 인물이기 때문에 이제 티베트에 올 수 없다고 알려줬다. ……그 얘기를 듣고 나는 깜짝 놀랐다. 마오 주석이 높이 평가하고 있다고 알고 있었는데……. 더욱 슬픈 일은, 그 이듬해 내 오랜 친구가 모든 공직을 박탈당하고 구금됐다는 소식이 날아든 것이다. 결국은 감옥에 갔다. ……그가 성실하고 헌신적인 공산주의자라는 것은 모르는 사람이 없는데 어떻게 그런 일이……. 이 일로 해서 나는 중국 지도부가 진짜 마르크스주의가 아니라 사실은 극도로 민족주의적이라는 것을 깨달았다. _골드스타인, 셰랍, 지벤슈

17) 독방 수감이 어떤 영향을 미치는가에 대해 전부 다 측정하기 어렵더라도 푼왕이 골드스타인한테 해준 얘기를 들어보면 조금이나마 상상할 수 있다 :
2001년 7월 베이징, 푼왕의 집에서 커피를 마시며 이런저런 얘기를 하고 있었다. 나(골드스타인)는 그날 아침 큰 시장에 다녀온 얘기를 했다. 노점에서 크고 작은 다양한 새 수백 마리 내놓고 팔고 있더라는 이야기를 했다. 푼왕의 아내는 고개를 끄덕이고는 시장을 잘 안다며 새를 사러 가봤다고 했다. 새를 좋아하는데 남편이 절대 못 사게 해서 결국 그냥 돌아왔다고 했다. 푼왕이 출소 후 새장 속에 갇힌 새를 생각만 해도 너무 고통스러워 했기 때문이라는 것이다. 이 말을 듣고 푼왕을 바라보았다. 그는 고개를 끄덕거리며 조용히 미소를 지었다. 순간, 그의 눈이 번쩍 빛났다. 몇 년 전에 스위스에 있는 친척을 찾아갔는데 새장에 든 새를 보고 너무도 가슴이 아파 친척이 나가

고 없을 때 새장을 열고 다 날려 보냈다고 말했다.

18) 멜빈 골드스타인의 『눈사자와 용 *The Snow Lion and the Dragon*』 (Berkeley : University of California Press, 1997), 64~65쪽에서 인용.

주요 등장인물

갈로 톤둡 달라이 라마 14세의 둘째 형.
고라 아시 푼왕의 아버지.
다와 푼왕의 어린 시절 친구로 티베트공산당 당원.
덩샤오핑(鄧小平) 서남(西南)군정위원회 부주석, 서남군구(西南軍區) 정치위원. 후일 중국 최고 지도자가 된다.
드람둘 바탕 출신 캄파. 불꽃회 창립 멤버.
라가샤르 귀족으로 티베트 카샥(내각) 각료.
랄루 유톡의 후임 참도 지사로 카샥(내각)의 일원이다.
롭상 툰드룹 푼왕의 삼촌. 1935년 장제스의 명으로 난징에서 고향 바탕으로 파견돼 군벌 류원후이 휘하 수비대에 맞서 반란을 일으켰다.
루캉와 반중 성향의 티베트 총리 대행(1950~1952년).
류게핑(劉格平) 국가민족사무위원회 부주임으로 1956년 쓰촨 성 개혁 추진 현황을 조사했다.
류보청(劉伯承) 서남군정위원회 주석.
류사오치(劉少奇) 중국 국가주석.
류샤르(툽덴 타르파) 티베트 고위 귀족 관리.
류원후이(劉文輝) 캄(시캉)을 통치한 중국 군벌.
류춘 국가민족사무위원회 부주임.
리웨이한(李維漢) 민족문제를 오래 담당한 공산당 고위 관료. 17개조 협정 중국 측 대표단 단장과 통일전선공작부장을 지냈다.
리징촨(李井泉) 쓰촨 성 제1서기.

바수　인도공산당 콜카타 지부 책임자.

셰랍　몽장학교 동창으로 티베트공산당 창당 멤버.

쇠캉　진보 성향의 라싸 귀족.

수단루　티베트 주둔 18군 정보 책임자.

수르캉　귀족 카샥 각료.

수에지안화　통일전선공작부 민족국장.

시중쉰(習仲勳)　서북국 출신 고위 관료. 민족 문제를 오래 담당했고, 나중에 부총리가 됐다.

쑨원(孫文)　만주족 왕조(청나라)를 타도한 중국 혁명의 아버지.

야한장　서북국 출신으로 티베트공작위원회 위원.

양링 도르제　바탕 출신으로 1970~1980년대에 티베트 자치구 부서기를 지냈다.

양징런(楊靜仁)　1980년대 초 국가민족사무위원회 주임.

예젠잉(葉劍英)　1939~1940년 충칭 소재 팔로군 사무소 고위 장교.

왕광메이(王光美)　류사오치 국가주석의 부인.

왕펑(汪鋒)　국가민족사무위원회 부주임.

우겐　1949년 윈난 성 지역 공산군 사령관.

우종　공산당 제18군 52사단장.

울란후(烏蘭夫)　몽골족으로 당 통일전선공작부장.

유톡　티베트 정부 관할 참도 지사.

은가뵈　중국 인민해방군이 참도에 쳐들어왔을 때 참도 지사 겸 티베트 내각 각료였다. 베이징에서 열린 17개조 협정 협상 티베트 측 대표를 맡았다.

은가왕 케상　몽장학교 동창으로 푼왕의 절친한 친구. 티베트공산당 창단 멤버였다.

인파탕(陰法唐)　18군 장교로 1950년대 공산당 간체 지부장이었다. 1980년 티베트 자치구 제1서기가 됐다.

자오쯔양(趙紫陽)　총리 겸 공산당 정치국 상무위원.

장궈화(張國華) 18군 사령관. 라싸 티베트공작위원회 제1부서기가 된다.
장글로옌 진보 성향의 라싸 귀족.
저우언라이(周恩來) 중국 총리.
주더(朱德) 인민해방군 총사령관.
주타오펀(鄒韜奮) 혁명 작가이자 출판업자.
차괴 톰덴 데르게 현 귀족 고위관리.
차드뤼 림포체 티베트 라마로 저명한 학자.
천이(陳毅) 인민해방군 원수이자 중화인민공화국 부총리.
체 직메 판첸 라마 진영 최고위 관리.
체덴 양드뢴 푼왕의 두 번째 부인.
쳉징보 중국 인민해방군 간부이자 푼왕의 비서.
최고 티베트 귀족으로 은가뵈 참도 지사의 보좌관.
침펠 푼왕의 동생.
칠릴라 푼왕의 첫 번째 부인.
캅쇠파 세이 진보 성향의 라싸 귀족.
케메 티베트군 총사령관으로 17개조 협정 협상에 참여했다.
케상 체링 바탕 주둔 중국군 수비대를 몰아냈던 티베트인.
타르친 바부 인도 칼림퐁의 티베트어 신문 『티베트 미러』 발행인.
톱덴 바탕 출신 캄파. 데르게에서 결성한 불꽃회 창립 멤버.
투왕(톱덴 왕축) 푼왕의 동생.
트렌동 세이(톰조르 왕축) 진보 성향의 라싸 귀족으로 푼왕의 가까운 친구.
트리리 니마 캄 출신 티베트공산당원.
티앤바오(天寶) 중국공산당 티베트족 간부. 홍군이 장정 도중 캄을 지날 때 중국공산당에 합류했다.
판다 톱계 캄파 상인 지도자.
판밍(范明) 서북국(西北局) 고위 관료 출신으로 라싸의 티베트공작위원회 부서기로 활동했다.

펑더화이(彭德懷)　서북군정위원회 주석. 인민해방군 원수.
펑전(彭眞)　전국인민대표대회 상무위원장 겸 공산당 정치국원.
페이 델린(Fei Delin)　중국 주재 소련 대사관 일등서기관. 푼왕의 소련 공산당 접촉 창구였다.
푸데추안　국민당 중국군 바탕 수비대장.
푼강　푼왕의 장남.
퓬초 타시　달라이 라마의 제부.
허룽(賀龍)　인민해방군 원수이자 중국 부총리.
화궈펑(華國鋒)　마오쩌둥 사후 중국공산당 주석.
후야오방(胡耀邦)　중국공산당 총서기로 1980년대에 개혁을 주도했다.

연보

1922년
1월 동티베트(캄) 바탕에서 고라 아시의 장남으로 태어남. 밑으로 남동생과 여동생 다섯이 있음.

1935년(13세)
삼촌을 따라 중국 난징으로 가서 몽장학교 예비반에 들어감.

1936년(14세)
중국 중앙군사정치학교 부설 몽장학교 입학. 몽장학교는 국민당이 소수민족 간부 양성을 위해 세운 학교로 장제스가 교장을 맡았다.

1937년(15세)
일본군의 중국 본토 침략으로 항일전쟁 시작. 몽장학교는 안후이 성을 거쳐 후난 성 지장으로 이전. 일본군과 직접 싸우기 위해 우한항공학교에 입학 시도. 우한 가는 길에 보고 접한 인민의 비참한 실상을 기록한 에세이가 『지장일보』에 실리다.

1938년(16세)
학교가 다시 충칭으로 옮겨감. 각종 진보 서적, 특히 마르크스, 레닌, 마오쩌둥, 스탈린 등의 저서를 탐독하면서 민족해방과 사회진보를 위해 혁명가가 될 결심을 하다.

1939년(17세)
몽장학교에 비밀조직 티베트공산혁명그룹을 만들어 서기를 맡다. 이후 공산주의 사상을 학생들에게 전파하면서 충칭 주재 소련 대사관 일등서기관 페이 델린을 만나 소련의 지원을 얻기 위해 노력함. 이어 쓰촨각지 티베트학생연합을 결성하고 〈인터내셔널가〉, 〈의용군 행진곡〉, 〈유격대가〉 등 혁명가를 번안함.

1940년(18세)
몽장학교 학생운동을 주도해 국민당의 민족억압·차별 정책에 항의하다 이 문제로 퇴학당한 후 충칭의 팔로군 사무소를 찾아가 예젠잉을 만남.

1942년(20세)
타르체도(데르게)에서 불꽃회 결성. 데르게 등에서 혁명활동을 하던 중 중국군의 추격을 받아 티베트 정부 관할인 참도로 달아남.

1943년(21세)
참도 지사 유톡을 만나 티베트의 미래에 관해 많은 이야기를 나눔. 라싸로 들어가 티베트설국공산혁명연합 결성하고 상층부 귀족 청년 지식인을 규합함. 장관 수르캉을 만나 티베트의 개혁을 촉구하고 게릴라전 지원을 요청함.

1944년(22세)
인도로 가서 인도공산당 콜카타 지부 책임자와 만나 소련행 지원을 요청했으나 실패하고 티베트로 돌아옴.

1945년(23세)
일본 패망 후 윈난 성 티베트족 거주 지역인 데첸에서 동티베트인민자치동맹 결성. 드리추 강 동쪽 지역을 혁명기지로 삼음. 충칭으로 가서 저우언라이 등 중국공산당 책임자와 접촉하려 했으나 이미 난징으로 옮겨간 뒤여서 만나지 못함.

1946년(24세)
데첸 민병대장 곰보 체링과 합세해 무장투쟁을 하려 했으나 곰보가 국민당 폭도에게 피살되는 바람에 무위로 끝남. 국민당 정부에 "공산분자"로 찍혀 수배령이 내려짐.

1947년(25세)
사담 등을 전전하다가 참도에 도착해 유톡을 다시 만남. 이어 라싸로 감.

1948~1949년(26~27세)
라싸에서 삼촌의 도움으로 국민당 정부가 운영하는 학교의 음악 교사로 일하면서 지하 혁명활동을 계속함.

1949년(27세)
7월 '중국공산당 비밀 공작원'으로 찍혀 티베트 정부로부터 라싸에서 추방당함. 제자인 칠릴라와 결혼.
9월 인도 칼림퐁을 거쳐 윈난 성 쿤밍에 도착. 중국공산당 서부윈난위원회 책임자를 만나 중국공산당에 가입. 동지들도 일괄적으로 당원 자격을 얻음. 이어 중국공산당 캄·티베트변경공작위원회(바탕지하당)를 결성해 서기를 맡음. 외곽조직으로 동티베트민주청년동맹을 결성하고, '신(新)문화의 집'을 열어 공산주의 서적을 소개하는 등 혁명활동을 함.
10월 1일 중화인민공화국 수립됨. 얼마 후 중국공산당 정부는 티베트의 '평화적 해방' 정책을 선언함.

1950년(28세)
이 해 초 군벌 류원후이가 공산당에 항복. 공산당의 지시를 받아 티베트 진주 준비에 나섬. 10월 중국군 참도 무력 점령. 참도인민해방위원회 설립. 서기에 왕치메이, 푼왕은 부서기로 임명됨. 공산당의 민족평등, 종교 허용 정책을 널리 알리면서 티베트 정부 쪽 인사들에게 중국과 협상에 나설 것을 종용함.

1951년(29세)
4월 은가뵈를 단장으로 한 17개조 협정('티베트의 평화적 해방을 위한 17개조 협정') 협상 대표단과 함께 베이징에 도착.
5월 17개조 협정 협상 시작. 5월 23일 17개조 협정 체결. 9월 9일 인민해방군 선발대 라싸 입성. 왕치메이와 함께 중국군 대열 맨 앞에 섬. 10월 26일 인민해방군 18군 주력부대 라싸 입성, 사령관에 장궈화, 정치위원 탄관산. 당 중앙위원회 지시에 따라 중국공산당 티베트공작위원회 결성. 장징우가 (대표)서기, 장궈화, 탄관산, 판밍은 부서기에 임명됨. 푼왕은 티베트족으로는 유일하게 8명의 위원 중 한 명으로 참여함.

1953년(31세)
티베트 종교 지도자 대표단과 함께 베이징으로 가 중국불교도연맹 발족식에 참석. 타의에 의해 국가민족사무위원회 정치법률분과 부부장 겸 민족출판사 부편집장으로 베이징에 남게 됨.

1954년(32세)
봄, 마오쩌둥 주석이 중국 본토를 처음 방문한 달라이 라마와 판첸 라마를 만남. 마오, 류사오치, 저우언라이, 주더 등 중국 지도자들과 달라이 라마 회담시 통역을 맡음. 9월 전국인민대표대회 1차 회의에 인민대표로 참석.

1955년(33세)
봄 티베트 자치구 주비위원회 설립 추진.

1956년(34세)
천이 단장(부총리) 특별고문 자격으로 중국 대표단과 함께 티베트 자치구 주비위원회 발족식에 참석. 주비위 주임에 달라이 라마, 부주임에 판첸 라마, 장궈화 임명. 푼왕은 주비위원 겸 부비서장이 됨. 이어 티베트공작위원회 위원, 통일전선부 부부장이 되어 라싸에서 가장 바쁜 인물이라는 말을 들을 정도로 온갖 사무를 도맡아 처리함.

1951~1958년
달라이 라마 통역 등을 맡으면서 달라이 라마와 인간적으로 깊은 교류를 함.

1957년(35세)
전국적으로 우파 척결 운동이 진행됨.

1958년(36세)
당 중앙위원회 민족공작회의에서 한 발언 등이 문제가 돼 '지방민족주의자'로 찍힘. 중국사회과학원 철학사회학부 민족연구소 부소장으로 좌천됨.

1956~1959년
대약진 운동과 함께 티베트 '민주개혁' 진행.

1959년(37세)
3월 달라이 라마 14세 인도로 망명. 티베트 민중 봉기 발발. 중국군 무력 진압.

1960년(38세)
티베트공작위원회 한족 간부들의 모함을 받아 반혁명활동을 했다는 이유로 투옥됨. 이후 친청1호 감옥에서 만 18년간 독방살이를 하게 됨.

1968년(46세)
9년 동안 혹독한 신문을 받은 끝에 아무리 항의하고 호소를 해봐야 소용없다는 결론을 내리고 더는 말을 하지 않기로 결심, 이후 9년 동안 묵언. 옥중에서 마르크스, 엥겔스, 레닌, 스탈린, 마오쩌둥, 류사오치, 포이어바흐, 헤겔, 플레하노프 등의 저작을 깊이 연구하고 그 결과물을 10만 자로 적음.

1966~1976년
문화혁명 시기.

1978년(56세)
4월 석방. 감옥에서 완성한 10만 자 기록과 도표는 가지고 나오지 못함. 공산당 중앙위원회에 복권 탄원서를 냄.

1979년(57세)
중국 정부 초청으로 베이징을 방문한 인도 망명 티베트 정부 대표단을 만남. 1979~1989년 판첸 라마의 조언자 겸 친구가 됨.

1980년(58세)
4월 공식 복권과 동시에 전국인민대표대회 상무위원 겸 전인대 민족위원회 부주임으로 임명됨.
5월 후야오방 당 총서기와 완리(萬里) 부총리가 티베트를 시찰하고 돌아옴. 이어 후는 푼왕을 만나 소수민족 문제에 관한 의견을 듣고 각 소수민족자치구가 실질적인 자치권을 행사한다는 내용의 31호 문건을 발표. 12월 헌법 개정 논의에 적극 참여해 소수민족 관련 조항 개정안을 제출함.

1981년(59세)
감옥에서 연구한 내용을 정리하는 데 몰두함.

1986년(64세)
티베트 출신 체덴 양드뢴과 재혼. 이후 체덴은 평생의 반려로 푼왕의 저술에 도움을 주었다. 『새 변증법 탐구』 탈고.

1987년(65세)
10월 티베트에서 1959년 3월 이후 최대 규모의 독립 시위 발생.

1989년(66세)
판첸 라마 사망. 후야오방 사망. 톈안먼天安門 사건 발생 후 자오쯔양 실각. 라싸에 계엄령 선포. 달라이 라마 노벨 평화상 수상.

1990년(67세)
주저 『새 변증법 탐구』가 티베트인민출판사에서 발행.
11월 중국마르크스주의철학사학회가 전인대의 협조를 얻어 베이징 인민대회당에서 『새 변증법 탐구』를 주제로 학술토론회 개최.

1991년(68세)
9월 학술토론 내용이 중국마르크스주의철학사학회 편찬 『사변의 꽃―푼초 왕계와 '새 변증법 탐구'思辨之花―平措汪杰及其〈辯証法新探〉』로 발행.

1994년(71세)
8월 두 번째 저서 『달에서는 물이 액체 상태로 존재한다』가 쓰촨과학기술출판사에서 발행됨.

1996년(73세)
세 번째 저서 『새 자연변증법 탐구』가 중국사회과학출판사에서 출판됨.

1998년(75세)
8월 중국 국가주석 장쩌민 면담.
현재 중국과학사회주의학회 고문, 중국마르크스주의철학사학회 상무이사, 중국자연변증법연구회 이사, 중국소수민족철학·사회사상사학회 고문, 중국티베트불교철학·현대과학연구회 주임, 쓰촨티베트학연구회 명예회장.

옮긴이의 말

원래 역자 후기란 뱀의 다리 같은 것이겠다. 친절한 설명이랍시고 중언부언하면서 원서를 제대로 옮기지 못한 무능이나 송구함, 자책감 같은 것을 슬쩍 끼워 넣어 독자들의 면책을 받고자 하는 술책인 경우가 많기 때문이다. 이 후기도 그런 혐의에서 완전히 자유롭지는 못하겠지만, 그래도 몇 줄 적는 이유는 푼왕이라는 한 인간의 휴먼 드라마가 다른 나라, 다른 시대 이야기라는 장벽 때문에 혹시라도 온전히 이해되지 못할까 하는 염려 때문이다.

따지고 보면 우리도 그런 시절이 있었다. 광기에 휩쓸리고, 독재에 억압당하고, 말 한마디 잘못하면 붙잡혀가는 시대가 있었다. 많은 사람들이 자유와 평등을 꿈꾸면서 사회 변혁에 온몸을 던지던 시기가 있었다. 민주화가 되고, 세계화의 물결에 편승해 신자유주의로 치달으면서 돈 많이 벌어 많이 쓰고 많이 즐기는 것이 인생의 목적인 것처럼 됐지만, 그 시절의 기억은 아직 완전히 사라지지 않았다. 특히 작금의 우리 사회가 돌아가는 모습을 보면 과거의 망령은 언제라도 이승에 몸을 담글 준비를 하고 있는 듯하다.

주인공 푼왕은 1939년 티베트공산당을 창건한 인물이다. 27세가 되는 1949년까지 티베트 공산주의 혁명을 위해 헌신했다. 그가 꿈꾼 공산주의는 폭력혁명이 아니라 점진적인 사회개혁에 가까웠다. 당시 티베트 상황은 좀 복잡하다. 현재 중국 티베트 자치구로 돼 있는 지역은 흔히 티베트 본토라고 해서 달라이 라마가 직접 통치하고 있었다. 반면 그 동쪽의 캄과 암도(동티베트)는 주민은 티베트족이지만 중국(국민당 정부)이 수비대를 파견해 행정력을 행사하고 있었다. 따라서 캄 출신인 푼왕은 동티베트에서 우선 중국군(군벌)을 몰아내고 단일 정부를 세운 다음 다시 티베트 본토와 합쳐 통일 사회주의 티베트를 건설하고자 했다. 내부적으로 보면 티베트는 종교계와 귀족이 대다수 민중을 착취하는 봉건적인 체제였다. 이런 체제를 깨고 티베트를 현대화하는 방법은 사회주의 국가를 건설하는 것 외에는 없다고 본 것이다.

문제는 국민당 정부가 대만으로 쫓겨 가고 공산 중국이 들어서면서였다. 당시 푼왕은 공산주의자라는 의심을 받아 티베트에서 추방된다. 티베트에서의 혁명이 불가능해진 상황에서 그의 선택은 중국공산당에 들어가 조국을 사회주의화하는 것이었다. 민족 간의 평등을 옹호하고 일체의 억압과 착취에 반대한다는 공산당의 주장을 글자 그대로 믿었기에 가능한 일이었다. 그는 진짜배기 공산주의자였지만, 너무 순진했다. 그는 티베트가 중국 안으로 들어가도 소련의 자치공화국처럼 국방과 외교를 제외한 부문은 자치를 누릴 수 있다고 믿었다. 중국군(공산당 인민해방군)의 티베트 진주가 기정사실화되고 무력으로 맞서는 것이 계란으로 바위 치기인 상황에서 중국의 일부가 되어 자치를 확보하는 것이 최선이라고 본 것이다. 그것은 희망사항이 되었다. 평자들은 푼왕의 노선을 달라이 라마와 마오쩌둥의 중간노선이라고 평한다.

푼왕은 마오쩌둥, 저우언라이 등 중국 최고 지도자들과 달라이 라마의 회담에서 통역을 맡으면서 1951년 5월 중국군의 티베트 진주를 보장하는 17개조 협정 협상에 깊이 관여한다. 이 과정에서 달라이 라마와도 티베트의 미래에 대해 많은 의견을 나눈다.

그의 신념과 희망이 처절하게 배신당하는 것은 1950년대 말부터였다. 티베트 지역을 장악한 한족 공산당 간부들의 모함으로 '반혁명 분자'라는 누명을 쓰고 정치범수용소에 투옥되는 것이다. 같은 이념을 구현하기 위해 한솥밥을 먹던 동지들에 의해, 그는 20세기 중국의 바스티유라고 하는 친청1호 감옥 독방에 갇힌다. 정확히 무슨 혐의인지 설명도 없이, 재판도 없이, 형기가 얼마라는 예고도 없이 덜컥 잡아 처넣은 것이다. 그렇게 해서 1978년 56세로 출소할 때까지 만 18년을 온갖 고문과 모멸을 당하며 좁은 독방에서 갇혀 지낸다.

사람 좋고, 성실하고, 동족과 약자를 위해 정의를 실현하겠다는 이상에 불타던 그가 평생 신봉했던 바로 그 공산주의 체제에 의해 세상에서 지워진 것이다. 바로 이 대목에서 그는 다시금 시대와 체제의 광기가 휘몰아칠 때조차 한 나약한 인간이 얼마나 놀라운 용기를 발휘할 수 있는지, 인간은 왜, 무엇으로 사는지를 몸으로 보여준다.

고문으로 심신이 무너져가던 어느 날 푼왕은 교도소 마당에 운동을 나갔다가 바람에 날려 온 완두콩 하나를 발견한다. 교도소에서는 사물을 소지하는 것이 금지돼 있었기 때문에 잽싸게 완두콩을 주워 숨긴다. 누구도 들여다볼 수 없는 나만의 소중한 물건이 생긴 것이다. 그 순간 그는 속으로 이렇게 외친다. '(이것은) 체제에 대한 승리다!' 아무리 체제가 인간을 억압해도 한 점 자유마저 완전히 빼앗아갈 수는 없다는 것을 완두콩 한 알에서 깨달은 것이다.

'네 죄를 네가 알렷다'는 식으로 계속 잘못을 자백하라고 괴롭히는 조사관들에게 푼왕은 이렇게 절규한다. "당신들은 영혼이 없어. 당신들이 일본에 있었으면 일본에 개처럼 충성했을 거야. 타이완에 가 있으면 국민당에 충성했겠지. 당신들이 공산당에 복무하는 건 어쩌다 거기 들어갔기 때문이야. 당신들은 영혼이 없어……." 체제가 요구하는 대로, 집권자가 하라는 대로 삽질만 하는 인간들은 어느 사회, 어느 조직에나 널렸다. 그들이 진정으로 충성하는 것은 자신의 이익일 뿐이다. 그러고 나서 푼왕은 석방될 때까지 9년 동안 단 한마디도 하지 않는다. 인간을 말살하려는 체제 앞에서 모든 언어적 저항은 무의미하다고 판단한 것이다.

그러면서 마르크스주의 연구에 몰두한다. 그나마 투옥

몇 년 후부터는 신문 잡지나 책 같은 걸 넣어줬기 때문에 가능한 일이었다. 그렇게 10여 성상星霜을 읽고 또 읽으면서 유물변증법의 원리를 나름대로 재해석한다. 신문 가장자리 여백을 잘라 밥풀로 붙이고 또 붙여서 백지를 만들고, 염료가 배어나온 옷 빤 물을 증발시켜 물감으로 썼다. 그렇게 해서 깨알보다 더 작은 글씨로 정리한 것이 한자 10만 자 분량이었다. 독서와 연구는 자아를 지탱하는 한 가닥 끈만은 절대 놓지 않으려는 눈물겨운 사투였다.

문화혁명이 끝나고 덩샤오핑 세력이 집권하면서 푼왕은 석방된다. 이어 복권이 이루어진다. 그러나 푼왕의 스토리를 역사의 소용돌이를 헤쳐낸 인간승리로 미화할 수만은 없다. 올해는 티베트 민중 봉기 유혈 진압 50주년, 티베트 현지에서 시위와 진압 소식이 들려왔다. 그가 했던 역사적 선택은 아직도 현재진행형이다. 지금도 그는 중국 정부의 민족 정책을 비판하면서 기회가 있을 때마다 진정한 평등과 민족 자치를 실천해야 한다고 강조한다. 올해 여든일곱 푼왕의 투쟁은 아직도 끝나지 않았다.

2009년 가을
이광일

옮긴이_ 이광일

1962년 서울에서 태어났으며 연세대에서 독문학을 전공하고 독문과 강사로 일했다. 한국일보 논설위원과 기획취재부장을 지냈으며, 저서에 팔레스타인 분쟁과 이라크 전쟁을 다룬 『끝나지 않은 전쟁』이, 역서에 『세상의 모든 역사—고대편』, 『루모와 어둠 속의 기적』, 『성취하는 사람들의 작지만 특별한 습관』 등이 있다.

역사인물찾기 28
티베트의 별_ 푼왕 자서전

2009년 9월 23일 1판 1쇄 찍음
2009년 9월 30일 1판 1쇄 펴냄

지은이	골드스타인, 셰랍, 지벤슈
옮긴이	이광일
펴낸이	김영현
주간	손택수
편집	김혜선, 진원지
디자인	이선화
관리 · 영업	김태일, 이용희

펴낸곳	(주)실천문학
등록	10-1221호(1995.10.26.)
주소	우121-820, 서울시 마포구 망원1동 377-1 601호
전화	322-2161~5
팩스	322-2166
홈페이지	www.silcheon.com

ⓒ 실천문학, 2009

ISBN 978-89-392-0621-2 03990

이 책 내용의 전부 또는 일부를 재사용하려면
반드시 지은이와 실천문학사 양측의 동의를 받아야 합니다.

닥터 노먼 베쑨　테드 알렌·시드니 고든 지음 | 천희상 옮김 | 624쪽 | 값 12,000원
세계를 감동시킨 진정한 '큰 의사'

케테 콜비츠　카테리네 크라머 지음 | 이순례·최영진 옮김 | 360쪽 | 값 12,000원
천재 여류화가의 사랑과 분노의 자화상

여운형 평전　이기형 지음 | 550쪽 | 값 12,000원
다시 살아오는 해방정국의 민족지도자

체 게바라 평전　장 코르미에 지음 | 김미선 옮김 | 612쪽 | 값 15,000원
시대정신을 가장 완벽하게 구현한 휴머니스트

스콧 니어링 자서전　스콧 니어링 지음 | 김라합 옮김 | 520쪽 | 값 12,000원
자본화된 문명에 저항한 근본주의자

비노바 바베　칼린디 지음 | 김문호 옮김 | 472쪽 | 값 12,000원
명상과 혁명을 결합시킨 인도의 정신적 지도자

프란츠 파농　알리스 세르키 지음 | 이세욱 옮김 | 512쪽 | 값 12,000원
알제리 독립 투쟁을 이끈 프랑스 정신과 의사

바드샤 칸　에크나스 에아스와란 지음 | 김문호 옮김 | 456쪽 | 값 12,000원
철저한 '비폭력'으로 제국주의를 물리친 이슬람 전사

문익환 평전　김형수 지음 | 810쪽 | 값 18,000원
역사의 폭풍우를 몰고 온 우리시대의 상징

간디 평전　제프리 애쉬 지음 | 안규남 옮김 | 840쪽 | 값 18,000원
'비폭력' 투쟁을 통해 '폭력'을 제압한 성자

오스기 사카에 자서전　오스기 사카에 지음 | 김응교·윤영수 옮김 | 556쪽 | 값 15,000원
아나키스트의 상징, 오스기 사카에의 삶과 사랑

시대가 흘러도 변하지 않는
인간에 대한 믿음
실천적 삶의 주인공을 찾아가는
가장 빠른 길